MW01688198

LE CHAMPAGNE : UNE HISTOIRE FRANCO-ALLEMANDE

Claire Desbois-Thibault, Werner Paravicini,
Jean-Pierre Poussou (dir.)

Le champagne
Une histoire franco-allemande

PUPS

Ouvrage publié avec le concours de l'université Paris-Sorbonne
et avec la collaboration de Philippe Evanno

Les PUPS sont un service général de l'université Paris-Sorbonne

© Presses de l'université Paris-Sorbonne, 2011
ISBN : 978-2-84050-785-7

Maquette et réalisation : Compo-Méca s.a.r.l. (64990 Mouguerre)

PUPS
Maison de la Recherche
Université Paris-Sorbonne
28, rue Serpente
75006 Paris

pups@paris-sorbonne.fr
<http://pups.paris-sorbonne.fr>
Tél. (33) 01 53 10 57 60
Fax. (33) 01 53 10 57 66

PRÉFACE[1]

Coupes de champagne
© Gamma-Rapho

Plus que tous les autres, le vin de champagne est celui de la joie de vivre. Ainsi, c'est l'un des rares sujets de recherche en sciences humaines qui fasse sourire le chercheur, d'un sourire heureux, ravivant de bons souvenirs.

Le présent ouvrage est né d'une rencontre franco-allemande[2] dont l'enjeu est double : faire le point sur des recherches nouvelles et, en outre, creuser un domaine peu abordé jusqu'ici : celui du rôle des négociants allemands dans le développement et l'essor du champagne. Pour le mettre en valeur, je ne peux mieux faire que de citer un passage écrit par le plus grand romancier allemand, Thomas Mann, pris, on le devine, dans les *Confessions du chevalier d'industrie Felix Krull*[3]. Ce personnage est né dans le paradis terrestre du Rheingau, contrée sybaritique entre toutes, dans une famille de « fine bourgeoisie », mais quelque peu *liederlich* (déréglée ou dissolue). Voici le portrait de son père :

> De sa grand-mère, il tenait du sang français. Il avait passé ses années d'apprentissage en France et connaissait, assurait-il, Paris comme sa poche. Il entremêlait volontiers à ses propos des locutions dans le genre de "*c'est ça, épatant*" ou "*parfaitement*", d'ailleurs avec un accent irréprochable. Ou encore il disait souvent : "*ich goûtiere das*"[4], et jusqu'à la fin de ses jours, il conserva la faveur des dames.

1 Les opinions exprimées par les différents auteurs de ce volume relèvent de la seule responsabilité de chacun d'entre eux.
2 La *Frankfurter Allgemeine Zeitung* n'a pas manqué de le signaler à ses lecteurs dans son édition du 26 août 2005.
3 Voir *Les Confessions du chevalier d'industrie Félix Krull*, trad. Louise Servicen, Paris, Le Livre de poche, 1995, p. 10-11.
4 « Je goûte cela » ; il s'agit d'un mélange d'allemand et de français.

LES VERRES DES BOUTEILLES DE CHAMPAGNE

Bouteilles de champagne anciennes
© Comité interprofessionnel du vin de Champagne

C'est au XVIIe siècle que les Anglais, les Flamands puis les Champenois apprennent à fabriquer des bouteilles en verre sombre et épais... Les premières formes sont en demi-oignon, à base large très aplatie, de manière à les maintenir debout... Puis leur forme tronconique s'élance un peu, mais le corps très nettement tronconique de la bouteille interdit le couchage. Ce sont des bouteilles de ce type que l'on reconnaît sur le *Déjeuner d'huitres* de J.-F. de Troy (1734) et le *Déjeuner au jambon* de N. Lancret (1735), peints pour la salle à manger d'hiver à Versailles (Chantilly-Musée de Condé). La maison Moët & Chandon à Épernay en conserve quelques modèles dont l'un est orné d'un cachet de verre aux armes royales fleurdelisées.

Les formes et les contenances sont encore mal fixées. Au début du XVIIIe siècle, les modèles les plus courants sont hauts d'environ 10 pouces (27 cm) et contiennent une pinte de Paris moins un demi-verre (0,80 à 0,90 l). Un édit de Louis XV en fixe la capacité à 0,80 l. À la demande des négociants et des transporteurs, les verriers passent ensuite à la forme se rapprochant du cylindre qui facilite le couchage, l'entreposage en cave et le transport – à la condition d'un bouchage de qualité, lequel est inventé également au XVIIIe siècle avec l'usage du liège portugais introduit par les Anglais. Il vient remplacer les chevilles de bois entourées d'étoupe qui imposaient absolument le trempage des goulots dans la cire[1].

[Comprenant l'impact visuel du flaconnage], les Champenois soucieux d'affirmer la noblesse de leur produit, ont habillé [leurs bouteilles] d'or, d'argent et d'étiquettes rutilantes, et en ont décliné la forme de mille manières propres à chaque marque et à chaque cuvée. Un certain nombre de ces bouteilles prestigieuses récentes imitent ou s'inspirent des modèles des XVIIIe et XIXe siècles ; citons la cuvée *dom Pérignon* de Moët & Chandon, la cuvée *Grand Siècle* de Laurent-Perrier, la cuvée *Comtes de Champagne* de Taittinger, la cuvée *Brut Rosé* de Billecart-Salmon, les cuvées *Celebris* ou *Grand Millésime* de Gosset, la cuvée *Dom Ruinart* de Ruinart.

Jean-Robert Pitte dans *Le Verre et le Vin, de la cave à la table, du XVIIIe siècle à nos jours,* Bordeaux, Maison des sciences de l'Homme d'Aquitaine, 2007, p. 95-107

1 Jean-Robert Pitte, « Les formes de bouteilles de vin en France et en Europe aux XVIIIe et XIXe siècles », dans *La Cave de Joséphine. Le vin sous l'Empire à Malmaison*, Paris, RMN, 2009, p. 23.

Voilà donc l'image d'un bon vivant, sous influence française, naturellement. Or, cet homme au caractère douteux a une profession : il est propriétaire d'une maison qui produit des vins mousseux :

> Mon pauvre père était propriétaire de la maison Engelbert Krull, qui fabriquait la marque de champagne aujourd'hui disparue, *Lorley extra cuvée*. Ses chais se trouvaient au bord du Rhin, non loin de l'embarcadère, et, souvent, quand j'étais encore un gamin, je vagabondais sous leurs voûtes

LA GAIETÉ DU CHAMPAGNE

Alphonse Daudet, *Jack*

La noce de Bélisaire

Le plus beau, ce fut l'arrivée du champagne. À part Ida de Barency, qui en avait beaucoup bu dans sa vie, tous ceux qui étaient là ne connaissaient ce vin magique que de nom, et rien que ce mot de champagne signifiait pour eux richesses, boudoirs, parties fines. Ils en parlaient tout bas entre eux, l'attendaient, le guettaient. Enfin, au dessert, un garçon parut, tenant une bouteille à chapeau d'argent qu'il s'apprêta à décoiffer avec des pinces. Au geste que fit pour se boucher les oreilles la nerveuse Ida [...] toutes les autres femmes se préparèrent pour une détonation formidable. Il n'en fut rien. Le bouchon sortit très naturellement, sans explosion, comme tous les bouchons du monde, et aussitôt le garçon, la bouteille haute, s'élança autour de la table en courant et disant très vite : « champagne... champagne... champagne !... ». Les coupes se tendaient sur son passage, pendant qu'il faisait cette fois le prodige de la bouteille inépuisable. Il y eut de la mousse pour vingt personnes, un pétillement aigre au fond du verre, que chacun huma avec respect ; et même il faut croire que le tour fait, il en restait encore, puisque Jack, qui était placé en face de la porte, vit le garçon retourner le goulot dans son gosier en s'en allant. C'est égal, la magie de ce mot champagne est telle, il y a tant de gaieté française dans la moindre parcelle de sa mousse, qu'une animation étonnante circula à partir de ce moment parmi les convives.

Vaisselle impériale : flûtes à champagne en cristal taillé, gravées des initiales de l'empereur Napoléon Ier (1769-1821) et de l'impératrice Joséphine de Beauharnais (1763-1814) réalisées dans la cristallerie de Montcenis (1786-1831), 1805-1810
Malmaison, musée du château
© Leemage

fraîches ; je suivais d'un pas nonchalant et rêveur les couloirs de pierre qui les traversaient en tous sens entre les hautes étagères, et je regardais la légion de bouteilles entassées, à demi inclinées… La firme Engelbert Krull attachait une importance extraordinaire à la présentation de ses bouteilles, à leur équipement final, qu'en termes de métier on appelle 'la coiffure'. Les bouchons comprimés étaient fixés avec du fil d'argent et une ficelle dorée, scellée de laque pourpre et, même, un solennel cachet rond, comme on en voit aux bulles et aux vieux documents officiels, pendait à un cordonnet d'or. Les cols des bouteilles s'enrobaient d'abondant papier d'argent et sur leurs panses s'étalait une étiquette dorée à fioritures que mon parrain, Schimmelpreester, avait dessinée tout exprès. On y voyait divers blasons et étoiles, la signature de mon père, et la marque *Lorley extra cuvée*, en lettres d'or ; et, en outre, une forme féminine qui, pour tout vêtement, avait des bracelets et des colliers. Assise, les jambes croisées, à la pointe d'un rocher, elle levait le bras pour peigner sa chevelure ondoyante. Il paraît d'ailleurs que la qualité du vin ne correspondait pas entièrement à cette éblouissante réclame.

Habillage magnifique et contenu misérable allaient donc de pair. Nous nous arrêtons-là. Tout le personnage de l'imposteur est déjà dessiné dans le portrait du père et de la dive bouteille.

René Guau, illustration pour les champagnes MUMM
© René Gruau

CHAMPAGNE… IRRÉSISTIBLE ATTRAIT

Dans cette œuvre de René Gruau parue dans *Vogue* en 1987, on voit le rideau rouge entrouvert d'un théâtre laissant passer une femme élégante, sans doute une diva, qui boit dans une flûte tendue par une main masculine. La femme prend le pied du verre maintenu par l'homme et l'on imagine que leurs doigts s'effleurent au passage. Dans un mouvement vers la flûte, les yeux mi-clos, elle penche le buste, et ses lèvres sont au contact du vin effervescent. D'un rouge identique à celui du rideau, la bouche tranche sur la pâleur des épaules dénudées émergeant d'une robe de soirée noire. C'est un geste tout en sensualité. Clin d'œil, les cheveux strictement liés et maintenus par un nœud qu'on imagine de velours sont blonds comme le vin dont elle se rafraîchit. Sans aucun doute, le champagne est ici séducteur et la véritable vedette du tableau. Le thème a été repris par l'artiste en 1991 pour illustrer une campagne de communication du Comité interprofessionnel du vin de Champagne (*CIVC*). La composition est sous-titrée *Champagne… irrésistible attrait.*

Jean-Marie Pinçon, *Le Champagne dans l'art,* Paris, Thalia, 2007, p. 29.

On le voit, pour Thomas Mann, le vin mousseux, est une affaire franco-allemande, pas très sérieuse d'ailleurs, liée au relâchement des mœurs, en somme plutôt décadente. On pourrait rapprocher ce jugement de celui de Wilhelm Busch, pour qui la *Witwe Klicko* (la Veuve Clicquot) console de l'impuissance. Néanmoins, pour notre part, nous plaçons résolument nos travaux sous le signe du *Déjeuner d'huîtres* de Jean-François de Troy, splendide mais rare représentation authentique de la consommation du champagne au XVIIIe siècle[5].

Sans doute nous a-t-il inspiré, le recteur Jean-Pierre Poussou et moi-même, puisque ce livre est né de notre rencontre et de notre commun souci à la fois de

5 Voir Christophe Leribault, *Jean François de Troy (1679-1752)*, Paris, Arthena, 2004, compte rendu dans *Kuntschronik*, 2005, 1, p. 27-30.

participer au renouveau de l'histoire du champagne et de mettre l'accent sur l'importance des liens franco-allemands, qui ont joué un rôle majeur dans son développement. Nous avons eu la chance et le bonheur d'être aidés, pour mener le projet à bonne fin, par Claire Desbois-Thibault, auteur d'une thèse récemment publiée sur la maison Moët & Chandon de 1792 à la première guerre mondiale[6], et par Mareike König, spécialiste du XIXe siècle franco-allemand. Ensemble, nous avons mis au point cet ouvrage.

Cette première rencontre et la publication elle-même n'auraient pu avoir lieu sans des aides extrêmement précieuses : en premier lieu la maison Moët & Chandon qui, grâce à Claire Desbois-Thibault, nous a reçus dans son auditorium, ses caves et son vignoble, ce pourquoi nous tenons à exprimer notre vive reconnaissance à son président d'alors, monsieur Frédéric Cumenal. Mais aussi le club *Trésors de Champagne*, la municipalité d'Épernay, l'Institut historique allemand, le Centre Roland Mousnier et l'université Paris-Sorbonne, qui ont tous participé au succès de notre entreprise.

Patrimoine Moët & Chandon (Épernay), orangerie et bassin, cliché Julien Claessens © Moët & Chandon

6 Claire Desbois-Thibault, *L'Extraordinaire Aventure du champagne : Moët & Chandon, une histoire de famille (1792-1914)*, Paris, PUF, 2003.

Nous regrettons seulement que l'âge ait empêché le rémois Georges Clause d'être des nôtres et que la même raison explique l'absence du professeur Helmut Arntz, décédé depuis, l'homme qui a le plus fait, outre-Rhin, pour une meilleure connaissance du champagne et de son histoire.

Cet ouvrage cerne véritablement le sujet, lui donne ses lettres de noblesse, ouvre de nouveaux chemins et encourage notamment les maisons du vin de Champagne, grandes et petites, à s'intéresser aux activités de la recherche historique, en acceptant de mettre leurs propres archives à la disposition des chercheurs. L'état des lieux des archives disséminées dans différentes maisons reste à établir et l'accès à ces documents précieux devrait être facilité pour le plus grand bien d'une recherche neuve qui a de beaux jours devant elle dans les cartons qui conservent de multiples et passionnants documents, dont les apports seront aussi pétillants que le vin que nous aimons et qu'apprécient aujourd'hui dans le monde entier tant de consommateurs avertis.

C'est la mise en place d'une nouvelle économie viticole, autour de l'invention et du développement d'un produit nouveau, qui est aussi et qui est surtout, à certains égards, un produit de luxe, que le présent ouvrage s'efforce d'exposer dans les chapitres qui suivent, en ayant pour originalité d'y faire une grande place aux maisons de négoce franco-allemandes, dont le rôle a été exceptionnel.

Werner Paravicini

Bouteille de champagne et verre, cliché Amanda Hancocks © Leemage

LA CHAMPAGNE ET LE CHAMPAGNE

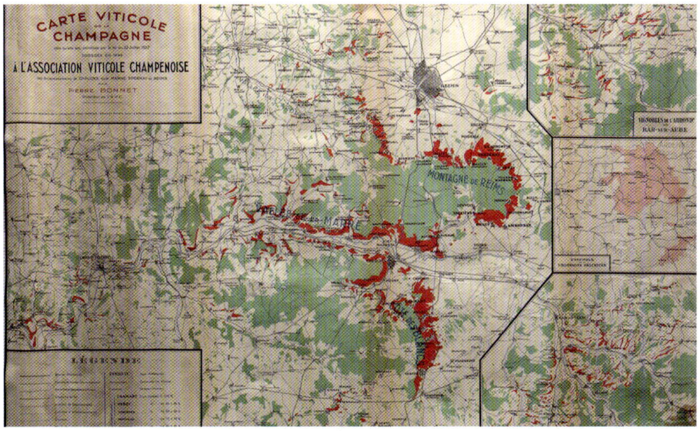

Carte de la Champagne viticole délimitée de 1927 publiée par l'Association viticole champenoise en 1934, AD Marne 16 Fl 139

Comme la ville de Bordeaux, la Champagne est aujourd'hui connue dans le monde entier grâce à son célèbre vin. Il faut, néanmoins, replacer cet extraordinaire produit dans l'économie et l'histoire de la province qui lui a donné son nom car leur mariage n'est qu'une histoire récente, qui commence dans la deuxième moitié du XVIIe siècle, s'affirme au XVIIIe, et ne devient un élément essentiel de l'économie locale qu'au cours du XIXe siècle[1].

Nous n'avons pas, bien sûr, à retracer, même sommairement, l'histoire de la Champagne avant le champagne. Il faut cependant rappeler que la province a, dès le Moyen Âge, une réputation de grande activité économique, d'importante production viticole et de richesse. Du XIIe au XIVe siècles, ses foires lui assurent une renommée considérable, que complètent ses exportations

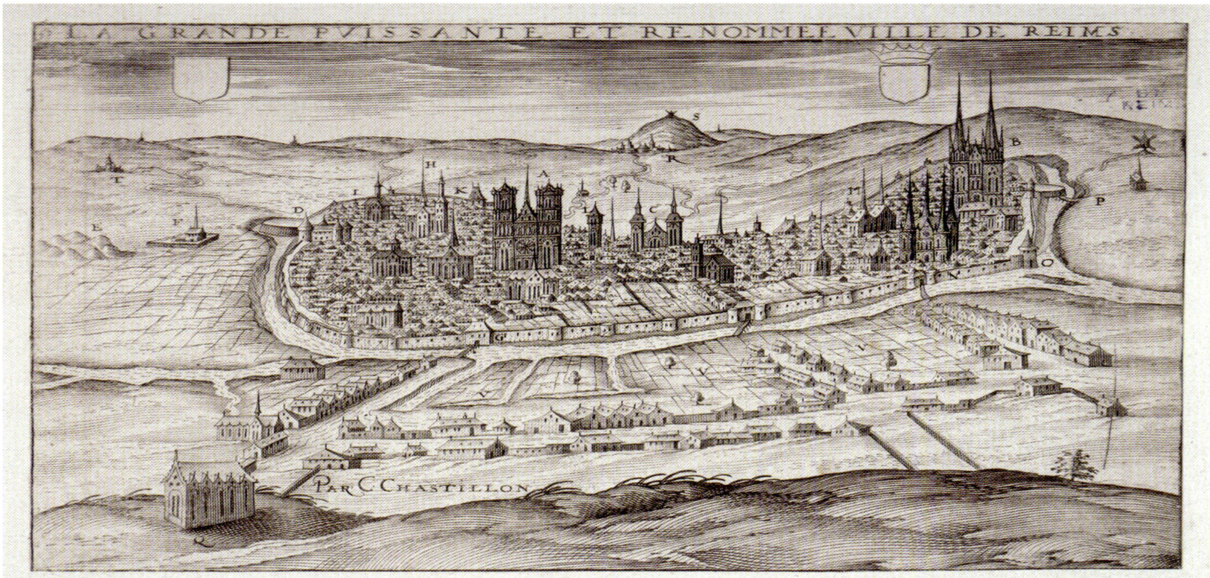

Reims (Marne, Champagne-Ardenne). « La Grande Puissante et Renommée Ville de Reims » (vue de la ville de Reims au XVIIe siècle)
Gravure sur cuivre de Claude Chatillon (1547 Châlons-sur-Marne 1616 Paris), 1616, Bibliothèque municipale Carnegie © akg-images / Gilles Mermet

1 Parmi les références majeures : Maurice Crubellier (dir.), *Histoire de la Champagne*, Toulouse, Privat, 1975 ; Benoît Musset, *Vignobles de Champagne et vins mousseux. Histoire d'un mariage de raison 1650-1830,* Paris, Fayard, 2008 ; Claire Desbois-Thibault, *L'Extraordinaire Aventure du champagne : Moët & Chandon, une affaire de famille (1792-1814)*, Paris, PUF, 2003.

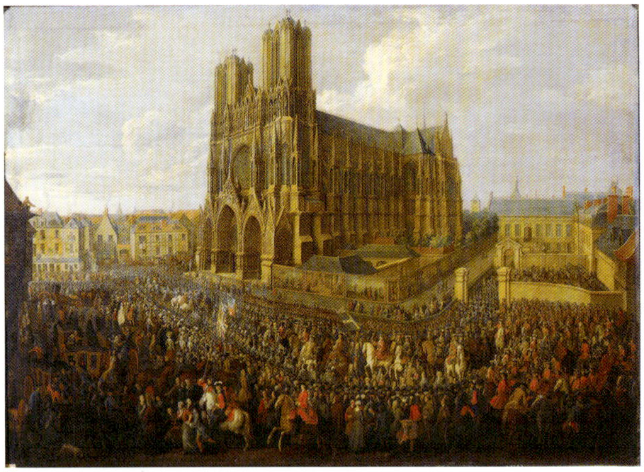

Martin Pierre Denis (1663-1742), *La Cavalcade le lendemain de Sacre à Reims, 26 octobre 1722*, 1734, huile sur toile, Versailles, châteaux de Versailles et de Trianon © RMN (Château de Versailles) / Philipp Bernard

Martin Pierre Denis (1663-1742) (attribué à), *Le Festin du sacre de Louis XV*, dans la grande salle du palais archiépiscopal de Reims, 25 octobre 1722, Versailles, XVIIIe siècle, huile sur toile, châteaux de Versailles et de Trianon © RMN (Château de Versailles) / Gérard Blot

de draps et de toiles, sans oublier l'éclat que lui confère à partir du XIe siècle le choix de la cathédrale de Reims pour être le lieu du sacre des rois de France. Elle dispose même de ressources métallurgiques grâce à ses ressources minières et à ses forges que favorisent d'importants boisements (forêt d'Othe, forêt du Der). À nouveau, sous cet angle, nous rencontrons le sacré, puisque saint Bernard choisit une vallée reculée, située dans les premiers contreforts du plateau de Langres, pour y implanter l'abbaye de Clairvaux, qui devient très vite, au XIIIe siècle, un grand producteur de fer, tenant le premier rang à cet égard dans la province jusqu'au XVIIe siècle. C'est d'ailleurs dans cette même partie de la Haute-Champagne qu'en 1946 Charles de Gaulle choisit de s'installer à La Boisserie, Colombey-les-deux-églises étant, comme Clairvaux, située à l'écart des grands axes.

Vue de l'abbaye cistercienne de Clairvaux (Aube), gravure © Charles Hurault/Roger Viollet

Néanmoins, pour les Parisiens, dès les derniers siècles du Moyen Âge, la province est surtout connue pour ses productions de vins. Il y a d'ailleurs plusieurs Champagnes : celle d'Épernay et de Reims, marquée par l'activité de la ville chef-lieu et des ses industries textiles, mais aussi par l'importance de ses vignes : c'est elle que l'on connaît surtout dans la capitale ; la Champagne « humide », avec ses forêts et ses forges, au sud ; les vallées riantes de la Marne, de la Seine et de l'Aube, avec les villes (Château-Thierry, Chaumont, Châlons, Troyes, Bar-sur-Aube, Épernay) ; la Champagne « pouilleuse » qui fait largement figure de pays médiocre ; et les rudes plateau et pays de Langres.

Malgré des zones répulsives, comme les marais de Saint-Gond, entre la côte des Blancs et les coteaux du Sézannais, toute la partie nord de la province est une zone de passage. La Champagne est d'autant plus connue qu'elle est, à partir de la seconde moitié du XIIe siècle et jusqu'au premier tiers

du XIVe, le lieu de foires célèbres dans toute l'Europe qui se tiennent à Troyes, Provins, Bar-sur-Aube et Lagny. Elles permettent notamment de vendre au loin les productions textiles de Reims, Châlons, Provins, Troyes ayant pour sa part une très active industrie du cuir.

Vue du château Pommery à Reims
© Leemage

L'économie champenoise n'a plus la même ampleur internationale à partir de la fin du Moyen Âge, mais les échanges à long rayon continuent, par l'intermédiaire de Lyon désormais. La population de Reims, dont les étamines se vendent très bien, double donc au cours du XVIe siècle, dépassant les 20 000 habitants au début du XVIIe siècle, chiffre que Troyes a franchi dès la fin du XVe siècle. Mais cette prospérité est atteinte par les guerres de religion, puis par la position frontalière de la province lors des conflits du XVIIe siècle. Des périodes de prospérité – à l'époque de Colbert ou après 1760 – alternent avec des moments plus difficiles, malgré le recours, comme dans bien d'autres régions textiles du royaume, au développement de l'industrie rurale, ce que l'on appelle maintenant la proto-industrialisation. L'industrie métallurgique est très traditionnelle mais tout à fait importante puisque la généralité de Châlons est la première du royaume avec 70 hauts-fourneaux et 73 forges, cependant que la coutellerie langroise, dont la production s'est ruralisée est connue partout.

Vue du château Perrier,
Musée municipal d'Épernay
(Musée de Champagne)
© Leemage

Vue du château Mumm à Reims
© Leemage

Le vin est une partie essentielle de l'économie champenoise aux XVIIe et XVIIIe siècles. Benoît Musset vient d'analyser son essor. Il s'agit avant tout de vins rouges, achetés par la capitale, par la Picardie et par les Flandres, et désormais d'une importante production d'eau-de-vie. À la fin du XVIIIe siècle encore, les vins mousseux ne représentent qu'une partie réduite de la production totale. Mais ils sont l'élément nouveau. Même si la production des vins rouges reste considérable, connaissant même son « âge d'or » (B. Musset) dans la première moitié du XIXe siècle, un nouveau dynamisme est insufflé par les vins mousseux. Surtout, ceux-ci redonnent un éclat international à la province et, progressivement, au cours de la première moitié du XIXe siècle, ils occultent aux yeux d'un large public international qui connaît désormais le nom de Champagne, toute autre spécificité ou activité de la province, cependant que sur place l'ampleur de la croissance de la production de notre champagne en fait une véritable industrie, aux dimensions considérables (voir Cl. Desbois-Thibault), ce dont profitent avant tout Reims, Épernay et les villages du pourtour de la montagne de Reims.

Beaucoup ignorent que les autres industries champenoises, notamment la métallurgie de Saint-Dizier ou la bonneterie de Troyes, ont gardé jusqu'aux années 1930 une importante activité, et que la partie agricole déshéritée de la province, la Champagne pouilleuse, s'est transformée au milieu du XXe siècle. Mais tout le monde connaît et apprécie le champagne. Le mot est devenu un nom commun, alors que le produit est tout sauf cela : le nom de champagne est, depuis un peu plus de deux siècles, celui d'un vin exceptionnel, connu dans le monde entier.

Jean-Pierre Poussou

PREMIÈRE PARTIE

L'histoire du champagne dans son contexte général

POUR UN RENOUVEAU DE L'HISTOIRE DE LA VIGNE ET DU VIN EN CHAMPAGNE

Claire Desbois-Thibault
Université Paris-Sorbonne

LE CHAMPAGNE MONDIALEMENT CONNU

Stephan Decatur Jr.
Private affairs of George Washington

Le 4 mars 1790, le président donna un grand dîner et Samuel Johnson, un des sénateurs de la Caroline du Nord, écrivit : « [...] Nous eûmes de l'excellent champagne, et, ensuite, j'ai eu l'honneur de boire le café avec son épouse, une très aimable dame ».

Mai 1792 – Extrait du livre de comptes de G. Washington :

« Transport de 6 paniers de vin de Champagne depuis le bateau....................66 pences »

François Bonal, *Anthologie du champagne : la Champagne dans la littérature universelle*, Langres, Dominique Guéniot, 1990, p. 337.

Connu dans le monde entier, le champagne jouit d'une célébrité forgée par trois siècles d'existence qui, certes, ont entretenu renommée et mythe, mais aussi souci de rentes éditoriales : chaque année, paraissent de nouveaux ouvrages consacrés au champagne, au point d'ailleurs de s'interroger sur le bien-fondé des propos présentés au lecteur. Aussi, au regard de l'abondante littérature déjà publiée, serait-il légitime de s'interroger sur la pertinence de lui consacrer un nouvel ouvrage si celui-ci ne réunissait pas un ensemble important d'universitaires et ne reposait pas sur une excellente coopération franco-allemande. Or, contrairement à ce que laisse envisager l'ensemble de ces publications essentiellement descriptives, force est de constater que l'histoire du champagne présente encore souvent des approximations, voire des méconnaissances ou des erreurs. En effet, comme Nicolas Vergne l'a vérifié[1], les ouvrages publiés sont souvent le fruit de compilations de qualité variable, aux résultats parfois contestables, ou limités à quelques lieux communs et anecdotes, tant sur l'élaboration du champagne que sur les événements qui jalonnent son histoire. Quant aux acteurs économiques, hommes et femmes du vignoble et du négoce, ils restent jusqu'à présent mal connus, figés dans des récits de sagas individuelles ou familiales souvent complaisantes, résultats de travaux rapides répondant à des impératifs promotionnels compréhensibles, mais scientifiquement insatisfaisants.

Les études exhaustives, mobilisant des archives authentiques, variées et croisées entre elles, sont finalement peu nombreuses, alors que le sujet mériterait la

1 Voir, dans le présent ouvrage, sa contribution : « Les Maisons Heidsieck : une histoire impossible ? ».

constitution de bases de données de référence fiables. Les sources disponibles sont pourtant abondantes, tant dans les fonds publics que chez les détenteurs d'archives privées (négociants ou vignerons). Parce qu'ils ont travaillé sur des sources privées inexploitées, Bärbel Kuhn[2], Marc Schalenberg[3] et Fabrice Perron[4] montrent l'apport inestimable des correspondances conservées. La difficulté réside désormais dans l'identification et, surtout, l'accès à ces documents, dont la collecte et l'exploitation élargiront le corpus de données et apporteront des éclairages du plus grand intérêt.

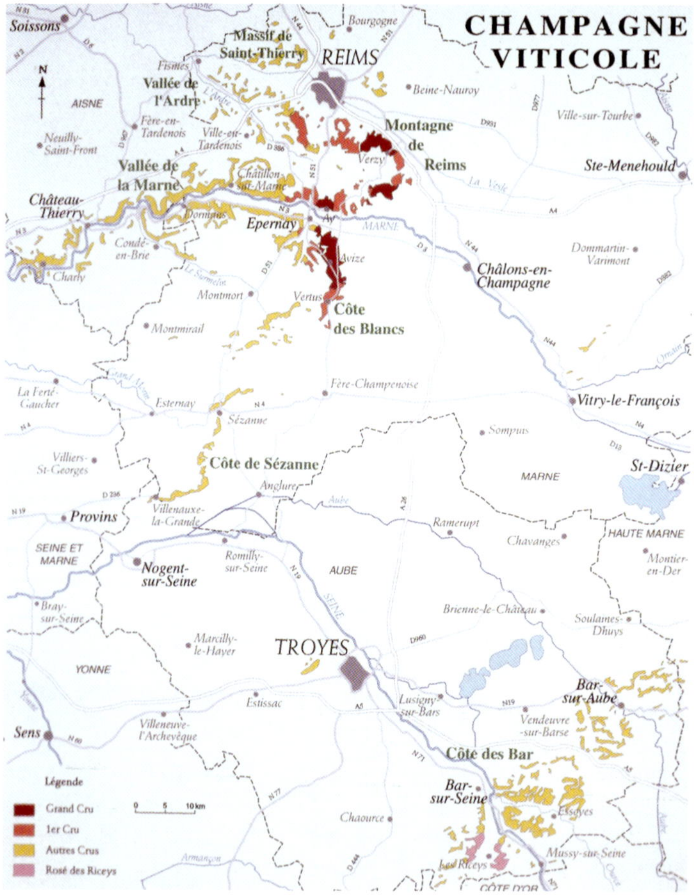

Carte de la Champagne viticole, cliché Benoît France © Comité interprofessionnel du vin de Champagne

Il existe néanmoins des travaux fondateurs, parmi lesquels figurent en premiers ceux de Roger Dion et de Marcel Lachiver, mais dont les magistrales présentations du vignoble français s'arrêtent aux portes du xxe siècle[5]. Viennent ensuite ceux de René Gandilhon, ancien conservateur des Archives départementales de la Marne, à qui revient le mérite de la première étude des origines du champagne effervescent[6] et, enfin, les études de l'université Reims Champagne-Ardenne, celles, historiques, menées ou dirigées par le professeur Georges Clause[7], notamment dans le cadre du Centre d'études champenoises, ou bien celles, géographiques, qui, les unes comme les autres, ont déjà proposé des enseignements significatifs. Plus récemment, d'autres travaux ont posé les principales problématiques de

2 Voir sa contribution : « Entre Aix-la-Chapelle et Aÿ en Champagne, ou l'incroyable parcours de deux négociants et producteurs de champagne du xixe siècle en proie aux conflits politiques ».

3 Voir sa contribution : « Sens des affaires et transfert culturel : la maison Krug au xixe siècle ».

4 Voir sa contribution : « Les Allemands et le champagne de la fin du xviiie siècle au début du xixe : clientèle et représentants de commerce germaniques de deux maisons de négoce marnaises, les maisons Moët et Clicquot ».

5 Roger Dion, *Histoire de la vigne et du vin en France des origines au xixe siècle*, Paris, Flammarion, 1959 ; Marcel Lachiver, *Vins, vignes et vignerons en France,* Paris, Fayard, 1988.

6 René Gandilhon, *Naissance du champagne : Dom Pierre Pérignon*, Paris, Hachette, 1968.

7 Georges Clause & Éric Glatre, *Le Champagne, trois siècles d'histoire*, Paris, Stock, 1997.

« Portrait de l'abbé Jean Godinot (1661-1749) », dans *Portraits et histoire des hommes utiles : hommes et femmes de tous pays et de toutes conditions, qui ont acquis des droits à la reconnaissance des hommes*, Société Montyon et Franklin, 1833, collection privée © Bianchetti/Leemage

Le chanoine Jean Godinot est l'auteur controversé du premier traité de viticulture champenoise intitulé *Manière de cultiver la vigne et de faire le vin en Champagne, et ce qu'on peut imiter dans les autres Provinces pour perfectionner les vins* (Reims, Barthélémy Multeau, 1718).

L'ouvrage est de première importance pour la connaissance de la vigne et de l'élaboration des vins, tranquilles et effervescents, de Champagne à la fin du XVIIe siècle. Il indique notamment avec détails la technique particulière du pressurage permettant d'obtenir avec des raisins noirs un vin blanc appelé « vin gris ». L'essentiel de ce premier traité de viticulture en Champagne a été repris par la plupart des auteurs du XVIIIe siècle dont l'abbé Pluche, en 1732, pour ses entretiens XIII et XIV du *Spectacle de la nature*.

Quatorze ans après sa parution en 1718, l'ouvrage, publié sans nom d'auteur, est attribué au chanoine janséniste rémois, Jean Godinot, par son ami l'abbé Pluche qui lui rend hommage dans une note de l'édition de 1752 du *Spectacle de la nature*[1]. Or, le portrait du chanoine Godinot tenant un traité au titre différent (*Mémoire sur les vignes*) a conduit à en controverser la paternité. Il semble que la confusion s'explique par la vigueur de la querelle janséniste à Reims, conduisant un auteur à rester anonyme envers et contre tout. Dans l'édition de 1722, le titre du cahier *Mémoires sur les vignes* et non *Manière de cultiver* aurait été une précaution. S'il peut paraître assez prudent de ne pas attribuer avec trop d'assurance le traité au chanoine, Benoît Musset se rallie à l'analyse de René Gandilhon, inspecteur honoraire des Archives de France, dans son célèbre livre *Naissance du champagne*[2], qui confirme l'attribution au chanoine janséniste tout comme l'utilisation dudit traité par l'abbé Pluche.

Outre la culture de ses vignes, le chanoine s'enrichit grâce au commerce de ses vins fins et consacra une grande partie de sa fortune à des œuvres de bienfaisance : création d'écoles chrétiennes gratuites, fondation du premier hôpital pour cancéreux, assainissement de la ville et création de plusieurs fontaines publiques[3].

Claire Desbois-Thibault

MANIERE
DE CULTIVER LA VIGNE
ET
DE FAIRE LE VIN
EN CHAMPAGNE,
Et ce qu'on peut imiter dans les autres Provinces, pour perfectionner les Vins.
BIBLIOTHÈQUE RAOUL CHANDON
A AVIGNON,
Chez CHARLES GIROUD,
Imprimeur Ordinaire de l'Academie de Musique.
M. DCC. XIX.
AVEC PERMISSION DES SUPERIEURS.

[Jean Godinot], *Manière de cultiver la vigne et de faire le vin en Champagne*, Avignon, 1719 © Médiathèque d'Épernay

1 B. Musset, *Vignobles de Champagne et vins mousseux. Un mariage de raison (1650-1830)*, Paris, Fayard, 2008, p. 41.
2 René Gandilhon, *Naissance du champagne*, Paris, Hachette, 1968.
3 Site internet de l'Union des maisons de champagne : <www.maison-champagne.com>.

l'histoire des maisons de champagne, notamment deux monographies, l'une sur Clicquot[8], l'autre sur Moët & Chandon[9], et de nouvelles thèses, portant sur les origines et les premiers circuits commerciaux du champagne ont été soutenues ou sont en voie d'achèvement. Le champagne effervescent n'étant pas apparu *ex nihilo* à la fin du XVIIe siècle, les travaux des médiévistes, tant sur le vignoble

8 Michel Étienne, *Aux origines d'un grand champagne : Veuve Clicquot Ponsardin*, Paris, Economica, 1994.
9 Claire Desbois-Thibault, *L'Extraordinaire Aventure du champagne : Moët & Chandon, une histoire de famille (1792-1914)*, Paris, PUF, 2003.

que sur le vin au Moyen Âge, sont essentiels[10], en particulier parce qu'ils posent les bases pour les siècles suivants, comme le conclut Patrick Demouy[11].

Dans la perspective d'un renouveau de l'histoire du champagne, le bilan historiographique conduit à plusieurs réflexions méthodologiques. La première vient d'être évoquée et penche vers une approche chronologique, qui envisage la production vinicole dans sa continuité historique, en posant les questions des permanences et des ruptures qui existent depuis que la vigne pousse en Champagne, même si l'apparition du phénomène effervescent a modifié fondamentalement et durablement le devenir du vignoble. La seconde recommande une réflexion pluridisciplinaire car, par nature, le champagne intéresse autant les historiens que les géographes, les économistes, les juristes, les sociologues, ou encore les ethnologues. La troisième préconise une mise en comparaison avec d'autres vignobles français ou étrangers, dont l'historiographie abondante et déjà ancienne a proposé des débats pertinents et des conclusions auxquelles peuvent être confrontées les recherches champenoises[12].

Il fallait maintenant fédérer les initiatives et élargir les champs de recherche afin de contribuer à une synthèse historique exhaustive qui prenne en compte le champagne dans ses caractéristiques viticoles, ses exigences de vinification, et son intégration au sein des échanges commerciaux. L'originalité du présent ouvrage est de l'avoir fait en prêtant une attention toute particulière et légitime aux relations franco-allemandes à travers la production et le commerce du champagne. Car, parmi les marques qui aujourd'hui font la réputation du champagne à travers le monde, nombreuses sont celles qui, en raison de leur consonance germanique, laissent entrevoir l'existence d'un lien étroit entre la Champagne et l'Allemagne. Les différentes contributions rassemblées dans l'ouvrage analysent quelques-unes des facettes qui caractérisent ces relations franco-allemandes, notamment à l'épreuve des conflits, comme le souligne Werner Paravicini[13].

Bouteille de Veuve Clicquot Dry 1893, non ouverte et habillée de l'étiquette jaune. Cette bouteille a été découverte en 2004 dans un château situé sur l'île de Mull en Écosse, derrière le panneau coulissant d'un meuble de salon. La bouteille était restée là de nombreuses années, à l'abri de la lumière et de l'humidité. C'est aujourd'hui la plus ancienne bouteille habillée de l'étiquette jaune conservée par la Maison Veuve Clicquot Ponsardin.
Photo : Xavier Lavictoire, avril 2007
© Veuve Clicquot – De Visu

10 Jean-Pierre Devroye, *L'Éclair d'un bonheur : une histoire de la vigne en Champagne*, Paris, La Manufacture, 1989.

11 « Vins des moines et vins des chanoines en pays rémois au Moyen Âge », dans le présent ouvrage.

12 Alain Huetz de Lemps, *Vignobles et vins d'Espagne*, Talence, Presses universitaires de Bordeaux, 1993 ; Philippe Roudié, *Vignobles et Vignerons du Bordelais (1850-1980)*, Paris, CNRS, 1988 ; Helmut Arntz, *Champagner-Vorspiel*, Wiesbaden, Gesellschaft für Geschichte des Weines, 1984.

13 « Pour une histoire franco-allemande du champagne », dans le présent ouvrage.

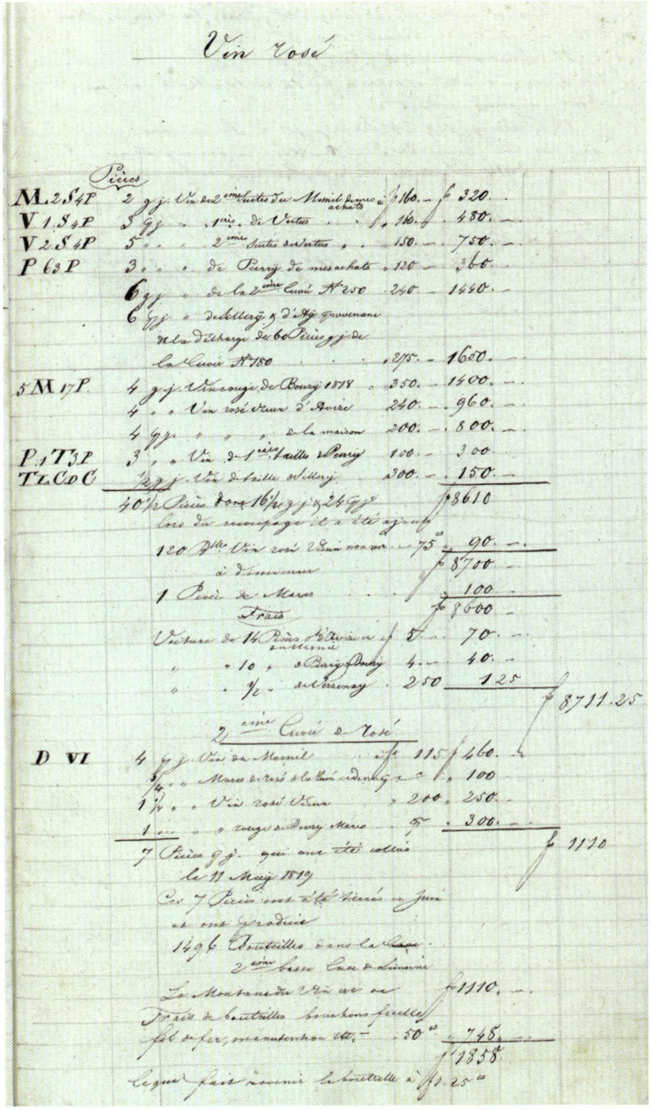

Extrait du livre de tirage de 1818.
Première mention de l'élaboration d'un rosé d'assemblage.
© Archives Veuve Clicquot Ponsardin

Dans ce but, trois angles d'approche ont été privilégiés en vue d'associer les préoccupations des universitaires et celles de la filière professionnelle actuelle. Il s'agit successivement d'envisager les relations entre le champagne et ses consommateurs, puis les acteurs du champagne, et finalement l'économie singulière de ce vignoble au XXe siècle.

LE VIN DE CHAMPAGNE ET SES CONSOMMATEURS

L'histoire du vignoble champenois commence bien avant l'apparition de la mousse, avec une production de vin tranquille, essentiellement rouge, déjà renommée, même si, par manque de travaux, bien des lacunes dans les connaissances sont à déplorer. Localisation des vignes, encépagement, façons culturales, rendements et gestion des domaines viticoles, religieux ou aristocratiques, ainsi que typicité et quantités des vins produits, savoir-faire de vinification ou réseaux de distribution sont quelques-uns des sujets d'études qui devraient permettre de mieux cerner la production vinicole médiévale en Champagne. Toutefois, Patrick Demouy[14] affirme qu'en sélectionnant, regroupant et amendant leurs parcelles, les chanoines et les moines du Moyen Âge ont dessiné la carte de l'appellation et préparé ainsi l'avènement d'un vignoble d'excellence.

La mousse, quant à elle, fait son apparition au sein de la production champenoise à la charnière des XVIIe et XVIIIe siècles, grâce, en particulier, à l'usage de la bouteille de verre, paramètre indispensable à la prise de mousse. L'attrait pour cette boisson, aux caractéristiques festives et innovantes – car elle substituait aux vins tranquilles traditionnels des vins effervescents – ne surprend pas dès lors qu'elle s'inscrit dans un vaste mouvement de révolution culturelle des goûts marquée par l'essor de la civilisation des vins de qualité, caractérisée elle-même par la recherche de

14 Voir sa contribution, déjà citée.

ANDRÉ JULLIEN, UNE RÉFÉRENCE POUR LA CONNAISSANCE DU VIGNOBLE ET DES VINS DE CHAMPAGNE AU XIXe SIÈCLE

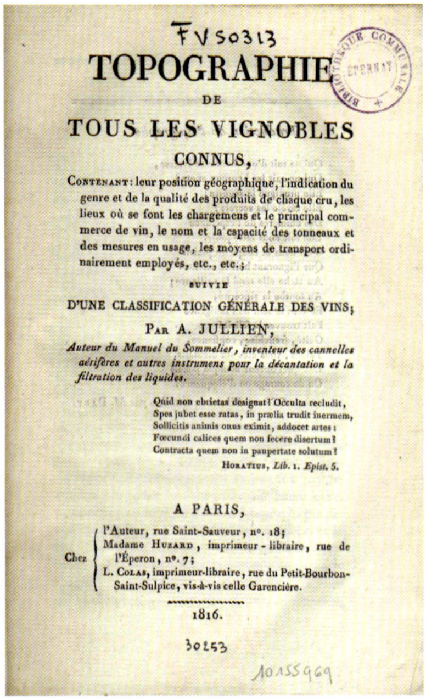

FV 50313

TOPOGRAPHIE DE TOUS LES VIGNOBLES CONNUS,

CONTENANT : leur position géographique, l'indication du genre et de la qualité des produits de chaque cru, les lieux où se font les chargemens et le principal commerce de vin, le nom et la capacité des tonneaux et des mesures en usage, les moyens de transport ordinairement employés, etc., etc. ;

SUIVIE

D'UNE CLASSIFICATION GÉNÉRALE DES VINS ;

PAR A. JULLIEN,

Auteur du Manuel du Sommelier, inventeur des cannelles aérifères et autres instrumens pour la décantation et la filtration des liquides.

Quid non ebrietas designat ! Occulta recludit,
Spes jubet esse ratas, in prælia trudit inermem,
Sollicitis animis onus eximit, addocet artes :
Fœcundi calices quem non fecere disertum ?
Contracta quem non in paupertate solutum ?

HORATIUS, *Lib.* 1. *Epist.* 5.

A PARIS,

Chez l'Auteur, rue Saint-Sauveur, nº. 18 ;
Madame HUZARD, imprimeur-libraire, rue de l'Éperon, nº. 7 ;
L. COLAS, imprimeur-libraire, rue du Petit-Bourbon-Saint-Sulpice, vis-à-vis celle Garencière.

1816.

30253

10155969

André Jullien, *Topographie de tous les vignobles connus*, Paris, 1816
© Médiathèque d'Épernay

Chercheur reconnu en matière d'œnologie et dans la mise au point de méthodes et de machines innovantes, ce marchand de vin parisien est bien connu des historiens de la vigne et du vin[1] pour la précision de ses propos et l'étendue de ses travaux qui servent de références pour l'histoire du vin au XIXe siècle.

En 1813, il publiait, pour la première fois, un *Manuel du sommelier*, ouvrage à succès qui fut couronné par Chaptal et la Société d'encouragement[2]. Trois ans plus tard, sa *Topographie de tous les vignobles connus*[3] proposait une large synthèse des connaissances des vignobles de France et du monde. L'attention qu'il accorda aux vins de champagne fit de ses publications une référence détaillée des problèmes et solutions apportées à l'élaboration du champagne au début du XIXe siècle.

Outre ces ouvrages, on lui doit l'invention de divers procédés aussi ingénieux qu'utiles qui méritèrent à Jullien des médailles à plusieurs expositions des produits de l'industrie. La plus notable est la cannelle aérifère, « sorte de conduits rigides munis de robinet permettant de tirer en bouteilles et de transvaser les vins avec un minimum de pertes » explique Jullien. En quelque sorte embryon des machines à tirer qui apparaîtront une décennie plus tard, cet appareil fut conçu à l'origine pour faciliter la mise en bouteille des vins mousseux, mais aussi pour favoriser le transvasement du liquide d'une bouteille dans une autre, sans perte de gaz ou de vin lorsque le besoin d'éclaircir les vins se présentait. Cette invention profita pleinement de son application dans les caves Moët. « En adoptant mes cannelles aérifères [...] M. Moët, négociant à Épernai, me fit connaître les pertes qu'il éprouvait sur le remplissage des vins mousseux et m'invita à chercher un moyen qui pût les diminuer. J'ai complètement résolu ce problème avec mon entonnoir aérifère double », assura Jullien[4].

Claire Desbois-Thibault

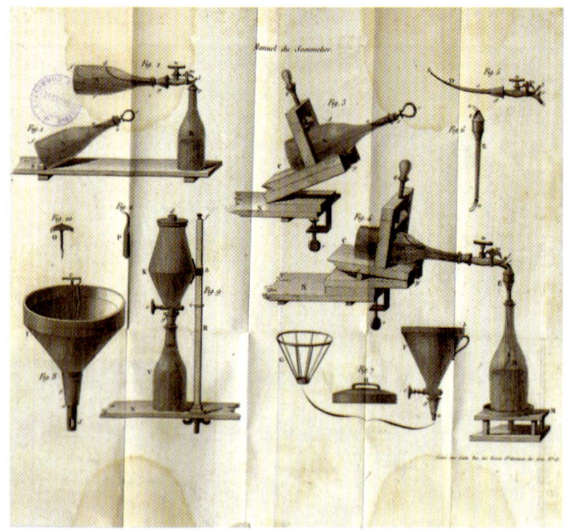

André Jullien, *Manuel du sommelier*, Paris, 1813
© Médiathèque d'Épernay

1 Cet érudit est connu pour la valeur et l'étendue de ses travaux qui servent de références pour l'histoire du vin au XIXe siècle. Il est, entre autres, cité par deux historiens : R. Dion, dans *Histoire du vignoble français*, *op. cit.*, et Marcel Lachiver, dans *Vins, vignes et vignerons. Histoire du vignoble français*, Paris, Fayard, 1988. Ses recherches sont également citées dans d'autres ouvrages, tels que ceux de René Gandilhon, *Naissance du champagne ; Dom Pierre Pérignon*, Paris, Hachette, 1968, ou Hugh Johnson, *Une histoire mondiale du vin*, Paris, Bordas, 1990, p. 236.

2 Le manuel fut publié sous le titre complet de *Manuel du sommelier ou Instruction pratique sur la manière de soigner les vins, suivi d'une planche*. Il existe trois éditions du *Manuel du Sommelier* : les deux premières, de 1813 et 1822, ont été écrites par André Jullien, la troisième, de 1860, a été revue, corrigée et augmentée par E. Jullien, ingénieur, très certainement son fils. - Voir Claire Desbois-Thibault, *L'Extraordinaire Aventure du champagne : Moët & Chandon, une affaire de famille (1792-1914)*, Paris, PUF, 2003, p. 51.

3 *Topographie de tous les vignobles connus, contenant leur position géographique, l'indication du genre et de la qualité des produits de chaque cru, les lieux où se font les chargements et le principal commerce de vin, le nom et la capacité des tonneaux et des mesures en usage, les moyens de transport ordinairement employés, le tarif des douanes de France et des pays étrangers, précédé d'une notice topographique sur les vignobles de l'antiquité et suivie d'une classification générale des vins* (éd. 1816, 1822, 1832 refaite et augmentée).

4 André Jullien, *Manuel du sommelier*, Paris, chez l'auteur, 1813, p. 139.

sensations gustatives nouvelles[15]. Au même titre que les bordeaux de garde, la production vinicole champenoise tend vers la primauté accordée aux vins rares, à prix d'achat élevé, comme le rappelle Jean-Pierre Poussou[16]. Néanmoins, en prenant progressivement une place de choix au sein de la production variée du vignoble champenois, le succès croissant du champagne mousseux conduit à s'interroger, d'une part, sur les circuits commerciaux qui ont été à la base de son expansion, et, d'autre part, sur l'ensemble des interactions qui, en unissant vin et consommateur, ont participé au premier succès du champagne. Progressivement, au fil des travaux publiés, les traits généraux du développement des ventes de champagne mousseux se précisent. Vin relativement cher dès l'origine, le champagne s'adresse à une clientèle aisée, par nature limitée en France, qu'il faut donc aller chercher au-delà des frontières. Le phénomène d'exportation n'est pas nouveau puisque les vins rouges champenois connaissaient des débouchés aux Pays-Bas ; il semble néanmoins l'être pour les pays germaniques puisque Rudolf Sprandel[17] souligne la faible place des vins des vignobles de l'est de la France sur les marchés allemands à la fin du Moyen Âge. Toutefois, avec le vin effervescent, l'expansion commerciale prend des formes et des proportions bien différentes. Fabrice Perron dresse ainsi un tableau précis des réseaux et de la typologie de la clientèle allemande de deux des principales maisons à l'époque du Directoire.

Se pose ainsi la question de la participation active des Allemands dans l'expansion commerciale du champagne, déjà envisagée par Georges Clause[18]. Attirés par l'activité économique de la Champagne, au XIXe siècle de nombreux Allemands, la plupart originaires des régions viticoles de Rhénanie ou d'Allemagne du Sud, s'installent en Champagne où ils intègrent des maisons de négoce, souvent comme représentants de commerce, parfois comme cavistes. La compétence et les apports techniques de ces émigrés allemands dans le perfectionnement de la vinification champenoise doivent être rappelés ici[19]. Fortement impliqués dans les entreprises

15 Gilbert Garrier, *Histoire sociale et culturelle du vin*, Paris, Larousse, 2002.

16 Voir sa contribution : « L'apparition des vins de qualité ou la mise en place d'une consommation viticole de luxe ».

17 *Id.*, « L'importation du vin de la France occidentale en Allemagne au bas Moyen Âge ».

18 Georges Clause, « Les Allemands et le champagne au XIXe siècle : hommes et techniques », dans Sylvette Guilbert, *La Champagne, terre d'accueil de l'Antiquité à nos jours*, Nancy, Presses universitaires de Nancy, 1994.

19 Georges Clause signale le rôle capital des émigrés allemands dans les améliorations techniques, avec, notamment, la table de remuage d'Antoine de Müller, le dégorgement après gélification des goulots utilisé par Henri Abelé, les mélanges de crus insolites imaginés par Édouard Werlé, ou encore les vins aux caractéristiques stéréotypées obtenus par Julius Mumm.

qui les emploient, certains deviennent les associés ou les gendres de leurs patrons, d'autres créent ou rachètent des maisons existantes, et font appel à une nombreuse descendance pour développer leurs affaires champenoises. L'usage de la langue allemande est alors pour eux un atout certain dans les échanges qu'ils tissent avec leurs régions d'origine. Les parcours des familles Heidsieck, Krug ou Deutz éclairent sur les stratégies que ces maisons emploient pour introduire le champagne en Allemagne. Mais, si des relations privilégiées se sont très naturellement construites autour des réflexes nationaux, les contributions ici rassemblées indiquent que les maisons d'origine germanique ne se limitent pas aux pays allemands puisque Roederer est fournisseur de la cour de Russie et que Bollinger conquiert des marchés en Angleterre, tandis que Charles Heidsieck part à la découverte de l'Amérique. Il faudrait d'ailleurs s'interroger sur la présence ou non d'autres étrangers en Champagne et, en particulier, sur l'absence, semble-t-il, des Anglais, pourtant pionniers dans la consommation du champagne mousseux.

Portrait d'Édouard Werlé (1801-1884)
par Léon Cogniet (1794-1880).
Huile sur toile (199 x 94 cm) peinte en 1866.
Entré dans la maison le 1er août 1821 en tant que stagiaire, Édouard Werlé devint l'associé de Madame Clicquot en 1831.
© Collection Veuve Clicquot

Mais c'est assurément la personnalité du commis voyageur, souvent étranger, qui paraît essentielle dans la construction des marchés internationaux du champagne. Ce personnage, clé de la réussite d'une maison de champagne au XIXe siècle, est déjà connu. Toutefois, plusieurs contributions en confirment, une fois encore, l'importance, grâce à des portraits renouvelés qui affinent davantage le profil de cet intermédiaire indispensable. Une solide santé physique et morale et l'ardeur au travail sont quelques-unes des qualités requises afin de pouvoir sillonner les contrées lointaines, parfois hostiles, souvent inhospitalières, pour implanter le champagne aux quatre coins de l'Europe et au-delà. C'est d'ailleurs grâce à leurs correspondances que se dessine ou se précise la relation complexe qui lie producteurs, champagnes et consommateurs. Benoît Musset[20] en trace les interactions étroites à l'époque des balbutiements du vin effervescent, cependant que Bärbel Kuhn et Marc

20 Voir sa contribution : « Les vins de Champagne et leurs consommateurs de 1650 à 1830 ».

Schalenberg en apportent des illustrations probantes pour les décennies suivantes. Tout comme les lettres connues de Louis Böhn avec Madame Clicquot, les correspondances dépouillées livrent des tableaux instructifs sur les appréciations des consommateurs. Plusieurs facteurs sont ainsi mis en évidence. La nécessité pour les négociants d'améliorer la qualité de leurs vins, tant pour leur apparence visuelle que pour leurs caractéristiques gustatives et sapides, est ce qui se détache le mieux. La mousse joue toujours un rôle prépondérant, et chaque marché se différencie par les exigences différentes des consommateurs, géographiquement, culturellement et socialement très variés. Cet état de fait exige des producteurs l'élaboration de cuvées distinctes afin d'atteindre une adéquation optimale entre l'offre et la demande. Le soin porté aux habillages et aux couleurs est également important, confortant ainsi la notion du champagne envisagé comme un produit de luxe.

En conséquence, les négociants doivent faire preuve de compétence dans leur métier de vinificateurs, à une époque où les phénomènes œnologiques sont mal connus, voire incompris, et où l'outillage insatisfaisant rend la production inconstante et les pertes économiques substantielles tout au long de l'élevage des vins, alors même que le prix de vente semble compenser le coût de revient élevé du champagne. Les exemples d'espionnage entre maisons concurrentes prouvent d'ailleurs que la maîtrise technique et la supériorité des savoir-faire sont des arguments de réussite. Or, aujourd'hui, le parcours technique du champagne mériterait d'être davantage étudié. En effet, l'histoire du vin mousseux est celle d'une lente évolution technique de la vinification, scandée par des échecs, des efforts renouvelés, et par des mises au point progressives et des innovations réussies, dans le but d'atteindre une production vinicole satisfaisante, tant en quantité qu'en qualité. Le champagne est donc le fruit d'une élaboration complexe, qui mit plus de deux siècles (XVIIIe-XIXe) à être comprise, maîtrisée et codifiée selon des normes qui définirent progressivement la méthode dite champenoise, et que la recherche scientifique contemporaine continue à perfectionner. Retracer les innovations introduites dans le processus et l'outillage vinicoles, ainsi que leurs conséquences sur la production, mesurer les effets des progrès de la chimie, de la biologie et de la technologie, faire l'état des lieux de la recherche œnologique actuelle apporteront des éclairages sur la capacité d'adaptation de la Champagne viticole afin de satisfaire sa clientèle. Ces informations pourraient d'ailleurs, à l'instar des travaux des historiens de l'alimentation, être consolidées par des mises en conditions réelles des vinifications d'autrefois, lesquelles illustreraient, par la dégustation notamment, ce que tout discours littéraire garde de strictement théorique[21].

LES ACTEURS DU CHAMPAGNE

Toutefois, le vin de champagne ne peut être compris sans s'intéresser aux hommes qui l'élaborent et le vendent. Il y a effectivement encore beaucoup à apprendre des principaux acteurs de l'économie du champagne, à savoir : les négociants et les vignerons, que l'usage local définit par les termes généraux de « négoce » et de « vignoble ».

Les négociants sont, bien évidemment, les premiers à avoir participé activement à l'essor du champagne. Les relations avec les vignerons, fournisseurs de matière première, la gestion de la production et des stocks en cave, les démarches promotionnelles, ainsi que les réseaux de distribution internationaux, ou les réponses apportées aux attentes des clients, déjà évoquées, sont quelques-uns des sujets inévitables de l'histoire des maisons de champagne qui, bien que déjà connus, gagneraient à être enrichis à la lueur des fonds d'archives encore inexploitées. D'ailleurs, l'étude du négoce ne se limite pas à une histoire commerciale. Nicolas Vergne souligne aussi l'intérêt d'une histoire sociale qui permettrait de déterminer les différences et les points communs dans le parcours des maisons de champagne et, bien souvent, des dynasties familiales qui les fondèrent. Il est vrai que, par exemple, au sein de la communauté du négoce, l'influence des négociants allemands, a été considérable. Citons ainsi le rôle d'Édouard Werlé, maire de Reims et député de sa circonscription, tout comme celui des patrons protestants, dans la mise en place de politiques sociales dans les établissements.

Mais l'étude du négoce champenois s'inscrit surtout dans le champ plus général des histoires d'entreprises qui, depuis des décennies, ont beaucoup progressé en France selon des problématiques propres à ce domaine de recherche. Les monographies consacrées à Clicquot ou à Moët & Chandon en sont des exemples, comme l'exposent Dominique Barjot et Michel Étienne[22]. Elles ont

---

21 Odile Redon, Linne Sallman, Sylvie Steinberg, *Le Désir et le Goût, une autre histoire (XIIIe-XVIIIe)*, Vincennes, Presses universitaires de Vincennes, 2006.

22 Voir sa contribution : « Veuve Clicquot-Ponsardin : aux origines d'un grand vin de Champagne ».

souligné l'intérêt d'une approche du fonctionnement interne des entreprises de champagne, autorisant des éclairages nouveaux et variés tant sur la réalité de la production en cave que sur les relations entre patrons et ouvriers, ou sur les principes de vie ou de formation imposés aux héritiers. Il s'agit également d'étudier la nature et l'évolution des structures commerciales, logistiques, et financières, et de s'interroger sur les voies de financement des investissements choisies par les maisons de champagne au cours de leur histoire pour satisfaire leurs stratégies de croissance consommatrices de capitaux.

Rayonnant dans le monde entier grâce à des marques attachées à des patronymes rappelant de notables réussites familiales, nombre de ces entreprises évoluent désormais au sein de grands groupes financiers, et posent la question des mutations identitaires entre l'ère des dynasties familiales et celle des dirigeants managériaux. De ce fait, les entreprises de négoce sont certainement le domaine le mieux connu de l'histoire du champagne, en particulier dans leurs réalités contemporaines, car elles sont la cible des préoccupations des économistes et des gestionnaires[23]. Il reste, néanmoins, à établir une synthèse générale qui fasse la jonction entre le négoce du XIXe siècle et celui du XXIe siècle, laquelle gagnerait certainement à être confrontée aux résultats des négociants des autres vignobles français.

En revanche, le vignoble et les vignerons champenois sont méconnus car il n'existe pas, pour cette région, de grands travaux pluridisciplinaires comme pour d'autres vignobles français. Dès l'époque médiévale, pourtant, le vignoble champenois jouit d'une réputation croissante grâce à sa production de vin tranquille. Puis, à partir du XVIIe siècle, il connaît une lente mais irréversible mutation en évoluant progressivement vers une production de vin effervescent de qualité supérieure. De cette spécialisation découlent de nombreuses questions d'histoire rurale pour l'étude desquelles la collaboration avec les géographes, en particulier, est indispensable.

L'une d'elles concerne la propriété foncière en Champagne. Des grands domaines ecclésiastiques ou aristocratiques au morcellement actuel du parcellaire, la structure foncière du vignoble a considérablement évolué au fil des décennies et a eu de nombreuses répercussions économiques, notamment avec

23 Francis Declerck, *Où va le cycle du champagne ? Facteurs de performance dans le champagne au regard du diagnostic stratégique et financier de 20 Maisons*, Cergy-Pontoise, Éditions du Centre de recherche de l'ESSEC, 2004.

l'instauration d'une double économie, celle des vignerons-fournisseurs et celle des négociants-producteurs. L'étude de la propriété foncière viticole, marquée notamment par le démantèlement des grands domaines médiévaux et la multiplication de la petite propriété, jusqu'à la forte spéculation foncière actuelle, illustre les transformations économiques et les phénomènes de répartition des pouvoirs de décision au sein du vignoble. Aujourd'hui, avec l'émergence du phénomène coopératif, encore peu étudié, et l'installation de nombreux vignerons producteurs, cette structure doit faire face à des enjeux économiques considérables qui se cristallisent notamment autour de la question des approvisionnements du négoce et du prix du raisin. À chaque situation correspond une forme économique dont il conviendrait d'examiner les forces et les faiblesses, ainsi que les répercussions sur l'équilibre économique et social du vignoble champenois.

Une autre piste de recherche concerne le mode de viticulture pratiqué en Champagne, depuis l'époque médiévale jusqu'à la conduite scientifique et raisonnée du XXIe siècle, en passant par la mécanisation progressive depuis la fin du XIXe siècle. L'encépagement (sélection, porte-greffe, clone…), les rendements (densité de plantation, réglementations diverses…), les coûts de production, ou encore les luttes contre les maladies ou catastrophes naturelles constituent, entre autres, des

École de viticulture à Fort Chabrol, sélection de réductions de greffe après triage, vers 1900
© Moët & Chandon

Le travail des vignerons, début XXe siècle
© Moët & Chandon

thèmes essentiels de l'histoire du vignoble. Ainsi, par exemple, les méthodes culturales, déjà modifiées après le phylloxéra, connaissent au XXe siècle une accélération du processus de mutation par l'introduction de nouvelles techniques plus performantes, telles la non culture ou l'usage de produits phytosanitaires. Les nouvelles pratiques culturales, relayées par des politiques de plantation, de densité et de rendement, qui ont évolué au fil des décennies, ont également permis d'accroître les possibilités de production[24]. Ces phénomènes de mutation sont aujourd'hui au cœur des préoccupations de la filière, en raison de la prise en considération des questions d'environnement et de la mise en place d'une viticulture raisonnée. Tous ces axes permettront, en particulier, de comprendre les réponses successivement apportées par les vignerons aux conditions naturelles du terroir dans la formation d'un vignoble de qualité.

Aux transformations des propriétés et des méthodes culturales correspondent aussi des évolutions de la main-d'œuvre viticole. Or, qu'ils soient propriétaires ou exploitants pour le compte d'autrui, les vignerons représentent, à toutes les époques, l'un des piliers fondamentaux de l'économie de la Champagne. Il faut donc envisager la taille et la structure des exploitations, leur évolution dans le temps, les statuts des vignerons dans le circuit productif et économique, le coût du travail et la rémunération des récoltes, mais aussi la transmission des savoir-faire, sans oublier les crises violentes qui ont secoué le monde vigneron, notamment à la fin du XIXe siècle.

24 André Garcia et Jack Guilliou, *Champagne : un nouvel équilibre*, Reims, Presses universitaires de Reims, 1979.

UNE ÉCONOMIE SINGULIÈRE

Le troisième volet de l'histoire du champagne concerne l'économie singulière que connaît l'ensemble de la filière, depuis le milieu du XXe siècle, grâce à une prospérité évidente provoquée par l'ascension vertigineuse des ventes. Croissance des volumes, évolution des prix de vente, émergence de marchés nouveaux, démocratisation de la consommation du champagne sont les paramètres contemporains de l'économie du champagne qu'il faut examiner, tout comme les possibilités et contraintes spécifiques de l'activité, en particulier face aux problèmes de la concurrence et de la contrefaçon, ceci afin de déterminer la place et le rôle du champagne dans les résultats du commerce extérieur, ainsi que sa contribution à l'image de la France dans le monde.

Ce phénomène s'accompagne d'un bouleversement de l'économie locale avec, en particulier, de fortes mutations au sein du vignoble. Les vignerons, jusqu'alors uniquement fournisseurs de matière première, choisissent de profiter aussi de l'essor de la consommation du champagne tandis qu'en parallèle les coopératives viticoles se développent. En effet, après plusieurs tentatives infructueuses au cours du XIXe siècle, le mouvement coopératif s'amorce réellement après 1911, puis s'affirme, surtout après la seconde guerre mondiale, avec un réel essor, au point d'être aujourd'hui un acteur indispensable de l'économie du champagne. Or, le phénomène coopératif en Champagne, sa naissance, son développement et son impact actuel dans l'économie du vignoble mériteraient d'être davantage examinés. Quittant leur rôle traditionnel de producteurs de raisins, les vignerons contraignent le négoce à s'adapter à de nouvelles règles du marché de la matière première.

Un tel changement de statut bouleverse les équilibres économiques du champagne et explique le rôle de l'interprofession, orchestré par le Comité interprofessionnel du vin de Champagne, le CIVC, dont Jean-Pierre Husson, dans le cadre d'études des relations franco-allemandes, dresse le contexte controversé de sa création[25]. Toutefois, depuis 1970, cette organisation interprofessionnelle maintient l'équilibre entre l'offre et la demande sur le marché très prisé des raisins afin d'éviter les crises spéculatives. Les questions d'approvisionnement, de plantation, de prix du raisin sont les sujets principaux qui scandent depuis plusieurs décennies la vie économique de la

LE CHAMPAGNE TOUJOURS ET POUR TOUJOURS

Président de la Compagnie française de l'exposition de Shangaï, José Frèches est interrogé sur le pavillon français conçu autour de « la ville sensuelle ». Le journaliste, Ghislain de Montalembert, lui demande : « quelle image la France a-t-elle cherché à donner d'elle-même ? ».

La réponse fait une place éminente au champagne dont l'attrait ne cesse de se développer en Chine, et plus généralement dans toute l'Asie.

« il fallait offrir aux Chinois ce qu'ils attendent. Pour eux, la france est le pays du romantisme, de l'art de vivre, du champagne, et de la haute gastronomie ».

Le Figaro Magazine, 13 février 2010, p. 48

25 Voir sa contribution : « Le vin de Champagne à l'épreuve de l'occupation allemande 1940-1944 ».

FRÈRE OUDART (1652-1742)

Né à Dormans, le 5 novembre 1654, Jean Oudart entre à l'âge de 20 ans à l'abbaye bénédictine de Saint-Pierre-aux-Monts à Châlons où il devient frère convers en 1678.

Remarquant ses aptitudes pour la culture de la vigne et la vinificatin des vins, le père abbé l'envoie à Pierry, près d'Épernay, où la congrégation possède un domaine viticole qui s'étend sur les communes de Pierry, Chouilly, Avize, Cramant et Épernay. Le commerce des vins tient alors une place non négligeable dans la gestion des abbayes. Grâce à des techniques vitivinicoles soignées, Frère Oudart parvient à produire des vins délibérément mousseux qu'il vend, en bouteilles, à une clientèle aisée par l'intermédiaire du marchand Adam Bertin de Rocheret.

Claire Desbois-Thibault

Champagne viticole. Parce qu'encore largement méconnu, cet axe prioritaire de recherche consiste à envisager le rôle des structures professionnelles du vignoble (mouvement syndical, mutualiste, coopératif et interprofessionnel) dans le fonctionnement du secteur. Ces modifications entraînent aussi une redistribution de la commercialisation, avec la double contrainte de soutenir l'essor des ventes tout en maintenant un équilibre dans une économie vitivinicole largement dépendante de la conjoncture nationale et désormais internationale. Dans ce contexte s'inscrivent toutes les questions se rapportant à la notion de l'appellation.

Au regard de cet essor considérable des ventes de champagne dans la seconde moitié du XXe siècle, il est possible de se demander si le champagne est toujours un vin de luxe, tel qu'il était perçu aux époques précédentes, comme l'exposent Hans Ottomeyer[26] et Philippe Roudié[27] ? Car, aujourd'hui, par suite de la croissance exceptionnelle de la production et de l'accès du plus grand nombre au champagne, se pose la question de la démocratisation de la consommation du champagne et, avec elle, le possible fléchissement de l'image mythique de ce vin d'exception. Et pourtant, en analysant les axes de communications des principales marques, Jean-Robert Pitte insiste sur la part de rêve qui anime toujours les symboles véhiculés par le champagne[28]. Il semble donc que l'on continue de consommer du champagne par convention sociale. L'étude du processus sociologique, qui a conduit à l'implantation mythique du champagne dans l'imaginaire collectif, tient, dans son histoire, une place importante à laquelle il conviendrait de réfléchir davantage.

L'histoire du champagne est donc vaste et ambitieuse. De nombreuses pistes sont ouvertes ou à découvrir, qui ne trouveront pas de réponses immédiates et définitives sans un long travail au sein des archives. Toutefois, les articles rassemblés dans le présent ouvrage contribuent à en dresser un premier état ; ils prouvent surtout l'intérêt d'un renouveau de l'histoire de la vigne et du vin en Champagne.

26 Voir sa contribution : « L'Empire du champagne 1750-1850 ».

27 *Id.*, « Les vins de Champagne dans les listes de la seconde Loterie nationale française en 1795 ».

28 *Ibid.*, « Luxe, calme et volupté : construction de l'image du champagne du XVIIe siècle à nos jours ».

Jean-François de Troy (1679-1752), *Le Déjeuner d'huîtres*, huile sur toile, Chantilly, musée Condé © RMN (Domaine de Chantilly) / Harry Bréjat

Louis de Surugue de Surgis (1686-1762), « Le roi [Louis XV] à la chasse », gravure, Versailles, châteaux de Versailles et de Trianon © RMN (Château de Versailles) / Droits réservés

LE CHAMPAGNE, UNE BOISSON DE COUR

Le premier grand essor du champagne est lié au fait que sa vogue naît comme une boisson aristocratique et princière, à la fois par suite de son coût et de ce qu'il représente aussitôt. Ce caractère de boisson aristocratique par excellence, qui est le sien dans la première moitié du XVIIIe siècle, éclate tout particulièrement avec les deux très célèbres tableaux que sont *Le Déjeuner d'huîtres* de Jean-François de Troy (1679-1752) et *Le Déjeuner de jambon* de Nicolas Lancret (1690-1743), le premier étant le plus connu. Il s'agit de deux œuvres, commandées par Louis XV lui-même, que le souverain fit accrocher dans une de ses salles à manger de Versailles, auxquelles il faut joindre *Une halte de chasse* de Carle Van Loo (1705-1765), commandée également par le roi, mais pour Fontainebleau[1].

Ce serait une erreur de continuer à voir dans ces scènes de genre, comme on le fait encore parfois, de véritables repas princiers. Il s'agit de scènes de liberté et de joie de vivre, ne réunissant qu'un nombre limité de convives, au retour de la chasse ou pendant celle-ci, dont l'intérêt primordial pour nous est que le champagne y figure, et qu'il entre ainsi pour la première fois dans les peintures. On reconnaît très bien les bouteilles dans le tableau de Van Loo, et ce sont les mêmes que l'on retrouve dans celui de Troy, dont la réalisation est beaucoup plus animée. La chasse est finie ; on est revenu et, sans présence féminine – c'est un retour de chasse – les participants se régalent d'huîtres et de champagne. « Tout est en mouvement : les valets ouvrent les coquillages, les aristocrates, reconnaissables à leurs habits richement brodés, en croquent la chair. L'un d'eux tend une main impatiente, l'autre s'essuie la bouche... Certes, par l'huître, le tableau justifie son titre, mais toute la scène est particulièrement animée par le champagne, omniprésent »[2]. *Le Déjeuner de jambon* se situe peut-être, lui-aussi, au retour d'une chasse, mais on est peut-être aussi, tout simplement à la fin d'un pique-nique aristocratique au cours duquel l'atmosphère a été particulièrement joyeuse et bachique. « La scène est alerte et respire la joie de vivre. On y voit, au centre, un amphitryon couronné de feuillages, grimpé sur son siège et un pied sur la table, versant du champagne dans une flûte comme un Oriental sert le thé à la menthe, sous le regard amusé de ses voisins... Les joues des convives ne doivent pas leur rougeur seulement à l'air vif. Les gentilshommes », en tenue négligés, « sont tête nue, la bonne humeur générale... »[3].

Par delà l'intérêt chronologique de cette première représentation picturale du champagne, les trois œuvres nous apportent beaucoup

1 Louis XV aimait beaucoup chasser à Fontainebleau. Pour y décorer ses appartements, il commanda à François de Troy, toujours à la même époque – vers 1737 – *La Mort du cerf*. On retrouve d'ailleurs le champagne sous forme des bouteilles pansues de l'époque dans une gravure, celle de Louis de Surugue de Surgis : *Louis XV à la chasse*. – On le voit, le lien est très fort entre le goût de Louis XV pour le champagne et la chasse.

2 Jean-Marie Pinçon, *Le Champagne dans l'art*, Paris, Thalia, 2007, p. 42.

3 *Ibid.*, p. 10.

sur sa première histoire. Sur sa place tout d'abord : une boisson légère, rafraîchissante, roborative pour les chasseurs, source également de la plus grande bonne humeur... Des éléments essentiels de sa vogue future sont ainsi déjà en place. On le boit frais : les rafraîchissoirs et les seaux à glace sont là pour le prouver. La forme des bouteilles apparaît clairement. Comme il mousse alors beaucoup moins qu'aujourd'hui, une des solutions est de le verser de haut dans les verres qui sont déjà des flûtes dans *Le Déjeuner de jambon*. Notons encore le mariage avec les huîtres, destiné à une si grande fortune, et avec le jambon, trois ingrédients de repas festifs sans cérémonie, sans que néanmoins la place exacte du champagne dans la gastronomie soit déjà réellement fixée. On peut d'ailleurs se demander si sa vogue première n'a pas été liée à ce type de rencontres agréables et largement débridées.

Benoît Musset a souligné récemment que ces tableaux nous montrent que l'acte de déboucher une bouteille de champagne ou de verser celui-ci n'était nullement confié par principe aux domestiques, ce qui mérite d'être noté. Il a également proposé, tout récemment, d'autres éléments d'interprétation. Ainsi, *Le Déjeuner d'huître* serait aussi « une sorte de manuel visuel » destiné à montrer comment bien utiliser le champagne, « en guise d'avertissement aux invités à respecter certaines convenances [en la matière] à une époque où elles étaient en train de se fixer ». Quand au *Déjeuner de jambon*, c'est, nous dit-il, « un tableau beaucoup plus complexe et au sens plus mystique. Plus qu'un manuel de boire, c'est un manuel de comportement du buveur, non plus sur le plan matériel, mais sur le plan moral. La scène suit une organisation pyramidale très nette, isolant plusieurs personnages remplissant chacun une fonction particulière et exprimant un message. Le regard est d'abord attiré par le roi de la fête, surmonté d'une couronne de feuilles faisant de lui le nouveau Bacchus... [Il] n'est pas ivre. S'il a les joues roses – il a manifestement beaucoup bu –, il conserve toute sa lucidité » alors qu'au contraire plusieurs des autres buveurs « représentent plusieurs stades de l'ivresse, sur un ton plutôt péjoratif.

Nicolas Lancret (1690-1743), *Le Déjeuner de Jambon*, huile sur toile, 1735, Chantilly, musée Condé
© RMN (Domaine de Chantilly) / René-Gabriel Ojéda

Peder Severin Kroyer (1851-1909), *Hip hip hourra*, fête d'artistes à Skagen, huile sur toile, 1888, Goteborgs Konstmuseum (Suède)
© The Bridgeman Art Library

La déchéance – voire la dérogeance étant donné le milieu social dans lequel on se trouve – prend ici trois visages. À droite, nous avons le buveur affalé, roulant sous la table, les joues fort rouges, continuant de boire, la tenue débraillée, la serviette mal ajustée, affichant un rire sans grâce à la limite de la niaiserie. À gauche, nous trouvons l'homme embrassé par la femme mondaine, éloignée des canons de la beauté du temps... La déchéance côtoie le grotesque. À l'extrême gauche, enfin, se situe une autre image de la déchéance, avec le buveur solitaire... Finalement, seul le nouveau Bacchus échappe à la déchéance ou à la bassesse provoquée par le vin ». Pour Benoît Musset, ce nouveau Bacchus est sans doute Louis XV lui-même, et le tableau est un manuel de comportement destiné à rappeler aux convives, au nombre limité, que choisit Louis XV, qu'ils doivent rester maîtres de leur comportement : « l'apparente familiarité des petits appartements » ne doit pas faire oublier qui est le souverain ni le respect qui lui est dû[4].

Jean-Pierre Poussou

4 Benoît Musset, « La représentation du vin de Champagne en bouteilles dans les petits appartements du Roi à Versailles », dans Christophe Bouneau et Michel Figeac (dir.), *Le Verre et le Vin de la cave à la table, du XVIIIe siècle à nos jours*, Pessac, Maison des sciences de l'Homme d'Aquitaine, 2007, p. 81-94, spécialement p. 86-92.

DE LA NAISSANCE ET DE LA NATURE DE NOTRE CHAMPAGNE

Il a été beaucoup écrit sur la naissance et sur la nature du vin mousseux de Champagne, devenu notre champagne. Celui-ci bénéficia pendant longtemps d'un héros éponyme en la personne de dom Pérignon, qu'entouraient quelques satellites du meilleur niveau, comme le chanoine Jean Godinot, ou, avec un décalage dans le temps, la veuve Clicquot.

Il n'est plus nécessaire de trop s'appesantir aujourd'hui sur le rôle de dom Pérignon : René Gandilhon[1] et François Bonal[2] ont fait justice d'une légende qui n'est au demeurant née qu'au XIXe siècle[3], donc bien longtemps après lui puisqu'il est décédé en 1715. Le cellérier de l'abbaye bénédictine d'Hautvillers fut certes un grand dirigeant d'une exploitation viticole – ce qu'était aussi cette abbaye – qu'il agrandit considérablement, faisant passer le vignoble d'Hautvillers de 10 à 24 hectares, puisqu'il en resta procureur de 1688 à 1715. La réputation de ses vins en pièces était considérable, et il paraît certain qu'il fut un grand assembleur de cépages. À l'opposé, rien n'indique qu'il ait produit du mousseux ! Mais, comme vient de le rappeler fort justement Benoît Musset, grâce aux soins qu'il apporta à ces productions, sous sa direction les vins d'Hautvillers atteignirent des prix exceptionnels qui ne peuvent s'expliquer que par leur grande qualité : il n'y a donc rien d'étonnant à ce que la nouvelle boisson favorite des élites européennes ait été placée sous son patronage[4] !

S'il y eut donc un « inventeur » de notre champagne, nous ne saurons jamais qui il fut ! Ce qui est sûr, c'est que sa vogue est venue du goût des plus hautes élites anglaises de la Restauration pour du vin pétillant, que les vins produits en Champagne y étaient particulièrement bien adaptés, et que les producteurs champenois ont su répondre à la demande. Il était relativement facile de trouver les vins les plus adéquats, encore que cela n'allait pas immédiatement de soi et qu'il fallut sans aucun doute un certain temps pour s'apercevoir que des raisins rouges convenaient mieux que des blancs. Il était beaucoup plus ardu de maîtriser les fermentations alcoolique et malolactique[5], sans laquelle il n'y aurait pas les bulles.

1 René Gandilhon, *Naissance du champagne*, Paris, Hachette, 1968.
2 François Bonal, *Dom Pérignon : vérité, légende*, Langres, Dominique Guéniot, 1995.
3 *Ibid.*, p. 80-84 et p. 167-174.
4 Benoît Musset, *Vignobles de Champagne et vins mousseux : Histoire d'un mariage de raison 1650-1830*, Paris, Fayard, 2008, p. 87-88.
5 Celle-ci provient de la dégradation de l'acide malique du vin par l'acide lactique. Elle adoucit des cuvées qui ont besoin de l'être, mais elle a aussi pour effet secondaire de produire du gaz carbonique, en moindres quantités néanmoins que la fermentation alcoolique. Plus lente, elle demande en moyenne quatre à six semaines, mais est de plus en plus répandue depuis les années 1950 avec la généralisation des cuves à fermentation. – Voir *La Champagne et ses vins*, Bordeaux, Féret, 2006, p. 159-160.

Statue de dom Pierre Pérignon (1639-1715), moine bénédictin. Sculpture de Léon Joseph Chavalliaud (1858-1921) réalisée en 1910, Épernay (Marne) © CAP / Roger-Viollet

Le champagne pétillant est en effet le résultat d'un assemblage, qui peut être extrêmement complexe et correspondre à plusieurs dizaines de vins issus de cépages, parcelles et récoltes différents[6], et d'une fermentation alcoolique, qui est « la transformation des sucres en éthanol et en gaz carbonique »[7]. Ce sont les levures et le sucre[8] qui produisent l'un et l'autre. Mais la boisson que nous aimons n'apparaît qu'après une deuxième fermentation : « une fois l'assemblage réalisé, on y ajoute du sucre (environ 24 grammes par litre), des levures et des nutriments pour ces dernières. Le tout est versé dans d'épaisses bouteilles scellées, qui sont placées à l'horizontale dans une cave dont la température (10 à 12° C) et l'hygrométrie demeurent constantes ; puis on laisse ensuite le vin fermenter lentement une seconde fois, pour qu'il produise à nouveau de l'alcool et du gaz carbonique »[9]. Il faut ensuite laisser vieillir le vin afin que meurent les levures – cela demande quelques semaines –, et qu'un lent remuage permette de « clarifier le vin en stockant le dépôt des levures mortes dans le col de la bouteille ». Dans ce but, « chaque jour, le remueur leur donnera un léger mouvement de rotation en redressant peu à peu la bouteille, de façon à ce que le dépôt descende progressivement dans le col[10]... L'étape suivante est le dégorgement. Celui-ci consiste à geler le col de chaque bouteille, créant un bouchon de glace qui piège les sédiments de levure dans le goulot. Les bouchons sont alors retirés, et la pression chasse la glace chargée de résidus hors de la bouteille »[11].

Le champagne doit en effet être à la fois clair et pétillant. Cette dernière propriété est donc donnée par les bulles qui ont fait l'objet récemment d'une véritable étude scientifique par Gérard Liger-Belair[12]. Celui-ci nous montre que les bulles apparaissent parce qu'au moment du débouchage de la bouteille, la considérable pression à l'intérieur de celle-ci – 6 atmosphères – « chute brutalement », obligeant le champagne à retrouver un nouvel état d'équilibre. « Dès lors, les molécules de gaz carbonique dissous n'ont plus qu'une idée : fuir le liquide pour rejoindre l'atmosphère. Le liquide doit donc évacuer les quelque 12 grammes par litre de gaz carbonique qu'il contient en excès ». C'est ainsi qu'« environ 11 millions de bulles s'échappent d'une bouteille ». Ce sont leur multiplicité et leur finesse qui donnent tout son caractère au champagne, par l'intermédiaire... des impuretés déposées à la surface du verre dans lequel on le verse ! « Imaginez une flûte[13] parfaitement exempte de la moindre particule de matière : le champagne que l'on verserait dans ce verre idéalement 'propre' serait totalement dénué de bulles »[14] !

6 Leur mélange, les proportions et les mariages réalisés sont l'art des chefs de caves et donnent à chaque vin sa particularité.
7 Gérard Liger-Belair, *Le Champagne. Effervescence, la science du champagne*, Paris, Odile Jacob, 2009, p. 40-42.
8 On doit donc en ajouter aux moûts issus des vendanges.
9 *Ibid.*, p. 45.
10 La technique moderne consiste à disposer les bouteilles dans des caisses qui sont installées horizontalement sur des gyropalettes. La machine tourne la caisse de 1/8° de tour toutes les 6 heures en la redressant légèrement. L'opération dure une semaine.
11 *Ibid.*, p. 48-49.
12 Voir note 5.
13 Sur l'origine de la flûte et de son utilisation, voir F. Bonal, *Dom Pérignon*..., *op. cit.*, p 126-127.
14 G. Liger-Belair, *Le Champagne. Effervescence*..., *op. cit.*, p. 62-75.

Effervescence des bulles de champagne,
cliché Alain Cornu
© Comité interprofessionnel du vin de Champagne

Et notre auteur d'ajouter que la flûte, à cet égard, convient mieux que la coupe, car elle « concentre dans un espace étroit tous les arômes qu'elles [les bulles] libèrent lors de leur éclatement, prolongeant la sensation de fraîcheur et l'effervescence du champagne »[15].

Mais, la pression liée au gaz carbonique a eu pour conséquence qu'avant de pouvoir développer le champagne mousseux, il a fallu disposer d'un verre à bouteilles capable de supporter la pression de ce même gaz[16], et de bouchons d'une qualité suffisante pour le contenir. Les Anglais ont eu cela plus tôt que les autres grâce à leurs verreries au charbon de terre et, dès les années 1660, à un liège espagnol ou portugais de la meilleure qualité. Il fut plus difficile pour les Champenois de maîtriser cette question, et les pertes restèrent sévères jusqu'au début du XIXe siècle. François Bonal, qui a remarquablement étudié les débuts de la champagnisation, rappelle à ce propos que, dans la deuxième moitié du XVIIIe siècle, il pouvait y avoir 50 % de casse et davantage pour les bouteilles, qu'au milieu du XIXe siècle elle pouvait encore être de l'ordre du cinquième, et qu'elle se situait à 8 % à la fin de ce même siècle[17]. Mais le produit était d'un prix tel que ces pertes pouvaient être compensées.

Jean-Pierre Poussou

15 *Ibid.*, p. 56.
16 Elle s'avère catastrophique pour les tonneaux, qui éclatent.
17 François Bonal, *Dom Pérignon : vérité, légende*, *op. cit.*, p. 153-156.

L'ÉLABORATION DU CHAMPAGNE OU LA COMPLEXITÉ DE L'EFFERVESCENCE[1]

Après une cueillette soignée et un pressurage délicat commence un long processus d'élaboration qui va donner naissance à l'effervescence et à l'épanouissement organoleptique et visuel du champagne.

Jusqu'à la seconde guerre mondiale, après le pressurage, les moûts étaient mis en fermentation dans des tonneaux. Dans les grandes maisons de champagne, les quantités impressionnantes de futaille exigeaient des celliers de vastes dimensions.

L'important besoin de futailles engendrait une forte activité de la tonnellerie à la veille des vendanges.

Aujourd'hui, les barriques de bois sont utilisées de façon marginale pour le vieillissement d'une partie des vins de réserves de certaines maisons (Krug, Bollinger, Salon...).

© Comité interprofessionnel du vin de Champagne et Moët & Chandon

1. Préparée par Claire Desbois-Thibault, cette synthèse sur l'élaboration du champagne ou la complexité de l'effervescence est issue de l'ouvrage *Les Mots du champagne*, Épernay, CIVC, 2005.

Au XIXe siècle de grands foudres de chêne étaient nécessaires comme en témoignent le Grand Foudre Mercier (ci-dessus) ou celui de Gallé conservé chez Pommery.

En 1904, Émile Gallé sculpta pour Pommery un foudre de 700 hectolitres que le thème de l'amitié franco-américaine. Il fut présenté à l'Exposition universelle de Saint Louis (Missouri – USA) en 1903.

Aux fûts de chêne ont succédé les cuves en béton, puis récemment les cuves en inox.

Aujourd'hui, la vinification se fait dans des cuves en inox. Deux fermentations se produisent. La première est alcoolique : les moûts sont transformés en vins sous l'action des levures qui consomment les sucres, produisent de l'alcool et des arômes floraux et fruités, caractéristiques des vins jeunes. Une seconde évolution se produit en cuve : la fermentation malolactique qui transforme l'acide malique en acide lactique et apporte au vin des notes aromatiques briochées et beurrées. Généralement recherchée en Champagne, cette fermentation est parfois empêchée par certains élaborateurs.

© Comité interprofessionnel du vin de Champagne et Moët & Chandon

© Comité interprofessionnel du vin de Champagne et Moët & Chandon

En mariant des vins et de cépages et de terroirs différents, des millésimes différents pour les cuvées non millésimées, c'est-à-dire des vins aux qualités organoleptiques variées, les Champenois créent des vins supérieurs à ceux de l'ensemble des vins intervenant dans l'assemblage. Sont alors recherchés une harmonie et un équilibre gustatif et sensoriel qui n'existeraient pas sans l'intervention créatrice de l'homme.

Lors de la dégustation préalable, les vignerons et chefs de chefs de cave ont à leur disposition une palette de vins variés. Ils doivent imaginer la meilleure complémentarité entre les éléments dont ils disposent, le but étant d'obtenir un vin caractéristique du style de son élaborateur mais qui puisse aussi se perpétuer et se reconnaître d'année en année.

Au milieu du XIXe siècle, après avoir assemblés dans de grands foudres des vins aux caractéristiques différentes et auxquels est ajoutée une liqueur de tirage qui favorise la prise de mousse en bouteille, le vin était mis en bouteille grâce à des tireuses mécaniques. En raison du nombre de personnes nécessaires pour cette opération, le tirage était une période de grande effervescence.

Auparavant, les bouteilles dont la qualité avait été minutieusement vérifiée, étaient soigneusement lavées. Chez Moët & Chandon, le rinçage à la main a rapidement été abandonné au profit de machines qui, jusqu'en 1989, étaient les seules à être motorisées. Elles permettaient une plus grande capacité de nettoyage dans un laps de temps réduit. De nos jours, cette opération est automatisée.

Hier comme aujourd'hui, une fois le vin en bouteille, celles-ci sont descendues en cave pour la prise de mousse et la maturation sur lies.

Grâce à une deuxième fermentation alcoolique en bouteille, les vins deviennent effervescents. Au cours d'une durée de 6 à 8 semaines, les levures consomment le sucre et libèrent dans le vin, outre de l'alcool et du gaz carbonique, les alcools supérieurs et des esthers qui contribuent aux caractéristiques sensorielles du vin. Une transformation organoleptique s'opère.

La maturation sur lies, étape cruciale de l'élaboration, apporte des arômes spécifiques aux champagnes et permet l'épanouissement progressif des arômes de maturité et de plénitude, dits arômes tertiaires.

Aujourd'hui, la législation fixe des durées minimales de séjours en caves. Il doit s'écouler au moins 15 mois entre le tirage et l'expédition dont 12 mois obligatoirement sur lies. Le délai est porté à 3 ans pour les millésimes. Mais dans la réalité, la durée en cave est presque toujours plus longue, en moyenne de 2 à 3 ans pour les cuvées non millésimées, entre 4 et 10 ans pour la plupart des millésimes.

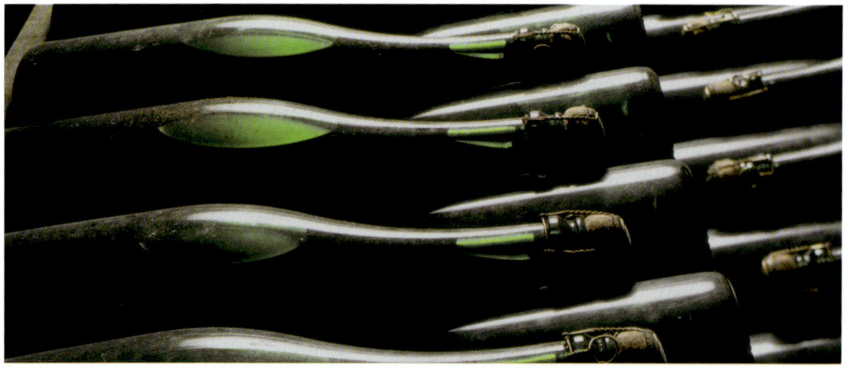

© Comité interprofessionnel du vin de Champagne et Moët & Chandon

Lors de leur séjour en cave, les lies constituées par les levures qui se sont multipliées dans la bouteille, forment un dépôt. Pour éliminer ce trouble, on procède au remuage.

Ce geste traditionnel consiste à faire descendre progressivement le dépôt de levures dans le col de la bouteille pour pouvoir l'expulser. Il consiste à faire tourner la bouteille de 1/8 ou de 1/4 de tour, à gauche ou à droite, à partir d'un trait de craie tracé sur le culot, tout en la redressant progressivement de l'horizontale à la verticale. Ces balancements successifs reproduits depuis plus de deux siècles par les cavistes-remueurs, permettent au dépôt de ramasser les petites particules et d'obtenir un vin parfaitement limpide. Une bouteille est remuée manuellement en moyenne 25 fois sur la durée d'un mois et demi.

Un système mécanique ingénieux permet d'automatiser le remuage manuel. Un « gyropalette » à l'œuvre 24 h/24 et 7 j/7 ramène le délai de remuage d'un mois et demi à une ou deux semaines pour un résultat identique.

© Comité interprofessionnel du vin de Champagne et Moët & Chandon

Une fois le dépôt dans le col de la bouteille, on procède à son extraction. Longtemps manuelle, cette opération dite dégorgement à la volée demandait une grande dextérité : tenant la bouteille, goulot vers le sol, le caviste enlève, avec un crochet spécial, l'agrafe retenant le bouchon et, par un mouvement leste et adroit, redresse la bouteille tout en éjectant en même temps le bouchon, le dépôt résiduel et quelques centilitres de champagne.

De nos jours, l'opération du dégorgement est automatisée. Les bouteilles sont sur pointe, le dépôt de levures est dans le goulot, et le col de la bouteille est plongée dans une solution à –25 °C à l'ouverture, la pression expulse le glaçon renfermant le dépôt. Les bouteilles restent ouvertes environ 30 secondes, puis sont refermées avec un bouchon de liège. Juste avant une liqueur de dosage est ajoutée.

Le dosage consiste à un apport de sucre fondu dans du vin de Champagne. La concentration en sucre détermine le type de champagne : extra-brut, brut, sec, demi-sec, doux. Dès qu'il est dosé, le vin est bouché à l'aide de son bouchon définitif et retenu par un muselet. Très importante au XIXe siècle, suivant des pourcentages variables suivant les destinations, cette quantité de sucre a considérablement diminuée depuis 150 ans.

Au XIXe siècle, les muselets étaient fabriqués à la main.

© Comité interprofessionnel du vin de Champagne et Moët & Chandon

© Comité interprofessionnel du vin de Champagne et Moët & Chandon

On estime à plusieurs centaines de kilomètres le réseau des caves champenoises.

© Comité interprofessionnel du vin de Champagne et Moët & Chandon

Aujourd'hui les nouvelles caves qui se créent en Champagne ne sont plus toutes creusées en sous-sol. Grâce aux progrès des techniques d'isolation, de climatisation et de contrôle de l'hygrométrie, elles reécrent en surface les conditions idéales de conservation.

© Comité interprofessionnel du vin de Champagne et Moët & Chandon

Dans la seconde moitié du XIXe siècle, des maisons de champagne rémoises, à l'étroit dans leurs anciens locaux du centre-ville, installent leurs caves dans le quartier Saint Niçaise. Le sous-sol de cette butte fut, depuis l'époque Gallo-romaine mais surtout au Moyen Âge, des carrières de pierre creusées dans la craie. Des puits dont près de 300 ont été recensés, s'évasent à mesure que l'on descend. Longtemps inexploitées, les négociants les investirent et les agrandirent en perçant de nouvelles galeries.

© Comité interprofessionnel du vin de Champagne et Moët & Chandon

L'ESSOR D'UNE CONSOMMATION DE LUXE : GRANDS VINS ET EAUX-DE-VIE DE QUALITÉ (1650-1850)

Jean-Pierre Poussou
Université Paris-Sorbonne

Il y a, bien sûr, une histoire spécifique du vignoble et du vin de Champagne. Ce serait néanmoins une erreur que de s'en tenir là : en réalité, elle s'inscrit dans un cadre plus général, qui est celui de la naissance et du développement des vins et des eaux-de-vie de qualité, dans la seconde moitié du XVIIe et au XVIIIe siècle. C'est, en soi, une histoire merveilleuse puisqu'en un laps de temps réduit, comme on le verra, des vins aussi différents les uns des autres que le xérès, le madère, le médoc ou le champagne sont quasiment créés et deviennent des grands vins d'une qualité supérieure, au prix très élevé, un produit de luxe donc, mais aussi un des éléments fondamentaux d'une société de consommation qui est en train de se mettre en place très progressivement. Ce sont des vins chers, voire fort chers, que ne boivent fréquemment que des élites sociales fortunées, mais que connaît un public beaucoup plus large, et dont la consommation ne cesse de s'étendre du haut en bas de l'échelle sociale. Il s'y ajoute le premier développement des grands cognacs, sans oublier un essor relatif et d'ailleurs différent, beaucoup moins important, de l'armagnac. L'histoire de l'essor de notre champagne, ce vin mousseux et pétillant que nous connaissons, ne saurait donc être isolée. Son développement répond à des changements techniques concernant sa production et sa conservation, mais il en est de même pour les autres grands vins de qualité. Quant à leur vogue, elle correspond à un changement du goût et à des capacités d'achat accrues d'un nombre de plus en plus grand de consommateurs, sans oublier la mise en place ou le développement de circuits commerciaux et de conditions de vente qui sont également une des nouveautés de l'époque dans le domaine qui nous intéresse.

La recherche de vins de qualité, les prix très élevés que l'on consent pour se les procurer ne sont certes nullement des nouveautés de la fin du XVIIe et du XVIIIe siècle. Gilbert Garrier l'a bien montré, et il a notamment souligné la politique menée par les ducs de Bourgogne afin de disposer de blancs et de rouges de Bourgogne du meilleur niveau[1], ou encore à quel point sont appréciés au Moyen Âge et durant toute l'époque moderne les vins blancs sucrés de Chypre ou de Malvoisie[2]. Pourtant, il s'est passé quelque chose d'intrinsèquement nouveau à partir du milieu du XVIIe siècle : à la fois l'apparition de nouveaux produits et la rapidité avec laquelle ils ont connu la célébrité. Henri Enjalbert, le premier, en avait aperçu l'importance[3], et c'est sous sa direction que René Pijassou en a fait la démonstration pour le Médoc, avec l'apparition des *New French Clarets*, qui représentent en eux-mêmes une véritable « révolution viticole »[4]. Néanmoins, pas davantage que celle du champagne, l'histoire des nouveaux médocs ne peut être étudiée isolément. Nous avons affaire à un phénomène tout à fait étonnant : l'histoire de chacun des nouveaux grands vins ou grandes eaux-de-vie de qualité est particulière, profondément spécifique, mais, en même temps, par delà les particularités historiques et l'évolution singulière qui l'expliquent, on se trouve en face d'un phénomène beaucoup plus général : la demande nouvelle, de plus en plus forte, en produits viticoles de qualité, fussent-ils d'un prix

Château-Latour (domaine de la commune de Pauillac, Gironde), 1er grand cru du Médoc, panneau décoratif, intérieur du palais de l'Alimentation, Paris, Exposition universelle de 1900 (détail gauche)
© Léon et Lévy / Roger-Viollet

1 *Histoire sociale et culturelle du vin*, Paris, Bordas, 1995, p. 45.

2 *Ibid.*, p. 48. – Les inventaires après décès parisiens mettent tout à fait en valeur l'importance des vins liquoreux méditerranéens dans les caves des élites sociales : voir, par exemple, J.-P. Poussou et E.-L. Séguet, « Les caves à vin des Parisiens à l'époque du Consulat », dans C. Le Gars et Ph. Roudié (dir.), *Des vignobles et des vins à travers le monde : hommage à Alain Huetz de Lemps,* Talence, Presses universitaires de Bordeaux, 1996, p. 331-352.

3 « Comment naissent les grands crus : Bordeaux, Porto, Cognac », *Annales ESC*, 1953 ; *id.*, *Histoire de la vigne et du vin : l'avènement de la qualité*, Paris, Bordas, 1975 ; voir encore son article fondamental : « La naissance des grands vins et la formation du vignoble moderne de Bordeaux 1647-1767 », dans Alain Huetz de Lemps (dir.), *Géographie historique des vignobles*, t. I, *Vignobles français*, Bordeaux/Paris, CNRS, 1978, p. 59-92.

4 *Un grand vignoble de qualité : le Médoc*, Paris, Tallandier, 1980, 2 vol., t. 1, chap. VI, p. 360-420.

Château Haut-Brion (vignoble avec château xvie s., agrandissement xviie s.), Pessac (Gironde)
© akg-images/Archives CDA/Guillot

élevé, a fait naître, dans des conditions précises et toujours particulières, de nouveaux produits, ce qui a nécessité d'importants changements techniques. Autrement dit, sont venus se conjuguer et additionner leurs effets : un changement des goûts, – Marguerite Figeac parle même d'une « révolution du goût »[5] –, la capacité accrue à acheter des produits plus chers, la mise en place de circuits commerciaux capables de lier producteurs ou vendeurs et acheteurs ou consommateurs, la capacité des producteurs à proposer de nouveaux produits.

Il y en a plusieurs exemples[6]. Le premier est donc celui des graves et des médocs rouges. Le vignoble est ancien dans cette région, mais, à l'époque médiévale, la production est faible, et elle ne concerne qu'un « bon vin de consommation courante », peu chargé en alcool et consommé « en primeur ». Il n'est pas encore question de « grands crus »[7]. Le changement se produit, dans la seconde moitié du xviie siècle, sur le magnifique domaine de graves de Haut-Brion, appartenant à une famille de grande noblesse de robe, les Pontac, qui ont créé à cet endroit un beau et important domaine viticole sur lequel ils ont mis au point ou adopté, dans la seconde moitié du xviie siècle, de nouvelles techniques viticoles. Souhaitant produire des « vins droits de goût », ils ont commencé à pratiquer l'ouillage et le tirage au fin qui les épure en éliminant les lies[8]. Le but est double : proposer un vin de meilleure

5 Elle écrit : « Tout cela fut le résultat d'une véritable révolution du goût qui se produisit dans la seconde moitié du xviie siècle en Angleterre et en Hollande, pour s'affirmer ensuite dans toute l'Europe des Lumières ». - Voir son texte : « Corps et âme du vin (xviie-xviiie siècle) », dans Françoise Argod-Dutard *et al.* (dir.), *Voyage au pays du vin : histoire, anthologie, dictionnaire*, Paris, Robert Laffont, 2007, p. 533-562, p. 534-535.

6 Bien entendu, pour éviter de surcharger cette contribution, je n'en étudierai en profondeur qu'une partie. Ainsi je ne parlerai guère du xérès, je laisserai de côté le tokay, et je n'aborderai le porto que par référence ou comparaison à d'autres vins.

7 René Pigassu, *Un grand vignoble de qualité, op. cit.*, p. 308-310.

8 *Ibid.*, p. 345-347.

qualité ; l'adapter à la demande du marché, qui s'avère être, en l'espèce, le marché londonien, lequel est depuis longtemps le débouché par excellence des vins du Bordelais[9]. Or, à l'évidence, ce marché offre au milieu du XVIIe siècle de nouvelles possibilités dont tirent parti avant tout les propriétaires médocains : on y trouve des consommateurs, disposant des moyens nécessaires, connaisseurs, et recherchant des vins aux goûts particuliers. Il est frappant de voir qu'en 1665 Samuel Pepys écrit, dans son journal : « J'ai, côte à côte, dans mon cellier, deux tierçons de claret, deux demi-barriques de vin des Canaries, et un plus petit fût de sack [xérès], un baril de Tent [vino tinto, espagnol], un autre de Malaga, et encore un autre de vin blanc »[10]. Là où René Pijassou ne voit que la recherche de la diversité et non de la qualité, j'aperçois, pour ma part, tout comme Marguerite Figeac, non seulement la volonté de ne plus s'en tenir aux clarets traditionnels[11], mais surtout la recherche « de vins rares »[12], l'attrait pour des vins inhabituels. Dans ce cas, l'acheteur va obligatoirement vers des vins relativement coûteux, sinon toujours d'une qualité supérieure aux autres du moins d'une réelle spécificité. En fait, déjà la recherche de grands vins est présente puisqu'au début du XVIIIe siècle les prix des Haut-Brion ou des Latour sont 4 à 6 fois supérieurs à ceux des vins courants[13]. Autrement dit, la diversité des prix, donc une hiérarchie de la qualité, est clairement en place au début du XVIIIe siècle. En ce qui concerne les vins du Médoc, elle s'est mise en place depuis un demi-siècle, ou peut-être même trois quarts de siècle, et elle est liée au marché anglais, qui reste le marché par excellence.

Sans doute faut-il aussi y voir le résultat d'une guerre économique ou douanière, et de la concurrence des vins méditerranéens, c'est-à-dire espagnols et portugais[14]. À l'évidence, au moins à partir du milieu du XVIIe siècle – et le texte de Pepys

Sir Godfrey Kneller (1646-1723), *Samuel Pepys* (1633-1703), XVIIe siècle, huile sur toile, Royal Society of Arts, Londres
© The Bridgeman Art Library

9 On sait que depuis le mariage d'Aliénor d'Aquitaine avec Henri Plantagenêt les liens ont été, jusqu'à la défaite anglaise de 1453, très étroits entre Bordeaux et l'Angleterre. Ils sont toujours réels aux XVIe-XVIIe siècles, au moins en ce qui concerne le marché des vins bordelais.

10 Cité par R. Pijassou dans *Un grand vignoble de qualité*, *op. cit.*, p. 338.

11 Les clarets, ou clairets, sont des vins rouges et non pas des vins rosés ; mais il s'agit d'un rouge léger – ou « clair ». – Voir Jean-Bernard Marquette, « La vinification dans les domaines de l'archevêque de Bordeaux à la fin du Moyen Âge », dans *Géographie historique des vignobles*, t. I, *Vignobles français*, *op. cit.*, p. 123-147, spécialement p. 139. – J.-B. Marquette souligne qu'il existe aussi un « vin rouge » ou « vin vermeil ».

12 R. Pijassou, *Un grand vignoble de qualité*, *op. cit.*, p. 338.

13 Christian Huetz de Lemps, « L'entrée de Latour dans le grand commerce », dans Charles Higounet (dir.), *La Seigneurie et le vignoble de Château Latour*, Bordeaux, Fédération historique du Sud-Ouest, 1974, 2 vol., t. I, p. 199-207.

14 Même si, bien entendu, *stricto sensu*, les vins de Porto, de Madère ou des Canaries ne sont pas méditerranéens.

Canaletto (1697-1768), *Londres vue depuis une arche du pont de Westminster*, Syon House, Middlesex
© The Bridgeman Art Library

Jean-Baptiste van Loo (1684-1745), *Portrait de Sir Robert Walpole*, *c.*1740, huile sur toile, collection privée
© Philip Mould Ltd, London / The Bridgeman Art Library

Sir Robert Walpole (1676-1745), qui fut de fait premier ministre de la Grande-Bretagne de 1721 à 1742, est une figure emblématique de cette élite sociale britannique qui a tellement aimé les nouveaux médocs, xérès, portos et champagnes mousseux qu'elle les a imposés créant la révolution du goût viticole entre le milieu du XVIIe et le milieu du XVIIIe siècle.

en témoigne, les Anglais – avant tout les Londoniens – ont pris goût à ces vins plus lourds produits dans la région de Jerez ou celle de Porto, qu'ils ont connu dès le XIVe siècle, tout en continuant à boire avant tout des clarets bordelais. Il est difficile de proposer une chronologie précise et assurée mais, ce qui est tout à fait vraisemblable, c'est que tout cela est lié à la présence de plus en plus grande des Anglais sur les marchés méditerranéens à partir de la fin du XVIe siècle. Ils y reviennent en effet à partir de 1573 et ne cessent dès lors d'être présents, apportant notamment des morues et des textiles colorés, légers et peu coûteux, les *New Draperies*[15]. En retour, ils ramènent des épices, d'autres textiles, et des produits méditerranéens, dont des vins. C'est ainsi qu'ils ont pris l'habitude d'apprécier des vins plus colorés – plus « noirs » –, plus lourds et plus alcoolisés que les clarets bordelais[16]. Sans que l'on ait des précisions à ce sujet, le mécanisme paraît évident : il en est venu de plus en plus, donc les prix ont baissé, et leur

15 Voir, entre autres, Jean-Pierre Poussou et Xavier Labat-Saint-Vincent, « Les relations commerciales entre l'Angleterre et l'Italie à l'époque moderne », dans François Livi et Carlo Ossola (dir.), *De Florence à Venise : hommage à Christian Bec*, Paris, PUPS, coll. « Jalons », 2006, p. 585-611.

16 En fait, « les pays ibériques sont depuis longtemps les principaux fournisseurs de l'Europe occidentale en vins généreux, c'est-à-dire en vins d'un degré alcoolique élevé, en général fortifiés avec une certaine quantité d'eau-de-vie. Ce ne sont pas des vins de table consommés au cours des repas, mais des vins de dessert, d'apéritif ou de goûter ». – Voir Alain Huetz de Lemps, « Les vins généreux des pays ibériques et le marché européen », *Primeras Jornadas de Estudio Norte de Portugal/Aquitania*, Porto, CENPA, 1986, p. 118-146.

consommation est devenue possible à un plus large public, ce qui a notamment été le cas pour les portos à partir du rapprochement avec le Portugal[17]. Or, à partir des années 1680, les vins français sont devenus à la fois rares et chers pour la clientèle anglaise. C'est une conséquence de l'hostilité croissante entre ces deux pays qui sont entrés à partir de 1689 dans « une nouvelle guerre de Cent Ans »[18]. D'une part, pour financer la guerre, il y eut un quadruplement des droits sur les importations entre 1690 et 1704 ; d'autre part, en 1693-1696 les produits français furent frappés par des droits prohibitifs, ce qui avait déjà été mis en place provisoirement en 1678 et en 1689. Il ne s'agit pas de protéger l'économie anglaise mais de frapper directement des pans entiers des exportations de la puissance ennemie, notamment pour ses ventes de textiles, de vins et d'eaux-de-vie[19]. L'efficacité en fut très réelle, comme le souligne David Hancock à partir des statistiques du commerce anglais élaborées par Élisabeth Schumpeter[20] : dans un contexte de très forte croissance, puisque les importations de vins en Grande-Bretagne sont multipliées par trois d'après les statistiques douanières, les vins portugais se taillent la part du lion, car ils représentent 65 % de ces importations ; les îles Canaries et l'Espagne en groupent 25 % ; la France seulement 4 %[21]. En fait, la Grande-Bretagne absorbait bien davantage de vins et d'eau-de-vie provenant de France que ne le disent les statistiques du commerce, grâce à de très importantes importations illégales, notamment par l'intermédiaire de l'Irlande, mais, bien entendu, nous ne pouvons pas en connaître le volume ni ses variations. Ceci étant, il est certain que, s'agissant des vins courants, la France, en particulier le Bordelais, qui avait si longtemps dominé le marché anglais, n'y tenait plus qu'un rôle résiduel. Le changement peut être daté très précisément : si, dans un premier temps, celui des années 1680, des vins français qualifiés de « portugais » avaient continué à entrer en fraude, ce ne fut plus possible entre

17 Mariage de Charles II et de Catherine de Bragance, le 23 juin 1661.

18 Jean Meyer et John Bromley, « La seconde guerre de Cent Ans (1689-1815) », dans François Bédarida, François Crouzet et David Johnson (dir.), *De Guillaume le Conquérant au Marché commun : dix siècles d'histoire franco-britannique*, Paris, Albin Michel, 1979, p. 153-191.

19 Ralph Davis, « The Rise of Protection in England 1689-1786 », *Economic History Review*, XIX, 2, 1966, p. 306-317.

20 Élisabeth Schumpeter, *English Overseas Trade Statistics 1697-1808*, Oxford, Oxford UP, 1960, tableaux XVI-XVII.

21 David J. Hancock, « A revolution in the trade: wine distribution and the development of the infrastructure of the Atlantic market economy 1703-1807 », dans John J. McCusker & Kenneth Morgan (dir.), *The Early Modern Atlantic Economy*, Cambridge, Cambridge UP, 2000, p. 105-153, ici p. 119-120 .

Jacob Huysmans (*c.* 1633-1696), *Reine Catherine de Braganza*, *c.* 1665, huile sur toile, Kenwood House, Londres/ © English Heritage Photo Library / The Bridgeman Art Library

Catherine de Bragance
L'intérêt des Anglais pour les portos puis pour les madères est directement lié au resserrement des relations avec le Portugal que concrétise le mariage de Charles II et de Catherine de Bragance, le 23 juin 1661, et qu'ancre définitivement le traité anglo-portugais du 27 décembre 1703, dit traité de Methuen, du nom du plénipotentiaire anglais. L'espace économique portugais est désormais dominé par la Grande-Bretagne mais le traité suscite un développement encore plus rapide des ventes en Grande-Bretagne des vins de Porto, un tiers moins chers que les vins français.

1689 et 1696, et les exportations de Porto[22] s'accrurent notablement : « les palais anglais s'habituèrent aux vins lourds et capiteux du Portugal, oubliant le bon vieux claret bordelais », et lorsque, de 1697 à 1702, il fut à nouveau possible de faire entrer des vins français, cela ne se produisit pas : « les vins espagnols et portugais ne reculèrent pas », sans doute parce que les droits douaniers étaient prohibitifs[23]. Il en fut de même pour les eaux-de-vie, les brandevins français étant alors remplacés par une production massive de gin, meilleur marché, ce qui développa l'ivresse populaire que nous ont décrite les auteurs de la première moitié du XVIIIe siècle, et dont Hogarth a fait – avec « la ruelle du gin », en 1751

22 On notera à ce sujet que l'appellation « Vinho do Porto » n'a surgi que dans la deuxième moitié du XVIIe siècle, en 1675, en liaison avec les exportations vers l'Angleterre, ce qui ne signifie nullement qu'il n'y avait pas déjà dans la vallée du Douro une production de vins de qualité ; au contraire, elle est attestée dès le XVIe siècle. – Voir Gaspar Martins Pereira, « Le porto, un vin imbibé d'histoire », dans G. M. Pereira (dir.), *Le Vin de Porto*, Porto, Instituto dos Vinhos do Douro e do Porto, 2003, p. 37-62.

23 H.E.S. Fisher, *The Portugal Trade - A study of Anglo-Portuguese commerce 1700-1770*, London, Methuen, 1971.

– un des thèmes majeurs de ses gravures[24]. L'industrie anglaise du gin démarra à partir d'un *Act* de 1690, connu sous le nom de *William's Act*, qui encourageait la distillation d'eaux-de-vie et de liqueurs à partir de céréales.

On peut en dire autant du marché américain auquel est liée la transformation de vins courants de l'île de Madère en un produit de qualité. Colonisée par les Portugais à partir de 1425, l'île fait une grande place à la vigne au XVIe siècle, produisant notamment des malvoisies. Les marchés européens et américains leur font un important accueil : dans l'une des grandes pièces de Shakespeare, *Henry IV* (1597), Sir John Falstaff est accusé d'avoir vendu son âme pour un verre de Madère ! Pourtant, à la fin du XVIe et au début du XVIIe siècle, les prix en sont peu élevés, ce qui indique qu'il s'agit de vins communs[25], mais des négociants anglais s'installent dans l'île dès 1640 et, dans la seconde moitié du XVIIe siècle, elle devient avec les Açores le grand fournisseur en vins des colonies anglaises d'Amérique. Ce sont des vins blancs, proches des vins grecs, qui ont l'avantage de bien se conserver à bord des navires et dans les pays tropicaux, mais qui ne sont que de simples vins de table. Au cours du XVIIIe siècle, ils sont fondamentalement transformés. D'une part, les madères deviennent des vins fortifiés auxquels on ajoute une petite quantité d'eau-de-vie, et du moût rouge pour leur donner de la couleur, du corps, de la douceur et de la saveur. À la fin du XVIIIe siècle, lorsqu'on parle de madère, on désigne désormais un vin de grande qualité, « une boisson très complexe, hautement travaillée, vieillie et labellisée »[26]. Le succès est tel, dès la fin du XVIIe siècle que la production du vin éclipse à Madère celle du sucre, et qu'au XVIIIe siècle il représente 90 % des exportations de l'île[27]. Notons au passage que tout cela s'insère dans un

Édouard Grützner, « Falstaff » (William Shakespeare), 1910, huile sur toile, Munich (Sotheby's) © akg-images

Falstaff dans ses œuvres.
Shakespeare fut et reste encore le meilleur agent commercial de ce vin. Il fait dire à Falstaff : « Un bon xérès a deux effets : d'abord, il monte au cerveau, éloigne les tristes et sottes pensées qui l'enténèbrent, delie la langue et l'esprit, il réchauffe le sang et en chasse la pusillanimité et la couardise ». Et le dramaturge met encore dans la bouche de son héros : « Si j'avais un millier de fils, le premier principe que je leur inculquerais, ce serait de fuir les breuvages sans force et de s'adonner au xérès ».

24 Voir Patrick Dillon, *Gin: The Much-Lamented Death of Madam Geneva: The Eighteenth-Century Gin Craze*, Boston, Justin, Charles and Co., 2002, p. 7.

25 Alain Huetz de Lemps, *Le Vin de Madère*, Grenoble, Glénat, 1989, p. 30. L'auteur s'appuie sur un texte de Gaspar Fructuoso datant de 1590.

26 D. J. Hancock, « A revolution in the trade: wine distribution and the development of the infrastructure of the Atlantic market economy 1703-1807 », art. cit., p. 108 ; voir également A. Huetz de Lemps, *Le Vin de Madère*, *op. cit.*

27 *Ibid.*, p. 31.

Vue des plus anciennes caves à vin de Madère au musée de la Compagnie du vin de Madère renfermant des documents de sociétés anglaises qui ont fondé la « Madeira Wine Co »
© akg-images / Rainer Hackenberg

mouvement plus général : celui de la pénétration anglaise dans l'économie portugaise et hispano-américaine.

C'est également dans la deuxième moitié du XVIIe siècle et au XVIIIe qu'apparaissent les grandes eaux-de-vie de vin (cognac, armagnac), qui deviennent aussi des produits de qualité, ce qui n'est pas encore le cas des eaux-de-vie de grains (gins, whiskies[28]). Dans un premier temps, le rôle des Hollandais a été essentiel puisqu'ils ont développé les brandevins, ou eaux-de-vie de vin, dont ils avaient besoin pour leurs périples océaniques, au lieu de se tourner vers des eaux-de-vie de grains, ou *acquavits*. Dès le premier tiers du XVIIe siècle, l'Aunis, la Saintonge et une partie du

28 Pour les whiskies, voir James Darwin, *La Grande Histoire du whisky*, Paris, Flammarion, 1992.

Sud-Ouest (Lannes[29], Agenais et Condomois) deviennent de grands producteurs d'eau-de-vie pour les Hollandais, car les vins portugais ou espagnols n'ont pas les mêmes qualités à cet égard[30]. Puis, à partir de la fin du XVIIe siècle, on commence à les faire vieillir dans des fûts de chêne neufs, les *Old Cognac brandy* apparaissant dans les ventes aux enchères londoniennes au tout début du XVIIIe siècle[31]. Peut-être est-il excessif de personnaliser les nouveaux modes de production, néanmoins il semble que le rôle du britannique Martell, arrivé à Cognac en 1718, celui de Delamain, venu d'Irlande et issu d'une famille huguenote, qui crée une maison avec Ranson en 1761, et celui d'un autre natif d'Irlande, Hennessy, à partir de 1765, ont été décisifs pour la mise au point définitive et la vente des produits de qualité, ce qui ne doit pas nous faire oublier le rôle des maisons locales, plus proches de la production[32].

L'éclosion de notre champagne correspond à la même période chronologique. On avait autrefois beaucoup attribué à dom Pérignon mais, aujourd'hui, notamment grâce à François Bonal, nous savons qu'il n'en fut rien, même si la maîtrise dont il fit preuve pour mélanger des vins d'origines diverses, fut très importante pour la suite. Dom Pérignon n'a pas créé le champagne, mais il paraît assuré qu'il fut un excellent vinificateur[33]. Les premiers vins mousseux et pétillants – les *sparkling wines* – sont prisés en Angleterre dans la seconde moitié du XVIIe siècle. Or, les vins blancs de Champagne, déjà connus dans ce pays, apparaissent très vite comme convenant parfaitement à cette nouvelle mode à laquelle les producteurs réussissent à répondre rapidement. On a donc eu la conjonction d'une mode et d'un goût anglais : celui pour des vins mousseux et (ou) pétillants, et la découverte – mais c'est tout ce que nous savons ou pouvons conjecturer - que les vins alors produits en Champagne y étaient particulièrement aptes. Ce n'était pas d'ailleurs des vins blancs, c'est-à-dire issus de raisins blancs, mais des vins gris, produits avec des grappes rouges. Il a fallu en fait que cela se mette en place avant 1680

Mains tenant une bouteille. Étude publicitaire pour le cognac Denis-Mounié, France, vers 1950
© Laure Albin-Guillot / Roger-Viollet

29 C'est le nom ancien des Landes de Gascogne. Je l'utilise pour éviter toute confusion avec l'actuel département qui n'en est qu'une partie.

30 Henri Enjalbert, *Histoire de la vigne et du vin, l'avènement de la qualité,* Paris, Bordas, 1975, p. 85-87.

31 *Ibid.*, p. 120-122.

32 Une autre eau-de-vie a connu un très fort développement au XVIIIe siècle, notamment en Angleterre après 1750 : le rhum. Mais il m'a paru sage de ne pas l'envisager ici, cette eau-de-vie de canne à sucre ayant une évidente spécificité par rapport aux eaux-de-vie européennes. – Voir Alain Huetz de Lemps, *Histoire du rhum*, Paris, Desjonquères, 1997.

33 François Bonal, *Dom Pérignon : vérité, légende*, Langres, Dominique Guéniot, 1995, notamment p. 59-70.

Jacques Wely, (v. 1873-1910).
« Jules Robin & Co, Cognac ; affiche ».
Lithographie en couleur, 1901,
Champenois imprimeur,
Paris, Bibliothèque Forney
© Bibliothèque Forney / Roger-Viollet

car, ensuite, les droits douaniers anglais très élevés, dont nous avons déjà parlé, auraient été un très gros handicap ; il faut donc remonter un peu la chronologie traditionnellement proposée : l'habitude de boire des champagnes pétillants a dû forcément être prise au début de la Restauration, voire un peu avant. Peut-être d'ailleurs les royalistes émigrés en France avaient-ils apprécié les vins de Champagne ? C'est d'ailleurs la chronologie retenue désormais par de nombreux auteurs, dont Gilbert Garrier. Celui-ci nous rappelle que le vin de Champagne était devenue au XVIIe siècle « le premier vin de la cour de France », mais il avait un inconvénient : sa « prise spontanée de mousse, par refermentation des sucres résiduels au printemps », avec pour conséquence « une grande calamité » : les tonneaux se disjoignaient. Cette difficulté, nous dit Gilbert Garrier, fut « d'abord maîtrisée par les acheteurs anglais, initiés par l'écrivain et pamphlétaire, Saint-Évremond, exilé de France en 1659[34] : ils enferment le vin dans de solides bouteilles en verre fondu à la houille, fermées d'un bouchon de liège enfoncé en force dans un goulot à la bague renforcée. Ce *sparkling champaign* plaît par sa mousse, et non simplement par son goût, à l'aristocratie anglaise, alors en pleine crise de snobisme. Les négociants de Londres ajoutent même du sucre pour en augmenter l'effervescence »[35]. Ce qui est certain, c'est qu'à la toute fin du XVIIe siècle la renommée du vin pétillant et (ou) mousseux de Champagne est faite en Angleterre et qu'elle est en train de gagner la France.

Une distillerie à Cognac (Charente), 1959, photographie de Janine Niepce (1921-2007) © Janine Niepce / Roger-Viollet

34 Notons que dom Pérignon naît en 1648 et meurt en 1715.
35 Gilbert Garrier, « Naissance des grands crus », *L'Histoire*, n° 213, septembre 1997, p. 30-35.

Une caractéristique commune à ces vins et eaux-de-vie est la recherche de la qualité, ce qui signifie, comme je l'ai déjà souligné, des prix élevés, ce qui implique aussi une hiérarchie et, très vite, un classement, tel celui que propose Thomas Jefferson en mai 1787[36]. Une autre caractéristique, non moins importante, est qu'on peut les garder plusieurs années, les faire vieillir donc, alors que les vins et produits de distillation antérieurs ne se conservaient pas. Il faut d'ailleurs se demander si Henri Enjalbert n'a pas eu tort de choisir l'expression « vins de qualité », car il y a toujours eu des vins meilleurs, plus appréciés et plus chers que les autres, comme je l'ai déjà marqué plus haut. Il est certainement préférable de parler de « grands vins[37] de garde », puisque c'est là leur caractéristique fondamentale. Mieux, assez rapidement ces vins ou eaux-de-vie plus vieux sont devenus les plus chers. Leur essor s'inscrit donc dans le cadre du développement d'une société de consommation, et d'une consommation orientée vers des produits de luxe, donc chers. Cela a toujours existé : dès l'Antiquité, au Proche-Orient, les débuts du commerce à longue distance sont, on le sait bien, liés soit à des besoins religieux, soit à la recherche de produits rares et par là même luxueux, ce dernier caractère ayant pris de plus en plus d'importance. Il n'est pas facile de dire exactement à quel moment est apparue une consommation luxueuse concernant un nombre élevé d'individus ou de groupes sociaux. On a pu, par exemple, étudier les variations de la mode à la fin du Moyen Âge en Occident, notamment en France : elles sont tout à fait importantes. Par ailleurs, les lois somptuaires sont nombreuses dès l'Antiquité. Mais, jusqu'à l'époque moderne, la plupart des habitants de l'Europe occidentale s'efforçaient d'abord de faire face à leurs besoins essentiels commandés par l'alimentation. Le changement s'est produit, ont écrit McKendrick, Brewer et Plumb, lorsque « de plus en plus d'hommes et de femmes qu'il n'y en avait jamais eu dans l'histoire humaine ont réussi

Charles Willson Peale (1741-1827),
Thomas Jefferson, 1776, huile sur toile,
Huntington Library and Art Gallery,
San Marino, CA, USA
© The Huntington Library, Art Collections & Botanical Gardens / Bridgeman Giraudon

36 Voir [Thomas Jefferson], *Journal de voyage en Europe de Thomas Jefferson*, éd. Jean Gamard, Bordeaux, Féret, 2001, p. 84-86. Jefferson donne des prix et nomme les meilleurs crus.

37 Dans « La naissance des grands vins… », Henri Enjalbert signale que l'expression de « grands vins » apparaît vers 1730-1740 (art. cit., p. 81). Dans cet article, il abandonne « vins de qualité » pour « grands vins ».

à acquérir des biens matériels »[38] autres que les objets ou produits de première nécessité. Dans leur livre fondateur, qui a influencé toutes les études réalisées dans ce domaine depuis plus d'une génération, ils ont situé et daté ce changement : « il y eut un boom de la consommation en Angleterre au XVIIIe siècle. Dans le dernier quart de celui-ci, ce boom prit des proportions révolutionnaires. Les hommes, et surtout les femmes, achetèrent comme ils ne l'avaient jamais fait. Même leurs enfants eurent accès à un plus grand nombre de marchandises que jamais auparavant »[39]. Daniel Roche a tout à fait justement souligné que s'il avait existé, en France, pendant des siècles, « sur le plan économique, [une] législation somptuaire [visant] à limiter le gaspillage et à contrôler la consommation de luxe de l'aristocratie..., à la fin du XVIIe siècle, ces lois perdent une partie de leur force sociale protectrice »[40].

C'est à cet endroit que les choses se compliquent et que l'analyse doit se faire plus précise et plus approfondie. S'il s'agit de reconnaître que de larges pans de la société, y compris dans des milieux populaires, ont le moyen d'acheter des marchandises non indispensables aux besoins vitaux, il est clair que cela a déjà existé dans les villes antiques et, surtout, en Europe occidentale et méditerranéenne à partir des XIIe-XIIIe siècles. Les travaux récents des médiévistes anglais ont mis en valeur l'importance de la commercialisation, et donc d'une large consommation, depuis cette époque[41]. Par exemple, un des changements importants qui surviennent entre 1300 et 1520, est « la propension croissante des consommateurs à acheter des marchandises importées », telle la poterie hollandaise, qui « au XVe siècle, pénètre à l'intérieur de l'Angleterre à une échelle sans précédent »[42]. Nous pouvons également prendre comme exemple le vin dont des quantités considérables partent d'Aquitaine vers l'Angleterre, ou les fourrures, telles les peaux d'écureuil amenées depuis la Russie en quantités énormes par les

38 Neil McKendrick, John Brewer & John H. Plumb, *The Birth of a Consumer Society: The Commercialization of Eighteenth-Century England,* London, Europa Publications, 1982, p. 1.

39 *Ibid.*, p. 9.

40 *Histoire des choses banales, op. cit.*, p. 53. – D. Roche s'appuie sur Michèle Fogel, « Modèle d'État et modèle social de dépenses. Les lois somptuaires en France de 1485 à 1660 », dans Jean-Philippe Genet et Michel Le Mené (dir.), *Genèse de l'État moderne. Prélèvement et redistribution*, Paris, CNRS, 1987.

41 Voir Richard H. Britnell, *The commercialization of English Society 1000-1500*, Manchester, Manchester UP, 1996.

42 R.H. Britnell, « Urban demand in the English Economy 1300-1600 », dans John A. Galloway (dir.), *Trade, Urban Hinterland and market integration c.1300-1600*, London, Institute of Historical Research, 2000, p. 1-22, ici p. 13.

Fyodor Yakovlevich Alexeev (1753-1824), *Vue du quai Anglais depuis l'île Vasilievski, Saint Petersbourg,* 1790, huile sur toile, Musée national de la Russie, Saint Petersbourg
© FineArtImages/Leemage

navires de la Hanse[43]. Peu de temps avant la parution de l'ouvrage de McKendrick, Brewer et Plumb, Joan Thirsk avait déjà placé un premier développement de la société de consommation en Angleterre au début de l'époque moderne, soulignant que cela concernait aussi les campagnes : la croissance d'une société de consommation « est aisément démontrée par une rapide comparaison entre le standard des marchandises que l'on pouvait trouver au foyer des *husbandmen*[44] dans la première moitié du XVIe siècle et à la fin du XVIIe siècle... On a un choix plus large pour tout »[45]. Il y a donc toute une série de projets, notamment industriels, pour répondre à une demande croissante[46], d'autant plus importante qu'au même moment l'Angleterre est en train de résoudre le problème des famines et que la population peut acheter autre chose que des céréales[47]. On a la même évolution aux Provinces-Unies, où elle

43 Robert Delort, *Le Commerce des fourrures en Occident à la fin du Moyen Âge*, Paris, De Boccard, 1978 ; Philippe Dollinger, *La Hanse (XIVe-XVIIIe siècles),* Paris, Aubier-Montaigne, 1964.

44 Le terme est difficile à définir. Son sens premier est « cultivateur », et, en ce sens, même des propriétaires importants ou relativement importants, comme les *yeomen*, sont des *husbandmen*. Mais, en fait, le plus souvent, aux XVIIe-XVIIIe siècles, il ne désigne que de petits cultivateurs, voire de simples manouvriers, pour reprendre un terme français, à cette différence près – et elle est très importante – qu'un *husbandman* n'est pas propriétaire mais peut louer des terres et que, dans ce cas, il est loin d'être au bas de l'échelle rurale. D'ailleurs beaucoup de fils de *yeomen* sont appelés *husbandmen* parce qu'ils ne sont pas propriétaires. – Voir Peter Laslett, *Un monde que nous avons perdu*, Paris, Flammarion, 1969, p. 52-54.

45 Joan Thirsk, *Economic policy and projects: the development of a consumer society in Early Modern England*, Oxford, Clarendon Press, 1978.

46 *Ibid.*

47 Voir Andrew Appleby, *Famine in Tudor and Stuart England*, Liverpool, Liverpool UP, 1978. – Dès la fin du XVIe siècle, seules les zones élevées et reculées du nord et de l'ouest de l'Angleterre (*Lake District* essentiellement) continuent à éprouver des famines, dont elles aussi sont à l'abri après 1625-1626.

est marquée notamment par la multiplication des tableaux dans les intérieurs, les achats de faïence, d'abord européennes – Delft surtout –, puis orientales[48]. Il se produit néanmoins un changement au XVIIIe siècle, en ce sens que les produits exotiques se répandent de plus en plus[49], et que, pour les produits alimentaires non immédiatement indispensables, tel le vin, l'accroissement de la consommation populaire est indéniable[50].

Il convient donc de repositionner les vues de McKendrick, Brewer et Plumb : ce qui intervient dans l'Angleterre du XVIIIe siècle – et plus spécialement de la fin de ce siècle –, ce n'est pas la naissance d'une société de consommation, c'est en quelque sorte sa massification, ou, si l'on préfère, son considérable accroissement quantitatif, ce boom qu'ils ont souligné. En fait, cette massification de la consommation n'est pas notre sujet car, pour les produits les plus chers, donc les grands vins et grandes eaux-de-vie, il s'agit seulement d'un accroissement de plus en plus large et de plus en plus important de la diffusion et des achats. Mais ils s'inscrivent dans ce cadre plus large, et, à leur niveau, ils y correspondent effectivement. La consommation de vin s'accroît

48 Simon Schama, *L'Embarras de richesses : la culture hollandaise au Siècle d'Or*, Paris, Gallimard, 1987. – Voir notamment p. 430-431 pour « les tableaux, que l'on accrochait avec une si grande profusion dans les foyers de la classe moyenne », au point qu' « au niveau le plus bas, ce fut, au fond, le tout premier marché de l'art pour consommation de masse de l'histoire européenne ».

49 Anne Radeff, *Du café dans le chaudron. Économie globale d'Ancien Régime (Suisse occidentale, Franche-Comté et Savoie)*, Lausanne, Société d'Histoire de la Suisse romande, 1996. – D'une manière plus générale, l'accroissement de la consommation des produits coloniaux et des vins en Europe centrale et orientale est très fort au XVIIIe siècle : voir mon article, « Les relations économiques entre la France, les espaces germaniques et polonais au XVIIIe siècle », dans Catherine Lecomte (dir.), *Lumières européennes : Versailles et la Saxe XVIIe-XXIe siècles*, Versailles, Académie des sciences morales, des lettres et des arts de Versailles et de l'Île-de-France, 2007, p. 151-168.

50 Roger Dion et Marcel Lachiver l'ont souligné dans leurs grandes synthèses, *Histoire de la vigne et du vin en France (Des origines au début du XXe siècle)*, Paris, chez l'auteur, 1959 (rééd. Flammarion, 1977), et *Vins, vignes et vignerons : Histoire du vignoble français*, Paris, Fayard, 1988. – Voir aussi Thomas Brennan, *Public Drinking and Popular Culture in Eighteenth-Century*, Princeton, Princeton UP, 1988 ; et ma contribution aux *Actes du Colloque Roger Dion*, « Un autre regard sur les vignobles des Hauts-Pays aquitains à l'époque Moderne et au XIXe siècle », dans Jean-Robert Pitte (dir.), *Le Bon Vin, entre terroir, savoir-faire et savoir-boire*, Paris, CNRS Éditions, 2010. – C'est un aspect de la question que Daniel Roche n'aborde pratiquement pas dans *Histoire des choses banales, op. cit.*, Paris, Fayard, 1997. Il écrit même, de manière tout à fait surprenante : « Si textiles, quincailleries, épiceries et drogueries coloniales circulent dans toute la France, les produits alimentaires de base – vins, huiles, sel – ont un moindre diffusion commerciale » (p. 41), ce qui laisse de côté la consommation parisienne (voir Reynald Abad, *Le Grand Marché. L'approvisionnement alimentaire de Paris sous l'Ancien Régime*, Paris, Fayard, 2002) et la diffusion des vins de qualité.

considérablement dans l'Europe du XVIIIe siècle, mais que s'est-il donc passé pour les grands vins et grandes eaux-de-vie de qualité, aux prix élevés ? Pour une part, et c'est pourquoi il me fallait aborder ainsi la question, derrière ces changements aux deux niveaux de consommation, celui du peuple et celui des élites sociales ou de la partie supérieure des classes moyennes, nous avons une même cause. D'un côté, la pénétration d'une économie commerciale qui n'a cessé de progresser en profondeur depuis le Xe siècle, que ni les guerres ni les malheurs liés à la Peste Noire n'ont arrêté. D'un autre côté, une économie européenne qui a connu des reculs et des crises, mais qui n'a cessé, sur le long terme, de progresser, avec une accélération au XVIIIe siècle. Cette *expanding economy* a donné, dès la deuxième moitié du XVIIe siècle, à de larges couches de population, dans plusieurs pays (Angleterre, Provinces-Unies) et dans les villes et régions urbanisées des États allemands et de la France, la capacité de consommer davantage, mieux, et à des prix plus élevés. Fascinante à cet égard est la société anglaise de la deuxième moitié du XVIIe siècle, qui crée à la fois une « ville de loisirs », une nouvelle sociabilité marquée par l'unification des comportements des élites, et qui s'adonne avec une frénésie qu'expliquent à la fois l'essor économique du royaume à cette époque et les carcans subis pendant l'époque du *Commonwealth*, à la consommation, notamment celle des nouvelles boissons alcoolisées[51]. Le journal de Pepys, déjà cité, en fournit un excellent exemple. Les élites aiment se réunir autour de boissons, et c'est le début du *coffee house* ; on agrémente les bons repas de vins et on les fait suivre – ou précéder – de vins généreux ou de bons alcools…

Ainsi s'est développée en Angleterre, avec pour prolongement les colonies américaines, la demande croissante d'une clientèle riche, aimant les meilleurs vins et les grands alcools[52], disposant des moyens financiers nécessaires pour les acheter. C'est sa demande qui a amené et permis ces transformations de vins et alcools, ses changements de goûts et sa richesse croissante s'additionnant

51 Voir John H. Plumb, « The Commercialisation of leisure in England », dans *Eighteenth-century England*, Reading, University of Reading, 1973 ; Peter Borsay, *The English Urban Renaissance: Culture and Society in the Provincial Towns 1660-1760*, London, Clarendon Press, 1989 ; en français, Jean-Pierre Poussou, « Les élites et la ville en Angleterre », dans J.-P. Poussou (dir.), *Les Sociétés urbaines au XVIIe siècle : Angleterre, France, Espagne*, Paris, PUPS, coll. « Centre Roland Mousnier », 2007, p. 27-58.

52 Comme l'écrit Gilbert Garrier, c'est, par exemple, « aux plus raffinés des buveurs anglais que l'on doit la naissance des grands crus médocains ». – Voir « Naissance des grands crus », art. cit., p. 33.

pour cela. Encore fallait-il que les producteurs puissent lui procurer les produits nouveaux auxquels elle aspirait. Il a donc fallu changer les façons de production, tel le développement des raisins rouges pour faire le champagne, mais aussi celles de vinification, et mettre au point les méthodes nouvelles de présentation et de conservation. Pour les graves et les médocs rouges, René Pijassou nous a montré comment à Haut-Brion ont été mises au point « les nouvelles techniques viticoles », par une utilisation systématique et surtout améliorée de l'ouillage, une attention plus grande portée à la vendange et au pressurage, le « tirage au fin » pour éliminer les lies, le choix des barriques de grande qualité... En Champagne, ce furent les mélanges de vins pour lesquels dom Pérignon paraît avoir particulièrement réussi, comme cela a déjà été souligné plus haut. Il est évident aussi que les producteurs des xérès, madères et portos ont été obligés d'harmoniser leurs productions, tout comme ceux du cognac. L'importance du vieillissement pour le succès des vins et alcools de qualité imposait que soient réglés les problèmes de conservation. Il a donc fallu, à Bordeaux, mettre au point de nouvelles méthodes de conservation des vins en barriques ; c'était d'autant plus crucial que les négociants bordelais ont gardé pendant très longtemps l'habitude de les conserver ainsi. Le recours à la bouteille aussi bien pour boire les grands vins que pour les conserver n'allait pas de soi. Non pas que le vin en bouteille ait été inconnu : Caroline Le Mao rappelle que les frontignans ou les vins méditerranéens vendus à Bordeaux se trouvaient dans des bouteilles. Mais on ne les utilisait pas, à la fin du XVIIe siècle, pour conserver les bordeaux. Il fallut plusieurs décennies à la fois pour avoir des verres de qualité et pour que la contenance et l'apparence extérieure des dites bouteilles soient uniformisées, et il fut indispensable, de surcroît, de régler la question des bouchons. Au demeurant, on ne sait pas toujours très bien comment s'est faite la transformation en vins de garde. Tel est le cas des bourgognes : si l'abbé Courtépée nous apprend que les blancs ont été remplacés par des rouges et que ceux-ci, à la fin du XVIIIe siècle,

Vignobles et oliveraies près de Valdigem do Douro (Portugal) dont le vin sert notamment à la fabrication du vin de Porto (culture sur terrasses de schiste)
© Hervé Champollion / akg-images

Vue intérieure des chais Sandeman,
Porto, Vila Nova de Gaia (Portugal)
© Hervé Champollion / akg-images

Bouteille de porto du XIXe siècle
© Instituto dos Vinhos do Duro e do Porto /
cliché Luis Ferreira Alves

sont désormais des vins que l'on garde plusieurs années, on ne sait pas exactement quel a été le processus[53].

Pour que ces vins de garde puissent développer leurs marchés, il a fallu également des hommes capables d'en assurer le commerce, soit des « firmes commerciales d'importance qui prenaient en charge le produit des vignobles jusqu'à la table »[54]. En l'espèce, il a été indispensable de créer des structures et un réseau, d'abord « à travers des liens de parenté, ou des contacts antérieurs », puis en envoyant des associés. Les liens de parenté – qui étaient au demeurant une règle des relations commerciales – furent particulièrement féconds, car ils s'appuyaient sur des voyages et des relations personnelles tout à fait fiables. Enfin, comme pour d'autres produits ou d'autres échanges, des associés furent installés dans les principaux ports où se trouvaient les acheteurs habituels ou potentiels[55]. Tout un réseau de négociants y pratiquait un fructueux travail de commission, assez fréquemment pour des maisons auxquels ils étaient apparentés ou liés[56], ce qui ne les empêchait pas d'agir pour leur propre compte. Les négociants en vins ou en eaux-de-vie s'y inséraient donc tout naturellement dans des cadres déjà existants, ce qui

53 Claude Courtépée, *Description générale et particulière du duché de Bourgogne*, Dijon, Frantin, 1774-1785, 7 vol. – Voir aussi Rolande Gadille, *Le Vignoble de la côte bourguignonne. Fondements physiques et humains d'une viticulture de haute qualité*, Paris, Les Belles-Lettres, 1967 ; Jean Richard, « Aspects historiques de l'évolution du vignoble bourguignon », dans *Géographie historique des vignobles*, t. 1, *Vignobles français*, *op. cit.*, p. 187-196.

54 D. J. Hancock, « L'émergence d'une économie de réseau (1640-1815) : le vin de Madère », *Annales HSS*, mai-juin 2003, 3, p. 649-672.

55 *Ibid.*

56 C'étaient de jeunes parents des chefs des maisons commerciales, ou de jeunes négociants que ces maisons envoyaient à l'étranger pour jouer ce rôle de commissionnaires. Les maisons de négoce françaises faisaient de même, par exemple à Cadix.

Vue de la ville depuis la rive gauche du Rio Douro avec un *barco rabelo*, bateau à fond plat qui servait au transport du vin de Porto
© Hervé Champollion / akg-images

n'empêchait pas la venue éventuelle d'*outsiders*[57] dont les plus remarquables furent, à Cognac, pour cette grande eau-de-vie de qualité, les Martell, Delamain et Hennessy, déjà cités. En Bourgogne, le développement du commerce du vin passa, comme à Madère, par la mise sur pied de structures commerciales plus développées, notamment à Beaune. Les changements furent tardifs puisqu'ils commencèrent dans les années 1720-1730[58]. Les échanges furent désormais de plus en plus fondés sur le rôle des commissionnaires locaux, les négociants acheteurs, dont certains étaient éloignés – en Suisse, par exemple[59] –, pouvant recevoir des échantillons, mais travaillant surtout par correspondance avec ces commissionnaires. Ceux-ci donnaient des renseignements sur les vendanges

57 En son sens premier : des gens venus du dehors.
58 Yvette Darcy-Bertuletti, « Parizot de Boissia : une réussite à base de vin », *Cahiers d'histoire de la vigne et du vin*, 2005, t. 5, p. 65-124.
59 Hugues Jahier, « Aspirations et complications de l'écoulement des vins de Bourgogne en fin d'Ancien Régime : l'exemple pour Londres », *Cahiers d'histoire de la vigne et du vin*, 2000, t. 2, p. 247-252.

« Rendez-vous bachique chez Ramponneau, invitation du Sieur Ramponneau au Tambour Royal », Estampe anonyme
chez Basset, Paris, musée Carnavalet
© Musée Carnavalet / Roger-Viollet

et leurs résultats, la qualité du produit, les prix… comme le faisaient d'ailleurs les correspondants des négociants bordelais pour les achats de ces derniers dans les Hauts-Pays aquitains[60]. En Champagne, la clé du succès reposa sur la constitution d'un corps de voyageurs, auquel participaient certains des associés occupant des fonctions de direction. Mais, à l'origine, le rôle direct du ou des fondateurs fut essentiel. Tel est le cas, à ses débuts, de la maison Moët, pour laquelle « le premier axe du dispositif commercial repose sur les déplacements personnels du négociant ». Jean-Remy Moët « ne dispose pas d'un réseau de

60 Paul Butel, *La Croissance commerciale bordelaise au XVIIIe siècle*, Lille, Publications de l'université Lille III, 1973, p. 440-448.

clientèle... Aussi multiplie-t-il les voyages de prospection » et fait-il « de longs et fréquents séjours, à Paris et à Londres notamment ». Puis il recourt à « la vente en compte en commission ». Enfin, il « organise un solide réseau de voyageurs de commerce chargés de promouvoir son champagne et de collecter les commandes ». Il « préfère choisir des étrangers maîtrisant parfaitement les langues des pays parcourus. Il s'attache ainsi les services de quelques familles au sein desquelles les liens de confiance et de fidélité se transmettent de père en fils, d'oncle à neveu... Il ont surtout un rôle de prospecteur des marchés et de promoteur des produits, et s'attachent non seulement à recruter, mais aussi à sélectionner des clients solvables »[61]. Il est vrai que les réseaux de clients « sont volatils »[62], et que donc rien ne pourrait exister sans un important réseau de voyageurs car ils sont « le fer de lance du négoce des vins de champagne »[63]. Sans eux, on ne peut « étendre les affaires ou même simplement résister à la concurrence »[64].

On est loin des consommations populaires de vins et d'alcools, qui se passaient pour l'essentiel dans des tavernes ou guinguettes où l'on buvait de mauvais alcools et des « vins communs servis à pleins pichets d'étain et tirés à même le fût »[65]. Au contraire, déjà les élites sociales françaises, anglaises ou allemandes gardaient précieusement dans leurs caves de grands vins et de grands alcools que l'on buvait dans des occasions choisies. Cela faisait partie des nouveaux développements du luxe à partir de la seconde moitié du XVIIe siècle – « au XVIIIe siècle, l'art de recevoir est poussé à l'extrême » – et, dans ces raffinements nouveaux, le vin tient une place essentielle car les élites, qui font la réputation de tel ou tel vin, s'intéressent de plus en plus à cette boisson[66] et en font un élément fondamental de l'art de vivre[67] – « au XVIIIe siècle, un grand cru est un vin de qualité produit par des gens de qualité pour des buveurs de qualité »[68].

61 Claire Desbois-Thibault, *L'Extraordinaire Aventure du champagne : Moët & Chandon, une affaire de famille (1792-1914)*, Paris, PUF, 2003, p. 30-33.

62 Benoît Musset, *Vignobles de Champagne et vin mousseux. Histoire d'un mariage de raison 1650- 1830*, Paris, Fayard, 2008, p. 637.

63 *Ibid.*, p. 646.

64 *Ibid.*, p. 638. Le chapitre que consacre Benoît Musset aux voyageurs de commerce et à leur rôle (p.629-653) est désormais une lecture de référence pour cette question.

65 René Pijassou, *Un grand vignoble de qualité*, *op. cit.*, p. 401.

66 Marguerite Figeac, « Corps et âme du vin », art. cit., p. 543. — Très belle étude sur la manière de boire, sur la place du vin dans l'art de recevoir et sur les divers récipients.

67 Très brillant chapitre de Jean-Robert Pitte, dans *Le Désir du vin à la conquête du monde*, Paris, Fayard, 2009, p. 185-240.

68 Gilbert Garrier, « Naissance des grands crus », art. cit., p. 35.

Mais, de même que la montée du champagne ne peut se séparer de celle des autres grands vins ou alcools, de même le développement de la consommation de luxe de ces grands vins ou alcools ne peut être isolée d'un mouvement plus général, ici encore particulièrement bien connu aujourd'hui pour l'Angleterre, mais qui concerne également la France, bien que se situant pour celle-ci à un niveau sans doute inférieur, en dehors de Paris et des plus grands ports. Il n'en reste pas moins que le développement du luxe est tel dans le royaume de France qu'il en résulte un vif débat[69]. Cette « querelle du luxe révèle que les nouveaux principes cheminent lentement dans les esprits »[70], mais qu'on assiste aussi à une réhabilitation de ce même luxe dont le développement concerne aussi bien le mobilier, ou la vaisselle, que le vêtement ou l'ensemble du décor quotidien. Les études se sont multipliées au cours des dernières années. Curieusement, ni les vins ni les alcools de qualité ne figurent dans les nombreux ouvrages qui viennent d'être publiés outre-Manche[71], peut-être parce que, s'ils sont très présents au domicile ou dans les clubs, ils ne le sont pas dans ces nouveaux centres de sociabilité que sont les cafés[72] où les boissons exotiques servies chaudes – le café, le thé et le chocolat – l'emportent[73]. Et il en va le plus souvent de même en France : Daniel Roche, par exemple, ne fait figurer des vins parmi

69 Dominique Margairaz, « La querelle du luxe au XVIIIe siècle », dans Jacques Marseille (dir.), *Le Luxe en France du siècle des Lumières à nos jours*, Paris, ADHE, 1999, p. 25-38 ; voir aussi l'ouvrage utile mais rapide de Jean Castarède, *Histoire du luxe en France, des origines à nos jours*, Paris, Eyrolles, 2007 : il y est beaucoup question du vin (p. 236-241 et 244-248), mais l'auteur a le tort de ne situer ce luxe du vin qu'au XIXe siècle.

70 D. Roche, *Histoire des choses banales*, *op. cit.*, p. 88.

71 On peut prendre comme exemples les ouvrages suivants : M. Berg & E. Eger (dir.), *Luxury in the Eighteenth-Century: Debates, Desires and Delectables Goods*, Basingstoke & New York, Palgrave Macmillan, 2002 ; B. Blondé, N. Coquery, J. Stobart & I. Van Damme (dir.), *Fashioning Old and New: Changing Consumer Patterns in Western Europe (1650-1900)*, Turnhout, Brepols, 2009 ; J. Stobart, A. Hann & V. Morgan (dir.), *Spaces of Consumption: Leisure and Shopping in the English Towns, c.1680-1830*, London, Routledge, 2007.

72 Voir Barry Cowan, *The Social Life of Coffee: The Emergence of the British Coffeehouse*, New Haven & London, Yale UP, 2005. – Il est vrai que le café fut de plus en plus un lieu où l'on traitait les affaires, ce qui impliquait la sobriété. René Pijassou se trompe donc lorsqu'il fait des cafés les lieux de diffusion des *New French Clarets* : voir *Un grand vignoble de qualité*, *op. cit.*, p. 401-403.

73 Il est tout à fait étonnant de constater que, pour les changements de la culture matérielle ou pour le développement de nouvelles consommations, ainsi que pour celui des consommations alimentaires coûteuses – tout au moins avant que leurs prix ne s'effondrent grâce à des importations de plus en plus massives – soient toujours cités, en Angleterre, les produits coloniaux et non pas les vins : voir, par exemple, Lorna Weatherill, *Consumer Behaviour & Material Culture in Britain 1660-1760*, London & New York, Routledge, 1988.

les produits de luxe qu'une seule fois, et encore s'agit-il d'une citation de Voltaire à propos du vin des Canaries[74]. L'un des intérêts du présent texte aura sans doute été de rappeler que, malgré cet oubli si général dans tous ces ouvrages récents, les grands vins et alcools de qualité sont une part très importante du développement du luxe à cette époque. En fait, les vins de toutes sortes sont depuis des millénaires l'objet d'un commerce très actif ; ainsi, « le vin a été la principale denrée échangée durant l'Antiquité »[75], et, à partir du XIIe siècle, il est quantitativement la denrée qui groupe le plus d'échanges[76]. Il ne faut donc nullement s'étonner de l'intérêt si répandu porté aux grands vins et grands alcools, dont la place est considérable dans la presse, et plus particulièrement dans les hebdomadaires. Les ouvrages à la gloire des vins et alcools, tous ceux vantant leur caractère exceptionnel, sont légion. Et il s'agit souvent de parutions de luxe, destinées autant à être feuilletées que lues, un peu comme si le plaisir des yeux venait rappeler celui de la dégustation[77]. Il est vrai que la seule contemplation d'une grande bouteille produit un réel plaisir[78]. Et que dire des chais de grands châteaux que l'on a récemment construits : ils deviennent des œuvres architecturales d'excellence[79] ! Le vin, enfin, ne l'oublions pas, a donné lieu, surtout au XXe siècle, à une expression artistique qui est largement issue de commandes venues des propriétaires ou du négoce[80], sans oublier pour autant que, pour des raisons religieuses notamment – mais aussi, avec les natures mortes comme thème plus ou moins central d'une partie d'entre elles –, le vin,

74 *Histoire des choses banales, op. cit.*, p. 89.

75 Fabienne Olmer, « Le commerce du vin en Méditerranée occidentale entre le IIe siècle avant J.-C. et le IIIe siècle de notre ère », *Histoire antique et médiévale*, hors-série n° 20, « Le vin de Bacchus à Saint-Vincent », septembre-octobre 2009, p. 30-33.

76 Sandrine Lavaud, *Bordeaux et le vin au Moyen Âge : essor d'une civilisation*, Bordeaux, Éditions Sud-Ouest, 2003, p. 164-167.

77 On peut prendre comme exemple, parmi tant d'autres, Laurent Gotti, *Hospices de Beaune : la saga d'un hôpital-vigneron*, Bordeaux, Féret, 2009.

78 Voir, par exemple, Michel Mastrojanni, *Les Vins de garde : la longue vie des grandes bouteilles*, Paris, Solar, 1996.

79 Il y avait eu, voici déjà plus d'une génération, la rénovation des chais de Mouton-Rothschild ; puis, nous avons eu récemment celle des chais de Cos d'Estournel ; enfin, Mario Botta, architecte mondialement célèbre, vient de bâtir un chai « d'avant-garde » pour le château Faugères à Saint-Émilion, et l'on annonce que le chai de Cheval Blanc va être totalement rénové. – Voir *Les Échos*, série limitée, n° spécial 79, « Vin », 30 octobre 2009.

80 Voir Robert Coustet, *Bordeaux, l'art et le vin*, Bordeaux, L'Horizon chimérique, 1995. Notons au passage que l'auteur rappelle (p. 9) que le baron Philippe de Rothschild a été l'inventeur du recours aux étiquettes d'artistes pour ses Mouton-Rothschild, et qu'il a créé un Musée du vin.

les vendanges, la vigne et l'ivresse ont largement été représentés par les peintres sculpteurs ou tapissiers[81].

On aura également noté deux faits essentiels. D'une part, cette histoire est celle d'une transformation : tous les vins cités sont encore au XVIe siècle et dans la première moitié du XVIIe siècle des vins de qualité très moyenne, aux prix peu élevés. Nous avons donc affaire à un changement économique dont on ne saurait surestimer l'importance. Il s'inscrit bien sûr dans le cadre de l'histoire de l'innovation et également de l'invention, puisqu'il s'agit de nouveaux produits, même s'ils sont d'une nature particulière par rapport à ce que l'on considère habituellement ainsi pour les XVIIIe-XIXe siècles, à savoir les produits industriels[82]. En plus des modifications techniques qui ont accompagné directement celles de la vinification, comme nous l'avons vu, il a fallu complètement transformer les conditions même du travail du vin, de sa conservation et de ses conditions de transport. On a même vu se modifier profondément les bâtiments d'exploitation et, plus récemment, dans la seconde moitié du XXe siècle, les chais et les cuves. Dans le domaine du champagne, tout cela avait été précédé, dans la première moitié du XIXe siècle, à partir des années 1820, de la mise en place de véritables structures manufacturières indispensables à l'essor de la production, ce qui ne peut manquer de surprendre les historiens du vin, habitués à d'autres perspectives[83]. Mais, d'autre part, pour que ce changement s'impose, il a été nécessaire que les nouveaux produits soient adoptés. Leur qualité très supérieure ou, pour le champagne, leur nouveauté l'expliquent, mais il a fallu aussi que leur mode se répande : « le vin obéit donc à une mode »[84], et l'histoire des vins de qualité est aussi celle de modes nouvelles, des modes qu'il faut créer, mais aussi préserver. Or, elles s'inscrivent dans un environnement très concurrentiel. Certes, on peut considérer qu'aujourd'hui la

81 Voir, par exemple, Montserrat Miret i Nin, *Le Vin dans l'art*, Grenoble, Glénat, 2005.

82 Les auteurs anglophones parlent de « *new goods* ». – Voir l'excellente introduction à l'article de Maxine Berg, « From imitation to invention: Creating commodities in eighteenth-century Britain », *Economic History Review*. – Maxine Berg y met remarquablement l'accent sur le rôle de l'invention et du commerce, dans une perspective essentiellement manufacturière. Elle cite l'arrivée dans le commerce de nouveaux produits d'une nature différente, comme le thé, le tabac, ou le maïs, mais elle laisse de côté les grands vins et les grandes eaux-de-vie.

83 Claire Desbois-Thibault, *L'Extraordinaire Aventure du champagne*, *op. cit.*, p. 140-152. – Cette entrée des structures et pratiques manufacturières dans l'histoire des vins est une des marques les plus étonnantes des changements techniques et industriels survenus au cours du XIXe siècle.

84 Marguerite Figeac, « Corps et âme du vin », art. cit., p. 540.

Le champagne : mise en bouteilles des vins de Champagne chez Mumm, carte postale, début XXe siècle © Leemage

renommée des grands crus du Bordelais ou de la Bourgogne, ou celle des grands champagnes et des grandes eaux-de-vie françaises ne sont plus à défendre. Mais ils sont produits par des maisons, ou par des particuliers propriétaires de crus ou de « châteaux »[85], qui ont tous d'importantes contraintes financières. Et il en va de même pour les négociants. Il faut donc sans cesse défendre les parts de marché, voire, si possible, les accroître. Cela entraîne une omniprésence des publicités concernant les vins et eaux-de-vie, même si la loi Évin[86] en a entraîné une nette diminution compensée, par exemple, par les nombreuses publications

85 Sur les « châteaux » viticoles, voir Philippe Roudié, « Crus classés et châteaux viticoles en Bordelais : deux nouvelles notions qualitatives au XIXe siècle », dans Gilbert Garrier (dir.), *Le Vin des historiens*, Suze-la-Rousse, Université du vin, 1990, p. 189-198.

86 La loi Évin du 10 janvier 1991 limite fortement la publicité en faveur des boissons alcooliques.

les concernant, qui sont un moyen de faire face à ces contraintes légales[87]. Pour le champagne, ces publicités ont été particulièrement importantes, depuis la fin du XIXe siècle[88]. Il est difficile, pour ne pas dire impossible de faire autrement[89] : comme je l'ai dit plus haut, les modes s'inscrivent toujours dans un marché très concurrentiel où les positions les plus assurées peuvent se perdre avec une grande rapidité, sans parler des périodes de crise[90].

Il reste que, pendant longtemps, la consommation des vins et des eaux-de-vie de qualité a été un luxe, qui n'a été que progressivement possible à de plus grands nombres d'acheteurs et de consommateurs. Au niveau des plus grands, aujourd'hui encore, nous sommes devant une consommation de luxe, tant les prix sont élevés. Elle a ses exigences, dont la mode est un élément essentiel. Elle suppose, au niveau de la production comme à celui du négoce, de solides capitaux. Pour sa part, l'historien, tout à la fois le constate, y est sensible et se rend compte de plus en plus du poids que pèse le passé dans ce renom si essentiel. En effet, comme l'a déclaré en 2007 Jérôme Durand, directeur de la communication du Bureau national du cognac, « le luxe ne se décrète pas. En plus d'une qualité irréprochable, il faut avoir une histoire à raconter, prouver un ancrage fort dans le terroir, être disponible partout dans le monde et afficher des

87 Deux exemples sont hautement significatifs, qui s'insèrent dans la publication plus ou moins développée par les hebdomadaires de pages spéciales, en particulier au moment des fêtes de fin d'année. Ainsi, *Le Figaro-Magazine* publie le 5 décembre 2009 un « Spécial champagne » de 58 pages, et le 19 décembre un « Spécial cognac » de 10 pages !

88 Voir dans ce même ouvrage la contribution de Jean-Robert Pitte.

89 Un bon exemple, dans un domaine tout à fait différent, nous est fourni par la défense contre la concurrence italienne des soyeux lyonnais à la fin du XVIIe et au début du XVIIIe siècle : en créant la mode et en la modifiant sans cesse, par leur recours à des dessinateurs dits « illustrateurs de la soie », qui renouvelaient chaque année entièrement les modèles. – Voir aussi, sur la mode vestimentaire au XVIIIe siècle, Madeleine Delpierre, *Se vêtir au XVIIIe siècle*, Paris, Adetta, 1996. – Bien entendu, il y a une différence fondamentale entre le commerce des vins et eaux-de-vie et la mode vestimentaire : l'un requiert la fixité recherchée par la clientèle, même s'il y a de bonnes et de mauvaises années pour la qualité du produit, l'autre modifie sans cesse le produit ou, plutôt, la manière de l'arranger et de le présenter.

90 L'histoire récente du cognac en fournit une remarquable illustration : après avoir atteint des niveaux « historiques » en 1990, les ventes ont ensuite décliné pendant la décennie qui suivit, avant de connaître de très bons niveaux depuis le début des années 2000 et de résister à la crise. Mais, plusieurs maisons ont disparu et, à la tête des plus grandes, les familles qui les avaient détenues jusque là ont été remplacées par des groupes internationaux (LVMH, Allied-Domecq, Santori). – Voir « Le cognac en crise licencie et reconvertit ses vignes », dans *Le Monde*, samedi 7 décembre 2002, p. 13 ; Hélène Piot, « La France redécouvre le cognac », *Le Figaro*, 7/8 juillet 2007, p. 36. – Voir également mon article, « Les maîtres du cognac », *L'Histoire*, n° 273, févr. 2003, p. 74-78.

prix élevés. Nous avons tout cela »[91]. Il reste que la consommation des grands vins et des eaux-de-vie de qualité n'est pas seulement une consommation de luxe : c'est aussi un art de vivre. Nul ne l'a mis plus en valeur que Jean-Robert Pitte en plaçant en exergue, à la fin de son dernier ouvrage, « le bonheur de boire du vin », plus spécialement du vin de qualité [92].

91 « La France redécouvre le cognac », art. cit. – C'est une raison majeure de la différence avec l'armagnac, pourtant excellent et doté d'un goût tout à fait remarquable.

92 Jean-Robert Pitte, *Le Désir du vin à la conquête du monde*, *op. cit.*, p. 305-311.

DEUXIÈME PARTIE

Nouveaux éléments de l'histoire du champagne

VINS DES MOINES ET DES CHANOINES EN PAYS RÉMOIS AU MOYEN ÂGE

Patrick Demouy
Université Reims-Champagne-Ardenne

L'histoire des vins de Champagne avant *le* champagne a été peu étudiée. La plupart des auteurs, qui se recopient généreusement, expédient en quelques paragraphes une sorte de préambule, allant de Jules César à Louis XIII, pour aborder, avec la seconde moitié du XVIIe siècle, la question fondamentale de la prise de mousse, puis, à partir du XVIIIe siècle, celle de l'essor du négoce. À l'exception notable de Raoul Chandon de Briailles, qui a donné, en 1900, une carte historique des vignobles de la Marne des origines au XIIe siècle[1], de la thèse d'École des chartes de Jean-Louis Rocher sur l'histoire du vignoble champenois (1951)[2], et, bien sûr, des pages de Roger Dion dans son beau livre de 1959[3], il faut attendre 1989 pour que paraisse la première véritable étude spécifique, réalisée par un médiéviste spécialiste d'histoire rurale, Jean-Pierre Devroey, professeur à l'Université libre de Bruxelles : *L'Éclair d'un bonheur. Une histoire de la vigne en Champagne*[4]. Éditeur du polyptyque de Saint-Remi de Reims, Jean-Pierre Devroey a scruté avec acuité les sources publiées, dont le cartulaire de Saint-Nicaise, s'est appuyé sur la bonne connaissance des temporels bénédictins que nous devons au volume rémois – resté désespérément seul – de la *Gallia Monastica*, et a tiré parti des inventaires des archives départementales

1 Raoul Chandon de Briailles, *Carte historique des vignobles de la Marne des origines au XIIe siècle*, Épernay, Impr. du Courrier du Nord-Est, 1900.

2 Jean-Louis Rocher, « Recherches sur l'histoire du vignoble champenois », *Positions de thèses de l'École des chartes*, 1951, p. 133-139.

3 Roger Dion, *Histoire de la vigne et du vin en France des origines au XIXe siècle*, Paris, Doullens, 1959.

4 Jean-Pierre Devroey, *L'Éclair d'un bonheur. Une histoire de la vigne en Champagne*, Paris, La Manufacture, 1989.

Cathédrale Notre-Dame, Reims,
Á Cernay-lès-Reims, saint Remi remplit miraculeusement de vin un tonneau vide,
XIIIe siècle, façade Nord, portail central dit portail des Saints, tympan, détail d'un bas-relief en pierre
© La Collection / Jean-Paul Dumontier

et de leurs fonds[5]. Il a donné une synthèse solide et une cartographie, mais il reste beaucoup à faire, en analysant systématiquement les liasses des séries G et H qui, dans la Marne, n'ont pas encore attiré une foule de chercheurs. Leur état de conservation est inégal. Pour Hautvillers – hélas ! tant cette abbaye est mythique –, le naufrage est quasi total, de même qu'à Saint-Pierre-les-Dames de Reims. Saint-Pierre d'Avenay et Saint-Basle de Verzy présentent des lacunes, de même que les titres des archevêques, en raison de l'incendie qui détruisit en 1423 leur château de Porte-Mars. Les archives de Saint-Thierry et de Saint-Nicaise sont riches et bien inventoriées, celles du chapitre cathédral et de Saint-Remi considérables, mais l'inventaire sommaire est inachevé pour le premier, inexistant pour l'autre. Il existe heureusement des inventaires manuscrits fort détaillés, établis peu avant la Révolution, mais leur consultation n'est pas aussi aisée que les inventaires imprimés et largement diffusés, ce qui explique que les

5 Jean-Pierre Devroey, « Le polyptyque et les listes de cens de l'abbaye Saint-Remi de Reims (IXe-XIe siècles) », *Travaux de l'Académie nationale de Reims*, t. 163, 1984 ; Jeannine Cossé-Durlin, *Cartulaire de Saint-Nicaise de Reims (XIIIe siècle)*, Paris, CNRS, 1991 ; Françoise Poirier-Coutansais, *Les Abbayes bénédictines du diocèse de Reims. Gallia Monastica*, Paris, Picard, 1974, t. 1.

fonds soient peu exploités[6]. Avis aux amateurs, médiévistes et modernistes, qui sauront dépasser le cloisonnement de leur période. La coupure académique est, en l'occurrence, peu pertinente, car la réalité médiévale est souvent éclairée par des sources devenant plus abondantes à partir des XVIe et XVIIe siècles. Je pense en particulier aux argentages qui permettent de situer d'innombrables noms de parcelles. Une cartographie historique plus fine que celle que nous avons actuellement est possible, ainsi que l'étude de la constitution et de la gestion de vignobles cohérents préfigurant ceux que nous connaissons. Ce qui paraît plus difficile, c'est l'étude de la qualité. Quelques données chiffrées peuvent y aider : quand il y a forte disparité entre les prix de vente des vignes ou leurs impositions, on aborde la question de l'échelle des terroirs. Mais les textes, qui sont rares en ce domaine, sont en général muets sur les cépages, ne précisant même pas si le vin est blanc ou rouge. Ce qui frappe, à la lecture des sources – ou du moins des sondages que j'ai pu faire –, c'est que le vin n'apparaît pas comme un produit destiné à satisfaire le goût des consommateurs, mais comme une source de revenus. Certes, les vignes ont pour but d'approvisionner les tables monastiques et canoniales, mais elles doivent surtout dégager des surplus commercialisables. Il ne faut pas perdre de vue qu'aux XIIe-XIIIe siècles, toutes ces communautés religieuses se sont lancées dans des projets architecturaux souvent colossaux, qu'elles ont peiné ensuite à achever ou à entretenir. Ce sont de véritables flots de vin que canalisent abbayes et chapitres, vins livrés par les vignerons tenanciers – l'exploitation en faire-valoir direct est rare –, fruit des redevances versées par les dépendants dans le cadre des seigneuries foncières et banales, par les fidèles assujettis à la dîme, toujours perçue en nature. Il s'ensuit, pour les établissements religieux, un approvisionnement extrêmement diversifié provenant de micro-parcelles et de prélèvements comptés le plus souvent en pots, unité de mesure inférieure à deux litres. C'est dire que la pratique de l'assemblage était inhérente à ce système, assemblage sans doute plus aléatoire que raisonné, qu'un célèbre cellérier d'Hautvillers a sûrement perfectionné, sans l'avoir évidemment inventé. Mais cela est une autre histoire. Revenons au Moyen Âge, en nous permettant ici ou là une excursion dans ses marges.

6 Les inventaires réalisés par l'archiviste Le Moine sont cotés 2 G 1658-63 pour le Chapitre, et 56 H 1036-40 pour Saint-Remi, à l'annexe rémoise des Archives départementales de la Marne.

En Champagne, le premier viticulteur connu de façon certaine par les sources écrites, n'est autre que l'évêque saint Remi dont le testament, rédigé vers 530, mentionne cinq vignes[7]. La seule qui soit identifiable est celle qu'il destine à l'un de ses neveux : « vigne que j'ai plantée à Vendresse et que j'ai établie grâce à mon travail ». Vendresse se trouve dans le département de l'Aisne, dans le canton de Craonne, non loin de Cerny-en-Laonnois, qui est peut-être le lieu de naissance de saint Remi, en tout cas un point fort de son patrimoine familial. Le vin du Laonnois a été vite oublié, bien qu'il ait été très important en quantité jusqu'au XIXe siècle[8]. L'intérêt de cette mention réside précisément dans ce primat de la quantité sur la qualité. Dispensateur des sacrements, l'évêque devait approvisionner en vin la table du Seigneur, de manière suffisante pour la communion sous les deux espèces. Durant le premier millénaire, les fidèles recevaient moins souvent l'eucharistie que les pratiquants d'aujourd'hui, mais ils communiaient au pain et au vin[9]. Par ailleurs, comme il était courant dans les dispositions testamentaires, la donation de cette vigne était assortie de l'obligation de la mémoire liturgique hebdomadaire du défunt et de l'organisation d'une *refectio,* repas pour les prêtres et diacres de Laon, le jour anniversaire de sa mort ; une autre vigne était destinée aux clercs de Reims. La pratique de cette *refectio* ne manquait sans doute pas d'effet bénéfique sur l'assiduité à l'office qui la précédait, ce qui explique sa vogue au fil des siècles ; nous en reparlerons. Il est inutile d'épiloguer sur le rôle-clé des évêques dans la viticulture de l'antiquité tardive[10]. Investis de responsabilités temporelles, ils

Scène de vendanges, cathédrale de Reims, chapiteau de la nef (vers 1230), cliché auteur

7 Édition et traduction par Michel Rouche, *Clovis*, Paris, Fayard, 1996, p. 496-505.
8 Renée Doehaerd, « Un paradoxe géographique : Laon, capitale du vin au XIIe siècle », *AESC,* avril-juin 1950, p. 145-165 ; E. Fleury, « Les vins du Laonnois », *Bulletin de la Société académique de Laon*, t. XX, 1871, p. 303-316.
9 Joseph-André Jungmann, *Missarum Sollemnia. Explication génétique de la messe romaine*, Paris, Aubier, 1953, t. III, p. 291 *sq.*
10 R. Dion, *Histoire de la vigne et du vin en France des origines au XIXe siècle*, *op. cit.*, p. 42-46.

héritèrent d'autant plus facilement des traditions de luxe, de convention et de prestige social qu'impliquait l'usage du vin, qu'ils étaient eux-mêmes souvent de grands propriétaires fonciers, parents de l'élite sénatoriale. L'approvisionnement de leur curie a fixé la vigne aux portes de Reims. Dès le VIe siècle, note Jean-Pierre Devroey, « les évêques avaient acquis puis fait planter des vignes à proximité immédiate de la cité, au Mont-Valois, à la porte de Châtillon, au "Mont" d'Ausson et au Mont-Ferré à Taissy »[11]. Les clos quittèrent progressivement leur patrimoine au profit des établissements religieux de la ville ou de leurs propres officiers. Au XIVe siècle, c'est surtout dans la Montagne de Reims que les archevêques possédaient des vignobles importants : près de seize hectares entre Chaumuzy, Coulommes, Chamery et Nogent ; plus au nord, sept hectares à Cormicy ; à l'ouest, dix à Courville, sièges de châtellenie, et huit à Vieil-Arcy, en pays soissonnais. Les sources font malheureusement défaut pour étudier la constitution et la gestion de ce vignoble qui comptait, à la fin du Moyen Âge, une quarantaine d'hectares en régie directe dans d'excellents climats du pays rémois[12], indice certain d'une politique de qualité, digne de ces grands princes qu'étaient devenus les archevêques de Reims.

Après les prélats, ce sont bien sûr les moines et les moniales qui nous donnent les sources les plus anciennes. Dès les VIe-VIIe siècles, des communautés masculines sont implantées à Saint-Thierry, Saint-Basle de Verzy, Saint-Pierre d'Hautvillers ; des communautés féminines à Saint-Pierre d'Avenay et Saint-Pierre-les-Dames de Reims. À l'exception de cette dernière, et avec une nuance pour Avenay, au site moins escarpé, il s'agit de fondations rurales établies au sommet des coteaux de la « Montagne » qui domine la plaine de Champagne et la vallée de la Marne, à la lisière des bois, à l'écart des routes pour préserver la tranquillité, mais pas trop loin des bons terroirs. Ainsi, les religieux pouvaient pratiquer les exigences de la règle de saint Benoît, *ora et labora,* au contact de zones économiques complémentaires, forestière, viticole, agricole, assurant l'essentiel des ressources et dégageant au besoin des surplus ; la proximité immédiate du domaine permettait l'exploitation directe. Les vignes possédées dépassaient rarement la vingtaine d'hectares. Dans ce cas, la recherche de qualité, outre un choix initial du site particulièrement pertinent, relève des méthodes de culture et de vinification puisque la localisation

11 J.-P. Devroey, *L'Éclair d'un bonheur. Une histoire de la vigne en Champagne, op. cit.*, p. 47.
12 *Ibid.*, p. 48.

Décor de l'embrasement gauche du portail de la façade occidentale de la cathédrale de Reims (vers 1250), cliché auteur

des parcelles offrait peu de marges de manœuvre. Le cas de Saint-Remi est différent, car il s'agit d'une abbaye urbaine, confiée à des bénédictins au début de l'époque carolingienne. Compte tenu du prestige de l'apôtre des Francs, dont ils gardaient les reliques, les moines bénéficièrent de la générosité des grands, en premier lieu des archevêques puisque les prélats se réservèrent l'abbatiat jusqu'en 945 ; une partie du patrimoine de l'Église de Reims passa à l'abbaye. D'après le polyptyque, celle-ci disposait, vers 850, d'un millier d'hectolitres de vin pour la mense conventuelle, ce qui représente en moyenne 274 litres par jour[13]... Les archives montrent une implantation diversifiée, avec vignobles

13 J.-P. Devroey, *L'Éclair d'un bonheur. Une histoire de la vigne en Champagne*, *op. cit.*, p. 54. Il est difficile de mettre ce chiffre en rapport avec les effectifs, sans doute alors supérieurs à une centaine de moines. Mes calculs établissent qu'au moment de la réforme, en 945, il devait y avoir 70 à 80 profès, ce qui était manifestement un « creux de vague », avant un redémarrage spectaculaire aboutissant au minimum à un triplement dans les années 1130 :

de vallée (Aigny, Chézy, Muizon, Murigny…), de premières côtes (Gueux, Trois-Puits, Taissy…), ou de la Montagne de Reims (Sacy, Villers-Allerand, Rilly, Ville-en-Selve…) ; à l'ouest de la cité, Aubilly, Treslon, Crugny ; au nord, Hermonville, Bouconville dans les Ardennes, Alliancelles au sud de l'Argonne[14]. Dans ce dernier terroir, le vin rouge dû par les tenanciers devait être bien léger et, dans le précédent, peut-être privilégiait-on le verjus. Cette abondance et cette complémentarité – 25 hectares en régie directe, nombreuses rentes et dîmes – expliquent, sans doute, l'impression générale qu'a Jean-Pierre Devroey d'une gestion conservatrice des moines, peu soucieux d'accroître leur patrimoine par des achats ou des donations sollicitées[15] ; certains dossiers, comme celui d'Hermonville, au XIIIe siècle, permettent cependant d'apporter des nuances, avec un souci de regroupement des parcelles, parmi lesquelles est mentionné le grand clos des religieux[16].

L'abbaye Saint-Nicaise est un cas particulier : fondation rémoise tardive des années 1060, ne prenant véritablement son essor qu'après 1100, elle a dû se faire sa place au soleil de Champagne. Pour les vignes, elle a bénéficié de la générosité de l'archevêque Gervais qui a puisé dans le patrimoine suburbain (Châtillon, Mont-Valois et Mont-Ferré) et celui de la Montagne (Chigny, Méry, Rilly, Saint-Lié, Tramery, Villers-aux-Nœuds). Cela a suffi plus d'un siècle. À partir de 1200, les moines se sont lancés dans une politique d'acquisitions et de plantations fort coûteuses, car, manifestement, dans ce monde plein, la spéculation allait grand train. Le cartulaire permet de rassembler sur Nogent-Sermiers, par exemple, un gros dossier analysé par Jean-Pierre Devroey et Adeline Hutasse[17] : l'achat de parcelles productives, avec volonté de regroupement et d'agrandissement du vignoble monastique, atteint son paroxysme dans les années 1220-1260. S'y ajoute une implantation dans les villages voisins de Chamery et Sacy, un peu plus

Patrick Demouy, « Recherche sur une comptabilité de l'au-delà : le catalogue des morts de Saint-Remi de Reims (945-1232) », dans *Compter les Champenois*, Reims, Centre d'études champenoises de l'université, 1997, p. 95-105.

14 AD Marne, 56 H 108, importante liasse de baux, dont 22 documents de 1376 ; les parcelles sont généralement d'un demi-quartier ou d'un quartier (4 ou 8 ares) ; le cens est fixé à 20 pintes par quartier, soit un peu moins de 20 litres.

15 *Ibid.*, p. 54.

16 AD Marne, 56 H 238 : donations en 1221 et 1257, achat à Saint-Pierre-les-Dames en 1257, à Hautvillers en 1263, échange en 1291.

17 J.-P. Devroey, *L'Éclair d'un bonheur. Une histoire de la vigne en Champagne*, *op. cit.*, p. 33 *sq.* ; Adeline Hutasse, *La Vigne et le vin des moines des abbayes de Saint-Basle de Verzy et de Saint-Nicaise de Reims du XIIIe au XVe siècle*, mémoire de maîtrise, université Reims Champagne-Ardenne, 2002.

à l'ouest, à Villers-Marmery ; au sud, à Bisseuil et Tours-sur-Marne, puis au nord et nord-est, à Hermonville et Berru, sans négliger les Ardennes (Château-Porcien, Séry...). Même si l'on ne peut analyser la situation en fonction de nos actuels cépages, la volonté de diversification apparaît clairement, du meilleur au commun ; il est clair que les serviteurs, les hôtes, les moines, l'abbé ne boivent pas le même vin, qu'il y a des vins de soif, des vins de fête, des vins de messe. Adeline Hutasse a pu situer un certain nombre de parcelles grâce à la toponymie ; la continuité avec les exploitations actuelles est frappante, et à vrai dire peu surprenante : le choix des sols et des orientations est un héritage séculaire, perpétué par les acquéreurs de biens nationaux quand le patrimoine monastique a été mis à l'encan.

Le grand vignoble, qui n'a fait pour l'instant l'objet d'aucune étude, est celui du chapitre métropolitain. Il tire évidemment son origine du patrimoine de l'Église de Reims, qui était considérable dans ses premiers siècles, quand on pense à toutes les aliénations déjà mentionnées. Même si la vie commune des clercs de la

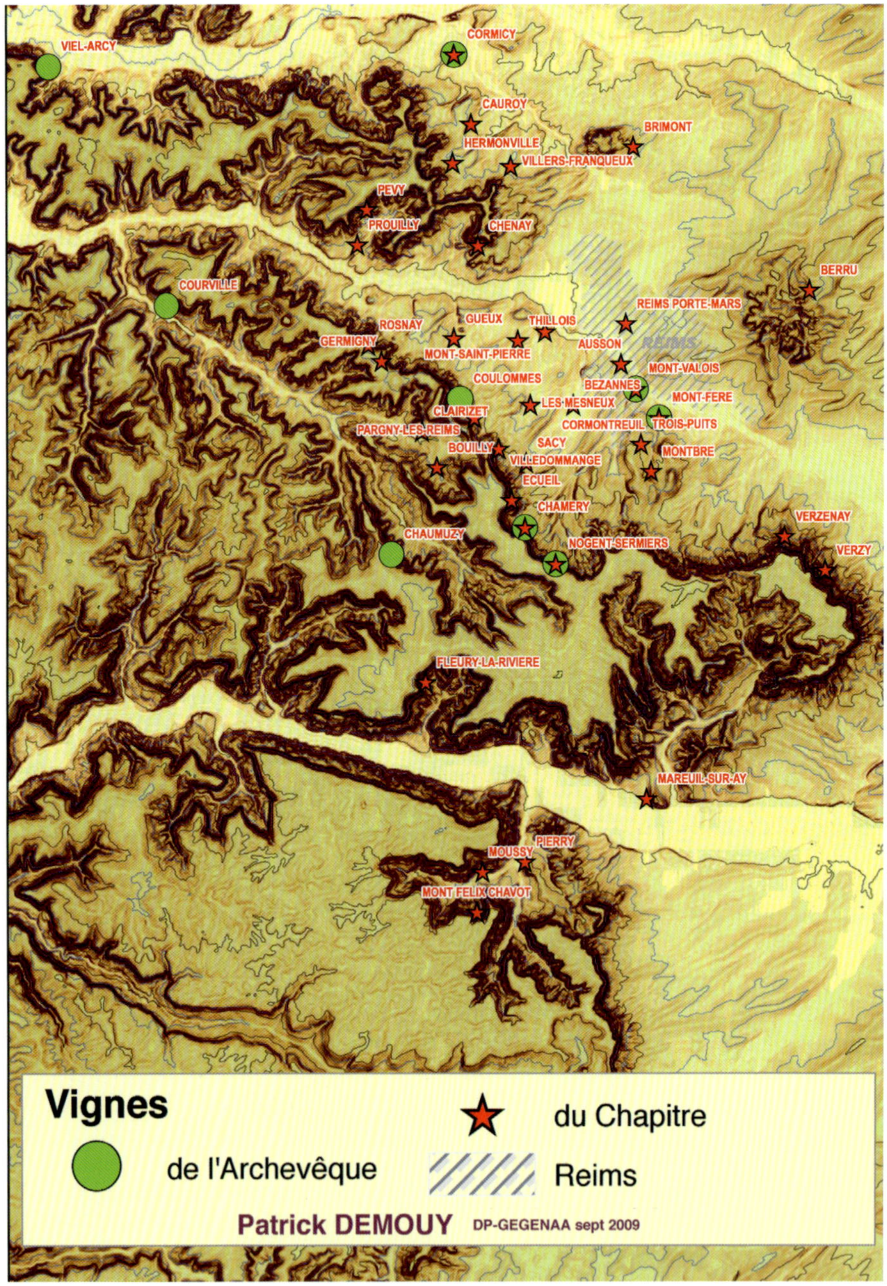

Carte des vignes de l'archevêque de Reims (XIIe-XVIIe siècles), auteur : Jacky Lusse

cathédrale doit remonter au début du VIIIe siècle, sous la houlette du saint évêque Rigobert, la véritable organisation du chapitre est consécutive au concile d'Aix-la-Chapelle de 816[18]. C'est dans le premier tiers du IXe siècle qu'a été opérée la séparation des menses épiscopale et capitulaire. En l'absence d'un diplôme ratifiant cette division, nous sommes peu renseignés sur le temporel de l'époque carolingienne, mis à mal par les troubles consécutifs à l'éclatement de l'Empire. Les choses s'éclairent d'abord grâce au nécrologe inclus, avant 1075, dans le psautier du prévôt Odalric, et complété au cours du XIIe siècle[19]. Les chanoines n'ayant pas fait vœu de pauvreté personnelle, il apparaît une totale imbrication des revenus collectifs et des revenus privés, ceux-ci alimentant de nombreux legs, parmi lesquels les vignes tiennent une place de choix. On en trouve aux environs immédiats de Reims (Porte Mars, Ausson, Mont-Valois, Mont-Saint-Pierre, dont le pressoir banal est acquis en 1196, Bezannes), et dans de bons climats de la Montagne et des coteaux proches d'Épernay : Bouilly, Chenay, Hermonville, Villers-Franqueux, Pargny, Villedommange (avec pressoir), Villers-aux-Nœuds, Montfélix (près de Chavot), Moussy (avec pressoir). Il s'agissait d'abord d'alimenter la table des frères, comme disent les textes : ils étaient soixante-douze. Le prévôt Odalric, veillant à leur confort, avait fait aménager un réfectoire d'hiver, pour que le froid ne serve pas de prétexte à l'absentéisme, et leur avait assuré les calories nécessaires : distribution de fromages pendant l'Avent, et de quatre livres de pain quotidien. Il fallait bien du vin pour faire passer tout cela, mais les donations de vignes étaient d'abord destinées aux célébrations anniversaires des généreux défunts. On devait consacrer une partie des revenus à une *refectio,* destinée au chapitre et à des pauvres dont on connaît l'efficacité de la prière ; le testateur prévoyait des libéralités en espèces (plus ou moins quarante sous) et un repas arrosé de deux muids de vin. Cette précision revient à vingt-six reprises dans le nécrologe, au point d'apparaître comme un véritable tarif : deux muids ; il fallait donc plus de 250 litres pour rafraîchir la mémoire d'un mort. Et pas avec n'importe quel breuvage : le chanoine Gilon de Saint-Thierry, léguant en 1206 sa vigne de Porte Mars, précise bien qu'on doit boire son vin[20]. Dans le dernier

18 Synthèse sur l'histoire du chapitre : Patrick Demouy, *Genèse d'une cathédrale. Les archevêques de Reims et leur église aux XIe et XIIe siècles*, Langres, D. Guéniot, 2005, p. 59 *sq*.

19 Bibliothèque municipale de Reims, ms. 15, fol. 10-20 ; Pierre Varin (éd.), *Archives législatives de la ville de Reims, Statuts*, Paris, Impr. de Crapelet, 1844, t. I, p. 62-105.

20 Cartulaire G du chapitre, AD Marne, ann. Reims, 2 G 1656, fol. 251 (1206).

quart du XIIe siècle, malgré la résistance de la *sanior pars* et les admonestations du pape, les chanoines, ici comme ailleurs, abandonnèrent la vie commune, d'abord le dortoir au profit de maisons individuelles, puis le réfectoire, sauf pour les fêtes et anniversaires. Le mode de gestion de la mense dut être modifié : on garda une part des revenus pour les besoins communs, on affecta aux dignitaires des biens propres transmissibles avec la charge, mais l'essentiel dut être divisé en parts égales administrées par des chanoines portant le titre de prévôts, tenus de rendre des comptes au chapitre. Ces prévôtés étaient des unités de gestion assurant le revenu d'un certain nombre de prébendes individuelles ; périodiquement, on procédait à une nouvelle répartition de l'ensemble pour tenir compte de l'évolution de la fortune collective. Par ailleurs, des fonds propres étaient affectés à l'hôtel-Dieu, à la fabrique, aux chapellenies et aux fondations de messes. Pour évaluer l'ensemble des vignes relevant du chapitre à un titre ou à un autre, en l'absence d'un état récapitulatif général du temporel, il faudra se livrer à un travail de… bénédictin, à partir de sources qui deviennent abondantes depuis le XVIe siècle. Le premier inventaire complet des vignes des prébendes ne date que de 1666[21] ; précis, il donne les toponymes, les surfaces, les valeurs monétaires estimées. La superficie totale potentielle est de l'ordre de 25 hectares, dont 21,5 alors en exploitation. Ce qui frappe, c'est l'extrême dispersion : 21 terroirs et 70 parcelles, et l'excellent choix des climats. Se situent au-dessus de la moyenne d'un hectare : Trois-Puits, Taissy, Écueil, Villedommange, Pévy, Cormicy, Germigny ; en-dessous : Pargny, Montbré, Gueux, Chamery, Mailly, Clairizet, Fleury-la-Rivière, Berru, Mareuil ; avec moins de 50 ares : Onrezy (près de Villedommange), Prouilly, Brimont, Cauroy, Hermonville. Dans cette dernière localité, l'arpentage de 1659 donne un total de 2,5 hectares, c'est-à-dire que les vignobles des prébendes ne représentent qu'une partie des domaines capitulaires[22]. Les fonds d'archives permettent de repérer, en outre, des vignes à Cormontreuil, Nogent-Sermiers, Les Mesneux, Rosnay, Thillois et Verzenay ; à Taissy, Verzy et Taissy pour la fabrique ; à Courcelles, Villers-Franqueux, Villedommange, Jonchery-sur-Vesle et Moussy pour l'hôtel-Dieu[23].

De surcroît, le chapitre perçoit de nombreux revenus en nature. D'abord les dîmes, dont l'évaluation est à faire, car le morcellement est extrême.

21 AD Marne, 2 G 588.
22 AD Marne, 2 G 1260.
23 Sur le temporel du chapitre voir : Patrick Corbet et Jackie Lusse (dir.), *Ex Animo. Mélanges offerts à Michel Bur*, Langres, Dominique Guéniot, 2009.

Au XIIIe siècle, le chapitre les prélève, en tout ou partie, au moins dans une cinquantaine de villages, parmi lesquels Bezannes, Brimont, Champigny, Courville, Gueux, Mailly, Thillois, Rosnay, Taissy… où la vigne est attestée. Ensuite, les droits seigneuriaux : une rente de 32 muids, due par les habitants de Pargny, est documentée depuis 1384[24] ; il est précisé qu'il doit s'agir de vin blanc sans *goues* (gouais), c'est-à-dire sans vin de cépage commun. Les 32 muids – encore dus en 1789 – font 8 poinçons ou 800 pots, soit pour les mesures connues à la fin de l'Ancien Régime, 1 640 litres, autrement dit près de 2 190 bouteilles, pour prendre une équivalence parlante dans la Champagne d'aujourd'hui. À Pévy, tout propriétaire doit 2 pots de vin par arpent, soit environ 12 litres à l'hectare, payables à la Saint-Martin (le rôle de perception, qui est conservé de 1422 à 1757, est un document exceptionnel)[25] ; s'y ajoute globalement une taille de 50 muids, également à la Saint-Martin, soit plus de 2 500 litres (ou 3 300 bouteilles). À Trois-Puits, le cens en vins, connu en 1436, est beaucoup plus lourd : 9,5 pots et 4 deniers par jour de terre, soit 38 litres à l'hectare[26]. À Vrigny, un droit de vinage de 6 pots par maison est perçu au temps des vendanges. Il est mentionné aussi à Berru, Bourgogne, Cormicy et Rosnay, avec, de surcroît, une corvée de vendange chaque année, jusqu'à l'heure de none[27]. Le chapitre dispose de pressoirs banaux au Mont-Saint-Pierre, acheté en 1196, à Mailly, dont la vicomté a été acquise pour moitié en 1221, à Trois-Puits, à Écueil[28].

Ce village offre une documentation abondante et permettra, pour conclure cette trop brève approche, une étude de cas. Le document le plus ancien de ces liasses date de 1303 : le chanoine Eustache de Conflans tient en fief, du roi Philippe IV et de la reine Jeanne, comtesse de Champagne, une rente de 40 muids de vin sur le vinage d'Écueil, échue ensuite au chapitre[29]. En 1473, le chanoine Gérard le Charron lègue 17 ares de vigne au lieu-dit En Alleux[30] ; dix ans plus tard, une pièce voisine est donnée, par Saladin d'Anglure, pour aider à la restauration de la cathédrale dont la toiture a brûlé accidentellement

24 AD Marne, 2 G 1399 ; il est mentionné, en 1777, que les droits de lods et rente de Pargny sont payés en vin mousseux.
25 AD Marne, 2 G 1417.
26 AD Marne, 2 G 1537.
27 AD Marne, 2 G 1615, 1028, 1077, 1146, 1461.
28 AD Marne, 2 G 1515, 1324, 1543, 1186-88.
29 AD Marne, 2 G 1172.
30 AD Marne, 2 G 1182.

Tapisserie des vendanges, Reims,
cliché Fulvio Roiter
© Comité interprofessionnel du vin de Champagne

en 1481[31]. En 1508, sa veuve Jeanne de Neufchâtel et René d'Anglure, seigneur d'Étoges, vendent au chapitre la seigneurie d'Écueil et Belloy, une grande partie du village de Chamery, la vicomté, château et seigneurie de Bligny, la seigneurie de Commetreuil et la vicomté au terroir de Sacy, le tout mouvant du roi « à cause de sa tour de Châtillon-sur-Marne », où il a succédé au comte de Champagne, pour la coquette somme de 5 000 livres[32]. De cet investissement devaient découler toutes sortes de droits seigneuriaux. Nous retrouvons une rente en vin, due par les propriétaires, ici nommée droit d'assise, de 4 pots par

31 AD Marne, 2 G 1184.
32 AD Marne, 2 G 1172.

jour de terre (soit environ 15 litres à l'hectare), plus 10 deniers[33]. Un compte de 1579 donne un total perçu de 21 poinçons et 21 livres, ce qui représente plus de 4000 litres sur un terroir d'environ 250 hectares. Le droit de rouage, en numéraire, rapporte 2 deniers par pièce de vin sortant de la seigneurie, et le droit d'afforage, 17 sous 6 deniers sur quiconque vend du vin au détail lorsqu'il met bouchon[34]. Les banalités perçues aux deux pressoirs sont également bien documentées : ils étaient affermés et la liste des adjudications est conservée pratiquement sans lacunes de 1547 à 1562[35]. C'est intéressant pour la valeur relative des récoltes ; l'adjudication se faisant fin août – début septembre (sauf en 1556, le 30 juin, après la fleur), il est possible d'évaluer la production attendue, qui varie du simple au double. Aucune surprise : la courbe obtenue à Écueil correspond parfaitement à ce que nous savons du climat, d'après les travaux d'Emmanuel Le Roy Ladurie, en particulier. L'affermage maximum à 22,5 poinçons, en 1556, correspond à un bel été de chaleur sèche, alors que la dégringolade à 10 poinçons, en 1560, marque le début de la seconde phase du petit âge glaciaire, sensible aussi en Bourgogne par un décalage de six jours de la date des vendanges[36]. En pratique, la part du chapitre passe de 3 400 à 1 500 litres de vin environ. En 1575, l'affermage se fait en argent, en 1576 deux vignerons sont condamnés pour être allés presser ailleurs[37]. On serre la vis, c'est le cas de le dire.

Outre les rentes en vins, le chapitre disposait des produits de ses propres vignes, léguées par des chanoines qui en avaient fait l'acquisition. Pierre le Roy, en 1522, achète une cinquantaine d'ares à Belloy et Dessous-Belloy, où il acquiert 4,5 ares en 1537, et 1,5 are en 1550 ; Pierre Lemoine en 1541 achète 7 ares à La Ruelle de Cuchien, puis, en 1543-1544, 6,5 et 1,5 ares à En-Glise ; Nicolas Meslier, en 1597, achète 11,5 ares à En-Mousset, puis, en 1613, échange des vignes pour y récupérer 3 ares[38]. Ces « vénérables et discrètes personnes » investissaient patiemment, en s'efforçant de regrouper leurs parcelles, souvent de fort petite taille. Celles-ci étaient baillées à des vignerons, en général pour neuf ans – exceptionnellement douze – avec des charges variables. Les baux du XVIe siècle

33 AD Marne, 2 G 1175.
34 AD Marne, 2 G 1180.
35 AD Marne, 2 G 1188.
36 Emmanuel Le Roy Ladurie, *Histoire humaine et comparée du climat. Canicules et glaciers. XIIIe-XVIIIe siècles,* Paris, Fayard, 2004, p. 183.
37 AD Marne, 2 G 1186.
38 AD Marne, 2 G 1182-84.

établissent un cens par hommée (soit 3,17 ares) souvent autour de vingt sous, soit une livre, mais il peut monter à deux ou quatre livres – sans doute pour les meilleurs vins –, ou descendre à quatre sous pour un tonnelier qui devait fournir des pièces de sa fabrication[39]. Dans le seul village d'Écueil, la seigneurie foncière et banale rapportait, au XVIe siècle, un minimum de deux cents livres, et 5 500 à 7 400 litres de vin, soit environ 7 500 à 10 000 bouteilles, approximation anachronique mais familière aux contemporains : c'est impressionnant mais, sur toute une année, cela ne représente que 20 à 27 bouteilles par jour, ce qui est notoirement insuffisant pour abreuver un chapitre de cathédrale… Écueil, évidemment, n'était qu'une partie du patrimoine, à partir de laquelle il est bien difficile d'extrapoler. Les vignes des prébendes y occupaient 2,8 ha, soit 13 % du total de l'inventaire de 1666 ; il y en avait d'autres, puisque les arpentages des années 1556-1599 permettent de repérer 3,6 hectares dans ce village[40], et la volonté d'accroissement était suivie, si l'on en juge par les baux de savarts à mettre en vigne[41].

Il reste à passer au peigne fin, outre les archives d'Écueil, que je n'ai fait que sonder, celles des trente-quatre autres vignobles susmentionnés, pour avoir une vue d'ensemble et confirmer les premières conclusions :

- un investissement continu et bien ciblé, dû davantage à l'initiative individuelle des chanoines – ensuite donateurs –, qu'à l'institution elle-même, avait pour but d'assurer des revenus en numéraire. Le chapitre n'était pas un propriétaire-récoltant, mais un rentier des coteaux champenois ;
- l'approvisionnement en nature, pour la vie quotidienne, provenait des dîmes et droits seigneuriaux, dont il n'était pas facile de contrôler les propriétés gustatives, même si l'on évitait le pire. Sans doute y avait-il un surplus commercialisable, mais ce n'était pas une priorité économique, car le chapitre n'était pas un négociant. Il y avait des marchands pour cela, et Reims n'en manquait pas[42].

39 AD Marne, 2 G 1188.
40 AD Marne, 2 G 1183.
41 AD Marne, 2 G 1177, pour l'année 1528 par exemple, Sandrin Ponsart et Guillemin Patin, pour 75 ares environ, en quatre pièces.
42 Pierre Desportes, *Reims et les Rémois aux XIIIe-XIVe siècles*, Paris, Picard, 1979, p. 390 *sq.*

LES VINS DE CHAMPAGNE ET LEURS CONSOMMATEURS : TROIS UNIVERS VINICOLES ET SOCIAUX (1650-1830)

Benoît Musset
Université du Maine

L'appellation « vins de Champagne » est définie, sous sa forme actuelle, par la loi de 1927, partiellement révisée, intégrant outre la Marne, le sud de l'Aisne et ses prolongements en Seine-et-Marne, l'Aube, et quelques cantons de la Haute-Marne. Or, si ces départements recouvrent à peu de choses près, en y ajoutant les Ardennes, l'ancienne province de Champagne, le qualificatif de « vins de Champagne » ne désignait sous l'Ancien Régime que les vignobles de Reims et d'Épernay. En 1607, Nicolas Abraham de La Framboisière, médecin rémois écrivait :

> Entre les vins de Champagne, ceux d'Aÿ tiennent le premier rang en bonté et perfection. [...] En la Montagne de Reims, il y a d'assez bons vins quand l'année est chaude[1].

Seules la « Montagne » et la « Rivière » sont incluses dans l'appellation. Cette catégorisation fut reprise et précisée tout au long du XVIIIe siècle. Ainsi, le chanoine Godinot note en 1718 : « On convient en Champagne que le vin, qu'on appelle de Rivière, est ordinairement plus blanc que celui de Montagne »[2]. En 1735, l'abbé Pluche rappelle, dans son célèbre *Spectacle de la nature*, que « depuis que les raisins blancs n'entrent plus dans le vin de Champagne, celui de la Montagne de Reims dure 7 à 8 ans, et celui de la Marne va aisément à

1 Nicolas-Abraham de La Framboisière, *Œuvres*, Lyon, Jean-Antoine Huguetan, 1644, p. 86. L'édition originale est de 1607.

2 Jean Godinot (attribué à), *Manière de cultiver la vigne et de faire le vin en Champagne, et ce qu'on peut imiter dans les autres provinces, pour perfectionner les vins*, Reims, B. Multeau, 1718, p. 10.

4 et 5 ans »[3]. Mais les deux plus clairs sont Nicolas Bidet, autre auteur rémois, et André Jullien. Le premier affirme sans ambiguïté en 1759 : « Il y a deux natures de vignobles en Champagne, qui sont ceux des montagnes de Reims et ceux de la rivière de Marne »[4]. Le second juge bon de rappeler ce que l'on peut considérer comme un fait acquis en 1822 : « Tous les vins de cette province [de Champagne] ne soutiennent pas également bien l'honneur de leur nom ; les vignobles du département de la Marne sont les seuls qui fournissent ce vin fameux »[5].

Cette précision de géographie historique faite, il convient de rappeler que l'appellation « vins de Champagne » recouvre en réalité des vins divers, dont la nature a même varié au cours du temps avec l'apparition des fameux vins mousseux qui ont progressivement « phagocyté » l'appellation « vins de Champagne » au début du XXe siècle. Entre les années 1650 et 1830, les vignobles de Reims et d'Épernay offrent à leurs clients une gamme extrêmement variée de productions : vins rouges, clairets ou rosés, blancs de blancs, gris, puis, progressivement, de plus en plus de mousseux, blancs ou rosés, grands mousseux, crémants ou simplement pétillants. C'est finalement, une bonne dizaine de vins de Champagne différents qu'offrent nos deux vignobles. Or cette offre génère, par sa diversité, une pluralité de consommateurs. Nous allons même voir que, dans une large mesure, ce sont les consommateurs qui orientent les productions de la Champagne, notamment pour les vins mousseux longtemps décriés dans la région, et presque produits à contrecœur. Toutefois, cette mutation ne doit pas masquer l'autre réalité du vignoble de Champagne : la suprématie des vins rouges en tonneaux, dont les qualités diverses s'écoulent sur des marchés bien différenciés, qui constituent le véritable socle du vignoble sur lequel vient se greffer une « nouvelle économie » viticole, celle des vins en bouteilles dont les vins mousseux ne sont encore qu'une des branches. Les consommateurs sont, dans cette transformation, à la fois initiateurs et suiveurs, par leurs attentes, leurs goûts, et aussi par leurs moyens financiers.

3 Noël Pluche, *Le Spectacle de la nature*, Paris, Veuve Estienne, 1732, t. 2, p. 361.

4 Nicolas Bidet, *Traité sur la nature et sur la culture de la vigne, sur le vin, la façon de le faire et la manière de le bien gouverner*, Paris, Savoye, 1759, t. 2, p. 257.

5 André Jullien, *Topographie de tous les vignobles connus*, Paris, chez l'auteur, 1822, p. 19 (1re éd. 1816).

Georges de La Tour (1593-1652), *Le Tricheur à l'as de carreau* (qui montre très bien ce qu'était le vin clairet), première moitié du XVIIe siècle, huile sur toile, Paris, musée du Louvre © RMN / Daniel Arnaudet / Gérard Blot

FAVEUR ET DÉCLIN DES VINS ROUGES DE QUALITÉ

Des vins clairets aux vins rouges de Champagne

Il est toujours difficile de connaître les caractéristiques des vins du passé, d'une part, parce que le vocabulaire pour les décrire a pu évoluer au cours du temps, ce qui rend le décryptage des sources parfois difficile, et, d'autre part, parce que celles-ci ne sont pas très nombreuses. En effet, si la plupart des textes décrivent la couleur des vins, ils sont moins précis à propos des caractéristiques gustatives.

Au début des années 1650, les vins de Champagne sont à classer parmi les vins rouges. Les témoignages des médecins et des agronomes sont clairs sur ce point. Ils font même partie de la catégorie des vins clairets, dont Marcel Lachiver a rappelé le large succès jusqu'à la fin du XVIIe siècle[6]. En effet, les consommateurs semblent adhérer assez largement aux conceptions médicales du temps qui font de ce type de vin le plus recommandable pour la santé. Si, pour la plupart des médecins des XVIe et XVIIe siècles, le vin blanc était le plus sain par sa couleur et sa composition, il ne convenait vraiment qu'aux gens de lettres, ou à ceux qui avaient une vie à dominante spirituelle. Le vin rouge, grossier, nourrissant abondamment le sang, était la boisson naturelle des laboureurs et des artisans ayant une activité physique intense ; le vin clairet et ses nuances, paillet, œil de perdrix ou rosé, constituait un compromis ayant les qualités de l'un et de l'autre sans les défauts. Il était censé nourrir sans charger le sang – qualité du rouge – et purgeait le corps – qualité du blanc. C'est dans ce contexte que les vins de Champagne ont connu leur premier succès.

Quelques descriptions nous permettent de mieux nous le représenter. Pour Nicolas Abraham de La Framboisière, médecin d'Henri IV, originaire de Reims, les vins d'Aÿ, les plus réputés des vins de Champagne, sont « clairets et fauvelets, subtils, délicats, friands et d'un goût fort agréable au palais, approchant à la

6 Marcel Lachiver, « Autour du vin clairet », dans *Le Vin des historiens*, Suze-la-Rousse, Université du vin, 1990, p. 135-142.

LES VINS CLAIRETS

Les vins clairs (*vinum clarum* en latin, *bin clar* en gascon) ne sont absolument pas des vins rosés mais des vins rouges, d'une couleur légère – voire pâle – l'équivalent – par la couleur – de nos vins rouges étant le vin vermeil (*vinum rubeum purum* en latin, *bin vermelh* en gascon). En Bordelais, à la fin du Moyen Âge – il en était de même en Champagne – ils représentaient plus de 85 %, voire plus de 90 % de la récolte.

« Pour que [ce vin] possède cette couleur très légère, qui lui servait en quelque sorte de label d'origine, il fallait qu'il provienne de moûts rapidement décuvés, car le contact prolongé du jus avec le marc n'eût pas manqué de lui donner couleur et âpreté. Olivier de Serres notait déjà : " il y a des vins clarets, lesquels en moins de vingt-quatre heures de séjour dans la cuve atteignent le point qu'on désire", et il ajoutait : "le long cuver obscurcit les vins" »[1].

Les termes les plus fréquemment employés pour désigner ce vin étaient « claret » ou « clairet », employés seuls ou avec le mot vin. L'expression de vin clair était rare[2].

Jean-Pierre Poussou

Jean Alexis Grimou (1680-1740), *Portrait de l'artiste en buveur*, 1724, Paris, musée du Louvre © Leemage

Jean-Baptiste Siméon Chardin (1699-1779), *Le bocal d'abricots*, 1758, huile sur toile, Art Gallery of Ontario, Toronto, Canada © The Bridgeman Art Library

1 Olivier de Serres, *La Théorie d'agriculture et ménage de champs*, Paris, Huzard, an XII, p. 277.

2 Cette note doit tout à Jean-Bernard Marquette, « La vinification dans le domaine de l'archevêché de Bordeaux à la fin du Moyen Âge », dans Alain Huetz de Lemps (dir.), *Géographie historique des vignobles*, Paris, CNRS, 1978, t. I, p. 123-148, spécialement p. 134-141.

framboise »[7]. Ceux de la Montagne de Reims sont plus forts et plus irréguliers : « ils sont plus chargés de couleur que ceux d'Aÿ : aussi sont-ils de plus longue garde »[8]. Cette opposition entre les vins rouges de Rivière, plus légers et plus clairs, et les vins de Montagne, plus rouges et plus forts, se maintient durant tout le XVIIIe siècle. En 1607, le médecin normand, Julien Le Paulmier, ne dit pas autre chose des premiers : « le vin d'Aÿ est fort clairet, tirant sur le pâle, est de déliée et de subtile matière, plaisant à boire et facile de digestion, et de prompte digestion »[9].

7 N.-A. de La Framboisière, *Œuvres*, *op. cit.*, p. 86.

8 *Ibid.*

9 Julien Le Paulmier, *Traité du vin et du sidre*, Pont-à-Mousson, François Du Bois, 1607, p. 25 v°. Traduction et amplification par Jacques de Cahaignes de *De vino et pomaceo* publié par Le Paulmier en 1588 (1re éd. de la traduction : Caen, 1589).

Louis Le Nain (1600/1610-1648), *Repas de paysans* (avec du vin clairet), première moitié du XVIIe siècle, huile sur toile, Paris, musée du Louvre © RMN / Gérard Blot

Or, ces vins clairets, de Montagne comme de Rivière, disparaissent progressivement à partir de la seconde moitié du XVIIe siècle. Ils se divisent en deux branches : les clairets de plus en plus pâles, au point de devenir blancs, autour d'Aÿ et d'Épernay ; les clairets de plus en plus foncés, au point de devenir franchement rouges, aussi bien dans la vallée de la Marne que dans la Montagne de Reims. En 1718, le chanoine Godinot est témoin des évolutions en cours lorsqu'il explique que « depuis peu d'années, quelques particuliers ont entrepris de faire en Champagne du vin aussi rouge que celui de Bourgogne, et ils ont assez bien réussi pour la couleur »[10]. En guise de confirmation, les vins clairets

10 J. Godinot, *Manière de cultiver la vigne et de faire le vin en Champagne, et ce qu'on peut imiter dans les autres provinces, pour perfectionner les vins*, *op. cit.*, p. 18.

disparaissent progressivement des inventaires après décès des régions de Reims et d'Épernay autour des années 1720-1740. Enfin, le frère Pierre, auteur d'un traité manuscrit dans les années 1730, explique que « ce n'est que depuis environ 50 ans que les personnages de distinction se sont fait une étude de faire du vin rouge par des principes raisonnés »[11]. Une chronologie générale se dessine donc : c'est entre les années 1680 et 1730 que les vins clairets de Champagne sont devenus des vins rouges. Néanmoins, ces vins rouges conservaient une réputation de finesse et de légèreté face aux autres vins rouges ayant beaucoup plus de corps et de force, comme ceux de Bourgogne ou de la vallée du Rhône. Rarement décrits durant la seconde moitié du XVIIIe siècle, car ils sont dans l'ombre de l'essor des vins blancs et mousseux, ils apparaissent de nouveau de façon précise en 1822, sous la plume d'André Jullien, sans doute le meilleur connaisseur des vins de France dans le premier tiers du XIXe siècle, qui en décline les nuances. Les vins rouges de Verzy, sur la Montagne de Reims, ont « une belle couleur, du corps, du spiritueux, et surtout beaucoup de finesse, de sève et de bouquet » ; à Saint-Thierry, au nord-ouest de Reims, les vins rouges « réunissent la couleur et le bouquet des vins de Haute-Bourgogne à la légèreté des vins de Champagne » ; à Cumières, en plein cœur du vignoble à vin blanc, les rouges sont « plus fins et plus délicats que ceux de la montagne de Reims, mais ils ont moins de spiritueux »[12]. La division des vins rouges de Champagne est donc particulièrement stable : autour de Reims, des vins plus colorés et plus forts, et, autour d'Épernay, des vins plus légers. Toutefois, il s'agit ici de descriptions des vins rouges les plus réputés et les plus réussis. Le vin rouge des consommateurs était souvent bien éloigné de cette image.

Les marchés extérieurs des vins rouges : Paris et les Flandres

Les vins clairets puis rouges de Champagne étaient depuis le Moyen Âge connus sur deux marchés extérieurs : les Flandres et Paris. S'il est impossible de donner des chiffres exacts des exportations de vins rouges dans ces deux directions, il est possible de reconstituer quelques ordres de grandeur. En 1554-1555, la seule province du Hainaut a importé 8 771 pièces de vins de Champagne ; mais il

11 Pierre (le frère), *Traité de la culture des vignes de Champagne situées à Hautvillers, Cumières, Aÿ, Epernay, Pierry et Vinay, d'après un manuscrit rédigé par le frère Pierre, élève et successeur de dom Pérignon*, Épernay, Moët & Chandon, 1931, p. 25.

12 A. Jullien, *Topographie de tous les vignobles connus*, *op. cit.*, p. 28-29.

faudrait y ajouter les Flandres françaises et le Brabant[13]. En 1721, le Champenois Edmée Baugier estimait qu'un tiers des vins de Champagne partait pour la Flandre, ce qui, pour une production de l'ordre de 150 000 pièces pour Reims et Épernay, représenterait au moins 30 000 pièces de vin[14]. D'après un rapport de la Société d'agriculture de la Marne de 1836, de 50 à 60 000 tonneaux quittaient la Champagne pour la Picardie et la Flandre française avant la Révolution[15].

Du côté de Paris, les données globales sont également approximatives. Dans les inventaires des financiers parisiens du premier tiers du XVIIe siècle étudiés par Françoise Bayard, les vins de Champagne représentent 17 % des stocks, soit la deuxième position, loin derrière les vins d'Île-de-France (46,6 %), mais devant les vins de Bourgogne (16,4 %)[16]. De même, dans le fragment du registre des entrées de Paris pour 1702-1705, étudié par Marcel Lachiver, les vins de la Marne constituent 15 % des entrées, derrière les vins d'Orléans (30,3 %) et de Blois (26,9 %). À raison d'une consommation de 100 litres par an et par habitant, un niveau de 15 % des vins consommés à Paris signifierait que 36 500 pièces se dirigeaient vers Paris. Cela correspond grossièrement à l'estimation de Baugier, selon laquelle un tiers des vins de Champagne partait vers Paris. Par contre, les vins de Champagne semblent disparaître du marché parisien dans le courant du XVIIIe siècle : dans les comptes des ports de Paris des années 1780, ils ne comptent pour presque plus rien ; de plus, les expéditions de vins depuis Épernay passeraient, d'après les lettres de voitures enregistrées, de 8 à 12 000 pièces par an jusque vers 1730, à quelques dizaines après 1750. Il nous semblerait néanmoins étonnant que les vins de Champagne aient disparu du marché parisien : ils figurent encore en bonne place dans les stocks des marchands parisiens faillis des années 1780[17]. En outre, les quelques registres de marchands champenois conservés indiquent que le marché parisien reste une

13 Cité dans Jean-Pierre Devroey, *L'Éclair d'un bonheur : une histoire de la vigne en Champagne*, Paris, La Manufacture, 1989 ; néanmoins, les vins de Champagne, comme les « vins de France », sont presque absents des provinces flamandes du Nord : voir Jan Crayebeckx, *Un grand commerce d'importation : les vins de France aux anciens Pays-Bas (XIIIe-XVIe siècle)*, Paris, SEVPEN, 1958, p. 5-44.

14 Edme Baugier, *Mémoires historiques de la province de Champagne*, Châlons, C. Bouchard, 1721, t. 2, p. 297.

15 Bibliothèque municipale d'Épernay, fonds Chandon de Briailles, liasse n° 326, pièce 101.

16 Françoise Bayard, « Les caves des financiers parisiens au début du XVIIe siècle », dans *Le Vin des historiens*, *op. cit.*, p. 147-148.

17 Maurice Garden, « Tirer des traites jusqu'à la lie. Faillites parisiennes de marchands de vin (seconde moitié du XVIIIe siècle) », dans Jean-Luc Mayaud (dir.), *Clio dans les vignes. Mélanges offerts à Gilbert Garrier*, Lyon, Presses universitaires de Lyon, 1998, p. 185-200.

direction non négligeable pour leurs vins rouges. Malgré des indices contraires, le maintien en volume des expéditions de vins rouges de Champagne vers Paris n'est pas improbable.

Qu'attendaient les consommateurs des vins de Champagne ? Si le marché parisien nous échappe largement, le marché flamand est mieux connu grâce aux correspondances commerciales de quelques marchands faillis, entre les années 1760 et 1780, notamment celle du marchand de vin rémois Buiron, puis celle de sa veuve avec le chanoine Froment, de Cambrai, à la fois consommateur et revendeur, entre 1760 et 1770. Il est évident que les facilités de circulation sont pour beaucoup dans le succès des vins de Champagne dans cette région. Il ne fallait, par exemple, que trois jours pour expédier une charrette de vin de Reims à Cambrai, à Lille ou à Tournai. Avec le recul du vignoble picard depuis le XVIIe siècle, le vignoble de Champagne se retrouve aux premières loges comme fournisseur du marché flamand. Pourtant, les vins de Champagne n'étaient point les seuls, et leur réussite devait beaucoup au goût des consommateurs. Si l'offensive de la couleur est une incontestable réalité dans le courant du XVIIIe siècle, la Flandre du Sud semble encore y échapper dans les années 1760. Ce sont bien les vins rouges clairs et légers qui l'emportent, les vins blancs ne constituant que 3,4 % des envois de la maison Buiron vers les Flandres.

Cependant, le chanoine se méfiait des vins trop légers : ainsi, en 1761, il refusait des vins de Sacy et Cormontreuil, à quelques kilomètres de Reims, car « étant trop faibles, ils ont toujours graissé »[18]. Il attendait donc de ses vins une bonne garde, le temps de les écouler. Mais pas toujours maître de ses achats, il devait composer avec les variations annuelles et était souvent déçu. Le 18 mars 1763, il a dû commander des vins nouveaux prêts à boire, car, dit-il, « vos Rilly et Chigny doivent s'attendre encore quelques mois ; ainsi je suis obligé en attendant d'en chercher des plus tendres »[19]. Or, à sa grande déception, Buiron lui envoya des vins encore plus forts que les précédents ; Froment le lui fit remarquer, en lui rappelant « qu'ils ne conviennent guère ici, où on aime le paillet et le doux », c'est-à-dire rosés et légers[20]. Poursuivant malgré tout ses achats, il demanda à Buiron, en décembre 1763, de cesser de lui envoyer des vins de Bouzy et Aÿ, pourtant réputés plus fruités, parce qu'« on ne les goûte pas ici »[21]. Progressivement se dessine donc

18 Archives départementales de la Marne, dépôt de Reims, Cambrai, 20 novembre 1761.
19 *Ibid.*, Cambrai, 18 mars 1763.
20 *Ibid.*, Cambrai, 6 juillet 1763.
21 *Ibid.*, Cambrai, 9 décembre 1763.

« Carte de Cambrai » de Joris Hoefnagel (1542-1600), dans *Civitates Orbis Terrarum* de Georg Braun (1541-1622) et Frans Hogenberg (1535-90), *c.* 1572, gravure, collection privée, The Stapleton Collection © The Bridgeman Art Library

le portrait du vin idéal du buveur flamand : vin rouge léger, pas trop fruité, pas trop coloré, qui nous semblerait probablement assez fade selon les canons de notre temps. En 1766, le chanoine Froment répétait encore la même prévention : « il le faut chez nous un peu délicat et fin »[22]. Quant à la couleur, critère au moins aussi important que le goût pour notre client, elle devait être limpide. Le 7 septembre 1765, il fait remarquer à son fournisseur qu'il n'est pas « content des vins derniers pour le goût. Quant à la clarté, il faut y prendre garde dorénavant

22 *Ibid.*, Cambrai, 16 juillet 1766.

L'ANCIENNE ET CONSIDÉRABLE RÉPUTATION DES VINS DE CHAMPAGNE AU DÉBUT DU XVIIIe SIÈCLE

Commerce de Champagne

Les vins de Rheims, de Sillery, d'Hautvilliers, d'Espernay, de Château-Thierry, surtout les premiers, et tout ce qu'on nomme plus précisément Vins de Champagne, ont trop de réputation en France, et dans toute l'Europe, où on les transporte, pour douter que le grand débit qui s'en fait ne répande beaucoup de richesses dans les lieux où se cultivent de si excellents vignobles.

Les vins de l'élection d'Espernay tiennent sans contredit le premier rang entre les vins de Champagne, et, particulièrement ceux de la Vallée de Pierry, et ceux de la Côte d'Ay et d'Hautvilliers.

Commerce de l'Élection d'Espernay

On ne saurait s'empêcher de remarquer en cet endroit qu'étant impossible de disputer à ces vins leur excellence par rapport au goût, ceux qui ont intérêt au débit des vins de Bourgogne, ont affecté de publier que ceux de la Champagne causoient la goute : ce qui de notoriété publique est contraire à la vérité, n'y ayant que très peu de personnes malades de cette maladie dans toute l'étendue de cette Election, bien que les habitants soyent un peu trop attachés à boire du vin de leur païs en excès.

Jacques Savary des Brulons, *Dictionnaire universel de commerce, d'histoire naturelle, d'arts et métiers,* Amsterdam, Jansons, 1726.

de les bien faire soutirer »[23]. L'année suivante, il priait Buiron d'arrêter ses envois de vins trop rouges : « surtout point de grosse couleur »[24]. Enfin, lorsqu'en 1765 la veuve Buiron proposait des vins mousseux à son principal client, celui-ci répondait, presque surpris : « je ne savais pas que vous vous mêliez de ce vin. On ne demande guère de ce vin »[25]. Malgré l'exigence générale croissante pour des vins plus foncés et forts, le marché flamand resta fidèle aux vins rouges traditionnels de Champagne.

Reste à savoir qui en étaient les consommateurs. Les correspondances de marchands faillis et les registres de ventes de la maison Vanderveken, couvrant la période 1784-1789, nous fournissent des indications intéressantes, montrant que les vins rouges de Champagne avaient une diffusion relativement large dans la société flamande. Si l'on prend les vins rouges vendus en tonneaux, les religieux arrivent en tête, avec 22 % des achats, suivis de près par les aubergistes avec 21 %. Cette forte présence des religieux a deux raisons : d'abord par la consommation collective d'établissements religieux de plusieurs dizaines de personnes ; ensuite, comme le montre le cas du chanoine Froment, parce qu'ils se livrent à un commerce de redistribution, profitant d'exemptions de taxes sur les vins. Marchands et négociants pris ensemble représentent 25 % des clients. Les « vrais » consommateurs individuels apparaissent ensuite : officiers (7 %), propriétaires

23 *Ibid.*, Cambrai, 7 septembre 1765.
24 *Ibid.*, Cambrai, lettre du 16 juillet 1766.
25 Archives communales de Reims, R 714 FA.

L'abbaye d'Hautvillers entourée de vignes, région d'Épernay, cliché Michel Guillard © Comité interprofessionnel du vin de Champagne

(7 %), professions libérales, nobles et artisans (2 % chacun). Les vins rouges de Champagne sont essentiellement vendus en ville, ce qui n'exclut pas un commerce de redistribution vers les campagnes, même si les prix élevés des vins expédiés, de 50 à 200 livres, en font une boisson des classes moyennes et supérieures.

Vers un reflux ?

Les indices d'une concurrence accrue et d'un changement de goût s'accumulent dès les années 1770, à l'occasion de la série de très mauvaises récoltes que connaît le vignoble de Champagne de 1767 à 1773. On en trouve des traces dans la correspondance de la veuve Willerme, entre 1766 et 1772. Furieux de la hausse des prix des vins de Champagne, croyant à un complot des marchands champenois, « qui n'entendent pas trop bien leurs intérêts en tenant la bride si haute », l'abbé O'Kelly, de Mons, affirme en avril 1771 qu'« on commence à s'approvisionner ici en vins du Languedoc, et il paraît qu'on est dans la disposition d'en continuer l'usage »[26]. Le mois précédent, Delamotte, de Huy, faisait le même constat : « la cherté des vins de Champagne, sans être bien bons les deux années passées, est la cause que je me suis fourni ailleurs »[27]. Enfin, en mai 1771, Després, de Wylder, désabusé par la dégradation de ses stocks de vins en pièces, qu'une mise en bouteille ne parvient pas à raccommoder, avoue comme les autres « qu'il est bien fâcheux d'être mal servi et de le payer si cher », au point d'être « obligé de boire du vin de Bordeaux et le tout de votre faute »[28]. En juillet 1771, un autre client de Cassel annonce sa défection : « Voilà deux ans que je me jette sur le vin de Mâcon qui, quoique plus fort, ne me revient pas

Cuve de vinification en rouge, 1re fermentation, Hautvillers, cliché John Hodder © Comité interprofessionnel du vin de Champagne

26 AD Marne, dépôt de Reims, 25 B 97, Mons, lettre du 22 avril 1771.
27 *Ibid.*, Huy, lettre du 8 mars 1771.
28 *Ibid.*, Wylder, lettre du 5 mai 1771.

autant que le Verzenay quand je l'ai à 120 livres la pièce »[29]. Ces mauvaises récoltes tombent donc très mal pour le vignoble champenois : ce n'est pas que la clientèle boudait vraiment les vins de Champagne, c'est qu'elle avait accès à d'autres vins, qui commençaient à entrer en force sur ce marché longtemps captif pour les vins de Champagne et de Basse-Bourgogne. Comme sur le marché parisien, les vins du sud de la Loire pénètrent vers le nord. En avril 1771, le frère Jean Damascène, carme à Arras, explique qu'il doit cesser, bien malgré lui, ses provisions en vins de Champagne rouges : « nous nous fatiguons fort des vins de mer dont nous faisons usage cette année ; je souhaiterais que les vôtres fussent baissés de prix »[30]. Les récoltes suivantes sont meilleures : à partir de 1774, le vignoble de Champagne connaît de nouveau de belles années, en quantité et en qualité. Il est certain que, dans les années 1780, le vin rouge de Champagne est loin d'être discrédité sur le marché flamand. C'est ici que le négociant rémois Vanderveken, originaire de Lille, réalise près des deux tiers de ses expéditions, essentiellement des vins rouges en pièces de la Montagne de Reims[31]. Mais les années 1770 ont bien révélé les signes de la fin d'une rente de situation pour la Champagne en Flandre : l'offre se diversifie, et les consommateurs ont devant eux un éventail de choix plus varié.

Le retournement de fortune devient évident après 1815. Dans un premier temps, durant la Révolution et l'Empire, les vins rouges de Champagne ont, apparemment, largement bénéficié de l'élargissement du territoire et de la transformation en départements français, à partir de 1795, des anciens Pays-Bas. C'est en tout cas le constat rétrospectif qu'offrent les rapports des autorités marnaises dans les années 1820. Répondant à la grande enquête nationale sur le vignoble en 1829, les représentants de l'arrondissement de Reims rappellent que « la conquête de la Belgique et sa réunion à la France ont longtemps offert par la Meuse des débouchés pour nos crus de bons choix »[32]. Par contre, le marché parisien semble définitivement perdu quand, en 1804, le Conseil général regrette qu'

> aujourd'hui, Paris, toujours en possession de dominer, par ses goûts et ses modes, le reste de la France a porté sur les vins de Champagne un discrédit d'opinion tel qu'on a pour ainsi dire abandonné l'usage de ces vins légers et agréables pour donner une injuste préférence à des vins rouges forts et épais[33].

29 *Ibid.*, Cassel, lettre du 26 juillet 1771.
30 *Ibid.*, Arras, lettre du 29 avril 1771.
31 Arch. comm. de Reims, R 714 FA.
32 AD Marne, Châlons, 15 M 2
33 AD Marne, Reims, 1 N 6, p. 81.

L'IRRÉSISTIBLE DÉCLIN DES VINS ROUGES DE CHAMPAGNE

Les meilleures vignes appartenaient naguère à l'Église ou à la noblesse. Seuls les nobles émigrés ou condamnés ont été dépossédés, mais leurs propriétés en Champagne n'étaient pas si négligeables. Qu'on pense aux vignobles des Brûlart de Sillery, des Dames de France, des Cazotte, des Audelin, des Failly, des Dargent, etc. ! Or, si les biens nationaux se sont vendus dans la Marne sans qu'il y soit fait obstacle, les vignes, elles, se sont plutôt dépréciées. Elles tentèrent rarement les bourgeois des villes, qui considéraient ce placement comme aléatoire et préféraient investir leurs disponibilités, voire spéculer, car emprunter était tentant, dans des terres labourables, des étangs ou des forêts. [...] Il résulte de ces circonstances que les vignes furent souvent achetées à bon compte, grâce aux facilités de paiement et à l'inflation qui suivit, par ceux qui les cultivaient avant la Révolution pour le compte des privilégiés, en qualité de tâcherons ou de métayers. La propriété viticole s'en trouva morcelée, « poussiérisée » et les nouveaux maîtres du sol avaient envie de rejeter tous les règlements édités par les autorités au cours des siècles, et dont ils ne sentaient pas les raisons.

On vit alors en Champagne des cultures dérobées dans les vignes où l'effeuillage fut pratiqué pour nourrir des chèvres ; les cépages nobles – des morillons – furent parfois remplacés par des plants à gros rendements. Pendant plus d'une décennie sous le Consulat et l'Empire le préfet et le Conseil général s'ingénièrent à restaurer la qualité du vignoble par des règlements, par des conseils, par des primes aussi, dont le Ministère des Finances ne voyait pas toujours le bien-fondé. Mais les vins rouges champenois ne retrouvèrent jamais le prestige qu'ils connaissaient vingt ans plus tôt. Et pourtant, jusqu'après 1830 c'est bien sur ces vins rouges que le Conseil général pensait toujours refonder la prospérité viticole champenoise ! Les rapports de la commission de l'état et des besoins du vignoble champenois sont là pour l'attester.

Georges Clause, préface à François Bonal, *Dom Pérignon. Vérité et légende,* Langres, D. Guéniot, 1994, p. 16-17.

Cette « offensive de la couleur » a porté un préjudice important aux vins de Champagne, incapables de rivaliser avec la nouvelle mode. Autant cette région avait pu, grâce à son climat, son sol et son sous-sol, tirer profit du goût pour les vins clairets, aux XVIe et XVIIe siècles, autant elle ne pouvait fournir des vins rouges tanniques. Et les beaux restes du marché flamand sont, à leur tour, mis à mal par un véritable coup de poignard, le 24 août 1823, lorsque le roi des Pays-Bas et de Belgique interdit purement et simplement l'entrée des vins par voie terrestre dans son royaume. Une telle décision porte évidemment un coup très dur aux vins de Champagne. Le Conseil général de la Marne se lance alors, sans succès, dans une croisade auprès du gouvernement pour l'encourager à négocier avec les Pays-Bas. Cette décision de 1823 est un coup de grâce que ne semblent pas exagérer les représentants du département dans leur analyse de la situation :

> Tout change pour ce département, les vins destinés pour la Belgique, restèrent dans les celliers, le commerce en fut tellement embarrassé qu'ils perdirent de premier abord 25 % de leur valeur ; on essaya d'en expédier par mer, mais les frais énormes qu'entraînent ces expéditions, les inconvénients qui en résultent, rendirent les effets de l'industrie inutiles. On s'aperçut que ce long trajet nuisait à

> la qualité des vins rouges, on ne voulait plus de nos vins ; les vins du Midi seuls ont été admis à la consommation et nos vins rouges perdirent 50 % de leur valeur[34].

Ainsi donc, les signes de fragilité qui s'annonçaient depuis les années 1770 ont été confirmés et précipités par la décision de 1823 : les vins du Midi ou du Sud-Ouest, plus rouges, plus corsés et moins chers, remplacent, auprès des consommateurs belges, les vins rouges de Champagne qu'ils achètent depuis le Moyen Âge, entraînant un effondrement des prix et, plus largement, mettant en difficultés tout un pan de l'économie viticole. Cependant, deux options s'offrent encore au vignoble de Champagne dans les années 1820 : un marché local en expansion constante, mais demandeur de petits vins à bon marché, et un marché d'exportation pour des vins en bouteilles déjà bien structuré.

LE MARCHÉ LOCAL : UNE CONSOMMATION MASSIVE

Un marché pour les petits vins

D'après Baugier, en 1721 la vente des vins « dans le pays » représente un tiers du marché, et est le débouché naturel des petits vins, le « moindre »[35]. Ces vins proviennent des petits crus de la région, qui voient leurs superficies croître fortement, et aussi des sous-produits des grands crus. En effet, le pressurage d'une charge de raisin ne fournit au mieux que deux tiers de vins de cuvée. Les tailles, vin de détour, rebêche, mais aussi les râpés, issus de l'eau jetée sur le marc en fin de pressurage, représentent un bon tiers de la production.

Les prix des vins vendus à l'Étape de Reims entre 1659 et 1707, classés par qualité (meilleur / moyen / petit) permettent de mesurer l'écart entre les extrêmes : d'une vingtaine de livres tournois en moyenne avant 1680, l'écart entre les meilleurs et les petits vins grimpe à plus de 50 et jusqu'à 60 livres dans les années 1700. Alors que les « vins de tête » dépassent généralement les 35 livres la pièce dans les années 1660, puis les 70 livres dans les années 1700, les petits vins restent bloqués entre 10 et 25 livres selon les années, et atteignent exceptionnellement les 30 livres en cas de mauvaise récolte raréfiant le vin. La valeur de ces vins est donc très faible, sachant qu'un tonneau neuf coûte entre 2 et 3 livres selon les années, et un tonneau usagé environ une livre. Il est évident que de tels vins ne peuvent souffrir

34 *Ibid.*, 1 N 25, f° 50-51.
35 E. Baugier, *Mémoires historiques de la province de Champagne*, *op. cit.*, p. 297.

quelque transport à longue distance, et sont proportionnellement très pénalisés par les aides : au sol pour livre proportionnel au prix du vin (5 %) s'ajoutent des droits fixes comme les droits d'entrée, les droits de courtage (15 sols), le petit aide (5 sols) et le don gratuit. Le transport de la Montagne jusqu'à Reims coûte de 2 à 4 livres selon la distance[36]. La valeur marchande de ces vins est donc très faible.

Un marché en expansion

Au plan quantitatif, cette consommation locale de vins bon marché est particulièrement élevée, et en forte croissance. Le marché local est même, avec le temps, le principal débouché des vins rouges de Champagne. En 1829, le directeur des droits réunis d'Épernay, répondant à une demande du gouvernement, le constate en expliquant :

> Depuis quarante ans, il s'est fait de grands changements dans les consommations ménagères de classes moyennes de la population ; tel artisan vivant aisément du produit de son travail qui n'avait autrefois le vin sur sa table que par extraordinaire le fait entrer aujourd'hui dans la dépense alimentaire de sa famille[37].

Malheureusement, les chiffres sont rares avant les années 1750, et ils ne nous permettent pas de mesurer précisément la taille de ce marché, ni l'ampleur de la consommation. Le premier chiffre dont nous disposons, est l'évaluation de la production de l'élection de Reims en année commune de 1692, citée plus haut. En appliquant la tripartition du marché, suggérée par Edmé Baugier en 1721, nous parvenons à un marché local de 30 000 pièces, soit environ 60 000 hectolitres. En 1805-1830, l'arrondissement de Reims, qui a succédé à l'élection, aurait absorbé 65 000 pièces. À partir de là, nous avons pu calculer que de 50 litres par habitant en 1692, la consommation se serait portée à 113 litres en 1805-1803, soit un bon doublement[38]. Il faut rappeler que, dans le même temps, la superficie du vignoble a augmenté au moins de moitié, et que les rendements ont eux aussi été accrus. Nous pouvons donc affirmer sans trop de risque que vers 1830, plus encore que vers 1700, l'essentiel des vins rouges de Champagne est destiné à ravitailler le marché local.

36 Arch. comm. de Reims, fonds de l'Hôtel Dieu, E 3.
37 AD Marne, Châlons, 154 M 2, « Réponses faites par le directeur d'Épernay ».
38 Cette moyenne est proche de celle calculée au niveau national par Gilbert Garrier pour la fin du XVIIIe siècle, qui atteint 107 litres par habitant. – Voir Gilbert Garrier, *Histoire sociale et culturelle du vin*, Paris, Larousse, 1998, p. 102.

Si l'on affine encore l'analyse quantitative du marché local, on peut se rendre compte que la consommation urbaine est très nettement supérieure à la consommation rurale. Deux chiffres fournis par l'administration des aides nous permettent d'évaluer de façon assez fiable la consommation de la ville à 134 litres par habitant en 1746-1748, des années plutôt moyennes, et à 200 litres en 1785, dont la récolte de septembre a été particulièrement abondante, gonflant anormalement la moyenne par habitant. Un ordre de grandeur de 150 litres par habitant est donc probable. Dans le même temps, la consommation des ruraux de l'élection de Reims peut être évaluée pour la même période 1746-1748 à 25 000 pièces en moyenne, soit 50 litres par habitant. Néanmoins, dans les villages viticoles, la consommation de vin devait être au moins aussi élevée qu'en ville. Le niveau de 50 litres par an – et par habitant – est donc plutôt représentatif du niveau de consommation dans le plateau de Champagne qui ne produit pas de vin. Il est par ailleurs très intéressant de noter que la demande rurale semble beaucoup moins rigide que la demande urbaine. Alors que, pour les années 1747, 1748 et 1749, les entrées de vins dans la ville de Reims sont respectivement de 21 035, 16 931 et 22 761 pièces, soit un écart de 1 à 1,3, les ventes en gros dans les campagnes passent de 17 835 et 17 383 pièces à 36 693, soit un écart de 1 à 2,1 nettement plus marqué. Autrement dit, la demande rurale est plus volatile, plus dépendante de l'abondance des récoltes et des prix.

Pour les autres aires du marché local, les renseignements sont plus rares. Sur les bases de chiffres de production à peu près connus entre 1774 et 1830, avec des lacunes, nous parvenons, à l'échelle du département de la Marne, à un ordre de grandeur de 120 litres par habitant, très proche du niveau présumé pour le seul arrondissement de Reims. En proportion, d'un tiers des vins produits le marché local des vins de Champagne serait passé aux deux tiers en un siècle.

Une consommation locale « universelle »

Des registres d'entrée des vins de 1762, à Reims, nous indiquent qu'à cette date, tout le monde a accès au vin en ville (tableau 1). La structure sociale de la ville est relativement bien respectée, hormis l'absence des ouvriers qui, néanmoins, constituent la clientèle privilégiée des cabaretiers. Religieux, professions libérales et officiers ne pèsent pas d'un poids disproportionné.

Tableau n° 1. Entrées de pièces de vins à Reims par la porte Mars en 1762

	Quantité	%
Artisans/ commerçants	263,25	26,6 %
Cabaretiers	241,00	24,4 %
Bourgeois	226,00	22,9 %
Marchands	141,00	14,2 %
Officiers	79,00	8,0 %
Religieux	28,50	2,9 %
Professions libérales	8,00	0,8 %
Total	**989,75**	

Ces données générales sont confirmées par l'examen des procès-verbaux des commis des aides dans la région de Reims entre 1721 et 1733. Les vins rouges et clairets dominent de très loin. On boit très peu de vin blanc à Reims : le peu qui est produit dans les environs, provenant de Sillery, Verzy et Verzenay, est d'un prix très élevé. Le citadin se contente de vin rouge commun. Si la valeur de ce vin n'est jamais évaluée, des indices suggèrent qu'il s'agit bien de petits vins. Ceux-ci sont très généralement conservés dans des futailles, des tonneaux usagés, réservés aux vins de moindre qualité. De plus, le vin est souvent qualifié de « trouble » ; dans la quasi-totalité des cas, il s'agit de vins nouveaux, bus à partir de novembre, avant même d'avoir atteint leur maturité[39]. La plupart du temps, ce vin est tiré en bouteilles ou en cruches. Les cabaretiers ou les particuliers perquisitionnés ont généralement plusieurs bouteilles dans leur cuisine, qu'ils remplissent au fur et à mesure à partir des tonneaux conservés en cave.

Tableau n° 2. Vins trouvés par les commis des aides à Reims et environs, 1721-1733

Type de vins	Quantité	%
Rouge	223,25	78,0 %
Clairet	35,00	12,2 %
Blanc	18,50	9,8 %
Total	**286,25**	

À travers les procès-verbaux, nous découvrons la consommation quotidienne de ces vins. Le 15 avril 1721, entrant dans la maison de Jean Simon et de sa femme, rue de Thillois, où ils ont entendu du bruit, les commis découvrent

39 AD Marne, Châlons, C 3132 et suivants, 25 octobre 1724 ; 28 août 1730 ; 2 mars 1733. Les vins rouges de qualité sont généralement vendus au bout d'un an.

« trois particuliers à nous inconnus, assis autour d'une table, mangeant en service d'assiette, de vin d'un pot de grès, et d'un verre aux deux tiers pleins d'une liqueur rouge »[40]. Le vin est le plus souvent bu en groupe, mais il faut dire que les attroupements sont un des indices faisant suspecter une fraude. Dans les campagnes, la qualité des vins semble encore descendre d'un cran : les vins goûtés y sont souvent qualifiés de « troubles », voire « nébuleux », trahissant un vin fortement chargé en dépôt, sans doute non soutiré, destiné à être bu rapidement. Si les cabaretiers sont logiquement les principales cibles des perquisitions, des particuliers sont eux aussi visités, suite à des « soupçons de fraude », probablement sur dénonciation. On trouve des laboureurs et des manouvriers faisant quelque commerce frauduleux de leurs vins. Les vins blancs, tant décriés dans les traités de viticulture, trouvent là un débouché. Si du vin blanc est trouvé dans les caves des cabaretiers et vignerons de la Montagne de Reims, à hauteur de 10 %, c'est bien une preuve que l'on en produit déjà dans le premier tiers du siècle. Toutefois, il y a bien un fossé entre ces petits vins blancs en pièces consommés dans les campagnes et les vins blancs de Champagne progressivement vendus en bouteilles. En 1759, à une époque où l'on commence à intégrer les raisins blancs dans la constitution des cuvées de vins en bouteilles, Nicolas Bidet s'en offusque dans son traité de viticulture, confirmant au passage le caractère très populaire et sans noblesse de ces petits vins blancs :

> Si on les abandonnait, comme dans le siècle précédent, pour l'usage des laboureurs de la Champagne pouilleuse, les propriétaires, et ceux qui ont la folie de les acheter, en souffriraient moins, et la réputation des bons vins de Champagne, en général, que ces derniers ont détruite, pourrait reprendre faveur[41].

NOUVEAUX CLIENTS, NOUVEAUX VINS : VINS GRIS ET VINS EN BOUTEILLES

Des vins blancs aux vins mousseux : une exigence des clients

En effet, le vignoble de Champagne produit également des vins blancs de blancs. Or, cette production n'est qu'avouée à demi-mot dans les traités de viticulture champenois, et ignorée des médecins et des auteurs de traités de viticulture. Il faut dire que ce vin blanc souffre d'un discrédit jamais démenti

40 *Ibid.*, C 3131.
41 N. Bidet, *Traité sur la nature et sur la culture de la vigne…*, *op. cit.*, t. 1, p. 230.

jusqu'à la Révolution, à cause de sa faible qualité. Il se trouve défaillant selon les trois grands critères des amateurs : couleur, goût et garde. Pour Godinot, « il faut ôter tous les ceps qui donnent du raisin blanc »[42] ; pour Pluche,

> le raisin blanc ne donne à la vérité qu'un vin blanc qui n'a communément ni force, ni qualité, qui jaunit promptement, et tombe dès avant l'été. Ces vins blancs ne sont presque plus d'usage. La médecine seulement les conseille quelquefois[43].

Enfin, pour Bidet, en 1752, « le raisin blanc, par sa qualité et par sa couleur, ne peut contribuer à la perfection de quelque vin que ce soit [...]. Pour le vin blanc, il le jaunit, et lui occasionne de plus grand dépôt »[44]. Seul le frère Pierre, cellérier d'Hautvillers dans les années 1730-1740, reconnaît quelque mérite aux vins blancs de blancs :

> lorsque le vin blanc des raisins blancs est bien fait et que les raisins sont bien mûrs, c'est un vin qui a beaucoup de mérite, non seulement parce qu'il est très agréable, mais encore médicinal pour les maux d'estomac et pour les faiblesses de poitrine[45].

C'est encore ce vin qui connaît un certain succès, des années 1750 aux années 1830 et au-delà, sous le nom de tisane de Champagne. Paradoxalement, c'est bien lui qui entre progressivement dans les assemblages destinés à produire des vins mousseux.

Au début du XVIIe siècle, nous l'avons vu, le vin d'Aÿ célébré par les médecins est un vin rouge tirant sur le rosé, très léger. Une cinquantaine d'années plus tard, le vin d'Aÿ est en train de devenir un vin blanc, appelé gris, car issu de raisins noirs. Or, une telle évolution semble suivre parfaitement l'évolution des goûts de la clientèle aristocratique. D'après Godinot, c'est autour des années 1660 qu'a débuté la production de vins gris en Champagne, lorsqu'il dit qu'« il n'y a guère que 50 ans qu'ils se sont étudiés à faire du vin gris, et presque blanc »[46]. Or, dans un passage déjà cité, Julien Le Paulmier décrit déjà, en 1607, un vin d'Aÿ tirant déjà sur le blanc. Mieux, l'édition de la *Maison rustique* de 1583 classe les vins d'Aÿ parmi les vins blancs bus à Paris[47]. Il y a tout lieu de penser que ce « blanchiment »

42 J. Godinot, *Manière de cultiver la vigne et de faire le vin en Champagne*..., *op. cit.*, p. 6.
43 N. Pluche, *Le Spectacle de la nature*, *op. cit.*, p. 361.
44 N. Bidet, *Traité sur la nature et sur la culture de la vigne*..., *op. cit.*, t. 1, p. 7-8.
45 Pierre (le frère), *Traité de la culture des vignes de Champagne*..., *op. cit.*, p. 28.
46 J. Godinot, *Manière de cultiver la vigne et de faire le vin en Champagne*..., *op. cit.*, p. 4.
47 Charles Estienne et Jean Liébault, *L'Agriculture et maison rustique*, Paris, J. du Puys, 1583, p. 351.

du vin d'Aÿ a été très progressif, et que le processus est arrivé à terme avant même le milieu du siècle. Dans les vins de présents de la ville d'Épernay, il est d'usage, dès 1625, d'offrir aux grands personnages de passage dans la ville du vin blanc aux côtés du vin clairet. Certes, les documents font rarement la distinction entre vin gris et vin blanc, mais la faible réputation des vins blancs de blancs rend peu imaginable qu'on en ait fait cadeau à des personnages de marque. Les premières distributions en bouteilles interviennent en 1629[48]. Ce n'est toutefois qu'à partir des années 1710 que le vin gris apparaît nettement dans les archives, après un siècle d'existence. En 1718, Godinot constate que « de tous les vins, il n'en est pas de meilleur pour la santé, ni de plus agréable au goût, qu'un vin gris de Champagne, couleur œil de perdrix », signalant un vin tirant encore légèrement sur le rosé[49]. En 1735, dans *Le Spectacle de la Nature*, l'abbé Pluche est en admiration devant le vin gris de Champagne, qu'il décrit beaucoup plus blanc que Godinot, et qui est parvenu à ce résultat sans le secours des raisins blancs :

> Le vin gris, qui a l'œil si vif et qui est d'une blancheur et d'un éclat qui imitent le cristal, provient des raisins plus noirs, et sa blancheur ne se soutient jamais mieux que quand on a pris soin d'arracher tous les ceps de raisins blancs. [...] Mais depuis que les raisins blancs n'entrent plus dans le vin de Champagne, celui de la Montagne de Reims dure 7 et 8 ans, et celui de la Marne va aisément à 4 et 5 ans[50].

Il est à noter au passage que Pluche indique clairement que la Montagne de Reims produit déjà, elle aussi, des vins blancs, fait confirmé par Bidet en 1759. Il ajoute qu'on n'en produit qu'à Sillery et Verzenay, en soulignant néanmoins que ces vins sont « extrêmement fumeux »[51].

Ces vins gris sont donc produits de façon très localisée : autour d'Aÿ, d'Épernay et de Pierry, mais aussi autour de Sillery et de Verzy-Verzenay. Les comptes de la « maison de Pierry », qui est l'exploitation viticole de l'abbaye Saint-Pierre-aux-Monts de Châlons, nous permettent d'observer la clientèle élitiste de ces vins. Certes, marchands et négociants emportent près des deux tiers des envois, mais, lorsque les acheteurs particuliers apparaissent, nous trouvons exclusivement des grands bourgeois, des religieux, souvent du haut clergé, et des nobles titrés parmi les plus grandes familles, jusqu'à Louis XV qui apparaît avec un achat

48 Archives communales d'Épernay, BB3, 16 novembre 1629.
49 J. Godinot, *Manière de cultiver la vigne et de faire le vin en Champagne…, op. cit.*, p. 19.
50 N. Pluche, *Le Spectacle de la nature, op. cit.*, t. 3, p. 361.
51 N. Bidet, *Traité sur la nature et sur la culture de la vigne…, op. cit.*, t. 1, p. 228.

> **AVIZE OU L'ESSOR PRÉCOCE ET RAPIDE DU VIN MOUSSEUX**
>
> Avize est un bourg assez considérable, extrêmement augmenté depuis douze ou quinze ans environ par la frénétique invention du vin mousseux. Il était encore pauvre en 1719. [...] Leurs vignes, presque toutes plantées de ceps blancs, ne leur produisaient qu'un petit vin aigre et d'un goût raiche qui le faisait réputer un des moindres du pays, aussi ne se vendait-il ordinairement que 25 ou 30 fr. la queue ; mais depuis la manie du « saute-bouchon », cette abominable boisson, devenue encore plus rebutante par un acide insupportable, se vend jusqu'à 300 fr., et l'arpent de vigne, dont on ne voulait pas 250 fr., a été porté jusqu'à 2 000 francs. Aussi Avize est-il orné depuis ce temps de belles maisons de vendange, qui en ont absolument changé toute la face.
>
> Auguste Nicaise (éd.), *Journal des états tenus à Vitry-le-François en 1744, rédigé par Bertin du Rocheret. Document curieux et complètement inédit sur l'histoire de la noblesse de Champagne*, Châlons-sur-Marne, Martin, 1864.

de 200 bouteilles en 1738-1739, dont la couleur n'est malheureusement pas précisée, ainsi que de 10 pièces de vin de première cuvée de couleur inconnue en 1750-1751, mais au prix très élevé de 300 livres la pièce, ce qui laisse supposer qu'il s'agit de vin gris[52].

Ce vin gris de Champagne est donc une boisson restreinte et élitiste, bien éloignée de l'univers des vins rouges. Jusqu'au milieu du XVIIIe siècle, il l'emporte même largement sur les vins mousseux pourtant de bonne réputation auprès des consommateurs. Deux citations souvent reprises montrent assez dans quelle faveur se trouvait le bon vin gris de Champagne. D'abord la fameuse réponse d'Adam Bertin, commissionnaire de vins à Épernay, au maréchal de Montesquiou lui demandant – sacrilège – de lui tirer du vin en mousseux, en octobre 1713 :

> le moussage est selon moi un mérite à petit vin et le propre de la bière, du chocolat et de la crème fouettée. Le bon vin de Champagne doit être clair fin, pétillant dans le verre et fleurer ce qu'on appelle le bon goût qu'il n'a jamais quand il mousse[53].

Ensuite, la réponse de l'abbé Bignon, bibliothécaire du roi, à Philippe-Valentin Bertin du Rocheret, fils du précédent, en 1734 :

> moins le vin sera mousseux et étincelant aux yeux de nos coquettes de tables, plus au contraire il aura [...] ce qu'il vous plaît d'appeler liqueur, et qu'en termes chimistes j'appellerai plutôt balsamiques[54].

52 AD Marne, Châlons, H 594 ; le prix moyen de la première cuvée de vin blanc est de 229 livres, contre 108 livres pour les vins rouges.
53 BM Épernay, fonds Chandon de Briailles, liasse n° 329, lettre du 18 octobre 1713.
54 *Ibid.*, lettre du 14 janvier 1734.

Cependant, vers le milieu du siècle, le vin blanc de Champagne est déjà dépassé par le vin blanc mousseux, auquel il est d'ailleurs complètement lié sur le plan du processus de production, la seule différence entre les deux vins résidant, à ce moment-là, dans le choix de la date du tirage en bouteilles. Les écarts de prix entre les deux vins ne sont d'ailleurs pas très significatifs, les vins tranquilles l'emportant même souvent sur les vins mousseux. Dans les comptes de la maison de Pierry, les uns et les autres se vendent de 20 à 30 sols la bouteille. Vins blancs en bouteilles et vins blancs mousseux sont bien deux visages d'un même processus. Car le fait le plus marquant, au plan des structures de production, est bien plus la mise en bouteilles que l'apparition proprement dite du vin mousseux, qui n'en est qu'une sorte d'aboutissement fortuit dont la clientèle s'est saisie, selon un effet de mode qui a poussé, dans un second temps, les producteurs de Champagne à en rechercher volontairement la production. En effet, si la mise en bouteilles semble être une initiative des producteurs ou des marchands de la Champagne pour faciliter le transport des meilleurs vins dès le premier tiers du XVIIe siècle, la mousse est une exigence de la clientèle à laquelle les producteurs mirent beaucoup de temps et de réticences à répondre.

Comme le vin gris, le vin blanc mousseux est l'apanage d'une clientèle très élitiste. L'on peut même dire, sans excès, que c'est elle qui l'a fabriquée, par le jeu d'un effet de mode devenu dans un second temps une dynamique économique. Nous ne reviendrons pas ici sur les techniques de production du vin mousseux, ni sur le détail des conditions obscures et controversées de sa naissance. Retenons simplement que la consommation de vin mousseux est signalée pour la première fois au sein de l'aristocratie anglaise dans les premières années de la Restauration, en 1663-1664[55]. La première mention de *brisk champagne*, « champagne vif », a été trouvée dans *Hudibras*, poème héroï-comique de Samuel Butler, en 1663. La seconde mention est un achat de vin de Champagne, avec deux douzaines de bouteilles et des bouchons, qui figure dans les comptes de Woburn Abbey, résidence du duc de Bedford, à la date du 25 mars 1664. Pour sa part, Saint-Évremond, noble français exilé en Angleterre, suite à sa vague compromission dans les affaires de Fouquet, devenu familier de Charles II et de la cour royale, regrette, dans une lettre à Lord Galloway en 1701, « que tout le monde essaie de suivre la nouvelle mode du vin pétillant, qui a commencé il y

55 Voir pour ces questions François Bonal, *Dom Pérignon. Vérité et légende*, *op. cit.*

a quarante ans »[56]. La datation des premières années de la Restauration semble donc relativement certaine. Notons, au passage, que les bouteilles du duc de Bedford furent commandées en Champagne avec le vin. Certes, les données dont nous disposons sont fragmentaires, et proviennent essentiellement de sources littéraires. Pourtant, ces divers fragments vont tous dans le sens d'un phénomène de mode limité à la jeunesse aristocratique anglaise. En 1675, Sir George Etherege met en scène dans une pièce au titre évocateur, *The Man of Mode*, un jeune aristocrate en rébellion contre son père fidèle aux traditions de l'Angleterre puritaine qui avait interdit la consommation de vin. Naturellement, le jeune homme boit du vin de Champagne : « Les plaisirs de l'amour et les joies des bons vins, nous les unissons sagement pour augmenter notre bonheur ; alors le vin de Champagne effervescent, ranime rapidement les pauvres amants languissants »[57]. De son côté, Saint-Évremond déplore, en 1671, les « modes de goût qu'introduisent de faux délicats », préférant personnellement « le bon vin d'Aÿ, le plus naturel de tous les vins, le plus sain, le plus épuré de toute senteur de terroir »[58]. Le goût pour les nouveautés et pour l'insolite est un élément essentiel de la culture aristocratique à l'époque de la Restauration, et se manifeste autant à travers les arts qu'à travers les vêtements ou les loisirs de la cour[59]. André Simon signale lui aussi la fureur des Anglais dans la recherche de nouveaux vins à partir de la Restauration, que ce soit en France, en Espagne ou au Portugal[60]. Au reste, cette mode est progressivement relayée, selon le même auteur, par celle des *coffee shops* et des clubs où l'aristocratie se retrouve, autour de boissons exotiques en plein essor, café, thé et chocolat. Le vin mousseux reste présent en Angleterre, mais en perdant le caractère « contre-culturel » qu'il a pu avoir dans ses premières années.

Sans qu'une quelconque transmission anglaise soit identifiable, le même intérêt d'une petite clientèle aristocratique pour le vin mousseux se retrouve à Paris à la fin du règne de Louis XIV et sous la Régence. Nous avons cité

56 André-Louis Simon, *The History of the Champagne Trade in England*, London, Gardiner, 1905, p. 24.

57 François Bonal, *Anthologie du champagne : le champagne dans la littérature universelle*, *op. cit.*

58 Louis-Perrier, *Mémoires sur le vin de Champagne*, Épernay, Bonnedame, 1886, p. 43-44.

59 Graham Parry, *The Seventeenth Century. The Intellectual and Cultural Context of English Literature, 1603-1700*, London, Longman, 1976, p. 104 *sq.*

60 André-Louis Simon, *The History of the Champagne Trade in England*, *op. cit.*, p. 25. L'auteur insiste aussi sur les effets d'une politique tarifaire prohibitive.

plus haut la remarque cinglante d'Adam Bertin en 1713 à propos de la nouvelle furie des vins mousseux, à laquelle le maréchal de Montesquiou, tout penaud, répond :

> c'est une mode qui règne partout, surtout à la jeunesse ; […] pour moi, en mon particulier, je m'en soucie fort peu, mais je veux qu'il soit clair fin et qu'il ait beaucoup de parfum de Champagne[61].

(École française), *Philippe, duc d'Orléans, régent de France (1674-1723)*, représenté dans son cabinet de travail avec son fils le duc de Chartres, premier tiers du XVIIIe siècle, huile sur toile, Versailles, châteaux de Versailles et de Trianon
© RMN (Château de Versailles) / Gérard Blot

Mais c'est à la Cour, sous la Régence, dont l'atmosphère de débauche a fait couler beaucoup d'encre parmi les mémorialistes de l'époque, que les vins de Champagne en bouteilles acquièrent leur première réputation festive et élitiste. Duclos écrit à propos du Régent lui-même :

> Chaque souper était une orgie. Là, régnait la licence la plus effrénée ; les ordures, les impiétés étaient le fond et l'assaisonnement de tous les propos, jusqu'à ce que l'ivresse mit les convives hors d'état de parler et de s'entendre. Ceux qui pouvaient encore marcher se retiraient, l'on emportait les autres ; et tous les jours se ressemblaient[62].

De son côté, la princesse Palatine précise à propos de son fils qu'il « boit un peu, il ne fait pas usage de liqueurs fortes, mais de vin de Champagne »[63].

Le phénomène de mode, qu'est encore le vin mousseux dans les années 1720, se transforme en un fait culturel solidement ancré chez les élites françaises puis européennes. Après des débuts chaotiques et prudents, la production de vins en bouteilles pour mousser augmente fortement à partir des années 1720. L'image aristocratique des vins gris en pièces et plus encore des vins en bouteilles se fixe désormais.

61 BM Épernay, fonds Chandon de Briailles, liasse n°329, lettre du 25 octobre 1713, écrite devant Fribourg.

62 Charles Duclos, *Mémoires secrets, Collection des Mémoires relatifs à l'histoire de France depuis l'avènement d'Henri IV jusqu'à la paix de Paris conclue en 1763*, 2e série, t. LXXVI, Paris, Foucault, 1829, p. 222.

63 Cité dans Jean Meyer, *La Vie quotidienne au temps de la Régence*, Paris, Hachette, 1979, p. 132.

Émile Wattier (1800-1868), « Le petit souper du régent », gravure sur cuivre, 1840, Bibliothèque nationale de France, Estampes © akg-images

L'européanisation d'une boisson aristocratique

Après la « répétition » anglaise, la mode des vins mousseux se pérennise d'abord en France, essentiellement dans les milieux aristocratiques. Il faut dire que le coût des vins en bouteilles en interdit une diffusion beaucoup plus large. De multiples frais (soutirages, collage, remplage, manutention et entretien, achat des bouteilles, bouchons, goudron, ficelle et casse…) en accroissent le prix, comparé à ceux des vins en pièces. Nous avons calculé que le prix moyen des vins vendus en pièces, entre 1737 et 1788, par la maison de Pierry, est de 121 livres, chiffre déjà très supérieur à celui des vins de la région d'Épernay : entre le double et le triple par rapport aux vins de vignerons. Or, le prix moyen des vins en bouteilles étant de 30 sols, 198 bouteilles, soit l'équivalent d'un tonneau, atteignent la valeur de 288 livres. Le coût du tirage d'une pièce pouvant être estimé à 50 livres, cela laisse une centaine de livres de marge au producteur ! Les investissements préalables sont lourds, mais les profits sont exceptionnels, quoique parfois irréguliers[64]. Même vendues, en moyenne, à 20 sols, les bouteilles auraient été rentables. S'il est possible de les vendre plus cher, c'est que la clientèle est prête à payer. Et encore s'agit-il des prix chez les producteurs. Dans les années noires du Blocus continental, Jean-Remy Moët vend 6 à 8 F aux nobles anglais, russes ou autrichiens des bouteilles, achetées de 1,50 à 3 F en Champagne. Certes, les coûts de transports accroissent là encore le prix des bouteilles. Mais des prix si élevés comportent, à n'en pas douter, une part d'irrationalité liée à la frénésie d'une clientèle à très haut pouvoir d'achat. À titre de comparaison, alors qu'une bouteille de vin blanc ou mousseux de

64 Benoît Musset, « La maison de Pierry : une exploitation viticole aux temps pionniers du vin mousseux (1730-1789) », *Mémoires de la Société d'agriculture, de commerce, des sciences et des arts du département de la Marne*, CXVIII, 2003, p. 137-171.

0,9 litre, prise à Épernay dans les années 1800, coûte environ 2 à 3 F, une pièce de vin rouge commun de vigneron contenant 205 litres, assurant une année de consommation, peut s'acheter raisonnablement 20 ou 30 F, à une époque où le salaire journalier d'un vigneron tourne autour de 1 F, et celui d'un artisan urbain autour de 2 F ; les pièces de vin rouge exportées vers les Flandres oscillent généralement entre 50 et 100 F, soit de 15 à 30 bouteilles de vin blanc...

À partir du milieu du siècle, nous pouvons à peu près suivre les progrès des vins en bouteilles sur les différents marchés. Un état des vins ayant payé les droits de sortie du royaume aux bureaux de Châlons et de Charleville en 1747-1748, révèle qu'en moyenne 125000 bouteilles, soit l'équivalent d'environ 650 pièces, ont quitté la Champagne : 58 % d'entre elles sont destinées à l'espace germanique, 32 % aux Flandres, 5 % aux Provinces-Unies, et seulement 1 % à l'Angleterre qui cependant en fait sans doute venir depuis l'Allemagne[65]. Les lettres de voitures enregistrées au Bureau de l'enregistrement de Reims, en 1764-1772, montrent une situation semblable : les 65 000 bouteilles – 330 pièces – expédiées annuellement par la Marne sur ordre des marchands rémois sont dirigées à 58,7 % vers les États allemands, 8,1 % vers la France (essentiellement Paris), 7,5 % vers la Russie, 4,8 % vers l'Irlande, 3,1 % vers les Provinces-Unies, et seulement 0,7 % vers l'Angleterre. Enfin, d'après les chiffres de Turgot de 1778, année de guerre avec l'Angleterre, 212 507 bouteilles (1 075 pièces) sont expédiées depuis la Champagne vers l'extérieur du royaume, dans des proportions relativement proches : 77 % vers l'espace germanique, 11 % vers les Flandres et 7 % vers les Provinces-Unies.

Les pérégrinations de Casanova sont à ce titre intéressantes, dans la mesure où elles confirment cette diffusion européenne dès le milieu du siècle. En effet, Casanova boit du vin blanc et mousseux dans toute l'Europe, y compris en Italie où l'on n'expédie pas du vin de Champagne de manière directe, ce qui implique sans doute une redistribution par l'Allemagne. Le vin de Champagne est le plus souvent cité dans les *Mémoires* couvrant les années 1740-1770 : il apparaît à 18 reprises, contre 10 pour le vin de Bourgogne. C'est également le seul vin, toujours avec le Bourgogne et le vin cuit de Hongrie, dont il a bu dans plus de 3 pays ; il apparaît même loin devant les deux autres. Casanova boit ainsi du vin mousseux en Italie (1744, 1754, 1756, 1762, trois fois en 1771), dans l'Empire (1760, 1763), en France (deux fois en 1760, trois fois en 1762),

65 AD Marne, Châlons, C 481.

CASANOVA

Casanova est un bon guide pour les plaisirs de la table car il la considère comme « le lieu par excellence de la convivialité ». Il a d'ailleurs écrit : « j'ai toujours aimé la table avec transport ». Aussi bien, après les jouissances de l'amour, le plus grand plaisir de Casanova consistera toujours à organiser une fabuleuse réception. Tout son plaisir dépend alors de celui qu'il donne à ses invités. C'est ainsi qu'en février 1760, il organise à Brühl un banquet fastueux et huppé... « pour 24 personnes... [avec] des bouteilles remplies des vins les plus renommées de l'Europe... et 24 plats d'huîtres d'Angleterre [qui]... ne finirent qu'à la vingtième bouteille de champagne. Le déjeuner commença que la compagnie était déjà grise... ».

Jean-Pierre Poussou

Alain Buisine, *Casanova, l'Européen*, Paris, Taillandier, 2001, p. 313. Voir aussi Guy Chaussinand-Nogaret, *Les Dessus et les Dessous de l'Europe des Lumières*, Paris, Fayard, 2006

Anton Raphael Meng, *Giacomo Casanova* (1725-1798), XVIIIe siècle, huile sur toile, collection privée © The Bridgeman Art Library

en Angleterre (deux fois en 1764), en Pologne (1765) et en Russie (1765). Mis à part la Suisse et les Provinces-Unies, il boit du vin de Champagne dans tous les pays qu'il fréquente.

Initiée par l'aristocratie, la mode des vins en bouteilles ne quitte pas ce milieu. L'analyse de l'origine sociale des 69 correspondants de Bertin du Rocheret recevant des informations sur les vins mousseux est à ce titre révélatrice pour la période 1724-1760[66]. Si l'on fait abstraction des marchands (26 %), dont l'achat pour la revente est évidente, la noblesse titrée (16 %), les « monsieur de » dont une bonne partie appartient à la moyenne noblesse champenoise (16 %), ainsi que la famille Bertin, dont une bonne moitié est noble (8 %), forment la majorité. Il faut par ailleurs noter la présence, parmi les marchands, de James Chabane, correspondant de Bertin à Londres, auquel il assure des envois réguliers et des informations sur les vins de Champagne, essentiellement mousseux. À la « maison de Pierry », si l'on fait encore abstraction des marchands (42 % des achats), les membres des deux premiers ordres (21 % pour le clergé, 12 % pour les nobles titrés et 12 % pour les officiers) constituent les principaux clients. Enfin, en 1784-1789, la maison Vanderveken, qui vend essentiellement

66 BM Épernay, Ms-209.

ses vins rouges dans les Flandres françaises, exporte chaque année plusieurs milliers de bouteilles de vins mousseux, non seulement dans les Flandres où la fidélité aux vins rouges diminue au moins parmi les élites, mais aussi à Paris, Londres, Dublin, Milan et Turin. Là encore, officiers (23 %), religieux (20 %), propriétaires (4 %) et nobles (2,5 %) forment une grosse partie de la clientèle, avec les marchands (20 %) et les restaurateurs (12 %).

Les pratiques des consommateurs nous apparaissent furtivement. Suivons de nouveau Casanova dans ses voyages au sein de l'aristocratie européenne. Le vin de Champagne est généralement bu lors de grands repas, non lors de repas intimistes, et parfois en grandes quantités : ainsi, on ouvre une vingtaine de bouteilles à Cologne en janvier 1760[67]. Le plus souvent, le champagne est bu en début de repas, avec des huîtres ou du poisson : à Ancône en 1744, à Venise en 1754, à Cologne en 1760, à Londres en 1764, à Rome en 1770. Par contre, il est bu à la fin du repas à Turin en 1763. Un peu plus surprenant, le vin précieux est utilisé pour faire du punch : c'est le cas à Aix-la-Chapelle en 1763 pour conquérir deux jeunes femmes ; à Rome en 1770, pour la même cause, et avec des huîtres. Notons enfin, à Varsovie, en 1765, l'explosion d'une bouteille sur la table, opportunément transformée en opération de séduction par l'auteur :

> sans que personne la touche, creva, et un éclat me sautant au front me coupa une veine, d'où le sang, sortant rapidement, ruissela sur mon visage, sur mon habit et sur la table[68].

Il n'y a donc pas vraiment d'usage fixe du vin mousseux dans ce milieu social et à cette époque.

Concernant les goûts, enfin, les informations sont assez peu nombreuses. Nous avons vu précédemment que des variations existaient depuis le pétillement léger, vanté par Adam Bertin, et le « saute-bouchon » réclamé par certains clients. La correspondance de Bertin du Rocheret fait en tous cas apparaître une grande variété de vins mousseux, à n'en pas douter à cause des difficultés de la prise de mousse, mais certainement aussi à cause des goûts de la clientèle. On y trouve mention de simple « mousseux », « grand mousseux », « saute-bouchon » ou encore « mousseux furieux », du « crémant », du simple « pétillant », mais aussi

67 Giovani-Giaccomo Casanova, *Histoire de ma vie*, Paris, Robert Laffont, 1993, t. 2, p. 261.
68 *Ibid.*, t. 3, p. 450.

ARTHUR YOUNG APPRÉCIE « LE VIN MOUSSEUX » DE CHAMPAGNE ET LOUE SA QUALITÉ

7 juillet 1787 - À Épernay, célèbre par ses vins. J'ai des lettres pour M. Partelaine, l'un des plus grands négociants qui, avec deux autres messieurs, a eu l'obligeance de me décrire d'une façon minutieuse, la production et les profits des beaux vignobles. L'*Hôtel de Rohan* est une très bonne auberge, où je me suis consolé avec une bouteille d'excellent *vin mousseux* à 40 sous, et où j'ai bu à la prospérité de la *vraie* liberté en France.

8 juillet – À Aÿ, village peu éloigné de la route de Reims, très renommé pour ses vins. J'avais une lettre pour M. Lasnier, qui a 60 000 bouteilles dans son cellier, mais, malheureusement, il n'était pas chez lui. M. Dorse en a de 30 à 40 000 bouteilles. Dans tout le pays, les récoltes ont une apparence misérable, non à cause des grandes gelées, mais à cause du froid de la dernière semaine.

Vers Reims, à travers une forêt de 5 miles, couronnant une colline qui sépare la vallée d'Épernay de la grande plaine de Reims. La première vue que l'on a de cette ville, juste avant la descente, à une distance de 4 milles, est magnifique. La cathédrale a une grande allure et l'église de Saint-Remy termine la ville dignement. Souvent, en France, j'ai eu une vue de ville analogue, mais, quand on y entre, c'est un dédale de ruelles étroites, tortueuses, sombres et sales. À Reims, c'est très différent : les rues sont presque toutes larges, droites et bien bâties, valant ce que j'ai vu de mieux ; et l'auberge, l'*Hôtel du Moulinet*, est assez grande et bien tenue pour ne pas réprimer les émotions excitées par d'agréables objets, en provoquant des impressions toutes contraires dans le cœur du voyageur, comme c'est trop souvent le cas en France. Au dîner, on me donna aussi une bouteille d'excellent vin. Je suppose que l'air condensé (*fixed air*) est bon pour les rhumatismes : j'en ai eu quelques soupçons avant d'entrer en Champagne, mais le *vin mousseux* les a absolument bannis. J'avais des lettres pour M. Cadot, un grand manufacturier, propriétaire d'un grand vignoble qu'il cultive lui-même ; il était donc doublement précieux pour moi. Il me reçut très poliment, répondit à mes questions et me montra sa fabrique. La cathédrale est grande, mais ne me fait pas autant d'impression que celle d'Amiens, bien qu'elle soit décorée et ait beaucoup de vitraux. On me montra l'endroit où les rois sont sacrés. Vous entrez à Reims et en sortez par des portes en fer : par de semblables ornements, par leur promenades publiques, etc., les villes de France sont bien supérieures à celles d'Angleterre. Arrêté à Sillery pour visiter le pressoir du marquis de Sillery, qui est le plus grand cultivateur de vignes de Champagne, car il détient 180 arpents. Avant de venir à Sillery, je ne savais pas qu'il appartenait au mari de Mme de Genlis ; mais, en apprenant ce qu'il en était, je me décidai à avoir l'effronterie de m'introduire chez le marquis, s'il était chez lui ; je ne voulais pas passer devant la porte de Mme de Genlis sans la voir ; ses écrits sont trop célèbres.

Arthur Young, *Voyage en France (1787, 1788, 1789)*, Henri Sée éd., Paris, Armand Colin, 1976, t. 1, *Journal de voyages*, p. 325-327.

des qualificatifs originaux insistant sur des nuances subtiles toujours en valeur avec l'abondance de la mousse, tels que « mousailleux », « moustillant » (1748 et 1753). Certaines années sont même annoncées sans mousseux : c'est le cas en 1728, et encore en 1732, où Bertin du Rocheret annonce à James Chabane : « je ne sais si nous mousserons »[69]. Le même commissionnaire écrit d'ailleurs à la même occasion que « les Anglais [sont] aussi fous que les Français sur la liqueur et sur la couleur »[70]. Or, il faut bien avouer que c'est plutôt la mousse qu'exigent

69 BM Épernay, Ms-209, 28 mai 1732.
70 *Ibid.*

au contraire les clients. Les quelques témoignages conservés montrent que l'on attend du vin mousseux qu'il ait de la mousse, à la limite une belle couleur, mais guère de la liqueur.

Il en est ainsi de John Nichols, négociant à Dublin, qui passe commande auprès du marchand de vin rémois Lequeux en 1749. Le 13 février, se lançant sans doute dans ses premiers achats de vins de Champagne sur un marché en expansion, il demande naïvement 600 bouteilles de « meilleur vin blanc de Champagne, … parfaitement fin et le plus excellent ». Or, surpris, il est obligé de faire remarquer à son fournisseur que les vins n'ont pas été trouvés bons, car ses clients « veulent un vin très mousseux qui jette son bouchon ; celui en question ne mousse point du tout ». Sans doute ne connaissait-il pas la nuance entre les vins blancs tranquilles et les vins mousseux. En tous cas, lors du nouvel envoi de 500 bouteilles en septembre, il se réjouit enfin, assurant que « mes amis ici le trouvent bon », et « ils m'ont prié de donner ordre pour 500 bouteilles de vin blanc, pourvu que c'est vraiment le même que j'ai reçu »[71]. Il y a tout lieu de croire que ces Irlandais faisaient venir alors leurs premiers vins mousseux, pour ignorer ainsi, comme nous l'avons dit, que les vins de Champagne en bouteilles n'étaient pas forcément mousseux.

NUCINGEN, UNE MAISON QUI PREND SON ESSOR GRÂCE AU COMMERCE DU VIN

La prospérité de la maison Nucingen est un des phénomènes les plus extraordinaires de notre époque, reprit Blondet. En 1804, Nucingen était peu connu, les banquiers d'alors auraient tremblé de savoir sur la place cent mille écus de ses acceptations. [...] Il prend à Grandet cent cinquante mille bouteilles de vin de Champagne [...] et autant à Duberghe en vins de Bordeaux. Ces trois cent mille bouteilles « acceptées », acceptées, mon cher, à trente sous, il les fait boire aux Alliés, à six francs, au Palais Royal de 1817 à 1819. Le papier de la maison Nucingen et son nom deviennent européens.

Honoré de Balzac, *La Maison Nucingen*, Paris, Werdet, 1838, p. 22-23.

La consolidation des années 1790-1830

La période révolutionnaire et l'Empire ne modifient guère la répartition des marchés, mais sont marquées par un bond quantitatif exceptionnel. D'environ 300 000 bouteilles à la fin de l'Ancien Régime, le vignoble de Champagne en vend, en 1805, plus de 2 500 000, niveau stable jusqu'au début des années 1830[72]. Ainsi, ce sont 2 689 000 bouteilles (1 360 pièces) qui sont expédiées en 1834. La structure du marché des vins de Champagne en bouteilles jusqu'en 1914 est déjà en place : 23 % des vins en bouteilles sont vendues en France, et 77 % à l'exportation (17 % pour l'Angleterre, 16 % pour l'espace germanique, 15 % pour la Russie et 15 % pour les États-Unis, seul nouveau venu).

Cette fois, les registres de ventes de la maison Moët nous permettent d'observer en détail la clientèle des vins de Champagne en bouteilles. Nous avons calculé, pour la période 1791-1817, la répartition des différents clients de la maison par groupes sociaux, lorsqu'il a été possible de les identifier, en excluant les

71 BM Épernay, Fonds Chandon de Briailles, liasse n° 19.
72 AD Marne, Châlons, 154 M 4.

négociants, marchands de vin, restaurateurs et inévitables « inconnus » : 48 % des achats ont été effectués par des nobles, auxquels il faut ajouter 5,4 % pour les ambassadeurs ; 15 % par des hauts fonctionnaires, souvent nobles ; 9 % par des officiers militaires supérieurs ; 8 % par des banquiers, 8 % par des propriétaires ; 1,1 % pour la seule famille Bonaparte. En fait, la noblesse européenne représente près des trois quarts des clients de Moët, hors intermédiaires commerciaux. Louis Bohne, voyageur de la maison Clicquot, confirme par ses observations cette réalité statistique, lorsqu'il écrit dans ses carnets de voyage, en 1802, que

> les vins de Champagne ne sont principalement bus en Angleterre que par la noblesse et les négociants du plus haut parage qui vivent ce qu'on appelle en stile, ce vin étant considéré le premier et le plus fin, comme aussi il est le plus cher.

Un peu plus loin, il estime que « quelques bouteilles de champagne sont le plus grand cadeau que l'on puisse faire »[73].

Au-delà de cette unité européenne, des goûts nationaux apparaissent au grand jour avec l'expansion du marché. La volumineuse correspondance de Jean-Remy Moët, ainsi que les notes de Louis Bohne nous révèlent cette diversité des attentes des consommateurs, rappelant une fois de plus la primauté de la demande sur l'offre dans cette économie viticole. Loin d'offrir un vin stéréotypé, que, de toute façon, ils seraient dans l'impossibilité d'offrir faute d'une maîtrise technique suffisante, les producteurs et les négociants champenois doivent s'adapter aux exigences de la clientèle parfois à reculons, comme aux débuts des vins mousseux. Le tableau 3 présente les ventes par types de vin et par pays de la maison Moët en 1790-1817.

Les Anglais ont une prédilection pour les vins blancs secs, et ne recherchent pas forcément les mousseux, même s'ils en importent des quantités importantes. Lisons Moët en 1792 : « on y vend des vins très durs et sans douceur »[74] ; dix ans plus tard, Louis Bohne ne dit pas autre chose : « on veut un vin sec, point de liquoreux, point de grand mousseux »[75]. Les vins se rapprochant le plus de ce goût sont ceux de Sillery, « le meilleur vin de Champagne » selon Moët, le plus apprécié des vrais connaisseurs[76]. En 1790-1817, les vins blancs tranquilles constituent 56,8 % des ventes de Moët en Angleterre, et 63,7 % en Irlande.

73 Michel Étienne, *Veuve Clicquot. Aux origines d'un grand vin de Champagne*, Paris, Economica, 1994, p. 241-242.
74 Archives Moët & Chandon, 18 J 502, f° 391.
75 M. Étienne, *Veuve Clicquot. Aux origines d'un grand vin de Champagne*, *op. cit.*, p. 242.
76 Archives Moët & Chandon, 18 J 500, f° 213.

Tableau n° 3. La consommation des vins de Champagne en bouteilles de la maison Moët, 1790-1817[77]

	Part de marché		Structure de la consommation					
	Bouteilles	**%**	**Mousseux**	**Crémant**	**Blanc**	**Rosé**	**Rosé mous.**	**Rouge**
Allemagne	429 936	33,51 %	**63,6 %**	1,1 %	18,0 %	12,7 %	4,3 %	0,3 %
Russie	312 691	24,37 %	**79,6 %**	2,0 %	11,6 %	2,0 %	4,7 %	0,1 %
France	30 813	23,45 %	**57,1 %**	4,2 %	23,9 %	8,7 %	4,2 %	1,9 %
Angleterre	90 859	7,08 %	24,9 %	5,9 %	**56,8 %**	8,6 %	1,5 %	2,3 %
Autriche	57 153	4,45 %	**58,9 %**	0,8 %	27,7 %	6,8 %	5,7 %	0,1 %
Irlande	23 850	1,84 %	10,9 %	17,2 %	**63,7 %**	7,6 %	0,4 %	0,3 %
Pologne	21 884	1,71 %	**52,0 %**	3,8 %	26,1 %	10,6 %	4,2 %	3,4 %
Belgique	12 042	0,94 %	**42,5 %**	6,6 %	21,3 %	15,9 %	12,8 %	0,9 %
Danemark	9 814	0,76 %	**72,0 %**	0,8 %	7,9 %	16,7 %	2,5 %	0,0 %
Bohême	6 925	0,54 %	**88,2 %**	0,0 %	2,6 %	5,3 %	3,8 %	0,0 %
Pays-Bas	6 217	0,48 %	**56,6 %**	0,0 %	17,3 %	17,0 %	9,2 %	0,0 %
Italie	5 900	0,46 %	**94,4 %**	0,0 %	5,3 %	0,3 %	0,0 %	0,0 %
Suisse	2 815	0,22 %	**71,8 %**	0,0 %	15,0 %	11,4 %	1,8 %	0,0 %
Suède	800	0,06 %	**88,9 %**	0,0 %	11,1 %	0,0 %	0,0 %	0,0 %
Écosse	648	0,05 %	**88,9 %**	0,0 %	11,1 %	0,0 %	0,0 %	0,0 %
Portugal	400	0,03 %	37,5 %	0,0 %	**62,5 %**	0,0 %	0,0 %	0,0 %
Hongrie	200	0,02 %	**100,0 %**	0,0 %	0,0 %	0,0 %	0,0 %	0,0 %
Espagne	180	0,01 %	0,0 %	0,0 %	0,0 %	0,0 %	0,0 %	**100,0 %**
Luxembourg	125	0,01 %	**60,0 %**	20,0 %	0,0 %	0,0 %	0,0 %	0,0 %
Sainte-Hélène	68	0,01 %	0,0 %	0,0 %	**91,2 %**	0,0 %	8,8 %	0,0 %
Total	1 283 050	100,0 %	62,0 %	2,8 %	21,8 %	8,5 %	4,2 %	0,8 %

Du côté de l'Europe centrale et orientale, les goûts sont très différents : les Allemands préfèrent de loin les vins à la fois mousseux et doux. En 1802, Jean-Remy Moët déplore ce goût germanique pour « cette liqueur excessive que les Allemands veulent dans le vin. Dès qu'ils ne sont pas doux, ils se plaignent », favorisant la graisse des vins et débouchant trop souvent sur des rabais excessifs. Louis Bohne confirme une fois de plus la même année :

> les vins que l'on demande ici ainsi que dans tout le Nord, au moins ce que j'en ai parcouru, doivent être très mousseux, très clairs, très liquoreux et soutenant bien la mousse dans le verre […], notre vin n'étant estimé que par rapport à sa mousse[78].

77 *Ibid.*, 18 J 121 à 127. Ces chiffres ne prennent en compte que les vins dont la nature est clairement définie dans les registres d'expéditions, ce qui n'était pas toujours le cas.
78 M. Étienne, *Veuve Clicquot. Aux origines d'un grand vin de Champagne*, *op. cit.*, p. 242.

Plus encore vers l'est, sur le marché pionnier qu'est la Russie, Jean-Remy Moët espère écouler, lorsqu'il s'y implante de façon significative, en 1797-1798, par l'intermédiaire de son correspondant Frédéric Geiger, ses vins demi-mousseux, qui sont généralement des grands mousseux ratés. Il se réjouit le 21 janvier 1798, dans une lettre à son voyageur Geiger, où il pense revendre au prix fort, à une clientèle encore néophyte, des vins acquis à bas prix en Champagne. Or, il doit assez vite déchanter puisque, comme les Allemands, l'aristocratie russe exige rapidement des grands mousseux ; le 15 août 1802, il constate que les Russes sont « trop habitués aux vins mousseux », refusant les vins de Sillery comme les crémants[79]. Traversant la Pologne la même année, Louis Böhne déplore le même goût : à Cracovie, « on veut du grand mousseux liquoreux de la première sorte » ; à Varsovie, il note qu'« habitués aux vins de Hongrie, ils aiment que les nôtres, à beaucoup de liqueur, joignent l'avantage et d'une parfaite clarté, et de faire sauter le bouchon »[80]. Par contre, nos négociants sont peu bavards à propos du marché français. Cependant, André Jullien, négociant en vins parisien, nous rappelle en 1822 que pour lui, la mousse « n'est pas ce que les vrais gourmets estiment le plus dans les vins de Champagne », mais pourtant « ce que la foule des amateurs y recherche plus généralement »[81]. Partout, sauf en Angleterre, ce sont donc les vins mousseux qui sont le « produit d'appel » du vignoble de Champagne. Toutefois, rien n'est fixé une fois pour toutes : par exemple, lors de l'invasion de 1814, les généraux russes découvrent les vins blancs secs et en commandent, après avoir fait quelques dégustations gratuites, des quantités importantes, au point de prendre Jean-Remy Moët de court, car il ne dispose pas de stocks suffisants pour répondre à cette demande soudaine. Il note, en novembre, qu'« ils préféraient volontiers avec nous le Sillery. Cela est fâcheux qu'ils aient changé de goût dans leur patrie »[82]. Mais la vogue des vins mousseux est bien la plus solide et la plus massive dans le temps et dans l'espace, parmi les vins en bouteilles, à la fin des années 1820.

79 Archives Moët & Chandon, 18 J 512, f° 284.
80 M. Étienne, *Veuve Clicquot. Aux origines d'un grand vin de Champagne*, *op. cit.*, p. 248 et p. 261.
81 A. Jullien, *Topographie de tous les vignobles connus*, *op. cit.*, p. 21.
82 Archives Moët & Chandon, 18 J 522, f° 281.

Les vins de Champagne recouvrent donc une réalité encore très complexe au début des années 1830. Loin de s'identifier à un type de vin, la Champagne produit des vins rouges de qualités très variables, destinés à des clientèles assez bien définies et localisées, c'est-à-dire la clientèle locale, largement populaire, et la clientèle flamande, plus aisée, mais aussi des vins blancs, en quantités beaucoup plus faibles, également pour le marché local pour les blancs de blancs produits au sud et autour d'Épernay, et les vins blancs, gris ou mousseux, de plus en plus en bouteilles. Ces vins en bouteilles ne pèsent encore que d'un poids limité et s'adressent quasi exclusivement à une clientèle aristocratique franco-européenne. Vers 1830, la Champagne produit environ 250 000 pièces de vin : moins de 60 000 sont vendues en pièces en dehors de la région, avec une forte tendance à la baisse. Cela correspond à environ 2 500 000 bouteilles, quittant la France à hauteur de 75 %, soit l'équivalent de 13 000 pièces. Tout le reste, majoritairement des vins rouges, est consommé dans le département de la Marne et ses bordures. Il est à peu près certain que depuis qu'elle est apparue au XVIe siècle et jusqu'à nos jours, l'appellation « vins de Champagne » n'a jamais représenté une diversité aussi grande qu'à la fin des années 1820. La structure des consommateurs est par contre beaucoup plus simple : à une clientèle aisée, consommant des vins en bouteilles, s'oppose une clientèle de plus en plus modeste pour les vins en pièces, alors que ceux-ci ont encore leur public parmi l'aristocratie française jusque dans les années 1750. Cet aperçu de l'histoire des vins de Champagne et de leurs consommateurs nous montre que, dès 1830, les bases de l'histoire de ce vignoble jusqu'en 1914 sont largement posées.

LA VOGUE DU CHAMPAGNE EN RUSSIE

On ne sait pas exactement quand les Russes découvrirent le champagne. Ce qui est sûr, c'est que lors de sa visite en France en 1717, Pierre-le-Grand l'apprécia beaucoup.

« Le 31 [mai], il fut encore à Petit-Bourg, où M. le duc d'Antin le régala splendidement... Le lendemain, il fut à Fontainebleau, où il trouva le vin si bon qu'il s'enivra, comme il l'avait fait à Petit-Bourg. Étant sorti de table et retiré dans la chambre où il coucha, il se fit encore apporter quatre bouteilles de vin de champagne, qu'il but avec son vice-chambellan et avec le prince Kourakin, avant de se mettre au lit »[1].

La vogue du champagne en Russie ne cessa pas, et ce pays fut toujours un très grand débouché. Ainsi, en 1866, Dostoïevski montre à quel point le joueur l'apprécie :

« Je me soûlai au champagne et allai me coucher dans la pièce voisine... Je recourais très souvent au champagne, car j'étais toujours triste et m'ennuyais effroyablement »[2].

Ivan Nikitich Nikitin (*c.* 1690-1742), *Portrait de Pierre le Grand* (1672-1725), XVIIIe siècle, huile sur toile, musée national de Saint-Pétersbourg © The Bridgeman Art Library

Louise Marie Jeanne Hersent (1784-1862), *Louis XV enfant visite le Tsar Pierre Ier à l'hôtel de Lesdiguières, le 10 mai 1717*, huile sur toile, Versailles, châteaux de Versailles et de Trianon © RMN (Château de Versailles) / Jean Popovitch

Déjà, une génération auparavant, Alexandre Pouchkine avait souligné cette place étonnante :

« Nous avions nos quartiers dans la localité de X... - Un seul homme appartenait à notre société, sans être militaire. Autrefois, il avait servi dans les hussards... Il vivait à la fois pauvrement et avec prodigalité, il allait toujours à pieds, vêtu d'une redingote noire usée, mais tenait table ouverte pour tous les officiers de notre régiment. À vrai dire, son dîner ne se composait que de deux ou trois plats composés par un soldat retraité, mais le champagne y coulait à flots »[3].

1 Jean Buvat, *Journal de la Régence (1715-1723)*, Paris, Plon, 1865, t. 1, p. 271.
2 Cité par François Bonal, *Anthologie du champagne, le champagne dans la littérature universelle*, Langres, Dominique Guéniot, 1990, p. 111.
3 *Récits de feu Ivan Pétrovitch Bélkine*, 1830, cité par François Bonal, *Anthologie du champagne...*, *op. cit.*, p. 175-176.

Vue sur le palais d'Hiver à Saint-Pétersbourg (construit en 1754-1764), façade sur la Néva

C'est également ce que souligne le très important voyageur français qu'est le marquis de Custine.

Et cela ne cessa pas tout au long du XIXe siècle. Envoyé en reportage à Saint-Pétersbourg en 1905[4] par *Le Matin*, Gaston Leroux, l'immortel auteur de *Chéri-Bibi* et du *Mystère de la chambre jaune* et autres aventures de Rouletabille, y découvre ce goût si prononcé qui ne va pas sans excentricités :

« Où sont donc les officiers maintenant, où est donc ce joli petit prince du Caucase, le prince Tseretelli, qui, devant ma volonté arrêtée de n'accepter qu'une tasse de thé, me fit servir du champagne dans une théière ? Ce à quoi je répondis plus tard en lui offrant du thé dans une bouteille de champagne. Il n'avait pas vingt-cinq ans, était fort amoureux d'une demoiselle d'honneur de l'impératrice, aimait à narrer ses longues promenades à cheval au Caucase, et jouissait de toutes les minutes de la vie avec une ardeur délicate qui en décuplait le prix »[5].

Jean-Pierre Poussou

L'église du Saint-Sauveur par le sang versé à Saint-Pétersbourg, élevée de 1883 à 1907 : détail de la façade méridionale © Bernard Lipnitzki/Roger-Viollet

4 On est au moment de la guerre russo-japonaise de 1904-1905 et des graves soulèvements de 1905-1906.
5 Gaston Leroux, *L'Agonie de la Russie blanche*, Gilles Costaz éd., Paris, Éditions des Autres, 1978, p. 109.

« Vue de Saint-Petersbourg fin XVIIIe siècle », dans Ferrario, *Le Costume ancien et moderne*, 1810 © Leemage

Andrey Ananov redonne vie à la maison Fabergé (construite en 1899) à Saint-Petersbourg où le champagne occupe une place de choix dans les produits de luxe © Éric Brissaud/GAMMA

L'EMPIRE DU CHAMPAGNE SUR LES USAGES DE TABLE
1750-1900

Hans Ottomeyer
Université de Berlin

Le dîner du comte Salm, anonyme
vers 1760, mairie de Raon-l'Étape,
cliché de l'auteur

Au cours des XVIIIe et XIXe siècles, le champagne prend de plus en plus d'importance parce qu'on en boit à table et qu'on l'intègre à un menu. Son apparition au menu en élargit la consommation de manière décisive et contribue à répandre davantage ce vin en Europe et dans le monde entier. L'économie du luxe en Europe est étroitement liée à une culture des choses et des usages. Dans une histoire économique du champagne, ce produit compte parmi les biens de luxe qui étaient soumis à un impôt spécial sur le luxe dans les différents pays. La production de biens de luxe, leur importation comme leur exportation sont, par ailleurs, un facteur économique essentiel. Chronologiquement, les relations commerciales ont commencé par les importations de produits de luxe. Celles-ci représentent en général des valeurs très importantes, et les publications et les représentations leur accordent une très grande attention. C'est pourquoi on peut retracer l'évolution du champagne avec quelque fiabilité.

Vers 1750, le champagne se fait remarquer par une certaine publicité. Il est le sujet principal de deux tableaux que Louis XV commande pour les châteaux de Versailles et de Fontainebleau, en 1737 (voir ci-dessus p. 34-35). L'un, *Le Déjeuner d'huîtres,* a été peint par Jean-François de Troy – il est aujourd'hui à Chantilly –, l'autre, *Une halte de chasse* qui est de Carle van Loo, se trouve au Musée du Louvre. Tous deux apportent la preuve éloquente d'une nouvelle habitude de consommation ou, mieux, d'une nouvelle mode de consommation. À l'époque, le champagne n'est pas encore intégré aux grands menus, mais mène une vie vagabonde lors de petits repas en dehors des cérémonies, repas privés dans un cabinet, un boudoir ou bien, simplement, dans toutes les occasions de fête ou de célébration donnant lieu à un en-cas ou à une collation. C'est aussi le cas des pique-niques, des chasses ou encore de l'opéra. Le sujet du célèbre *Déjeuner d'huîtres* de Chantilly est l'explosion du champagne. Le moment représenté est celui où l'on enlève le bouchon, où ce dernier, après avoir sauté, atteint le sommet de sa trajectoire, et où jaillit la précieuse boisson. Mais, si l'on regarde de plus près, on voit comment y sont représentés le champagne et sa consommation : les bouteilles, qui doivent supporter une forte pression intérieure, sont rondes et trapues, faites de verre d'un vert foncé intense. Leur goulot, légèrement épaissi, est ficelé et cacheté à la cire rouge. Ces bouteilles ont une forme particulière, dont on n'a que quelques rares exemplaires, mais que l'on trouve encore dans les tableaux. Les bouteilles ne sont jamais très loin de rafraîchissoirs ou de carafons à rafraîchir afin d'atteindre une température d'environ 8 à 10 °C, à laquelle le champagne commence à être savoureux. Rien n'est pire qu'un champagne tiède, et il faut donc toute une série de dispositifs pour obtenir une fraîcheur artificielle, grâce à une méthode compliquée et toujours additive. Ces techniques de refroidissement sont très anciennes, mais ont été réactualisées à la fin du XVIIIe siècle, employées de manière très cohérente et portées ainsi à la perfection.

Il fallait d'abord, des mois auparavant, collecter de la glace ou de la neige, dans des eaux gelées ou aux sommets de montagne, et les transporter dans une cave voûtée souterraine ou dans une cave profonde, où la neige ou les blocs de glace empilés pouvaient être stockés durant des mois sur de la paille et conservés à l'écart jusqu'au moment de leur emploi. Le XVIIIe siècle dote ces caves à glace d'une apparence frappante dans le cadre de parcs paysagés à l'anglaise, ce qui traduit l'importance qu'ont ces monuments du froid dans la vie quotidienne et les fêtes de la haute aristocratie. On rencontre dans les parcs des tertres coniques, des pyramides, des montagnes aux chemins en colimaçon conduisant à leur sommet, et des tumuli artificiels avec de petits monuments qui ne sont rien d'autre que des caves à glace. Presque tous inaccessibles, ils sont aujourd'hui utilisés comme remises à outils de jardinage, et ne sont plus montrés. À quelques exceptions près, la tradition du luxe du froid est donc tombée dans l'oubli. Pour découper la glace

BOIRE FRAIS

Cat. 155, Gauduchot, Glacière pour bouteille provenant des services du château d'Eu, 1845, Eu, musée Louis-Philippe, château d'Eu

Boire frais fut un fait de civilisation, le fait d'une civilisation, la nôtre... C'est dans le Proche-Orient que l'on peut trouver les traces les plus anciennes de la recherche des boissons fraîches et des moyens employés pour les obtenir. En Grèce, c'est au lendemain des guerres Médiques, au ᴠ^e^ siècle avant J.-C., qu'il est attesté, de plus en plus souvent... [À Rome], les premières mentions dans la littérature sont toutes presque contemporaines, du milieu du Iᵉʳ siècle de notre ère, dans Pétrone, la *Vie de Néron* de Suétone, Sénèque, et l'*Histoire Naturelle* de Pline... La pratique de rafraîchir les boissons à la neige se maintint dans l'aire méditerranéenne après la chute de l'Empire Romain [surtout dans le monde musulman mais aussi] dans l'Europe méditerranéenne chrétienne... Les Français du Nord découvrent l'usage de la neige et de la glace à l'époque de la Renaissance... à l'occasion de leurs aventures méridionales lors des guerres d'Italie. [Au xviie siècle], l'usage est désormais bien établi dans les classes aisées, sinon dans la totalité de la population qui le verra longtemps avec suspicion. Les glacières vont alors se multiplier dans les résidences aristocratiques et royales pendant le règne de Louis XIV... [avant d'en arriver, dans la seconde moitié du xixe siècle] à une consommation de masse...

Xavier de Planhol, *L'Eau de neige : le tiède et le frais,* Paris, Fayard, 1995

Cat. 126, Henry Auguste, seau à bouteilles du Grand Vermeil, 1804, Fontainebleau, musée national du château

des lacs, on avait besoin d'appareils spécifiques : de grandes scies à glace et des crochets pour tirer les blocs de glace sur des traîneaux et les transporter, durant les jours les plus froids de l'année, dans les caves à glace précitées. Il fallait une journée de travail pour amener la récolte de glace dans ces caves.

On essayait également de stocker le champagne à une température fraîche constante et de profiter de la fraîcheur de la terre dans des caves voûtées très profondes, souvent au niveau le plus bas.

L'eau constituait la troisième méthode de refroidissement. La glace préparée et les bouteilles de champagne fraîches étaient préalablement disposées, pendant une à deux heures, dans une fontaine d'eau bien fraîche pour les refroidir davantage. Tout ceci n'aurait servi à rien si, au dernier moment, juste avant de le boire, la chaleur de la pièce où se tenait le repas, gâtait tout. C'est pourquoi on a créé des rafraîchissoirs aux formes agréables et ornementées ; fabriqués en faïence, en porcelaine, en argent, en étain ou en argent doré à chaud, ils peuvent prendre place sur une desserte à côté de la table. Ce nouveau type de récipient connaît une grande vogue à la fin du XVIIIe siècle ; il est fabriqué par toutes les manufactures et ateliers selon des formes, des décors et des conceptions variés, afin de rapprocher le plus possible le champagne de la table. Mais tout cela n'aurait pas servi à grand-chose si le champagne avait été versé dans un verre chaud. On y pourvut aussi en rafraîchissant préalablement les verres à pied coniques, réservés au champagne, dans un rafraîchissoir à verres. Cet objet ressemble à celui prévu pour quelques bouteilles, mais il est en général ovale et se caractérise par un bord circulaire muni d'encoches dans lesquelles on pouvait suspendre les verres à l'envers, le pied tourné vers l'extérieur, de façon que la coupe du verre baigne dans l'eau glacée et en prenne la température. Lorsque le champagne, ainsi rafraîchi, était versé dans le verre préalablement refroidi, on obtenait, grâce à cette chaîne du froid soigneusement organisée, la température minimale que l'on pouvait atteindre avec des moyens naturels agencés artificiellement.

À la cour et dans les occasions solennelles, on buvait le vin à table de manière totalement différente de celle dont nous avons l'habitude. À la fin du XVIIIe siècle, les bouteilles de vin et les verres se trouvaient, en principe, non sur la table, mais sur des dessertes à boissons installées à quelques mètres. On servait le vin à la demande, sur un petit plateau d'argent, dit crédence, notamment aux princes de haut rang, et il était bu d'un trait. On apportait d'autres verres à la demande. Le vin était servi au verre, avec des gants, aux invités moins privilégiés. Ces usages visaient à protéger le vin de la chaleur de la main. Il en allait de même de la forme du verre à pied, qui s'imposait de plus en plus pour cette boisson rituelle. Il n'y avait pas de vins différents au cours du repas : on se décidait au début pour l'un des vins offerts et, la plupart du temps, la question était : blanc ou rouge, ou alors on nommait son vin préféré. Certains monarques européens buvaient presque exclusivement « leur » vin : Louis XIV, un certain bourgogne, Frédéric II de Prusse, des vins du vignoble de Bergerac, Napoléon, du chambertin. On distinguait entre ces vins selon les vignobles ; ils étaient rarement associés au nom d'un viticulteur ou à un millésime. Les premiers menus dont on dispose remontent à 1751. Ce sont ceux des soupers de Choisy que Louis XV donnait à ses amis et à la société de cour. Le vin n'y est pas encore mentionné. Ce ne fut le cas que tout à la fin du siècle. Le champagne figure déjà dans les premiers menus mentionnant le vin, à une place étonnante, car il est servi avec les entremets. Ces entremets prennent place après les hors-d'œuvres et le plat principal, le rôti ; il s'agit de petits plats, souvent des assiettes de gibier, de volaille, de poisson, ou de préparations à base de légumes.

Cette règle s'est appliquée jusqu'au début du XXe siècle. La télévision allemande diffuse un film de sketches, de 1963, qui n'est connu ni en France ni en Angleterre. Sous le titre *Dinner for one*, il décrit, en forme de comédie, le menu de la Saint-Sylvestre d'une dame solitaire d'un certain âge au milieu d'invités imaginaires. Le film, qui fait aujourd'hui partie du folklore allemand, a été réalisé à Londres. Les deux principaux acteurs sont Mrs Sofy et James, son serviteur. Le dialogue est le suivant :

> Mrs Sofy : *Please, serve the chicken* ! (Servez le poulet, s'il vous plaît !)
> James : *Ja …*
> Mrs Sofy : *That looks very fine… !* (Cela a l'air très bon… !)
> James : *That's a lovely shuk … chicken… that I' tell you a lovely…* (C'est un beau pal… poulet… que je vous raconte une belle…)
> Mrs Sofy : *I think we'll have champagne with the bird !* (Je pense que nous allons prendre du champagne avec la volaille !)
> James : *Champagne, ja ! Sssssame procedure as last year, Ms Sofy ?* (Champagne, oui ! Mmmmême procédure que l'an dernier, Mrs Sofy ?)
> Mrs Sofy : *The same procedure as every year, James !* (La même procédure que chaque année, James !)

Le menu le plus ancien que je connaisse dans lequel le champagne soit clairement mentionné, est celui de la 459e séance du jury *Dégustateur* en 1812, reproduit par Ernst von Malhortie. Ce menu était encore servi « à la française » et mentionnait la seconde possibilité, c'est-à-dire celle de servir le champagne avec le dessert et de l'intégrer de cette manière en conclusion du menu. Celui-ci fut composé par Grimod de la Reynière, célèbre gastronome et père fondateur d'une science nouvelle, la culture de la table. Il anticipe déjà les évolutions du XXe siècle, car l'association du champagne au dessert reste rarissime au XIXe siècle. Lorsque le champagne est mentionné dans les menus qui ont été conservés du XIXe siècle, en règle générale le nom du viticulteur n'y figure pas, et le millésime n'est indiqué qu'après 1800. Le champagne de Sillery, auquel celui d'Aÿ était nettement inférieur, passait pour le meilleur. Il ressort des menus historiques qui ont été conservés que la coutume introduite par Grimod de La Reynière est déjà solidement établie vers 1850, c'est-à-dire d'associer chaque repas, chaque plat à un vin donné, choisi à cette fin. Il fallait pour cela une série de verres, correspondant chacun à ce vin et à son arôme particulier, ou au déploiement de cet arôme. Dès 1830, on trouve donc, sur les tables des maisons

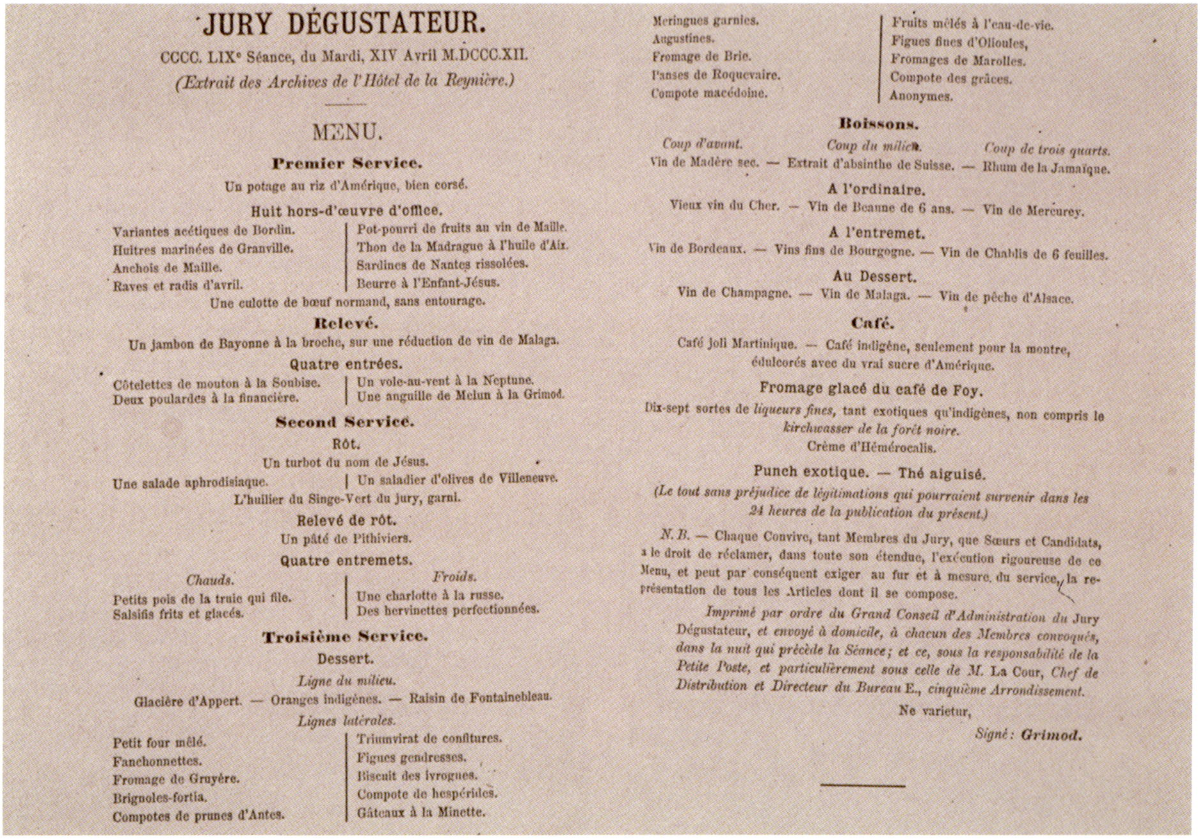

JURY DÉGUSTATEUR.

CCCC. LIXe Séance, du Mardi, XIV Avril M.DCCC.XII.

(Extrait des Archives de l'Hôtel de la Reynière.)

MENU.

Premier Service.

Un potage au riz d'Amérique, bien corsé.

Huit hors-d'œuvre d'office.

Variantes acétiques de Bordin.	Pot-pourri de fruits au vin de Maille.
Huitres marinées de Granville.	Thon de la Madrague à l'huile d'Aix.
Anchois de Maille.	Sardines de Nantes rissolées.
Raves et radis d'avril.	Beurre à l'Enfant-Jésus.

Une culotte de bœuf normand, sans entourage.

Relevé.

Un jambon de Bayonne à la broche, sur une réduction de vin de Malaga.

Quatre entrées.

Côtelettes de mouton à la Soubise.	Un vole-au-vent à la Neptune.
Deux poulardes à la financière.	Une anguille de Melun à la Grimod.

Second Service.

Rôt.

Un turbot du nom de Jésus.

Une salade aphrodisiaque.	Un saladier d'olives de Villeneuve.

L'huilier du Singe-Vert du jury, garni.

Relevé de rôt.

Un pâté de Pithiviers.

Quatre entremets.

Chauds.	*Froids.*
Petits pois de la truie qui file.	Une charlotte à la russe.
Salsifis frits et glacés.	Des hervinettes perfectionnées.

Troisième Service.

Dessert.

Ligne du milieu.

Glacière d'Appert. — Oranges indigènes. — Raisin de Fontainebleau.

Lignes latérales.

Petit four mêlé.	Triumvirat de confitures.
Fanchonnettes.	Figues gendresses.
Fromage de Gruyère.	Biscuit des ivrognes.
Brignoles-fortia.	Compote de hespérides.
Compotes de prunes d'Antes.	Gâteaux à la Minette.
Meringues garnies.	Fruits mêlés à l'eau-de-vie.
Augustines.	Figues fines d'Olioules,
Fromage de Brie.	Fromages de Marolles.
Panses de Roquevaire.	Compote des grâces.
Compote macédoine.	Anonymes.

Boissons.

Coup d'avant.	*Coup du milieu.*	*Coup de trois quarts.*
Vin de Madère sec. —	Extrait d'absinthe de Suisse. —	Rhum de la Jamaïque.

A l'ordinaire.

Vieux vin du Cher. — Vin de Beaune de 6 ans. — Vin de Mercurey.

A l'entremet.

Vin de Bordeaux. — Vins fins de Bourgogne. — Vin de Chablis de 6 feuilles.

Au Dessert.

Vin de Champagne. — Vin de Malaga. — Vin de pêche d'Alsace.

Café.

Café joli Martinique. — Café indigène, seulement pour la montre, édulcorés avec du vrai sucre d'Amérique.

Fromage glacé du café de Foy.

Dix-sept sortes de *liqueurs fines*, tant exotiques qu'indigènes, non compris le *kirchwasser de la forêt noire.*

Crème d'Hémérocalis.

Punch exotique. — Thé aiguisé.

(Le tout sans préjudice de légitimations qui pourraient survenir dans les 24 heures de la publication du présent.)

N. B. — Chaque Convive, tant Membres du Jury, que Sœurs et Candidats, a le droit de réclamer, dans toute son étendue, l'exécution rigoureuse de ce Menu, et peut par conséquent exiger au fur et à mesure du service, la représentation de tous les Articles dont il se compose.

Imprimé par ordre du Grand Conseil d'Administration du Jury Dégustateur, *et envoyé à domicile, à chacun des Membres convoqués, dans la nuit qui précède la Séance; et ce, sous la responsabilité de la Petite Poste, et particulièrement sous celle de M.* La Cour, *Chef de Distribution et Directeur du Bureau* E., *cinquième Arrondissement.*

Ne varietur,

Signé : **Grimod.**

Menu du « Jury du dégustateur », Paris, 1812, extrait de Ernst von Malhortie, *Das Menü*, Hanovre, Klindworth, 1888, p. 250-251

impériales et royales européennes, de longues rangées de verres, disposés dans l'ordre chronologique de leur utilisation, pour les différents vins doux, liqueurs et vins dans l'ordre de la succession des plats. Dans son célèbre dictionnaire, Alexandre Dumas nous assure, à l'entrée « Vin », que, pour un repas non officiel, il faut qu'il y ait sur la table huit verres devant chaque convive : 1. un verre à eau, 2. un verre à vin rouge, pour du bordeaux ou du bourgogne, 3. un verre pour le madère ou pour un autre vin tonique, 4. naturellement un verre pour le vin du Rhin, 5. un verre pour le Johannisberger, autre vin du Rhin, 6. un verre conique fin pour le champagne mousseux, 7. une coupe pour le champagne frappé, et 8. un petit verre à liqueur. Les intendants des grandes maisons tenaient cette règle pour l'objectif suprême et l'appliquaient avec une certaine constance, n'omettant que très rarement deux ou trois verres lorsqu'il s'agissait d'un repas un peu moins officiel.

Il y a un rapport très particulier entre le vin de Champagne et la forme des verres. Une chose est claire : les verres hauts et fins étaient réservés au champagne, les grandes coupes au champagne frappé. C'est Grimod de La Reynière qui en a fixé les règles vers 1810 : il est résolument hostile aux carafons, il trouve les bouteilles d'origine posées sur la table, sur des dessous-de-bouteille, bien plus dignes et bien plus belles ; il est fermement opposé aux verres en cristal lourd, qui font obstacle au goût ; il est sans hésitation pour le verre mousseline, aussi mince et léger que le permet l'art du verrier. Il dit en outre, de manière très précise, que depuis quelques années, c'est-à-dire avant 1810, on a créé des verres spéciaux pour le champagne, hauts et étroits, faits spécialement pour ce vin mousseux car ils laissent monter le gaz en longs filets. Il mentionne avec horreur une exubérante mode parisienne, consistant à faire verser le champagne par une dame particulièrement jolie, choisie spécialement pour cela ; elle a pour tâche de faire le tour de la table et de servir chaque invité, en versant le précieux vin avec une maladresse feinte pour l'en asperger. Il considère ces fontaines de champagne éclaboussant les invités et les personnes présentes comme une forme ignominieuse de gaspillage ostentatoire.

La nature de ces verres, et non le hasard, explique certainement que les verres mousseline à champagne de la première moitié du XIXe siècle n'aient pas été conservés. Ils étaient très fragiles et se sont presque tous cassés à l'usage. En terre germanophone, il y eut d'abord les verres mousseline de Lobmeyer, puis, ceux de Süssmuth ; ceux de Riedel enfin, poursuivirent cette tradition. Les lourds verres en cristal taillés à pointes de diamant, qui constituaient les services de cour, ont bien mieux survécu. La conception de ces services de cour est ancienne, et ils ont été sans cesse renouvelés au cours des décennies, si bien qu'il est difficile de dater un verre isolé. Le musée de l'argenterie de la Hofburg, à Vienne, contient de grandes réserves tant du service de cour de 1818 que de celui de 1821, dont les verres, au-dessous du bord lisse, sont entourés de formes taillées à pointes de diamant. Ils ont au moins une vertu : leur lumière et leurs reflets ajoutent à la boisson un charme visuel. Il est en outre certain que les verres aux parois épaisses refroidissent particulièrement et conservent la

Service Louis XVIII, maison Baccarat, 1834.
La verrerie de Baccarat, en Lorraine, fut fondée en 1764. Sa première commande royale lui fut passée par Louis XVIII en 1823. C'est à partir du milieu du XIXe siècle qu'elle connut sa plus grande prospérité en tant que « Cristalleries de Baccarat »

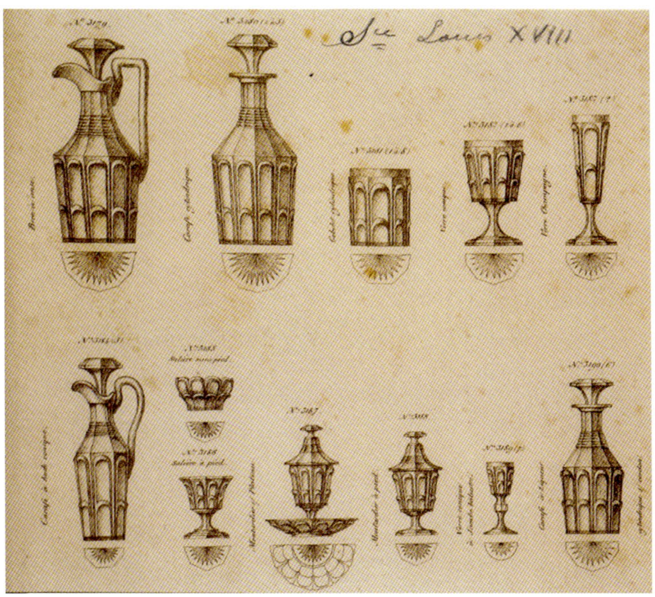

Festmahl

den Gesandten und Bevollmächtigten am Deutschen Bunde

gegeben von den regierenden Bürgermeistern
der freien Stadt Frankfurt a. M.

(48 Couverts.)

Hôtel de Russie.
Francfort s. M., le 10. Décembre 1862.

St. Estèphe et Deidesheimer en carafons.	**Menu:**
Chablis.	Huîtres d'Ostende.
	Bisque d'écrevisses.
Sherry des Indes.	Consommé de volaille à la royale.
	Crevettes en bouquet.
Carte blanche de G. H. Mumm.	Petites bouchées à la Monglas.
	Turbot à la hollandaise.
	Dindes truffées à la Périgueux.
Chambertin vieux.	Jambon d'York en croustade d'épinards.
	Filets de perdreaux à la maréchale.
1858 Château Lafitte monopole.	Côtelettes d'agneau aux pointes d'asperges.
	Filets de soles à la Joinville.
	Fonds d'artichauts à la barigoule.
1858 Rauenthal, exhibition medal wine.	Faisans de Bohême à la broche.
	Terrine de foie gras de Strasbourg sur socle.
	Timbale de riz à la Richelieu.
	Gâteau de mille feuilles sur socle.
	Gelée à la macédoine au marasquin.
	Meringues de Suisse à la Chantilly.
	Compotes variées.
1859 Ausbeerwein.	Paniers de glaces.
	Dessert.

Festin des délégués de la Confédération allemande en 1862

Deutscher Fürstentag in Frankfurt a. M.

Bankett, dem Kaiser von Oesterreich und sämtlichen anwesenden deutschen Fürsten gegeben von der Stadt Frankfurt,

im Kaisersaale im „Römer".

150 Couverts. Ausgerichtet von Theodor Drexel.

Menu du 17. Août 1863.

Erbach et St. Julien en carafons.	Potage à la chevalière.
	Consommé de volaille.
Gold Sherry, exhibit. prize wine.	Croquettes de cailles.
	Canapés de caviar.
Champagne des Souverains.	Truites, sauce aux crevettes.
	Filets de turbot à la belle vue.
1857 Hochheim, domaine de la ville libre de Francfort.	Quartier de bœuf historié.
	Dindes truffées, sauce à la Périgueux.
1858 Château Lafitte, Monopole.	Suprême de perdreaux au 'Congrès des Princes.'
	Côtelettes de poulets à l'impériale.
	Ballotines de gelinottes à l'irlandaise sur socle.
	Tranches de homards à la gelée sur socle.
1862 Assmannshausen, domaine ducal.	Asperges en branches, sauce au beurre.
	Fonds d'artichauts à la lyonnaise.
	Haricots verts à l'anglaise.
	Petits pois à la française.
1858 Rauenthal, exhibit. medal wine.	Chapons du Mans à la broche.
	Cimier de chevreuil à l'infante.
	Faisans de Bohême à la Saint-Rémi.
	Daubes de bécasses sur socle.
Port-à-Port vieux.	Ananas à la ville de Francfort.
	Timbales d'abricots mousseux.
	Canons royaux.
	Cascades diplomates.
	Glaces d'échange.
1859 Ausbeerwein.	Dessert
	Fruits variés

17*

Festin offert par la ville de Francfort à l'empereur d'Autriche en 1863

Ernst von Malhortie, *Das Menü*, Hanovre, Klindworth, 1888, p. 260.

fraîcheur. Les verres taillés ont un autre avantage : la taille agrandit leur surface. L'histoire des arts de la table montre qu'on cherchait à obtenir que la boisson froide produise une condensation à l'extérieur du verre, froid lui aussi. Celle-ci s'écoulait par traînées, et l'évaporation créait une fraîcheur supplémentaire qui persistait quelques minutes, et que l'on pouvait mesurer physiquement. Un verre où se forme une forte condensation a besoin d'une surface modulée et non lisse pour pouvoir la retenir sans danger.

Tandis que les hauts et fins verres à pied, que l'on peut voir représentés avec une grande fidélité sur de nombreux tableaux, sont toujours saisis par le buveur par le bas du pied, il est également possible de saisir et de lever les coupes en cristal taillé par la paroi du verre. En 1834, le catalogue de vente de la société Baccarat montre les coupes et les flûtes à champagne qui ont connu une grande vogue vers le milieu du XIXe siècle et sont encore en partie utilisées aujourd'hui.

Les usages des cours princières et des grandes maisons européennes se ressemblent étonnamment, lorsqu'ils ne sont pas identiques, ce qui est certainement amplifié par le fait que les mariages entre les dynasties européennes formaient un réseau homogène très intense, qui a conduit à l'uniformisation de la table. La consultation de ministres plénipotentiaires et de diplomates de puissances étrangères contribua encore à créer une forme de table européenne commune. Au-delà des conventions et du cérémonial, on en vint à une culture prononcée du cadeau, intégrant l'échange d'ustensiles de table dans un système de stratégie de paix. Chaque fille de roi, en fait chaque princesse, chaque mariée de haut rang qui, par ses noces, passait d'une ville d'Europe à une autre, apportait en dot ou dans son trousseau des ustensiles de table, et donc aussi des verres, si bien qu'à la cour de Hesse on utilisait des verres russes, ou que des verres anglais arrivaient à celle de Prusse. On maintint, par ailleurs, l'ancien système des huit verres. On continua à utiliser un verre de couleur verte pour le vin du Rhin, en mémoire du *Roemer*, mais, pour le champagne, bien que les verres soient d'ordinaire colorés, on employa toujours un verre blanc afin de mettre correctement en valeur sa nuance jaune-gris bleuté iridescente.

Déjeuner du prince de Galles au Petihof Cottage, au Prater de Vienne, en 1833 : photo d'une salle à manger à couvert, cliché de l'auteur

Les grands banquets publics ou les repas parlementaires, que cite le maréchal du palais du royaume de Hanovre, Ernst von Malhortie, dans sa suite de menus historiques, permettent de faire une série d'observations supplémentaires. On essaie d'établir un lien entre l'événement à l'occasion duquel est donné le repas et la variété de champagne, identifiée à présent par le nom du propriétaire de la marque. Ainsi, le repas que donna le maire de Francfort, en 1862, aux délégués de la Confédération allemande fut-il accompagné par le *Carte Blanche* de Mumm, tandis qu'en 1863 l'empereur d'Autriche était régalé par la ville de Francfort avec un « champagne de souverains ». Chaque fois, le champagne fut servi avec le poisson. Mais la règle était qu'il restait associé aux entremets. Vers 1870, il devint coutumier d'organiser tout un dîner autour du champagne et d'imposer ainsi la mode nouvelle du menu au champagne. C'est ce que fit le prince de Galles au restaurant « Frères provençaux », célébré au Prater de Vienne en 1883. Vers 1870-1880, la consommation du champagne connut une nouvelle évolution, lourde de conséquences. Alors qu'en principe, on portait le toast entre le rôti et le dessert qui le suivait, c'est-à-dire toujours lorsqu'était visible la tranche de pain blanc grillé sous le rôti, l'habitude se prit de porter un toast avant le repas et de le rattacher ainsi à l'habitude allemande de prononcer des paroles de bienvenue. Ce toast était célébré tantôt debout, tantôt assis, ce qui permettait toutes les possibilités : c'est-à-dire soit que tous les invités debout lèvent leurs verres, seuls les messieurs buvant debout, tandis que les femmes restent assises, soit que le toast ne soit porté que par un seul homme debout, tandis que tous les invités restent assis. En Angleterre, l'habitude de trinquer et de porter un toast se pratique encore parfois. Ce premier toast s'appelle « à la fourchette tournée ». La boisson accompagnant ce rite était nécessairement le champagne, qui passa ainsi à la première place des boissons dans les repas de cérémonie.

Dîner de gala dans la *Redoutensaal* de la Hofburg à Vienne, le 4 octobre 1888, avec l'empereur Guillaume II et François-Joseph II, d'après Josef Cachée, *Die Hofküche des Kaisers. Die k.u.k. Hofküche, die Hofzuckerbäckerei und der Hofkeller in der Wiener Hofburg*, Wien-München, Amalthea, 1985, p. 49

La *Hofburg* est le palais impérial de Vienne. À partir d'une première construction par Rodolphe Ier, les bâtiments se sont ajoutés les uns aux autres formant un ensemble considérable, mais très disparate, où les souverains séjournaient essentiellement en hiver, allant l'été à Schönbrunn.

Les habitudes de consommation ont une conséquence directe sur les réserves des caves à vin. Mentionnons ici deux observations. Après la mort de Joséphine, le 29 mai 1814, un inventaire de la cave de la Malmaison fut entrepris, le 21 juin, et l'on inventoria des caisses de champagne dans les différents coins de la cave. Un peu plus de 100 bouteilles de champagne, 26 d'Aÿ, 50 de Sillery, plus 36 autres bouteilles sans indication de provenance, constituent la réserve pendant l'année de guerre 1814. Figurent en revanche à l'inventaire 265 bouteilles de vin du Rhin et 266 de Madère. On trouve 241 bouteilles de Bordeaux, et du Pauillac est mentionné. En 1918, c'est-à-dire à la fin de la période d'étude, se trouvaient dans la cave de la Hofburg, à Vienne, 6 363 bouteilles de champagne, dont le nombre était nettement dépassé par 32 000 bouteilles de Tokay – plus 35 000 hectolitres en tonneaux –, et 29 000 bouteilles de vin du Rhin – plus 70 hectolitres en tonneaux –. D'après Cachée, à la fin de la première guerre mondiale, cette réserve fut mise publiquement aux enchères au profit du fonds

Philippe Mercier (1689-1760), *Le Goût*,
huile sur toile, *c.* 1744-1747,
Yale Center for British Art, Paul Mellon Collection
© Paul Mellon Collection/The Bridgeman Art Library

des invalides de guerre, ce qui marqua la fin de la cave impériale. La comparaison entre la Malmaison et Vienne montre à peu près la même chose, c'est-à-dire un tiers de champagne contre deux tiers de vin du Rhin, mais avec un ordre de grandeur notablement différent entre la cour d'une impératrice répudiée et l'immense cour de Vienne. Pour leurs grandes fêtes, la grande bourgeoisie et la bourgeoisie se conformaient pour l'essentiel aux habitudes de consommation et aux formes extérieures de la culture de la table qui avaient survécu dans les cours européennes.

Au début de la première guerre mondiale se sont donc établies les formes de consommation du champagne qui eurent pour conséquence une excessive augmentation de la production à un niveau de prix élevé. Vers 1900, les menus indiquaient aussi, avec une certaine fiabilité, l'âge des vins que l'on buvait, ce qui permet de voir que l'on ne buvait pas alors le champagne jeune, mais qu'on attendait huit ou dix ans avant de l'admettre à table.

Cette description donne naturellement une image fondamentalement partiale car l'habitude de consommer du champagne, surtout en dehors de la société officielle, s'est poursuivie, ce qu'illustre abondamment toute histoire des mœurs. Le champagne était et reste une boisson offerte à prix élevés, en grandes quantités et sous des formes peu cérémonieuses, dans tous les cabarets, salons particuliers, dans les bordels et lors d'occasions improvisées afin d'accroître la joie de vivre, et qui était volontiers consommée pour marquer le caractère exceptionnel de l'occasion. Les connotations érotiques et sexuelles de la consommation collective de champagne s'expliquent par les qualités inhérentes à ce vin et sont encore renforcées par l'ambiance et les conventions. La douche au champagne, qui se perpétue aujourd'hui dans le sport, est pratiquée avec excès dans ce milieu aussi. Elle est documentée par de nombreuses lithographies et gravures, et plusieurs fois décrite dans des témoignages littéraires.

Dans la période comprise entre la fin du XVIIIe siècle et le début du XXe, le champagne a trouvé un emploi multiple dans l'architecture représentative des menus des grands théâtres publics, dans les cérémonies civiles marquantes, et dans tous les égarements de la société à cette époque. Le champagne a été utilisé pour marquer des moments saillants, et a donc été associé de manière positive aux souvenirs. Sa consommation est liée aux techniques du froid qui avaient été créées en additionnant de manière cohérente des procédés pour obtenir la température à laquelle le champagne commence à être délectable. Une grande quantité de récipients, rafraîchissoirs à bouteilles et à verres, flûtes et coupes à champagne doivent leur existence à leur mise au point. Une question reste cependant ouverte : est-ce le cabaret ou la cour qui a le plus influencé la consommation du champagne ?

LES CHAMPAGNES DANS LES LOTS DE LA SECONDE LOTERIE NATIONALE FRANÇAISE (1795)

Philippe Roudié
Université Michel de Montaigne – Bordeaux III

Les documents sur l'histoire du vin de Champagne sont nombreux, d'origine variée et d'importance fort inégale. À l'occasion de recherches aux Archives départementales de la Gironde sur la création des appellations d'origine au début du XXe siècle, pour lesquelles les Bordelais furent des pionniers, le hasard m'a fait rencontrer des notations originales sur les vins européens à la fin du XVIIIe siècle : les champagnes y jouent un rôle important au côté des bordeaux. Le document en question n'est même pas à vrai dire un original mais une copie manuscrite, faite par le docteur Georges Martin, d'un document dont on n'a pas retrouvé trace[1]. Il s'agit d'une copie, incomplète, des lots de la « loterie nationale » de 1795.

Le docteur Georges Martin était une forte et importante personnalité : d'origine charentaise, puisque né à Jonzac en Charente-Inférieure, il termina ses études de médecine en 1873, après s'être illustré pendant le conflit franco-prussien ; puis il s'établit comme oculiste à Cognac, avant de se fixer à Bordeaux. C'était un esprit curieux, voire encyclopédique, particulièrement attiré par les sciences historiques et archéologiques, mais surtout agricoles. Cet acheteur d'un célèbre cru des Graves de Bordeaux, le domaine de Carbonnieux , puis président du syndicat viticole des Graves, devint une référence non seulement en matière d'opérations ophtalmologiques, mais aussi, et surtout, en tant que l'un des meilleurs connaisseurs, à son époque, du vignoble bordelais. Et c'est à ce titre que, lors de la création des Comités scientifiques chargés de délimiter les régions viticoles de qualité en France, et donc à Bordeaux, il fut fait appel

1 Archives départementales de Gironde, 7 J 16, fonds Martin – article Sauternes.

à lui ; il fut notamment nommé, en 1909, président de la « sous-commission historique et juridique » de la « Commission d'enquête » mise en place par le préfet de la Gironde, à l'instigation du ministre de l'Agriculture, en vue de délimiter les régions viticoles. Dès lors Georges Martin se plongea dans les archives dénichant des montagnes de documents très variés, accumulant fiches sur fiches pour déterminer « les usages locaux, loyaux et constants »[2].

LE « PROSPECTUS » ÉNUMÉRANT LES LOTS DE LA DEUXIÈME LOTERIE NATIONALE FRANÇAISE

C'est lors de cette quête que Georges Martin recopia le document dont il est question ici, en réalité un prospectus énumérant les lots de la deuxième loterie nationale française créée par les décrets de la Convention des 29 germinal et 8 prairial de l'an III (18 avril et 27 mai 1795).

Premier problème, de taille[3] : la vieille loterie nationale avait été supprimée deux ans auparavant, en 1793, sous l'impulsion de Chaumette, procureur général de la Commune de Paris, et elle ne fut rétablie que le 30 septembre 1799. En fait, malgré son titre, cette loterie nationale de 1795 était « une loterie nationale de maisons, meubles et objets précieux » provenant de la confiscation de biens d'émigrés ; et c'est de la seconde édition dont il s'agit ici. Il y est question d'un fonds de 100 millions de livres, de 342 numéros rangés en 32 folios. Et, au bout du compte, il y eut un million de billets en 50 000 séries de 20 billets, chacun étant proposé 100 livres. Le tirage était prévu « publiquement à Paris dans la ci-devant église des Petits frères », avec un numéro gagnant pour chaque série, les 9 et 19 vendémiaire an IV (1 et 11 octobre 1795), la distribution des lots entre les numéros gagnants se faisant par un deuxième tirage.

La liste des lots n'a pas été recopiée intégralement par le docteur Martin, car ce dernier ne s'intéressait qu'aux vins - à ceux de Bordeaux en particulier -, mais il est clair qu'un certain nombre de lots, et sans doute les plus importants, étaient constitués d'hôtels particuliers de familles d'aristocrates parisiens, et d'autres nombreux lots du contenu de leurs caves. Parmi les familles expropriées, il est cité les Brienne, Broglie, Belzunce, Saint-Priest, Beaumont, Sabran, Lavaupalière,

2 Tous ces documents, désignés maintenant du nom de Fonds Martin, ont été remis aux Archives départementales de la Gironde par ses héritiers, en 1924.

3 Jean-Claude Guilbert, Gérard Descotils, *le Grand Livre des loteries : les jeux de hasard en France*, Paris, L'Archipel, 1993 ; Francis Freundlich, *Le Monde du jeu à Paris : 1715-1800*, Paris, Albin Michel, 1995.

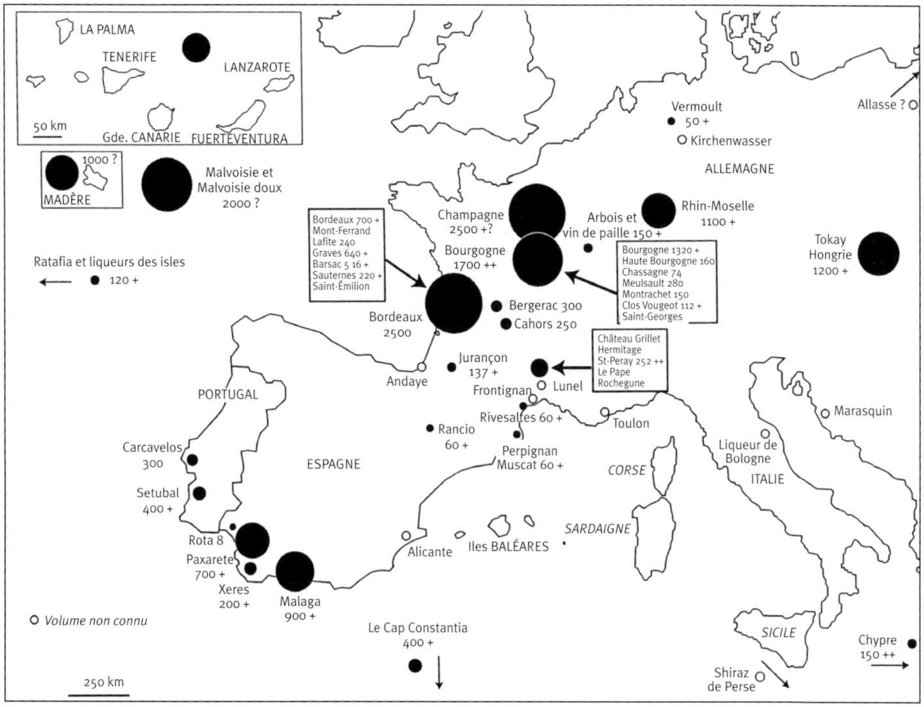

Carte, Les lots de bouteilles de vins de la deuxième loterie nationale française (1795). Total plus de 25 000 bouteilles et demi bouteilles

Castries, Hervilliers, Lusignan, Brunoy, Vergennes, Lambesc, Ossun, Maneville, Angiviller, Dorial, Puiségur, Fougières et le Prince Xavier.

Le premier lot est constitué par la maison dite Massiac, place des Victoires, le huitième par celle dite de Périgord au numéro 2 192 de la rue de l'Université, le dix-septième par la maison dite de Gallifet, au numéro 471 rue du Bac, aujourd'hui rue de Grenelle, respectivement estimées à 3,4 millions de livres, 900 000 et 750 000 livres[4].

La maison Massiac était alors le siège de la Compagnie des Indes, suspectée d'intelligence avec l'Ancien Régime. Elle devint peu après le siège de la Banque de France, nouvellement créée par Napoléon. Quant aux deux autres, il y des chances qu'elles aient appartenu à Charles Maurice de Talleyrand-Périgord, notamment l'hôtel dit de Périgord, rue de l'Université. L'hôtel de Gallifet devint propriété nationale et vit s'installer Talleyrand, avec sa maîtresse indienne, madame Grand.

Mais, hors ces trois lots fonciers importants (donc maison Massiac lot numéro 1, maison Périgord lot numéro 8, maison de Gallifet, lot numéro 17) nous ne possédons pas la composition des quelques 339 autres lots, défalquée des 142 lots vinicoles.

4 L'hôtel de Gallifet est aujourd'hui le siège de l'Institut culturel italien (en face de l'ambassade d'Italie), dont l'entrée est située au 50, avenue de Varenne. Ces ventes en lot, y compris des biens de Talleyrand, sont d'autant plus remarquables que Talleyrand lui-même avait écrit, entres autres, en 1790, un opuscule intitulé *Opinion de M. l'évêque d'Autun sur la vente des biens nationaux*, et l'année précédente un autre intitulé *Des loteries*, jeu qu'il réprouvait.

Les lots exclusivement composés de vins et/ou spiritueux

Ils sont au nombre de 142 sur un minimum de 342, soit plus de 41 % du total, et proviennent des familles précédemment citées, sauf celles des hôtels Massiac, Périgord, et de Gallifet, ce qui, soit dit au passage, nous prive de l'inventaire de la cave de Talleyrand. La plupart de ces lots viticoles se trouvent au milieu ou en fin de liste, mais on en trouve cependant un au dixième rang, un autre au vingt et unième, une quinzaine d'autres dans les cent premiers.

Leur composition est fort hétérogène, et l'on ne sait ni qui l'a faite ni selon quels critères elle a été réalisée. On peut cependant remarquer qu'au-delà du 200e lot il y a davantage d'homogénéité : ils sont alors constitués de quelques dizaines de bouteilles – ou demi-bouteilles – d'un seul type de vin, qu'il soit de Bordeaux, de Malaga, de Bourgogne, d'Espagne ou de Hongrie et, bien sûr, de Champagne[5].

Les lots de vins les mieux classés dans la liste sont en général très composites et associent des dizaines sinon des centaines de crus les plus divers. Le lot n° 10, par exemple, est constitué de 1 971 bouteilles, dont 720 de Champagne, 180 de Bordeaux, 120 de Graves, 120 (demies) de Tokay et 180 (demies) de Hongrie, 420 de Malvoisie et de Madère, 109 de Paxarete, Malvoisie et Setubal. Le numéro 21 (1 230 demi-bouteilles) n'est composé que de vins de liqueur « méditerranéens » mais fort variés (Madère, Malvoisie, Xérès, Setubal, et même Le Cap).

Le lot 32 de 900 bouteilles est surtout à base de Bordeaux mais contient aussi des vins du Nord-Est européen (Moselle et Rhin) alors que le 50 n'est constitué que de 611 bouteilles de champagne.

Un récapitulatif global fait ainsi état d'environ 25 000 flacons (bouteilles et demi-bouteilles), cette approximation minimale venant du fait qu'un petit nombre de lots n'a pas été scrupuleusement décrit, et ce pour un volume total de l'ordre de 16 000 litres.

Si le nombre de vins ou spiritueux mentionnés dépasse largement la cinquantaine, ils peuvent cependant être schématiquement rangés en six familles

5 L'étude des Bordeaux, notamment des Sauternes, et des autres vins liquoreux a déjà été amorcée. – Voir Philippe Roudié, « Les mystères du sauternes ou regards croisés sur les vins liquoreux européens », dans *Os vinhos licorosos e a historia*, Funchal, Centro de Estudos de Historia do Atlantico, 1998, p. 49-69.

principales, qui donnent une image des vins appréciés par l'aristocratie parisienne à l'extrême fin de l'Ancien Régime : il y a là des vins ibériques (Malaga, Xérès, Madère et Malvoisie), des Bordeaux, des Bourgognes, des vins du Rhin et de Moselle, des vins de Tokay et de Hongrie et bien évidement des champagnes, les seuls qui nous intéressent ici.

LES CHAMPAGNES DE LA DEUXIÈME LOTERIE NATIONALE FRANÇAISE DE 1795

Ils figurent seulement dans une vingtaine de lots, sur 142, mais pour un total d'au moins 2 500 flacons (bouteilles ou demi-bouteilles), soit le dixième du volume total, tout comme les divers bordeaux. Mais, en fait, ils ne proviennent que d'une demi-douzaine de caves, particulièrement bien fournies, qu'on a pu reconstituer, les celliers particuliers ayant été démembrés et non vendus tels quels. Parmi ces caves signalons, en particulier, celles de M. de Brienne, de M. de Saint -Priest et de M. Lavaupalière. La première est constituée de 11 400 bouteilles et demi-bouteilles dont 1 500 de champagne ; la seconde, beaucoup moins fournie – 760 flacons seulement – est riche en champagnes : 300 au minimum, tout comme celle de Lavaupalière : 400 flacons de champagnes sur un total de 1 800. Les autres lots de champagnes proviennent des caves de M. de Belzunce, Brunoy et Boulogne. L'analyse comparée des prix est riche d'enseignement, car c'est à environ 700 000 livres que se monte le total, soit l'équivalent du seul lot 17, c'est-à-dire de l'hôtel de Gallifet cité plus haut. En moyenne, le flacon vaut donc 28 livres.

Les champagnes comptent dans ce total pour environ 50 000 livres – pour, rappelons-le, 2500 flacons environ –, ce qui fait une moyenne de l'ordre de 20 livres à l'unité, ce qui paraît de premier abord assez faible. Mais, à titre de comparaison, les bourgognes coteraient moins : 18 livres à peine, et les divers bordeaux encore beaucoup moins : 14 livres. Car, au demeurant, ce sont les vins de liqueur qui font monter la moyenne, avec environ 38 livres pour les Hongrie et Tokay, 40 pour les Chypre, 50 pour les Xérès, 52 même pour les Constantia du Cap. Et il n'y a à cela sans doute rien d'étonnant, les vins liquoreux étant plus rares, plus chers à produire, venant de plus loin, et sans doute plus vieux que les divers bordeaux ou bourgognes (rouges ?) dont on ne connaît pas l'âge.

LA PORTÉE DU DOCUMENT ET SES LIMITES

L'intérêt de cette loterie est d'abord de fixer une liste des vins à la mode dans la meilleure société parisienne de l'Ancien Régime. À quelques exceptions près, tous les grands vins du monde sont représentés, fixant une géographie sans surprise, et manifestant l'extraordinaire prépondérance des vins européens. On notera cependant l'absence totale des vins de Loire, des vins italiens et surtout celle des portos pourtant alors bien connus : mais on sait que ces produits d'élite étaient alors exclusivement réservés, de fait, aux consommateurs britanniques. La carte des vignobles représentés semble assez significative des produits vineux de qualité et ne semble pas s'être très sensiblement modifiée jusqu'au XXe siècle.

De même ce document permet d'ajouter quelques inventaires à la liste de ceux déjà publiés[6] ; il montre, s'il en était besoin, que la possession d'une bonne cave était l'un des éléments essentiels de l'équipement des hôtels particuliers de l'aristocratie et les plaisirs de la table un des constituants majeurs de trains de vie fastueux.

Pourtant le document porte en lui-même ses limites : le nombre de références est faible et surtout les mentions manquent de précisions sur la nature des crus. Aucune mention de millésime, pas plus pour les champagnes que pour les bourgognes ou bordeaux, ou les vins de liqueur. Très peu de mentions d'origine, à l'exception de ceux de Meursault, Montrachet, Clos Vougeot pour la Bourgogne, Lafite pour Bordeaux ou château Grillet ou Rochegude pour les Côtes du Rhône. On peut d'ailleurs se demander si ces mentions n'ont pas été prises en compte par les répartiteurs des lots, ou si tout simplement elles n'existaient pas encore vraiment dans les caves. Quoiqu'il en soit les comparaisons des prix, en raison de cette lacune, deviennent quelque peu aléatoires. On doit même poser la question de savoir si les répartiteurs des lots étaient de bons connaisseurs en matière de vin et si les estimations ont été bien faites. Quant aux résultats de la vente, ils nous échappent, ce qui est fort dommageable car ils seraient plus fiables et donneraient une idée plus exacte encore des qualités recherchées et appréciées.

6 Nicole Lemaître, « Les collections de bonnes bouteilles à la fin de l'Ancien Régime », dans *La France d'Ancien Régime. Études réunies en l'honneur de Pierre Goubert*, Toulouse, Privat, 1984 ; Pierre Ponsot, « Les bouteilles du Président », dans *Vin et histoire ou le vin des historiens*, Suze-la-Rousse, Université du vin, 1990, p. 153-159 ; Françoise Bayard, « Les caves des financiers français au début du XVIIe siècle », *ibid.*, p. 143-152 ; Jean-Pierre Poussou et E.-L. Seguet, « Les caves à vin des parisiens à l'époque du Consulat », dans *Des vignobles et des vins à travers le monde, Hommage à Alain Huetz de Lemps*, Talence, Presses universitaires de Bordeaux, 1996, p. 331-351.

Tableau 1. Essai de reconstitution des vins formant les divers lots de la 2e loterie nationale française (1795)

CRUS	Nombre de mentions	Bouteilles	Demi-bouteilles	Bouteilles et demi-bouteilles	Total en bouteilles	Estimation de la valeurs en livres
Champagne	21	1 692+	?	720+	2 152++	46 000+++
Arbois et vin de paille	4	150++			150++	3 600++
Bourgogne	9	1 321		?	1 321++	17 140++
Haute-Bourgogne	1	160			160	3 300+
Clos Vougeot	2	112+			112+	?
Meursault	2	?			?	?
Montrachet (Morachez, Rachet)	2	?			?	?
Chassagne	1	74			74	?
total Bourgogne	**17**	**1 667++**			**1 667++**	**28 240+++**
Rhin/Moselle	9	960+	182	120	1 100 ? ++	?
Hongrie/Tokay	14+8 = 22	292+	1674+		1 129++	44 600++
Chypre	9	115+++	68		149+++	6 000+++
Vermoult	3	?	100+		50+++	?
Kirchenwasser	1	?			?	?
Marasquin	1	?			?	?
Liqueur de Bologne	1	?			?	?
Muscat	4 (R & B)	60+++			60+++	?
Château Grillé	4	252+			252+	3 500+++
Saint Péray (St Pérée)	3	?			?	?
Hermitage	1	?			?	?
Rochegune (Rochegude?)	2		?		?	?
Le Pape (Châteauneuf-du-Pape)	3	?		?	?	?
total Côtes du Rhône	**14**	**?**		**?**	**?**	**?**
Cahors	2	250			250	4 400++
Bergerac	2	?			?	?
Jurançon	1		? Blanc		?	?
Andaye	1	?			?	?
total France du Sud-Ouest	**6**	**250++**	**?**		**250++**	**?**

CRUS	Nombre de mentions	Bouteilles	Demi-bouteilles	Bouteilles et demi-bouteilles	Total en bouteilles	Estimation de la valeurs en livres
Lunel	1	?			?	?
Frontignan	2	?			?	?
Rivesaltes	2	60+			60+	?
Perpignan	1	?			?	?
total Roussilon, Languedoc	**6**	**60+++**			**60+++**	**?**
Bordeaux	11	660+++			660+++	6 600+++
Graves	8	580++		120	640+++	10 000+++
Montferrand	1	?			?	?
Saint-Émilion	1	?			?	?
Bordeaux Lafite	4	360+			360+	7 000++
Langon	1	?			?	?
Sauternes	3	220++			220++	?
Barsac	6	516++	?		516+++	7 400++
total Bordeaux	**35**	**2 336+++**	**?**	**120**	**2 396+++**	**31 000+++**
Alicante	2	?			?	?
Rancio	6	60+++	?	?	600++++	?
Malaga	22	519+++	676		857+++	19 200+++
Xérès (Chères, Kerès)	6	120++	150+		195+++	9 550++
Paxarete (Pacaret)	16	297+++	685++	?	640+++	13 940+++
Rota	2	8+			8+	?
Canaries	5	180++		?	180++	10 200+
Madère	11	120++++	?		120++++	3 000++++
Malvoisie	19	650+++	?	339++	1 000+++	15 140+++
Setubal	4	386++	?	?	386++	?
Carcavelos	1	300			300	8 000++
Constantia-Le Cap	10	?	370++		185++	9 700++
Ratafia	5	105+	27+	?	112+++	3 000+++

Total général :
24 904 bouteilles et demi-bouteilles pour 698 470 livres
+ 1 lot de composition inconnu
Soit 25 000 bouteilles pour 700 000 livres
(chiffre approché)

Tableau 2. Reconstitution des prix par bouteille des vins composant les lots de la 2e loterie nationale française (1795)

CRUS	Prix en livres
Tokay de Hongrie	39 à 75
Chypre	50 à 65
Malaga	50 à 58
Canaries	50 à 58
Le Cap-Constantia	53
Xérès	47 à 53
Malvoisie doux	50
Malvoisie	37 à 50
Paxarete, Bordeaux-Lafite, Clos Vougeot	29
Jurançon, Haute-Bourgogne	26
Madère	25
Cahors, Bordeaux – Montferrand	24
Champagne	18 à 24
Setubal	21
Rhin	18 à 19
Barsac	13 à 20
Bordeaux Blanc	18
Graves	16 à 18
Bourgogne	16

Tableau 3. Essai de reconstitution des caves de quelques propriétaires spoliés au profit de la 2e loterie nationale française (1795)

Propriétaires et quantités	Origines	Estimation
M. de Brienne		
1 971 bouteilles et demi-bouteilles	Champagne (720), Bordeaux (180), Graves (120), Malvoisie et Madère (421), Pacaret, Malaga, Setubal (109), Hongrie (180 demi-b.), Tokay (120 demi-b.), Malaga (120 demi-b.).	60 000 livres
1 230 demi-bouteilles	Cap, Malvoisie, Madère, Chères, Setubal, le Pape	24 000
900 bouteilles	Champagne (60) Bordeaux (300) Moselle (180) Rhin (360)	18 000
480 bouteilles	Carcavelos (300) Malaga (180)	16 800
120 bouteilles et 361 demi-bouteilles	Malaga Malaga et Madère	15 900
611 bouteilles	Champagne	12 800
360 bouteilles et 1/2 b.	Champagne, Canaries, Chypre	10 000
240 bouteilles	Malvoisie et Constance (60) Champagne (60) Pacaret et Rivesaltes (60) Hongrie Tokay et Malaga (60)	10 000
300 demi-bouteilles	Cap, Constance et Madère (120), Champagne (60), Moselle, Rhin et Champagne (60)	8 000
180 demi-bouteilles	Malaga (60), Chypre (60), Tokay (60)	8 000
360 bouteilles	Graves et Langon (120) Malvoisie (120) Rivesaltes (60) Muscat Rouge et Blanc (60)	7 800
300 bouteilles	Champagne (180), Malaga (120)	7 700
240 bouteilles et 1/2 b.	Champagne, Canaries, Chypre	6 800
177 bouteilles et 1/2 b.	Tokay, Hongrie et Pacaret	6 000
120 bouteilles	Malvoisie	4 500
122 bouteilles	Tokay et Hongrie	4 500
190 bouteilles et 1/2 b.	divers vins fins et liqueurs	4 500
141 bouteilles	Malaga et Madère	4 500
120 1/2 bouteilles	Tokay	4 500
Lot	vins et liqueurs	4 200
60 bouteilles	Malvoisie et Sembat (?)	4 200
60 bouteilles	Setubal	4 000
193 bouteilles	Setubal, Hongrie et Cap (blanc)	4 000
110 bouteilles	Hongrie	3 600
3 fois 100 bouteilles	Hongrie	3 600 x 3
120 bouteilles	Bordeaux Lafite	3 500

Propriétaires et quantités	Origines	Estimation
120 bouteilles	Bordeaux Lafite	3 500
60 bouteilles	Toulon et Cap	3 500
120 bouteilles et 1/2 b.	Rhin et Malvoisie	3 500
60 bouteilles	Canaries	3 500
180 bouteilles	Rhin	3 500
110 demi-bouteilles	Tokay	3 500
112 bouteilles	Clos Vougeot	3 300
50 bouteilles 100 demi-bouteilles	vins et liqueurs Vermoult	3 300
200 demi-bouteilles	Pacaret	3 300
102 bouteilles	Malaga, Constance, Rota	3 300
60 bouteilles 110 demi-bouteilles	Rhin Tokay	3 300
180 bouteilles	Rhin	3 300
110 bouteilles	Hongrie	3 300
3 fois 110 bouteilles	Hongrie	3 300 x 3
M. Lavaupalière		
150 bouteilles	Champagne	3 000
84 bouteilles et 1/2 b.	Malvoisie, Ranciot et Vermoult	3 500
2 x 180 bouteilles	Bordeaux blanc	3 300 x 2
180 bouteilles	Champagne	3 300
60 bouteilles	Canaries	3 200
120 demi-bouteilles	Cap	3 200
60 bouteilles	Hongrie	3 200
120 bouteilles	Clos Vougeot, Champagne et Sauternes	3 200
120 demi-bouteilles	Constance	3 000
2 x 120 bouteilles	Hongrie	3 000 x 2
120 bouteilles	Madère	3 000
230 bouteilles	Barsac	3 000
M. de Broglie, émigré		
576 bouteilles	Sauternes (220), St Péray (12), Cahors (70), Malvoisie (95), Malaga (96), Champagne (74)	11 340
516 bouteilles	Bordeaux, Sauternes, St Péray, Frontignan, Malaga	10 800

Propriétaires et quantités	Origines	Estimation
109 bouteilles	vin de liqueur de Pacaret, St Georges, Hermitage, Kirchenwasser et noyau	3 560
M. de Vergennes		
240 bouteilles	Graves et Rhin	3 500
240 demi-bouteilles	Pacaret	3 500
55 bouteilles et 120 bouteilles	vin et eau-de-vie Pacaret	3 500
180 bouteilles	St Pérée	3 500
120 bouteilles et 60 bouteilles	Bordeaux Lafite St Pérée	3 500
101 bouteilles	différents vins étrangers et liqueurs	3 500
60 bouteilles	Malvoisie (en partie)	3 500
60 bouteilles	Chypre	3 500
M. Belzunce		
180 bouteilles	Cahors	4 400
150 bouteilles	Champagne blanc	3 600
180 bouteilles	Bourgogne rouge	3 600
135 bouteilles	Bordeaux rouge et Montferrand	3 560
91 bouteilles 74 bouteilles	Bordeaux, Lunel, Rachet, eau-de-vie Tokay, Rancio et Pacaret	3 000
M. Saint-Priest		
362 bouteilles	Champagne (176) Chypre (8 demi-bouteilles) Malvoisie (96) Paxarète (7) Malaga (16) Rancio (60) Rota (8)	11 000
118 bouteilles	vins fins, Ratafia et liqueur des Isles	4 600
202 bouteilles	Champagne, Graves et Malaga	4 000
78 bouteilles	vin de Shiraz, de Perse, vin de Bordeaux rouge, Malvoisie doux et Saint André et 2 bouteilles de ratafia de Bologne	3 000
M. Sabran		
87 bouteilles et 1/2 b.	Bourgogne, Toulon, Barsac, Malvoisie, Alicante et liqueurs à noyau	3 600
81 bouteilles et 1/2 b.	Morachez, Malvoisie et Toulon	3 600
80 bouteillez	Pacaret et Malvoisie	3 600
105 bouteilles	Madère et Mulseaux	3 000

Propriétaires et quantités	**Origines**	**Estimation**
	M. de Beaumont	
160 bouteilles	Pacaret	3 640
106 bouteilles	Pacaret, Chypre et Chères	3 560
112 bouteilles	Malvoisie, Pacaret et Madère	3 000
42 bouteilles et	Malaga	
130 bouteilles	Pacaret	3 000
	M. Maneville	
230 bouteilles	Barsac	4 400
210 bouteilles	Bourgogne	3 540
220 bouteilles	Bourgogne	3 500
80 bouteilles	vins cuits muscat, Frontignan et Malvoisie doux	3 000

LES PAYSAGES DU CHAMPAGNE, UN PATRIMOINE NATUREL UNIQUE

La position géographique septentrionale du vignoble champenois, ses conditions climatiques rudes, les particularités de son sous-sol et son implantation en coteaux en font un terroir original qui donne aux vins de Champagne leur inimitable typicité[1].

La première particularité du terroir champenois est d'être à la limite nord de la culture de la vigne (Reims est à 49°5 de latitude nord, Épernay est à 49°). La température moyenne annuelle est de 10 °C. Son climat est océanique mais à tendance continentale. Les gelées d'hiver, mais surtout de printemps plus fréquentes, peuvent être destructrices.

© Comité interprofessionnel du vin de Champagne et Moët & Chandon

1 Cette synthèse, présentée par Claire Desbois-Thibault sur les paysages du champagne, un patrimoine naturel unique, est issue de l'ouvrage *Les Clés des vins de Champagne*, Épernay, CIVC, 2005.

La seconde caractéristique majeure du terroir champenois réside dans son sous-sol. Sa composition en majorité calcaire procure à la vigne une irrigation naturelle constante. La nature du sous-sol a guidé la sélection des cépages champenois. Trois s'y sont remarquablement adaptés : le pinot noir (38 %), le pinot meunier (34 %) et le chardonnay (28 %). La production d'un vin blanc à partir notamment de cépages noirs exige d'infinies précautions à la cueillette et au pressurage.

© Comité interprofessionnel du vin de Champagne et Moët & Chandon

Le troisième aspect spécifique du terroir champenois est son relief. il est suffisament escarpé et valloné pour permettre une bonne insolation de la vigne et sa déclivité facilite l'écoulement des excès d'eau. La moyenne des pentes est de 12 %, mais certaines dépassent 50 %. C'est un vignoble de coteaux dont l'image typique est celle de sommets boisés dominant des courbes de terrain plantées de vignes, avec des villages blottis au milieu.

Ces trois composantes, climat, sous-sol et relief, créent une combinaison spécifique mais à géométrie variable. Le vignoble champenois est une mosaïque de micro-terroirs.

© Comité interprofessionnel du vin de Champagne et Moët & Chandon

Depuis 1927, trois cépages sont principalement utilisés en Champagne : le pinot noir, le pinot meunier et le chardonnay, tous trois ayant montré leur adaptation aux terroirs.

Le pinot noir donne aux vins des arômes de fruits rouges ; c'est le cépage qui apporte à l'assemblage du corps et de la puissance

Le chardonnay donne aux vins jeunes des notes florales et d'agrumes, parfois minérales. Ses vins à évolution plus lente sont idéaux pour les cuvées destinées à vieillir

Le pinot meunier donne des vins souples et fruités, au bouquet intense ; des vins qui évoluent un peu plus vite et qui apportent de la rondeur aux assemblages

© Comité interprofessionnel du vin de Champagne et Moët & Chandon

LE CHAMPAGNE CLICQUOT (1801-1813) : HISTOIRE D'UNE MAISON DE NÉGOCE SOUS LE CONSULAT ET LE PREMIER EMPIRE

Michel Étienne
Conservateur des Bibliothèques
Dominique Barjot
Université Paris-Sorbonne

Le fonds Clicquot constitue un ensemble archivistique du plus haut intérêt, comme le montre notamment la thèse de Michel Étienne[1]. L'apport de ce fonds est triple. Il concerne à la fois :

- l'histoire des comportements, en particulier l'importance des déterminants culturels dans les comportements de consommation ;
- l'histoire d'un produit : le champagne, produit de luxe, qui a fait le rayonnement international du pays ;
- l'histoire du négoce dans ses techniques comptables et, plus encore, commerciales.

La maison Clicquot offre un bon exemple de ces maisons de champagne qui prirent leur essor au tournant des XVIIIe et XIXe siècles[2]. Si les documents les plus anciens du fonds remontent à 1772, jusqu'à la fin du XVIIIe siècle

1 Le présent travail se fonde sur l'ouvrage suivant : Michel Étienne, *Veuve Clicquot-Ponsardin. Aux origines d'un grand vin de Cha*mpagne, Paris, Economica, 1994. Il est lui-même issu d'une thèse de l'École nationale des chartes du même auteur : Michel Étienne, *Le Champagne Clicquot (1801-1813). Histoire d'une maison de négoce sous le Consulat et le Premier Empire*, sous la direction de D. Barjot et B. Delmas, soutenue le 28 mars 1992.

2 Voir par exemple : Claire Desbois-Thibault, *L'Extraordinaire Aventure du champagne : Moët & Chandon, une affaire de famille (1792-1914)*, Paris, PUF, 2003 (ouvrage issu d'une thèse soutenue à l'université Paris-Sorbonne en 2002, sous la direction de Dominique Barjot). Pour une vision en coupe, mais plus rapide, de ces entreprises au milieu du Second Empire, voir Gracia Dorel-Ferré et Denis McKee (dir.), *Les Patrons du Second Empire : Champagne-Ardenne*, Paris, Picard, 2006, p. 158-190.

la maison Clicquot, alors dirigée par Philippe Clicquot-Muiron se consacra surtout au négoce du textile. En 1801-1802, elle engagea une reconversion complète de son activité au profit des vins de Champagne. Les facteurs de cette réorientation étaient multiples : conjoncture difficile pour le textile rémois, récolte exceptionnelle de 1800, avènement d'une paix générale en Europe, arrivée de François Clicquot fils à la tête de l'affaire familiale. Dès lors, entre 1801 et 1813, se formèrent successivement trois sociétés. En 1801, François Clicquot prit la succession de son père. Trois ans auparavant, il avait épousé Barbe-Nicole Ponsardin, fille aînée de Nicolas Ponsardin, un grand manufacturier de Reims. Ce dernier devint commanditaire au sein de la société Clicquot, Muiron et Fils. Mais François Clicquot mourut de façon brutale en octobre 1805. Par suite, dès février 1806, sa veuve s'associa avec Jérôme-Alexandre Fourneaux, qui était fabricant de textile et négociant en vins, pour une durée de quatre ans.

L'association ne dura pas. En 1810, suite au non renouvellement du contrat, madame Veuve Clicquot demeura seule à la tête de l'entreprise, devenue dès lors la maison de commerce Veuve Clicquot-Ponsardin. Jusqu'en 1806, le secteur du champagne se développa rapidement ; au contraire, pendant les années du Blocus continental, une contraction sensible se produisit. Durant la période, si la société s'adapta bien aux aléas de la conjoncture, elle le dut à un bon compromis entre le technique, le commercial et le financier. En effet, les caractéristiques du produit déterminaient la forme de la commercialisation. Il s'ensuivait un renouvellement des formes de la gestion du capital et un partage nouveau des responsabilités au sein du personnel.

Portrait de Madame Clicquot par Léon Cogniet (1794-1880), huile sur toile, 129,5 x 99,3 cm, peinte entre 1851 et 1861.
Ce tableau a été commandé par Mme Clicquot à l'artiste.
© Collection Veuve Clicquot

QUEL PRODUIT ?

Le champagne du début du XIXe siècle était un produit très dépendant des approvisionnements, encore loin du vin mousseux d'aujourd'hui, et pour lequel le travail en cave était essentiel.

DU COMMERCE TEXTILE AU NÉGOCE DU VIN[1]

Philippe Clicquot, né vers 1740, épousa autour de 1770 Catherine-Françoise Muiron, fille d'un commerçant en textiles rémois. Il resta, pratiquement jusqu'à la fin du XVIIIe siècle, avant tout un négociant textile : « [...] Mon commerce est principalement en étoffes de la manufacture de Reims », précisait-il en août 1797, ajoutant : « Les vins de Champagne ne sont qu'un accessoire de mon commerce ; c'est en partie le vin de mes récoltes que je désire placer ».

En 1798, son fils François, né en 1774, épousa Barbe-Nicole Ponsardin, qui était « la fille aînée de l'un des tout premiers fabricants de textile de Reims », Nicolas Ponsardin. Mais, très vite, évolution accélérée par le marasme du commerce textile sous le Directoire, François changea l'équilibre de la maison de commerce familiale, en donnant la priorité au négoce du vin. La réussite fut aussitôt au rendez-vous grâce à l'exceptionnelle récolte de 1800 et à l'avènement de la paix.

Ce passage du textile au vin ne saurait nous surprendre, même si Moët offre un autre exemple : on le retrouve en Bourgogne où, dans la première moitié du XVIIIe siècle, nombreux furent ceux qui quittèrent « la toile » pour le vin[2].

Jean-Pierre Poussou

1 Michel Étienne, *Veuve Clicquot-Ponsardin. Aux origines d'un grand vin de Champagne,* Paris, Economica, 1994, p. 9-27.

2 Yvette Darcy-Bertoletti, « Les prémices du négoce du vin à Beaune au XVIIIe siècle : l'exemple de Gabriel et François Lavirolte », *Cahiers d'histoire de la vigne et du vin,* n° 9, 2009, p. 83-155.

Une question cruciale : les approvisionnements

L'importance du patrimoine viticole du négociant définissait son degré d'autonomie par rapport à ses fournisseurs vignerons. Or, à l'avènement du Consulat, le vignoble champenois se caractérisait par un morcellement de la propriété et une faiblesse corrélative des grandes maisons de commerce. La maison Clicquot se trouvait donc exposée. C'est pourquoi François Clicquot s'efforça de limiter sa dépendance : dès 1804, l'entreprise Clicquot comptait parmi ses possessions quelques parcelles de haute valeur sur le territoire de Bouzy.

Jusqu'en 1810, la maison Clicquot se livra de façon presque exclusive au négoce du champagne mousseux de qualité supérieure. Mais elle n'assurait la champagnisation que pour une partie de ses vins. Elle pratiquait donc aussi la commercialisation de vins déjà mis en bouteille. Il est vrai que les techniques de fabrication, parce que très empiriques, débouchaient sur des résultats tout à fait aléatoires. L'objectif de cette double politique d'approvisionnement résidait dans la préoccupation d'équilibrer risques et profits. Apparut ainsi un groupe de maisons de taille plus ou moins modeste constituant une catégorie intermédiaire de vignerons-manipulants ou marchands-possédants entre d'une part les propriétaires, de l'autre les grands négociants.

Le caractère spécifique de ces derniers résidait donc moins dans leur capacité à préparer les vins mousseux que dans la maîtrise de gros capitaux et d'une aire de commerce internationale. Parce qu'il se trouvait en position de force par rapport à ses partenaires, propriétaires et petits marchands, le négociant n'avait ni besoin d'une intégration complète du cycle de production, qui aurait pu se réaliser au moyen de l'acquisition d'importants vignobles dans les secteurs les plus réputés de la Champagne et du contrôle de toutes les phases de la production, ni ne la souhaitait. Néanmoins, entre 1811 et 1813, l'entreprise se reconvertit de façon partielle en direction des vins rouges et rétrécit son espace commercial dans une Europe soumise au blocus et à la guerre : les possessions des Clicquot à Bouzy favorisèrent cette adaptation et le maintien de son activité.

Quel champagne ?

Les archives de la société fournissent des informations neuves sur la composition des assemblages, les dates du tirage en bouteilles, l'importance plutôt faible de la casse lors de la prise de mousse, les méthodes d'élimination du dépôt, ainsi que le degré de liquorification du vin. L'on découvre aussi une hiérarchie des critères d'appréciation, d'où se dégagent les principales caractéristiques du champagne mousseux des années 1800 à 1810.

Le vin avait souvent une apparence un peu trouble, en raison des phénomènes de dégénérescence graisseuse liés à une absence de maîtrise de la fermentation malolactique. Il était alors impossible de se débarrasser des impuretés en suspension dans la bouteille. De couleur plus soutenue qu'aujourd'hui, il se caractérisait par un niveau faible de persistance du dégagement gazeux : en effet, en matière de tenue en mousse, la pression du début du XIXe siècle atteignait seulement 1,5 à 2 atmosphères contre 5 à 7 actuellement.

Les vins étaient commercialisés très jeunes. Le développement du bouquet parvenait donc rarement à son optimum. La fraîcheur de goût et d'odorat se doublait autrefois d'une nuance marquée d'agressivité, à la différence de l'harmonieux équilibre recherché de nos jours entre les

Reproduction d'une gravure citant quelques étapes de la vinification : remuage, gerbage des fûts, vieillissement des bouteilles dans une cave Veuve Clicquot
© Collection Veuve Clicquot

Reproduction d'une gravure qui présente l'étape du tirage dans une cave de la Maison Veuve Clicquot
© Collection Veuve Clicquot

Intérieur d'une crayère. Caves de Veuve Clicquot. Photo d'Alain Hatat, avril 2008
© Collection Veuve Clicquot

différentes composantes de l'acidité totale. Chez les contemporains prévalait l'idée de l'existence d'une relation entre acidité et qualité. Le champagne des années 1800-1810 était un vin léger, atteignant rarement plus de 9-10 % de titre alcoométrique. Le dosage demeurait discret : l'on se refusait encore à ajouter au vin de fortes quantités de sucre afin de compenser son agressivité, ce que l'on fera à la fin du XIXe siècle. Cependant, la production subissait trop de facteurs purement aléatoires ou insuffisamment maîtrisés pour permettre une quelconque régularité dans la production et, raison de plus, autoriser une authentique spécificité du champagne Clicquot.

Importance du travail en caves

La composante technique des activités de l'entreprise obéissait à un rythme discontinu fondé sur les différentes phases de l'élaboration du vin ainsi que sur les deux vagues d'expédition du printemps et de l'automne. Dans les caves travaillait, pour l'essentiel, une main-d'œuvre saisonnière dirigée par un chef tonnelier. Ce dernier intervenait peu dans le choix des approvisionnements. Ceux-ci étaient assurés en grande partie par des courtiers. En revanche, le chef tonnelier contrôlait seul toutes les étapes de la fabrication du vin.

Au cours de la période 1800-1810, aucune innovation majeure ne se produisit : sous le Consulat et le Premier Empire, les méthodes restèrent les mêmes que celles mises au point au début du XVIIIe siècle. Le champagne du XIXe siècle commençant était donc à la fois un produit de luxe et un produit fragile, de qualité extrêmement inégale. Le négociant se trouvait ainsi contraint, à la fois, à un travail incessant de prospection et de promotion, auprès d'une clientèle peu nombreuse, dispersée, et aux goûts changeants, et à une prise en compte de fréquentes réclamations que l'altération du vin suscitait nécessairement.

Le champagne du début du XIXe siècle constituait donc avant tout un instrument de « vanité sociale », car ce produit de luxe était de qualité extrêmement inégale. Dans le processus de fabrication, la nature imposait entièrement sa loi, du fait d'une insuffisante maîtrise, technique et scientifique, de la fermentation. C'est pourquoi le négociant se trouvait condamné à un incessant travail de quête du client, auprès d'un marché étroit, dispersé et capricieux.

DU RÔLE ESSENTIEL DES VOYAGEURS DE COMMERCE POUR LE NÉGOCE DU CHAMPAGNE

Produit de luxe, donc cher, mais aussi production pour laquelle la casse est grande au début, dans un secteur très concurrentiel qui nécessite à la fois de trouver de nouveaux clients – y compris de leur faire découvrir la Champagne[1] – et de la fidéliser, les ventes de champagne, et donc la réussite des maisons de commerce, passent très largement par la mise en place d'un réseau commercial, sa surveillance et son entretien, opérations qui nécessitent d'importants déplacements. Les fondateurs des maisons et leur proche parenté, tel Jean-Remy Moët, n'ont pas hésité à voyager[2], parfois très loin, dans ce but, mais une seule présence ne pouvait suffire, d'où le rôle éminent des voyageurs de commerce. C'est ce que met particulièrement en valeur la thèse consacrée par Michel Étienne aux débuts de la maison Clicquot.

Dans le domaine commercial, le rôle clé est tenu par Louis Bohne, entré chez Clicquot en 1802, qui était représentant de commerce, mais pas dans le vin, depuis 1790. Fils d'un négociant allemand de Manheim installé à Bienne, canton de Berne, marié lui-même en 1810 à Stuttgart, il est un atout maître pour la jeune maison de commerce de vin fondée par François Clicquot, à la fois de par ses qualités propres et parce que « le commerce du champagne était alors avant tout tourné vers l'Europe continentale, du centre et du nord ». La maîtrise de l'allemand était donc nécessaire, et c'était un avantage que les commerciaux soient majoritairement allemands. Pour les Clicquot, qui avaient été précédés à Paris par Moët, c'était une absolue nécessité : c'est pourquoi tous leurs cadres commerciaux « recrutés entre 1802 et 1809, qu'ils fussent commis aux écritures ou voyageurs, étaient d'origine ou de langue allemande »[3].

Ces premiers voyageurs, à commencer par Bohne lui-même, sont effectivement de véritables cadres. Il leur faut maîtriser deux langues au moins (allemand et français), se présenter bien – car « la seule apparence extérieure du personnage comptait beaucoup », ce qui pouvait aller jusqu'à « l'élégance vestimentaire »[4] –, faire preuve d'esprit d'initiative et de beaucoup d'entregent, tout en veillant à respecter les directives reçues. Bohne, en effet, avait en général fait – et souvent ouvert – les itinéraires sur lesquels il lançait ces hommes. Les « premières journées étaient [donc] préparées soigneusement », les itinéraires fixés à l'avance, et le voyageur devait régulièrement - tous les douze ou quinze jours - rendre compte de l'avancement de son travail. Michel Étienne cite à cet égard un passage des instructions données à l'un des voyageurs, Müller : « il nous écrira au moins tous les 12 à 15 jours, sans y manquer, n'eût-il même de commissions à envoyer. Il nous remettra également l'état de sa caisse tous les 2 mois. Il n'oubliera pas de laisser son adresse à nos banquiers lors de son départ d'une ville pour une autre afin que nos lettres puissent toujours lui parvenir »[5].

Il ne s'agissait pas seulement de prospecter : il fallait aussi faire preuve de discernement et sélectionner une clientèle non seulement fidèle mais non susceptible de déboucher sur de mauvaises affaires. Ainsi, en octobre 1802, Bohne lui-même, alors à Francfort, reçoit d'instantes recommandations de prudence : « Nous vous prions très instamment de ne recevoir aucune commission qui ne soit signée ; le commerce que nous faisons offre tant de difficultés, surtout dans un siècle où il n'existe pas de moralité... Vous voudrez bien... vous persuader que nous cherchons moins la quantité que la solidité de nos affaires »[6].

Jean-Pierre Poussou

1 Voir cet extrait des carnets de voyage de Louis Bohne : « Sagan : cette petite ville étant hors du chemin, aucun voyageur n'y va : il faut la cultiver... », dans Michel Étienne, *Veuve Clicquot-Ponsardin. Aux origines d'un grand vin de champagne*, Paris, Economica, 1994, p. 147.

2 *Ibid.*

3 *Ibid.*, p. 156.

4 *Ibid.*, p. 150-151.

5 *Ibid.*, p. 151.

6 *Ibid.*, p. 155.

UNE NÉCESSITÉ VITALE : TRAQUER LE CLIENT POUR VENDRE

La recherche de l'acheteur mobilisait en effet toutes les énergies, d'où l'importance d'une analyse critique des sources.

Des sources spécifiques pour une analyse des ventes

Le livre des factures, les carnets des voyages de deux commis voyageurs, Bohne (1801-1805) et Müller (1807-1808), ainsi que la correspondance commerciale offrent le moyen d'une analyse assez fine des marchés atteints par la maison Clicquot, ainsi que des techniques commerciales utilisées par elle. Le livre des factures constitue une source de premier ordre, car on y a détaillé toutes les ventes faites en les enregistrant chronologiquement et par semestre, selon le rythme saisonnier des expéditions : printemps (de février-mars à mai-juin) et automne (d'août-septembre à novembre-décembre). Ces sources ne fournissent pas le volume exact des ventes effectives, car des annulations pouvaient survenir après facturation des vins. Néanmoins, le facturier demeure une source précieuse et parfaitement adaptée à la constitution d'un fichier des clients.

Carte du deuxième voyage de Louis Bohne, octobre 1802-mai 1804, d'après son 2e carnet

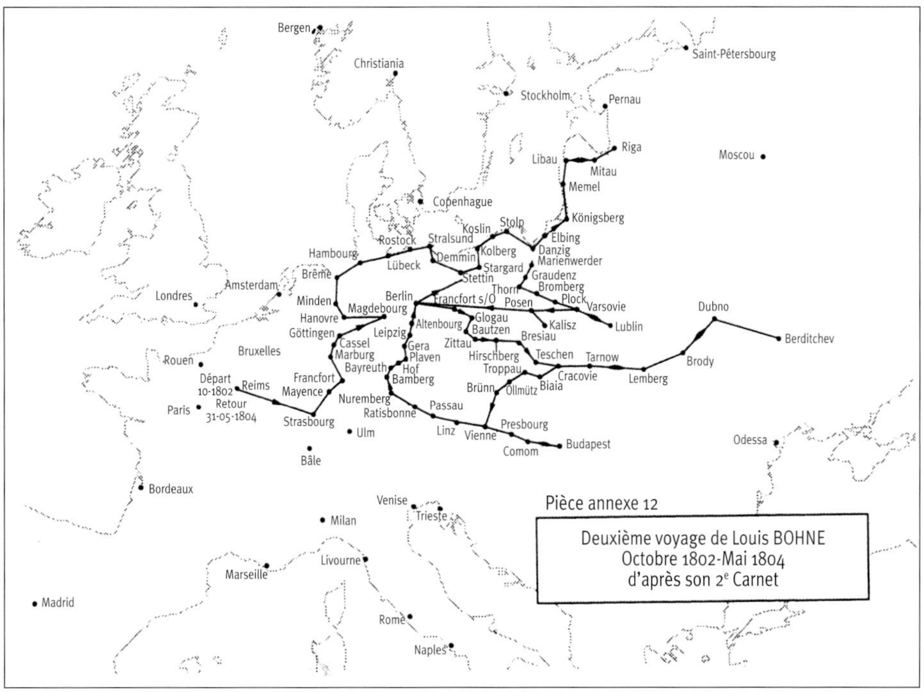

Le cahier de voyages constituait le principal instrument du voyageur de commerce. Louis Bohne en tenait trois, qui concernaient respectivement les villes, les auberges et le nom des personnes auprès de qui il était recommandé. Il est donc possible de distinguer ainsi trois catégories de clients : les négociants ; les aubergistes, traiteurs ou cafetiers ; les particuliers, avec leur titre. Bohne précise également le circuit d'acheminement des marchandises dans la ville considérée et, dans le cas de grosses affaires, les relais bancaires entre l'entreprise et ses clients. S'y ajoutent toutes sortes d'observations concernant la situation commerciale des villes, le négoce des vins et les goûts des habitants. Quant au carnet de Müller, outre qu'il confirme une consolidation des positions, il mentionne la liste des villes, les noms des dépositaires et des débiteurs récalcitrants, l'enregistrement des commandes ainsi que des conseils transmis par Bohne lui-même.

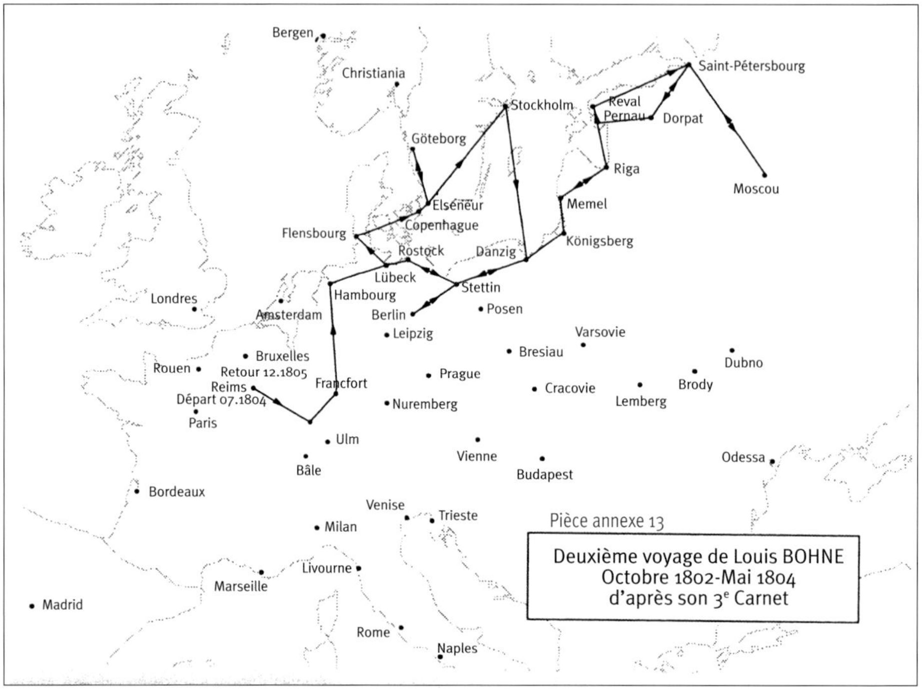

Carte du deuxième voyage de Louis Bohne, octobre 1802-mai 1804, d'après son 3e carnet

De l'analyse du livre des factures, il ressort que l'entreprise ne vendait pas uniquement des champagnes ou des bourgognes en bouteille, mais aussi des vins en pièces, vins rouges ou eaux-de-vie. Ces éléments pris en compte, deux périodes apparaissent nettement dans la progression du chiffre d'affaires de l'entreprise : de 1802 à 1807, c'est le temps de l'expansion et de la réussite, malgré un fléchissement sérieux en 1807 ; avec les expéditions de l'automne 1808, une cassure plus brutale inaugure une phase de repli jusqu'à la chute de l'Empire. La situation ne cesse d'empirer à partir de 1813, suite à la fermeture des marchés de l'Europe du Nord et de la Russie, elle-même consécutive au renforcement du Blocus.

Quels marchés ?

La première phase de croissance de l'entreprise reposa sur une dilatation considérable de son aire commerciale. Cette expansion se caractérisa toutefois par sa prudence : mesurée et progressive, elle s'opéra selon une claire continuité géographique. Cette stratégie était mue, dans une large mesure, par la nécessité de s'attacher des intermédiaires – relais bancaires et expéditionnaires – sur lesquels pouvait reposer un système articulé et sûr d'acheminement et de paiement des marchandises. Cette expansion découlait d'une situation ancienne : dès

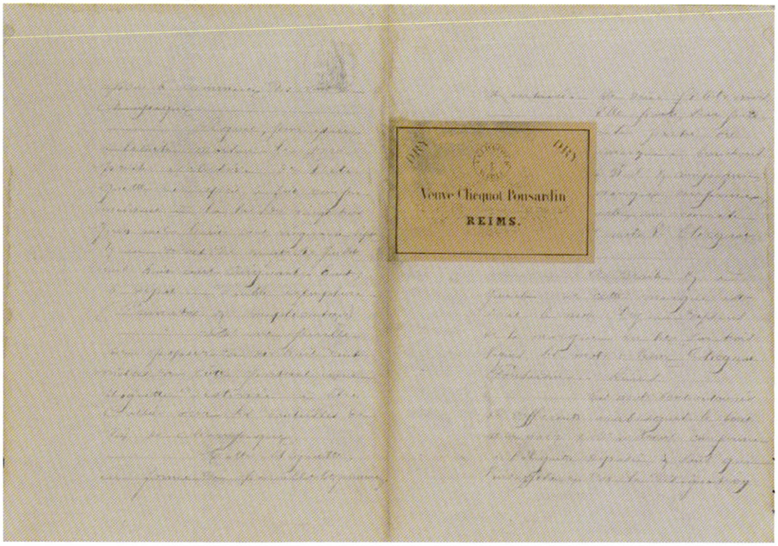

Premier dépôt de l'étiquette jaune « V. Clicquot P. Werlé », type Dry, le 12 février 1877, au greffe du tribunal de commerce de Reims (double page centrale).
© Collection Veuve Clicquot

1772, en effet, le vin mousseux n'avait plus été en mesure de trouver suffisamment d'amateurs en France. Il avait donc fallu s'intéresser à l'exportation, d'abord la Russie, dès 1780, puis l'Angleterre et les États-Unis d'Amérique. En 1790, cependant, une part importante de la production était écoulée sur le territoire national, suite notamment à la chute des marchés américain et russe. Mais, pour Clicquot, la Révolution française entraîna une forte chute du chiffre d'affaires ainsi qu'un repli de son aire commerciale sur la Champagne et ses régions limitrophes (Suisse, vallée du Rhin, Italie).

Vers 1800, le mousseux ne constituait encore qu'une faible part de la production champenoise. En outre, en dehors de Paris, qui était le marché dominant du nord et de l'est de la France, le marché allemand représentait l'essentiel des ventes, devant l'Angleterre, la Pologne et la Belgique. À cet égard, parce que faisant figure de petite et moyenne entreprise face à Moët (ventes au minimum quatre fois supérieures à Clicquot), Ruinart ou Heidsieck, et n'y consacrant qu'une petite partie de son négoce, la société Clicquot-Muiron joua d'emblée la carte du champagne mousseux et celle de l'exportation.

De 1802 à 1807, se produisit un processus d'expansion continue. Jusqu'en 1806, les négociants champenois bénéficièrent à la fois d'une situation redevenue favorable dans les échanges, avec la signature de la paix d'Amiens, en mars 1802, et des dernières années d'un vaste mouvement de développement économique bénéficiant à de nombreuses régions d'Europe du Nord et du Centre, et y soutenant la montée d'un marché de consommation. La Prusse, la Pologne et la Russie constituèrent alors les principales conquêtes de la maison Clicquot. Pour l'entreprise, la conquête de nouveaux marchés s'accompagna d'une consolidation pour certains d'entre eux (ville

Extrait du brouillard d'expéditions attestant du premier envoi de bouteilles de champagne Clicquot à Moscou en date du 15 mars 1780
© Collection Veuve Clicquot

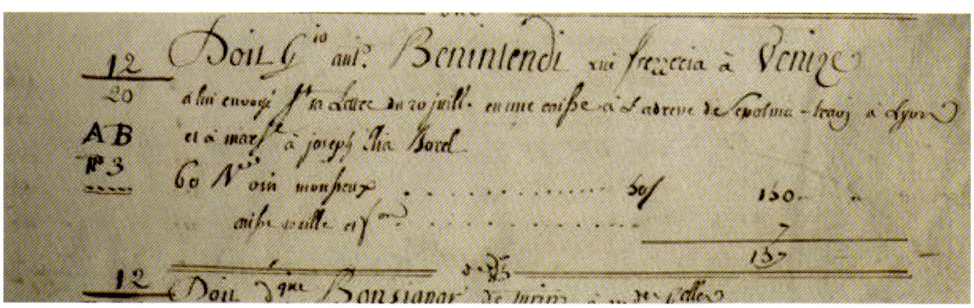

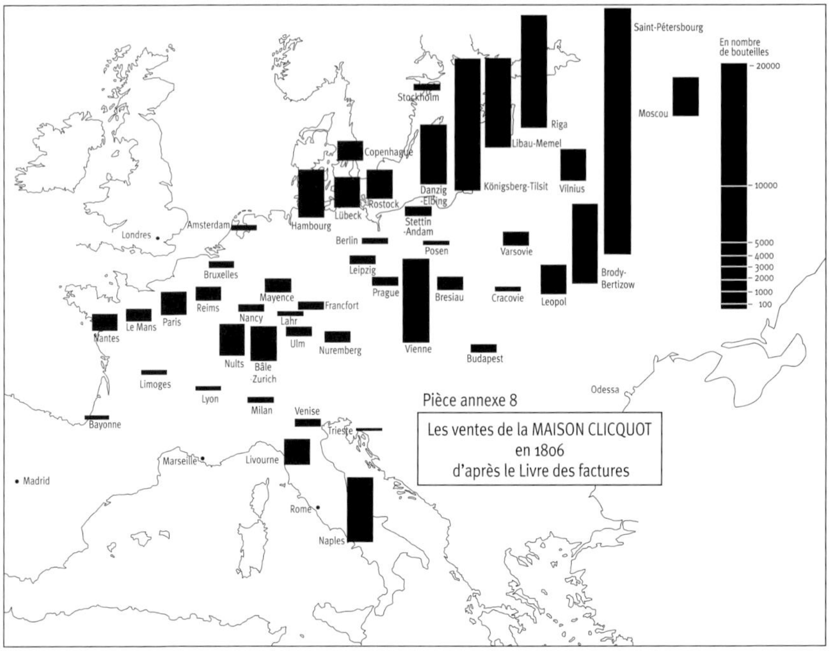

Les ventes de la Maison Clicquot en 1806 d'après le livre des factures

de la Hanse, Prusse, Silésie, Autriche, régions de Saint-Pétersbourg, Moscou et Odessa). En même temps, la zone de plus forte concentration des ventes ne cessa de se déplacer vers l'est entre 1802 et 1806.

Les années 1807-1809 virent au contraire une phase de transition et d'incertitude. Alors que les évènements politiques pesaient de plus en plus du fait de l'extension et de l'intensification de la guerre, ainsi que de la superposition du blocus continental au blocus maritime, la conjoncture internationale favorable s'inversait, dans le long terme, en Europe centrale. On renonça en fin de compte aux marchés lointains, où la demande s'effondrait et qui étaient devenus peu accessibles. Grâce à cette radicale réorientation géographique et structurelle de son activité, l'entreprise se dota des moyens de sa survie. Mais cette mise en sommeil n'aurait pas été possible sans l'atout de ses possessions viticoles et sans sa solide assise financière. De fait, prenant appui sur un réseau relativement serré de correspondances, le réseau de transport du vin de champagne étonne par son efficacité : peu de casse, de vols et de retards pour le passage des frontières, tout au moins jusqu'à l'Oder. Chez Clicquot, l'on identifie une nette volonté de conserver au commerce une échelle humaine dans un système d'échanges dont le bon fonctionnement se trouve garanti par des liens de personne et par une confiance mutuelle. On retrouve la même attitude chez Oberkampf[3] ou chez Schröder et Schyler[4] : ne pas allonger coûte que coûte la liste des clients.

3 Louis Bergeron, *Banquiers, négociants et manufacturiers parisiens du Directoire à l'Empire*, Paris, Honoré Champion, 1975 ; Serge Chassagne, *Oberkampf, un entrepreneur capitaliste au siècle des lumières*, Paris, Aubier-Montaigne, 1980.

4 Paul Butel, « La maison Schröder et Schyler de Bordeaux : fondation et premier essor », *Bulletin du Centre d'histoire des espaces atlantiques*, série n° 3, 1987, p. 3-19 ; Pierre Jeannin, « La clientèle étrangère de la Maison Schröder et Schyler de la guerre de Sept ans à la guerre d'Indépendance », *ibid.*, p. 21-85.

Comment recruter les clients ?

L'intervention du négociant déterminait en effet le recrutement et la conservation de la clientèle. À cet égard, les techniques commerciales utilisées apparaissent moins atypiques que l'on ne peut l'imaginer. En effet, les méthodes de commercialisation des vins de Champagne reposaient alors de manière quasi exclusive sur le recours aux commis voyageurs. Quand, en 1808, l'aire couverte par les ventes de la maison Clicquot atteignit sa plus grande extension et sa diversification maximale, sept voyageurs, tantôt salariés, tantôt indépendants, sillonnèrent en tous sens les routes de l'Europe entière. L'emploi des commis voyageurs n'incombait pas seulement aux négociants champenois : il se retrouvait dans toutes les grandes régions exportatrices de vins, et dans d'autres secteurs du négoce international, ceci dès la fin du XVIIIe siècle.

Cette méthode de commercialisation convenait particulièrement à un produit de luxe comme le champagne mousseux. Le rôle d'agent de renseignements rempli par le voyageur était crucial dans la reconnaissance de marchés mouvants et fragiles. La recherche de la clientèle, comme sa sélection efficace, ne pouvait s'effectuer sans son intermédiaire. Le voyageur se trouvait partagé entre la tentation d'un recrutement direct auprès des consommateurs et les exigences de sécurité dans les transactions imposées par la nature du produit, que seule pouvait apporter la vente aux intermédiaires marchands. Il s'adaptait ainsi à la configuration plus ou moins ramifiée des réseaux de distribution selon les pays prospectés. Le commis voyageur avait aussi pour tâche de régler les nombreuses difficultés soulevées par la qualité inégale du vin. L'absence de différenciation du champagne Clicquot opposait un obstacle supplémentaire à une authentique fidélisation de la clientèle. L'intervention régulière d'un représentant était donc indispensable à la conservation des positions de l'entreprise. Le commis voyageur apparaissait en définitive comme un véritable fondé de pouvoir.

UNE GESTION STRICTE, MAIS POUR QUELS RÉSULTATS ?

L'analyse comptable, malgré les limites qu'elle impose, ouvre la voie à une analyse des modes de gestion du négociant.

Les apports de l'analyse financière

La comptabilité de l'entreprise comporte deux groupes de documents : les comptes de la société Clicquot-Muiron et Fils (1798-1805), parmi lesquels seulement quatre bilans, et ceux de la société Veuve Clicquot-Ponsardin (1810-1814). La création de la première montre que, si les affaires continuaient à porter sur les étoffes comme sur les vins, la priorité était passée d'un secteur à l'autre. Le compte de liquidation de la société, ouvert en 1805 et clos en 1809, montre, par rapport à 1798 et 1801, un décuplement des sommes engagées : il y eut donc bien explosion de la croissance de l'entreprise entre 1801 et 1805.

Quant à la constitution de la société Veuve Clicquot-Ponsardin, elle avait été bien préparée par le mariage de François Clicquot avec la fille aînée de Nicolas Ponsardin, le grand manufacturier rémois. Il s'agissait d'un réel succès patrimonial. En effet, les niveaux de fortune que traduisent les apports au mariage situaient les Clicquot et les Ponsardin dans la frange supérieure des négociants et fabricants rémois. La société Veuve Clicquot prévoyait quant à elle de lourdes charges d'intérêt au profit de la veuve Clicquot, d'Alexandre Fourneaux, chef d'un ancienne et importante maison de négoce en textiles et en vins (5 % par an chacun), mais aussi de Louis Bohne et de Vogt, respectivement anciens employés des deux maisons (7 %). La société se plaçait donc dans la perspective de profits élevés permettant une rémunération avantageuse du capital et l'extension ultérieure des affaires par autofinancement.

L'examen des résultats comptables de l'entreprise traduit bien le succès inégal rencontré sur la période. Il met en évidence les difficultés de gestion d'un certain nombre de postes du bilan. Les stocks occupaient une place importante. De ce point de vue, il fallait tenir compte de fortes contraintes techniques : il fallait passer, dans le processus de fabrication, par une longue phase de repos. En outre, le négoce des vins de Champagne était aussi soumis à la conjoncture et à la mode. Compte tenu de surcroît d'une lente rotation des dettes et des créances, tout cela conduisait à une immobilisation de sommes considérables. Les pertes diverses sur la marchandise et sur les factures opéraient une ponction imprévisible et souvent conséquente sur les résultats de l'entreprise. Enfin, la rentabilité des tournées de prospection demeurait subordonnée à un large courant d'affaires. Dans ces conditions, le fonctionnement, sinon la réussite de l'entreprise, nécessitait de lourds investissements initiaux. Enfin, il apparaît que la maison Veuve Clicquot, Fourneaux et Cie, de taille très inférieure à celle d'Oberkampf, fournissait un effort exceptionnel en faveur de ses commerciaux.

Un mode de gestion révélateur d'une culture négociante

La direction de l'entreprise s'organisa toujours selon un modèle bicéphale. François Clicquot partagea jusqu'en 1805 le choix des orientations stratégiques avec son principal voyageur, Louis Bohne. Le recrutement de ce dernier marqua sans doute le premier acte de pouvoir de François Clicquot. En effet, la maison Clicquot, Muiron et Fils était établie selon les règles de la société en commandite simple : la participation active du commanditaire était demeurée bien attestée jusqu'à la fin du XVIIIe siècle, à la faveur d'un choix encore indécis. Mais l'arrivée de Louis Bohne favorisa l'affirmation de François Clicquot : il est clair que le premier occupa très vite une place essentielle au sein d'une sorte de tandem avec le second.

Devenu associé en 1806, Louis Bohne intervint de manière plus déterminante encore dans la prise de décision aux côtés d'Alexandre Fourneaux. Toutefois, si Vogt ne participait qu'indirectement et à titre consultatif à la définition de la stratégie, Fourneaux apparaissait, à Reims, comme le véritable dirigeant. De son côté, Bohne orientait le travail des voyageurs et conservait la main sur le plus gros marché, la Russie. En définitive, Fourneaux et Bohne éprouvaient du mal à s'accorder sur la tactique ou même la stratégie à adopter. Sans doute est-ce la raison pour laquelle, en 1810, l'association avec Fourneaux ne fut pas renouvelée. En revanche, au sein de la nouvelle société Veuve Clicquot-Ponsardin, un partage identique se réalisa, mais cette fois entre la veuve et Louis Bohne.

Responsable des ventes, Louis Bohne incarnait la promotion du cadre commercial aux commandes d'une entreprise d'abord tournée vers une sorte de « marketing avant la lettre ». L'importante correspondance échangée entre les bureaux de Reims et les voyageurs révèle de fortes personnalités : leurs écrits associent richesse du témoignage historique et valeur littéraire. S'y éclaire la manière dont le négociant travaillait : loin de ne songer qu'à la maximisation du profit, il faisait montre d'attachement à la qualité d'un produit précieux, dont la fabrication était entourée des plus grands soins, ainsi que d'un souci de loyauté dans les affaires, où tout reposait sur la confiance mutuelle. Ces hommes n'étaient pas enfermés dans la seule pratique des affaires : Bohne lisait *Don Quichotte* et emportait toujours sa guitare ; quant à Philippe Clicquot-Muiron, très hostile aux Anglais, il avait eu toujours pour objectif premier de placer sa famille « au dessus des évènements et hasards de la fortune ».

L'étude de la maison Clicquot constitue un apport certain à la connaissance de l'histoire du vin de Champagne. Elle offre, en premier lieu, une approche stimulante des comportements de consommation, en particulier du produit lui-même et des attentes des consommateurs de l'époque. L'on débouche ainsi sur l'histoire culturelle. En effet, le champagne apparaît avant tout comme un élément de standing : l'aspect extérieur prime, d'où l'importance accordée à l'image de marque ; le contraste paraît ainsi très net entre les positionnements respectifs des champagnes Clicquot et Moët. Il existe cependant, dès cette époque, un public de connaisseurs, dont le goût évolue : la période voit en effet se développer la consommation du porto en Angleterre et du bourgogne en Europe du Nord et du Centre. L'importance accordée à la qualité s'accroît donc.

En second lieu, une monographie sur le champagne Clicquot dans ces années décisives apporte des éclairages tout à fait intéressant sur la fabrication et la mise en œuvre du produit. L'économie champenoise s'articule sur une structure socioprofessionnelle à triple étage : à la base, les propriétaires, souvent petits, mais pas tous ; à un niveau intermédiaire, les vignerons-manipulants et les marchands-possédants ; au sommet, les grands négociants. En définitive, l'ensemble constitue un système spécialisé qui fonctionne assez bien. De plus, les étapes de la fabrication du vin de Champagne apparaissent clairement, en particulier l'incidence respective des facteurs climatiques, de la culture de la vigne au sens strict, ainsi que de la fabrication du vin lui-même. Le travail conduit dans les caves est désormais mieux connu, en particulier son organisation particulière, les différentes qualifications et le rôle spécifique du chef-tonnelier. Enfin, il est clair que le produit n'est pas encore fixé dans ses caractéristiques.

En troisième lieu, et surtout, la recherche menée sur Veuve Clicquot apporte des éclairages très neufs sur l'histoire du négoce. Elle met en évidence, d'une part, l'importance de la période, marquée par la reconversion de la maison champenoise du textile vers la commerce des vins de Champagne, et, d'autre part, le flux et le reflux qui le caractérisent : expansion du chiffre d'affaires de 1801 à 1806, palier en 1807-1808, contraction de 1809 à 1813. Plus encore, l'étude démontre l'importance essentielle du commis voyageur. Qu'il soit salarié ou prestataire de service, il s'impose, dès la fin du XVIIIe siècle, comme un agent de commercialisation particulièrement efficace : à cet égard, les carnets de Louis Bohne se révèlent d'un intérêt majeur. La réussite du commis voyageur s'incarne dans sa réussite personnelle : il est associé à l'affaire, de manière progressive, au point de devenir l'associé de la veuve Clicquot et d'Alexandre Fourneaux. De fait, la force des négociants champenois vient de l'importance accordée de bonne heure à la fonction commerciale.

L'étude de l'entreprise Clicquot ne néglige pas, pour autant, les caractères spécifiques de la gestion de la firme. La comptabilité, quoique lacunaire, autorise une analyse systématique des bilans. Celle-ci met en évidence les contraintes majeures de l'activité : la lente rotation des stocks, donc des dettes et créances, ainsi que des pertes imprévisibles et souvent conséquentes, liées aux multiples aléas (climatiques, casse, altérations diverses du produit, annulations tardives de commandes). Il s'ensuit des immobilisations considérables. Dès l'association de la veuve Clicquot avec Fourneaux, la société apparaît comme une importante maison de négoce, même à l'échelle française. À partir de là, il est possible d'éclairer les rapports de pouvoir à la tête de l'entreprise. Il en découle une vision plus nuancée. En particulier, l'opposition n'apparaît pas aussi radicale qu'on l'a souvent dit entre entreprise de type ancien (familiale) et entreprise de type nouveau (dirigée par des managers salariés). S'esquisse ainsi un type spécifique d'entreprise à la française dont le rayonnement mondial apparaît aujourd'hui solidement établi, en pleine continuité avec le passé[5].

5 Fabienne Reybaud, « Veuve Clicquot, dame de Champagne », *Le Figaro*, samedi 30-dimanche 31 décembre 2006, p. 25 et 29.

176

LES GRANDES DAMES DU CHAMPAGNE

Léon Cogniet (1794-1880), *Madame Clicquot et mademoiselle de Mortemart, future duchesse d'Uzès*, huile sur toile, musée d'Orléans
© Roger-Viollet

Depuis le début de l'essor du champagne, les femmes ont joué un très grand rôle dans son industrie et commerce, et c'est toujours vrai : « Être une femme n'est pas un problème. Le monde du champagne est plutôt moins macho qu'ailleurs »,vient de souligner Anne-Charlotte Amory qui a présidé de 2005 à mi-2011 aux destinées de Piper et Charles Heidsieck[1]. Il s'agit bien d'une constante depuis « la Veuve » comme on disait, au début du XIXe siècle, pour madame Clicquot. Mais, si celle-ci reste la plus célèbre des grandes dames du champagne, tout au long de l'histoire du développement de notre grand vin mousseux, elle ne fut pas la seule, il s'en faut, et d'ailleurs aujourd'hui encore de nombreuses maisons sont dirigées par des femmes.

Grâce au succès de la maison de champagne qui porte doublement son nom. Veuve Clicquot-Ponsardin, Barbe Nicole Ponsardin, née en 1777, fille d'un important fabricant en textiles de Reims, qui avait épousé le 10 mai 1798 François Clicquot, fils de négociant en textile et aussi en vins, est mondialement connue depuis deux siècles et fait à juste titre figure de « la plus grande dame du champagne »,même si l'on a peut-être un peu exagéré son rôle direct. Devenue veuve, elle assura la direction de la famille et de la maison de commerce, passant, en 1806, un contrat d'association avec un homme qui faisait partie de son milieu familial, Alexandre Fourneaux, lui aussi homme du textile jusqu'à cette date. Chacun apportait 80 000 francs, ce qui était une belle somme. Cela ne saurait nous étonner : nombre de veuves, à la suite du décès prématuré d'un époux encore jeune – François né en 1774, meurt en octobre 1805 – en ont fait autant. Mais, écrit Michel Étienne, qui a étudié de près la mise en place de cette maison de champagne , « c'est bien Fourneaux qui apparaît, à Reims, comme la véritable instance dirigeante »[2]. Il faut lui ajouter, pour la gestion commerciale proprement dite, le rôle majeur de Louis Bohne, d'abord voyageur de commerce de cette maison, et qui fut associé à Fourneaux et à « la Veuve ». Puis Fourneaux quitta la société et elle s'associa à Louis Bohne, un autre ancien voyageur de la maison Vogt venant participer à la gestion des commerciaux. La tradition, que vient de reprendre et d'amplifier Tilar J. Mazzeo, lui donne un rôle dominant et quasi universel dans le développement de sa maison de commerce et des innovations qui y furent réalisées, notamment pour le remuage, comme le montre le sous-titre de l' ouvrage de cet auteur : « *the story of a champagne empire and the woman who ruled it* »[3]. En réalité, le livre souffre d'une personnalisation trop poussée de l'évolution et du fonctionnement de la maison de commerce, mais aussi d'un nombre considérable de passages où l'auteur se substitue à son personnage, tel une romancière, pour leur attribuer des sentiments ou des attitudes qu'aucun document ne prouve.

Dans la mesure même où Barbe Nicole n'assura pas elle-même la gestion directe et quotidienne de sa maison, ce qui aurait été difficile, on peut penser qu'elle agit essentiellement comme une actionnaire prépondérante, veillant aux intérêts de sa famille, associée aux décisions importantes, et tirant parti de la réussite de ce négoce du champagne pour mener un train de vie quasi aristocratique, mariant Clémentine, sa fille, au comte de Chevigné. Elle fut d'abord, et peut-être surtout, une gestionnaire avisée de la richesse familiale, l'utilisant remarquablement pour hisser sa famille dans l'échelle sociale rémoise et champenoise, l'un des points notables étant la construction, en 1843, du château de Boursault, où elle se retira, y décédant en 1866. Elle fut aussi, à l'évidence, un véritable chef d'entreprise, ne cessant de tenir en mains fermes celle-ci, lui assurant une belle continuité et n'hésitant pas à intervenir chaque fois que la gestion l'exigeait. Il est sans aucun doute certain qu'elle décida de mettre en œuvre les innovations qui lui étaient proposées, même s'il est douteux qu'elle en soit toujours à l'origine, comme le veut « sa légende ». Plus encore, par son entregent et son rôle social, par l'image qui fut développée et répandue de son action personnelle, elle singularisa sa maison, ce qui donna à celle-ci d'énormes possibilités publicitaires, arme essentielle

1 Voir Jean-François Chaigneau, « Anne-Charlotte Amory : La passion Heidsieck », *Le Figaro Magazine*, 2 janvier 2010, p. 89.
2 Michel Étienne, *Veuve Clicquot Ponsardin. Aux origines d'un grand vin de Champagne*, Paris, Economica, 1994, p. 204.
3 Tilar J. Mazzeo, *The Widow Clicquot : The story of a Champagne Empire and the woman who ruled it*, New York-London, Harper Perennial, 2008.

dans le négoce du champagne. Les bouteilles « Veuve Clicquot » étaient ainsi connues comme provenant d'une maison dirigée par une personnalité exceptionnelle – qui plus est féminine –, attachée à la plus grande qualité et faisant également partie de l'élite sociale.

L'histoire de Louise Pommery se rapproche étonnamment de celle de Barbe Nicole Clicquot. Elle la reproduit avec un demi-siècle de décalage. Elle non plus n'était pas née dans une maison de champagne ; elle fut veuve un peu plus tard, à 39 ans, mais elle prit aussi en mains l'entreprise et, comme « la Veuve », elle la hissa au plus haut niveau possible. Née en 1819, dans une famille de propriétaires terriens des Ardennes, Louise Melin perdit donc, en février 1858, son mari, Louis Alexandre Pommery, lequel s'était associé, peu de temps auparavant, avec Nicolas Greno pour fonder une maison de champagne. Dès 1860, Louise Pommery fit preuve d'initiative et d'esprit d'entreprise en ouvrant « boutique à Paris, sur le boulevard des Italiens, entre le fameux tailleur de l'empereur, Richard, et le bijoutier Henry ». Elle créa l'image de marque de son champagne en « lançant à la fois le marketing direct et les relations publiques au domaine ». Surtout, comme elle connaissait bien la Grande-Bretagne, elle s'attacha à y créer un marché pour sa maison de commerce en y proposant « des vins moins chargés en sucre, moins chargés en alcool, mieux adaptés au goût anglais en train d'évoluer »[4] ; elle n'hésita pas à faire elle-même plusieurs voyages en Angleterre et en Écosse à cet effet, notamment en 1864-1865. Avec pour résultat la mise au point de la célèbre cuvée *Pommery Nature Brut 1875*. Elle réussit un énorme « coup publicitaire et médiatique » en achetant aux enchères *Les Glaneuses* de Millet. Puis, elle passe contrat auprès des vignerons pour faire des vins de grande qualité et, toujours avec l'aide d'Henry Vasnier, qui la seconde remarquablement, elle achète les 75 hectares des « Crayères », galeries creusées dans une colline au sud de Reims pour en extraire la craie, qu'elle transforme à partir de 1868 en caves. C'est à cet endroit aussi qu'elle fait bâtir son château des Crayères : ces travaux durent jusqu'en 1878. Trois années plus tôt, elle a marié sa fille Jeanne-Alexandrine Louise au comte de Polignac. Ici encore la similitude avec « la Veuve » est étonnante puisque la fille de Louise Pommery épouse en 1875 le marquis Guy de Polignac[5] !

Pour être moins important, le rôle joué par les femmes de la maison Deutz mérite néanmoins d'être lui aussi mis en valeur. C'est la fille d'un des fondateurs, Marie Deutz (1847-1933), qui tint une place essentielle. À la suite du décès de son frère René en 1897, du départ à la retraite de son mari Alfred Geldermann en 1897, et surtout de la disparition prématurée de son fils Pierre Geldermann en 1904, elle devint la tête de la maison de commerce qu'elle sauva par son entregent et ses capitaux, aidée puissamment par sa nièce Hélène Deutz (1873-1952), épouse de René Lallier, directeur à partir de 1906, mais sous lequel la maison connut à nouveau de grandes difficultés, que Marie et Hélène Deutz permirent de résoudre, avant de passer les rênes, en 1938, à Jean Lallier, fils d'Hélène[6].

Comment oublier Élisabeth Law de Lauriston-Boubers (1899-1977), qui épouse en 1923 Jacques Bollinger ? À la mort de son mari en 1941, en pleine Occupation, elle prend les rênes de la maison Bollinger, parcourant les vignes à bicyclette, surveillant le travail dans les caves et assurant la réouverture des marchés américain et britannique dès la Libération, promouvant un essor remarquable de sa maison de commerce qui dépasse grâce à elle le million de bouteilles, pour se situer aujourd'hui au-delà de 2 millions[7]. Elle est remarquable par son souci des pratiques anciennes : « ce sont les méthodes traditionnelles qui comptent, même si elles paraissent démodées ; la qualité de mes vins le prouve »[8]. Son rôle est considérable pour la production : « avec un nez et un palais très sûrs, elle préside à toutes les dégustations et à la constitution de la cuvée de l'année, résultat des meilleurs assemblages »[9]. Comme autrefois Louise Pommery, elle se rend fréquemment en Grande-Bretagne et relance elle-même les ventes de sa maison aux États-Unis en y allant dès le lendemain de la Libération. On garde le souvenir de la *standing ovation* qu'elle reçut de la part des 1 100 membres de la *Wine and Spirit Benevolent Society*[10].

Aujourd'hui, nombreuses sont les femmes qui président aux destinées d'une maison de champagne ou y jouent un rôle de premier plan.

Jean-Pierre Poussou

4 *Id.*
5 *Ibid.*, p. 739-745.
6 *Ibid.*, p. 594-595.
7 Juliette Boisriveaud, « Ces Messieurs du Champagne », dans *Le Vin de Champagne*, Paris, Montalba, 1977, p. 132-133.
8 Bruno Boidron et Éric Glatre (dir.), *La Champagne et ses vins*, Bordeaux, Féret, 2006, p. 561.
9 *Ibid.*
10 *Ibid.*, p. 561-562.

MADAME POMMERY

Vue des établissements de la Veuve Pommery réalisés par l'architecte Alphonse Gosset en 1882, à Reims, Paris, Bibliothèque des arts décoratifs © DeAgostini/Leemage

Le 1er juillet 1856, Alexandre Pommery, commerçant en laine rémois, s'associe à Narcisse Greno, propriétaire de la maison de commerce de champagne Greno & Wibert. Deux ans plus tard, Alexandre Pommery meurt subitement. Âgée de 39 ans, sa veuve prend la direction de la maison, aidée par Narcisse Greno. L'entreprise adopte la raison sociale « Pommery & Greno ». En 1862, Narcisse Greno se retire. Louise Pommery est alors secondée par Henry Vasnier (1832-1907), collaborateur de son mari depuis 1856.

Dès la décennie 1860, la maison Veuve Pommery Fils & Cie entame une expansion rapide, étroitement liée à l'essor du marché anglais et à ses prolongements directs représentés par l'ouverture vers les Colonies et l'Amérique du Nord (États-Unis et Canada). Le choix « visionnaire » mais tout à fait judicieux d'orienter les assemblages vers des vins moins riches en sucre, moins chargés en alcool, mieux adaptés au goût anglais évoluant vers une consommation de champagne tout au long du repas, est à l'origine de cet essor.

À l'étroit dans ses locaux situés au cœur du quartier résidentiel de Reims, Louise Pommery installe, en 1868, celliers et caves au sommet de la butte Saint Nicaise, percée de grands puits d'où les Rémois avaient extrait la craie nécessaire à l'aménagement de la ville.

Aux constructions variées dans leur volume et leur traitement architectural (style Néo-Tudor, réminiscence gothique et aspect industriel) s'adjoint une politique paysagiste et urbaniste car les bâtiments se déploient dans d'élégants jardins. En face, le château des Crayères, édifice néo-Louis XVI et son beau parc en contrebas, est construit en 1904 pour que la fille de Madame Pommery, Jeanne-Alexandrine Louise, mariée depuis 1875 au marquis Guy de Polignac, puisse y recevoir ses hôtes de marque.

Claire Desbois-Thibault

Étiquette de la Cuvée Louise : aujourd'hui, le souvenir de Madame Pommery se perpétue grâce à la cuvée spéciale qui porte son prénom © Pommery

ÉLISABETH BOLLINGER

Madame Bollinger (1899-1977) © Bollinger

Le 10 novembre 1923, Jacques Bollinger (1884-1941), petit-fils de Joseph Bollinger, fondateur de la maison éponyme, épouse Élisabeth Law de Lauriston-Boubers. D'origine écossaise, elle est l'arrière-petite-fille de William, frère du financier Law.

Veuve à 42 ans, au début de la seconde guerre mondiale, madame Bollinger, appelée respectueusement Madame Jacques par son personnel, et « Tante Lily » par sa famille, reprend l'affaire familiale et, à la sortie de la guerre, entreprend de nombreux voyages à l'étranger pour visiter les principaux marchés. Comme ses prédécesseurs, Madame Bollinger s'intéresse de près à ses vignes qu'elle parcourt régulièrement à bicyclette. Intransigeante sur la qualité de ses vins, elle lance la cuvée *RD* – récemment dégorgée, dont le premier millésime date de 1952.

Interrogée par le *London Daily Mail* afin de savoir quand elle consommait son champagne, elle eut cette réponse devenue célèbre :

« Je le bois lorsque je suis joyeuse et lorsque je suis triste. Parfois, je le prends quand je suis seule. Je le considère obligatoire lorsque j'ai de la compagnie. Je joue avec quand je n'ai pas d'appétit, et j'en bois lorsque j'ai faim. Sinon je n'y touche jamais, à moins que je n'aie soif ».

Claire Desbois-Thibault

LES MAISONS HEIDSIECK : UNE HISTOIRE IMPOSSIBLE ?[1]

Nicolas Vergne
Université de Bielefeld

Fort rares malheureusement sont ceux qui, ayant écrit des articles traitant des Heidsieck et des maisons de négoce fondées par ces derniers – objets de notre étude –, donnent à voir le spectacle de leur recherche. Bien souvent ces « historiens », à vrai dire généalogistes, ne citent ni sources ni ouvrages ou articles. Ceci est fort dommageable pour la recherche historique qui tente actuellement de faire entrer l'histoire du champagne et des hommes qui y sont liés dans le domaine de la scientificité. Comme l'a écrit Georges Clause[2], dans un travail appronfondi, c'est-à-dire impartial et sérieux sur cette présence allemande « de nombreux noms à consonance germanique figurent dans les raisons sociales de nombreuses et prestigieuses maisons de vin de Champagne. Reims, mais aussi Épernay ou Avize, ont reçu au XIXe siècle une immigration importante venue des pays rhénans ou de l'Allemagne du Sud ». Mais, ajoute-t-il, « on ne peut oublier » le « caractère publicitaire »[3] de diverses publications sur le sujet. Le but principal de cet article est de faire un état des lieux des sources et archives disponibles – ou susceptibles de l'être – et de ce qui a été écrit sur les Heidsieck – aussi bien par des Allemands que par des Français. Nous essaierons aussi de montrer dans quelles directions pourrait s'orienter la recherche historique. En ce sens, cet article est écrit pour servir de base à des recherches ultérieures.

1 Sources : Fonds Heidsieck aux archives municipales de Bielefeld (*Stadtarchiv Bielefeld*) ; Archives départementales de la Marne, centre principal de Châlons, dossiers de naturalisation (cote 126 M) ; Archives municipales de Reims, Fonds révolutionnaire, Carton 836.

2 Georges Clause, « Les Allemands et le champagne au XIXe siècle : hommes et techniques », dans *La Champagne, terre d'accueil de l'Antiquité à nos jours*, Nancy, Presses universitaires de Nancy, 1994, p. 139-155, *loc. cit.*, p. 139.

3 *Ibid.*, p. 139.

Il est nécessaire de donner dès maintenant au lecteur quelques éléments qui lui permettront de mieux comprendre l'évolution de la « dynastie » Heidsieck en Champagne. Les généalogies et le tableau placé en annexe, qui reproduisent l'évolution de la structure de la société initiale « Heidsieck & Cie », ainsi que de l'une des trois sociétés pouvant se prétendre héritières de celle-ci, à savoir « Piper-Heidsieck », ont été faits dans ce but. Il faut savoir que Florens-Ludwig [Florens-Louis[4]] Heidsieck, né à Borgholzhausen, c'est-à-dire dans les environs de Bielefeld (Westphalie orientale – comté de Lippe), fils de pasteur, fut le fondateur de la société « Heidsieck & Cie ». Son fils unique, né de son union avec une rémoise du nom d'Agathe Perthois, étant mort très jeune, il fit venir d'Allemagne plusieurs de ses neveux, dont certains devinrent ses associés. À la mort de Florens-Louis en 1828, ceux-ci poursuivirent le négoce du champagne jusqu'à l'expiration de l'association, le 30 juin 1834. De nouvelles associations naquirent qui donnèrent naissance aux trois sociétés, devenues par la suite trois marques, connues aujourd'hui sous les noms de « Charles Heidsieck », « Heidsieck & Co Monopole » et « Piper-Heidsieck », citées ici par ordre alphabétique. On va voir dans ce qui suit de quelles sources nous disposons lorsque nous voulons écrire l'histoire de ces sociétés et des hommes qui les ont créées.

Étiquette publicitaire du champagne Piper-Heidsieck, à Reims, 1929 © Roger-Viollet

Anciens bureaux de la maison Charles Heidsieck, place royale de Reims.
Gravure extraite du *Frank Leslie's illustrated Newspaper*, 28 janvier 1860.
Propriété de la famille Henriot jusqu'à la première guerre mondiale, l'immeuble fut ensuite cédé à l'État ; le bâtiment abrite désormais la sous-préfecture de Reims.

LE PROBLÈME DES SOURCES

Les sources sont bien évidemment difficiles à dissocier des articles ou des livres écrits grâce à elles sur les Heidsieck. En ce sens, il est un peu artificiel de les traiter séparément.

Si les archives municipales (*Stadtarchiv*) de Bielefeld disposent d'un Fonds (*Nachlass*) Heidsieck, ce n'est pas le cas des Archives départementales de la Marne, pour la simple et bonne raison qu'aucun versement n'y a, apparemment, été fait. Seuls les dossiers de naturalisation qui y sont conservés, nous donnent quelques – trop rares – indications. D'où la nécessité d'approcher les sociétés

4 Florens reste (on attendrait Florent) et Ludwig se francise en Louis. La naturalisation n'a peut-être pas modifié son premier prénom.

portant le nom « Heidsieck » dans l'espoir de trouver des documents susceptibles d'être utiles à une approche historique de type économique, nécessaire si l'on souhaite aller au-delà des approches généalogiques qui forment la quasi-totalité des ouvrages et autres articles consacrés aux Heidsieck mentionnés dans notre bibliographie.

Quelles en sont d'ailleurs les sources concrètes ? On en possède très peu relatives à Florens-Louis Heidsieck. Hormis quelques lettres postérieures à 1798 conservées au *Stadtarchiv* de Bielefeld qui, malheureusement, ne nous apprennent rien sur la société fondée par celui-ci, il ne reste sur sa jeunesse que quelques phrases écrites par ses parents dans une sorte de livret de famille (« *Verzeichnis derer Geburtstage [...] derer uns [...] von Gott geschenkten lieben Kinder* »[5] ; Ossenbühl[6] parle de « *Nachrichten Verzeichnis* »). Son père écrivit :

> *Anno 1749, den 23. Nov., des Abends um ¼ auf 7 Uhr, ist unser vierten Sohn, Florens-Ludwig, glücklich geboren und den 28. ejusd. von dem Herrn Pastor Pauli getaufet. Der Höchste wolle denselben zu einer schön florierenden Blume in Seinem Garten annehmen! Amen*[7]*!*

Quelques années plus tard sa mère ajouta :

> *1764 um Michaeli ist er nach Lübeck gereiset, wo er acht Jahre weniger elf Wochen gewesen. Hernach ist er 1773, den 25. Okt., nach Berlin gereiset. Gott sei doch mit ihm und gebe ihm Seinen Segen*[8].

Voilà ce que nous avons de concret sur la vie de Florens-Louis Heidsieck avant son arrivée à Reims, son mariage et la création de son entreprise. Si le Fonds Heidsieck à Bielefeld est relativement volumineux, il est en revanche très disparate. S'y trouvent une grande masse de lettres et de documents relatifs

5 Alfred Heidsieck, « Florens-Ludwig Heidsieck 1749 – 23. November – 1949 », *Jahresbericht des Historischen Vereins für die Grafschaft Ravensberg*, 5, 1948-1949, p. 72.

6 Hans Georg Ossenbühl, « Heimatwiege und Champagner, Der Ravensberger Heidsieck gründete ein Sekthaus in Reims », *Der Küpenkerl*, janvier 1964.

7 Traduction : « Le 23 novembre de l'année 1749, à 7 heures et quart du soir est né sans difficultés notre quatrième fils Florens-Ludwig, baptisé le 28 du même mois par Monsieur le Pasteur Pauli. Veuille le Tout Puissant l'accueillir comme une belle fleur éclatante dans Son jardin ! Amen ! ».

8 Alfred Heidsieck, « Florens-Ludwig Heidsieck 1749 – 23. November – 1949 », art. cit., p. 72. Traduction : « En 1764, à la saint Michel, il est parti à Lübeck où il est resté huit ans moins onze semaines. Par la suite il est parti pour Berlin le 25 octobre 1773. Dieu soit avec lui et lui donne Sa bénédiction ».

à la généalogie et aux recherches généalogiques sur cette famille, ainsi que des chroniques familiales, des photos, des articles de journaux, le tout s'étalant sans grande continuité – classement par type de documents ou par origine – sur une période de 160 ans environ. Manque surtout un inventaire précis de ce qui s'y trouve, ce qui ne facilite pas la tâche de l'historien. Tous ceux qui ont écrit sur les Heidsieck ont été amenés à faire des hypothèses, ou à s'en remettre à la tradition familiale, orale ou non[9]. Parfois, ce sont aussi des personnes ayant travaillé dans l'une de ces sociétés qui confirment ou non ces hypothèses ou cette tradition familiale. En l'occurrence, on peut citer l'exemple de Fritz Brinck, repris par Helmut Arntz[10], qui confirme ce scénario de la représentation par Florens-Louis Heidsieck de son employeur berlinois lors d'un procès à Reims[11]. H. Arntz présente Fritz Brinck comme ayant été membre de la maison Heidsieck jusqu'en 1914. On déplore ici l'absence d'une note de bas de page. C'est d'ailleurs le reproche qu'on peut malheureusement faire à l'ensemble de ceux qui ont écrit sur les Heidsieck : ne donnant pas, sauf rare exception, leurs sources, ils n'aident pas beaucoup l'historien ; on y reviendra un peu plus loin. Il faut écarter l'hypothèse que Fritz Brinck ait travaillé au sein de la société fondée par Florens-Louis Heidsieck. Reste à savoir dans laquelle des trois Maisons Heidsieck, et avec quel statut, il l'a fait. Pour répondre à ce genre de questions il serait fort utile d'avoir sous les yeux les archives de ces sociétés, notamment celles de Piper-Heidsieck. On peut être en revanche un peu moins optimiste

9 Par exemple chez H. Ossenbühl, « Heimatwiege und Champagner, Der Ravensberger Heidsieck gründete ein Sekthaus in Reims », art. cit. : « *Es ist anzunehmen, daß Florens in Lübeck [...] in eine Weinhandlung eintrat. Über sein späteres Schicksal besagt eine unverbürgte, aber glaubhafte Überlieferung, dass er von seinem Berliner Geschäftsherrn zur Durchführung eines Rechtsstreites nach Reims entsandt worden sei* ». – Gisbert Strotdrees, « Heidsieck: Champagnerkönig aus Borgholzhausen », dans *Fremde in Westfalen, Westfalen in der Fremde, Zur Geschichte der Ein- und Auswanderung von 1200 bis 1950*, Münster-Hiltrup, Landwirtschaftsverlag GmbH, 1996, se fait plus précis, p. 158 : « *Nach der Familienüberlieferung soll [er] seinen Berliner Arbeitgeber in einem Prozeß vertreten haben...* ».

10 On s'excuse ici auprès du lecteur de ne pouvoir citer d'extraits du livre très intéressant d'Helmut Arntz, *Von Sektmarken, Champagnefamilien und der Trinkkultur*, Wiesbaden, Gesellschaft für Geschichte des Weines, 1995, protégé juridiquement contre toute reproduction, même partielle, si l'on ne dispose pas de l'accord écrit de la Gesellschaft für Geschichte des Weines (Société pour l'Histoire du vin) qui dispose d'un site internet (en allemand) où l'on trouve une bonne orientation bibliographique www.geschichte-des-weines.de. Je remercie d'ailleurs au passage Neithard Bulst, professeur d'histoire médiévale et moderne à l'Université de Bielefeld pour m'avoir procuré un exemplaire de ce livre. Je me contenterai donc ici de donner les numéros des pages auxquelles je me réfère.

11 Voir H. Arntz, *Von Sektmarken, Champagnefamilien und der Trinkkultur*, *op. cit.*, p. 44.

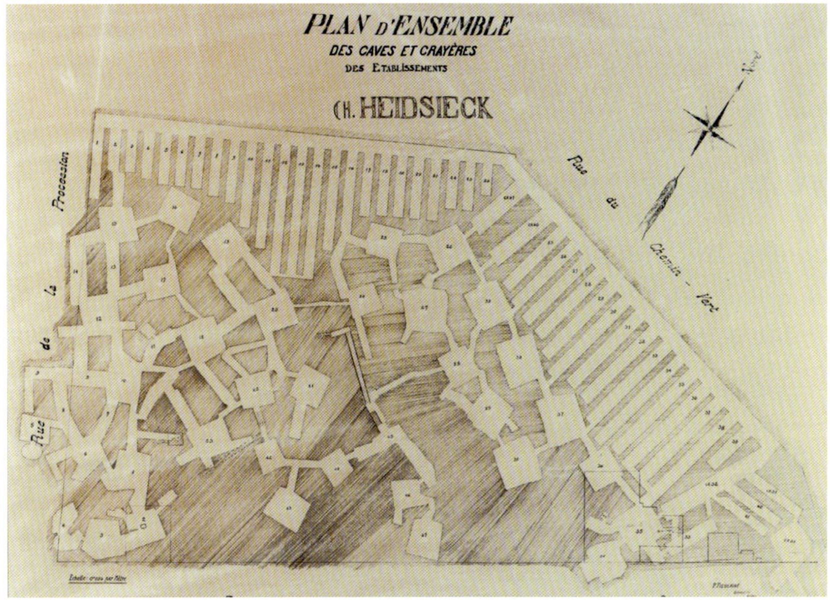

Les caves de la maison Charles Heidsieck. Acquises en 1867 par Charles Heidsieck, puis agrandies par son fils aîné en 1920, les caves datent de l'époque gallo-romaine. Elles s'étendent en sous-sol sur 43 000 m², à la température constante de 9,2 °C (été comme hiver), et sont utilisées pour le vieillissement du champagne
© Charles Heidseick

en ce qui concerne celles de la société « Heidsieck & Cie » fondée par Florens-Louis Heidsieck[12].

Certaines archives conservées par les descendants, et qui auraient pu nous être utiles, ont été détruites lors de la première guerre mondiale[13]. Certains clients de la Maison « Heidsieck & Cie », notamment le roi de Prusse[14] ou la famille royale d'Angleterre[15], sont susceptibles de nous donner des chiffres concernant

12 Par exemple G. Strotdrees, « Heidsieck: Champagnerkönig aus Borgholzhausen », art. cit., p. 160 : « *Rechnungsbücher, die vom Aufblühen und vom Umfang des Heidsieckschen Handels berichten könnten, sind leider nicht erhalten* ».

13 Voir Marcel et Patrick Heidsieck, *Histoire des Heidsieck, origines et descendances, d'après des documents de famille*, Reims, Matot-Braine, 1965, p. 114 : « La correspondance relatant ce voyage [voyage de Charles Henri Heidsieck en Russie en 1811, effectué pour le compte de l'entreprise de son oncle Florens-Louis] se trouvait au cours de la guerre de 1914 entre les mains d'une de ses petites-filles, Madame Édouard Changeux, au château de Savigny, dans la Marne. Ce château fut occupé et brûlé par les Allemands sans que cette correspondance et d'autres papiers de famille aient été sauvés, ce qui nous prive probablement de détails intéressants sur cette lointaine randonnée en territoire russe ».

14 H. Arntz, *Von Sektmarken, Champagnefamilien und der Trinkkultur*, *op. cit.*, p. 46 ; H. Ossenbühl, « Heimatwiege und Champagner, Der Ravensberger Heidsieck gründete ein Sekthaus in Reims », art. cit. : « *Im Jahre 1817 wurde Florens Heidsieck königlich preußischer Hoflieferant* » ; G. Strotdrees, « Heidsieck: Champagnerkönig aus Borgholzhausen », art. cit., p. 160, donne 1818 comme date.

15 G. Strotdrees, « Heidsieck: Champagnerkönig aus Borgholzhausen », art. cit., p. 160 : « *Ab 1810 beliefert sein Haus die britiche Königsfamilie* ».

les réceptions de bouteilles, mais l'absence d'information sur le nombre total de bouteilles exportées rendrait ces recherches peu utiles. Il ne faut guère compter non plus sur les archives de la société « Charles Heidsieck », fondée en 1851, comme l'ont écrit Éric Glatre et Jacqueline Roubinet[16]. La source principale de leur livre est la correspondance échangée entre Charles Heidsieck et sa famille, principalement lors des quatre voyages qu'il fit en Amérique. Si leur objectif avait peut-être pu être, dans un premier temps, d'écrire une histoire de la société « Charles Heidsieck », il a été remplacé finalement par un récit de ses voyages[17], même si ceux-ci ont été motivés par des raisons économiques. Reste la société « Heidsieck & Cie Monopole ». On inciterait celui ou celle qui veut tenter d'écrire une histoire économique à frapper à cette porte : comme on l'a dit, il ne faut pas désespérer des bonnes surprises toujours possibles. Même si les destructions causées par la première guerre mondiale ne doivent pas être sous-estimées, on peut penser que tout n'a pas dû brûler.

Mais les archives de ces sociétés ne sont pas tout. Elles peuvent bien sûr apporter beaucoup, d'autant plus qu'elles ont été, jusqu'à maintenant, peu ou pas exploitées, leur accès restant limité. Il existe d'autres sources, plus facilement accessibles, tels les dossiers de naturalisation utilisés notamment par Georges Clause dans son article sur « Les Allemands et le champagne »[18]. Ces documents administratifs renseignent malheureusement peu sur les motivations précises des demandeurs de la nationalité française, mais ont l'avantage d'être des sources

16 Éric Glatre et Jacqueline Roubinet, *Charles Heidsieck. Un pionnier et un homme d'honneur*, Paris, Stock, 1995, p. 7 : « Tout le monde a en mémoire la sanglante bataille de la Marne [en 1914]. La ville de Reims, dans un enfer d'acier, fut ravagée et détruite : la cathédrale et des quartiers entiers furent réduits à l'état de ruines, les hôtels particuliers des grands bourgeois et les maisons de champagne se trouvèrent pour la plupart dévastés par les obus et les incendies. C'est ainsi qu'il ne reste que très peu d'archives de la maison Charles Heidsieck, et qu'il n'y a plus de trace de l'hôtel particulier où habitait la famille. Seule subsiste une masse impressionnante de lettres écrites par Charles et les siens, heureusement et pieusement conservées par ses descendants ». Et aussi M. et P. Heidsieck, *Histoire des Heidsieck, origines et descendances*, *op. cit.*, p. 123 : « Nous ne possédons malheureusement plus de documents sur la vie familiale de Charles Henri Heidsieck, par suite des destructions de la première guerre mondiale ».

17 *Ibid.*, p. 7 : « Nous avons donc délibérément laissé parler ces lettres, les citant abondamment au fil des aventures vécues, comme le plus sûr témoignage de la vie riche, courageuse, mouvementée de Charles Heidsieck [...] témoin impartial et critique qui savait voir et transcrire pour les siens l'éveil de la grande Amérique et les convulsions qui la secouèrent durant la guerre de Sécession ».

18 G. Clause, « Les Allemands et le champagne au XIXe siècle : hommes et techniques », art. cit.

POLICE GÉNÉRALE.

Passe-Port à l'Étranger, valable pour un an.

DÉPARTEMENT

Registre B

N° 42

SIGNALEMENT.

Agé de

taille d'un mètre

centimètres

cheveux

front

sourcils

yeux

nez

bouche

barbe

menton

visage

teint

SIGNES PARTICULIERS :

Signature du Porteur :

Prix du Passe-port : DIX FRANCS.

(P. É.)

EMPIRE FRANÇAIS.

Passe-port à l'Etranger,

valable pour un an.

AU NOM DE L'EMPEREUR,

Nous

requérons les Autorités civiles et militaires de l'Empire Français, et prions les Autorités civiles et militaires des États amis ou alliés de la France de laisser passer librement M. Heidsieck

natif de

demeurant à

allant aux

et de lui donner aide et protection en cas de besoin.

Le présent Passe-port est valable pendant pour sortir de France.

Fait à , le 1861

Le Secrétaire général,

Passeport autorisant Charles Heidsieck à circuler librement dans les États amis ou alliés de la France
© Charles Heidseick

écrites, donc ne faisant pas appel à la tradition orale ou à la mémoire, et surtout « neutres », donc fiables.

L'étude des points de contact des Heidsieck – entre autres – avec l'appareil administratif peut donc se révéler utile. On a aussi parfois la chance de trouver quelques pièces isolées, la plupart du temps inconnues, du moins non citées, comme la lettre de Florens-Louis Heidsieck adressée aux « Citoyens composant le Comité de surveillance », datée du 26 septembre 1793 et transcrite en annexe[19]. On y apprend en quelques lignes bien plus que dans plusieurs articles traitant de la vie de son auteur. Nous l'avions vu partir à Berlin le 25 octobre 1773. Cinq ans plus tard, il travaille à Reims ; il écrit, en 1793, y vivre « depuis environ 15 ans » de son travail, soit depuis 1778 environ. De plus, il déclare être fonctionnaire public (« *suplique* » dans l'original) depuis 1791, sans plus de précision, hélas ! Mais ce qui ressort du texte est son affirmation véhémente d'être français, de ne plus devoir être regardé comme étranger, ainsi que le lui permet la législation[20] :

> Je ne puis donc pas consentir à etre regardé comme Etranger, la Constitution dit que je suis français je reclame pour moi le bien fait qu'elle m'accorde & vous etes trop justes Citoyens pour me contester cet honneur.

Sincère et véritable profession de foi nationale, ou simple manœuvre destinée à éviter d'être placé sur la liste des étrangers à surveiller ? Toujours est-il qu'il semble ne pas avoir été inquiété par la suite, ses neveux non plus : on

19 Lettre tirée du Carton 836 du Fonds révolutionnaire des Archives municipales et communautaires de Reims.

20 Voir G. Clause, « Les Allemands et le champagne au XIXe siècle : hommes et techniques », art. cit., p. 140. La loi du 30 août 1790 lui permettait d'ailleurs dès cette date d'obtenir la « naturalité française ».

ne trouve en effet aucune liasse, que ce soit sur les Heidsieck, les Delius ou les Walbaum, dans les dossiers alphabétiques intitulés « Surveillance des étrangers », recouvrant la période allant de l'an VIII à 1850, déposés aux Archives départementales de la Marne[21]. Ces noms n'apparaissent pas non plus dans l'« État des étrangers autorisés à résider à Reims et soumis à la surveillance (1811-1819) »[22].

Étiquette de la cuvée « Grand vin de la Couronne » de Charles Heidsieck, déposée le 4 mars 1859 © Charles Heidseick

Il faut tout de même admettre que l'état des sources n'est guère réjouissant. Nous allons voir que cet état n'est pas fait pour donner aux écrits sur les Heidsieck la qualité qu'on aurait pu espérer. On peut reprendre ici la critique formulée par Michel Étienne dans son ouvrage sur Veuve Clicquot Ponsardin : « Force est de constater qu'aujourd'hui encore quelques dates, quelques anecdotes et une généalogie des familles de négociants (plus précisément établie quant à elle) suffisent souvent à nourrir une culture d'entreprise. Et bien des ouvrages ne sont que les relais superficiels et répétitifs d'une mémoire collective reconstruite et mal assurée »[23].

L'ÉTAT DE LA « RECHERCHE »

Le but des paragraphes qui vont suivre est de faire la critique de ce qui a déjà été écrit sur les Heidsieck – la famille et ses différentes branches mais aussi les diverses maisons de champagne qui portent ce nom. J'ai placé « recherche » entre guillemets car c'est peut-être un bien grand mot. En effet, le défaut récurrent commun à l'ensemble de ces écrits est l'absence de bibliographie, ce qui a le fâcheux inconvénient de ne pas permettre au lecteur de savoir d'où l'auteur

21 AD Marne, Châlons, cote 54 M 2 à 5.
22 AD Marne, Cote 54 M 6.
23 Michel Étienne, *Veuve Clicquot Ponsardin. Aux origines d'un grand vin de Champagne*, Paris, Economica, 1994, p. 1.

tire ses informations. On peut toujours s'amuser à rechercher, en fonction des anecdotes évoquées ou des faits donnés comme certains, quels sont les articles ou les livres dont tel auteur s'est inspiré et ceux qu'il a apparemment ignorés. En cela les dates de publication sont utiles. Mais ce genre de traçage n'apporte malheureusement pas grand-chose à une meilleure connaissance du sujet abordé. Par contre, il permet de relativiser certains dires qui, parce que copiés et recopiés, paraissent ou paraissaient fondés, en montrant que, finalement, un seul les a écrits et que beaucoup les ont recopiés sans aller chercher plus loin[24]. En l'absence de toute indication bibliographique, on ne peut bien sûr pas prouver que tel est le cas[25]. Certains, tels H. Arntz ou G. Strotdrees, donnent quelques éléments qui se rapportent cependant uniquement à des articles[26], n'apportant rien de nouveau à la connaissance. Du moins ont-ils l'honnêteté et la présence d'esprit de dire d'où proviennent leurs informations.

Passons maintenant à une critique plus précise de chaque article. Pour le lecteur pressé – et comprenant l'allemand – on ne peut que conseiller la lecture du livre d'H. Arntz qui, même si l'on vient de dire qu'il n'apportait rien de fondamentalement nouveau, est le meilleur résumé qu'on puisse lire. D'une part, parce qu'il discute certains points litigieux – on les évoquera dans la

24 Il faut ici avoir en tête ce que dit à juste titre Arthur Schopenhauer dans *L'Art d'avoir toujours raison. La dialectique éristique* (titre original : *Eristische Dialektik*), trad. de l'allemand par D. Miermont, Paris, Mille et une nuits, 2000, p. 51 *sq.* : « Ce que l'on appelle l'opinion commune est, à y bien regarder, l'opinion de deux ou trois personnes [...] si seulement nous observions comment naît une telle opinion. Nous verrions alors que ce sont d'abord deux ou trois personnes qui l'ont admise ou avancée et affirmée, et qu'on a eu la bienveillance de croire qu'elles l'avaient examinée à fond [...] puisqu'il en est ainsi, que vaut l'opinion de cent millions d'hommes ? Autant que, par exemple, un fait historique attesté par cent historiens quand on prouve ensuite qu'ils ont tous copiés les uns sur les autres et qu'il apparaît ainsi que tout repose sur les dires d'une seule personne (D'après Bayle, *Pensées sur la comète*, vol. 1, p. 10) ».

25 Par exemple chez H. Ossenbühl, « Heimatwiege und Champagner, Der Ravensberger Heidsieck gründete ein Sekthaus in Reims », art. cit.

26 Pour H. Arntz, voir *Von Sektmarken, Champagnefamilien und der Trinkkultur*, p. 50 (référence aux travaux de M. et P. Heidsieck, *Histoire des Heidsieck, origines et descendances, d'après des documents de famille*, *op. cit.*) et 55 (référence à Rolf Westheider, *Versmold, Eine Stadt auf dem Weg ins 20. Jahrhundert*, Bielefeld, Verlag für Regionalgeschichte, 1994) ; pour G. Strotdrees, voir « Heidsieck: Champagnerkönig aus Borgholzhausen », art. cit., p. 230, qui se réfère à A. Heidsieck, « Florens-Ludwig Heidsieck 1749 – 23. November – 1949 », art. cit., et à l'article de Klaus-Peter Schmid, « Die Champagner-Macher. Aus der bewegten Geschichte des deutschen Beitrags zum französischsten aller Getränke », *Die Zeit*, daté du 22 juillet 1978 [l'inventaire du Fonds Heidsieck de Bielefeld donne le 22 juillet 1988 comme date, l'une des deux dates étant fausse, fruit d'une faute de frappe] qui ne traite pas exclusivement des Heidsieck.

troisième partie – et est bien renseigné, mais aussi parce qu'il donne deux arbres généalogiques simplifiés[27] qui sont fort utiles en permettant, en partie, d'éviter de longs discours. Il s'intéresse dans le même livre à d'autres familles allemandes qui se sont illustrées en Champagne, à savoir les Bollinger, les Mumm, ainsi que les Deutz et les Geldermann. On peut lui reprocher, outre l'absence de bibliographie, d'avoir une approche strictement généalogique, fruit de ce qui a été écrit sur ces familles, en particulier les Heidsieck, c'est-à-dire de s'être contenté, même s'il le fait très bien, d'un résumé de ce qu'on peut lire sur le sujet.

La notice rédigée par Raphaël Bonnedame[28], qui nous a permis d'élaborer le tableau placé en annexe, est le seul texte qui nous renseigne précisément sur les deux Maisons « Heidsieck & Cie » et « Piper-Heidsieck » du point de vue de l'histoire économique, puisqu'il permet de suivre, tout au long du XIXe siècle, l'évolution des diverses associations à la tête de ces deux entreprises – même si les lacunes sont grandes, et si l'on aurait aimé plus de précisions. En l'occurrence, la frustration de l'historien d'aujourd'hui est à la hauteur des espoirs engendrés par une telle notice. Raphaël Bonnedame semble très bien renseigné, donc relativement bien intégré dans le milieu des négociants sparnaciens et rémois, mais il reste malheureusement muet sur ses sources. On ne lui tiendra pas rigueur, dans un texte finalement bien marqué « fin XIXe siècle », de faire l'éloge du paternalisme des dirigeants de la société « Piper-Heidsieck »[29].

Charles-Camille Heidsieck pendant sa détention en 1862 à Fort Jackson (USA)
© Charles Heidsieck

27 Voir H. Arntz, *Von Sektmarken, Champagnefamilien und der Trinkkultur*, *op. cit.*, p. 54.
28 Raphaël Bonnedame, *Notice sur la Maison Kunkelmann & Cie à Reims et Epernay, extraite des « Gloires de la Champagne », ouvrage publié par « Le Vigneron Champenois » en septembre 1892*, Épernay, R. Bonnedame, 1895.
29 *Ibid.*, p. 14 *sq.* : « Par une prévoyance qui fait honneur aux chefs de la Maison, les employés et ouvriers [...] jouissent, sous forme de gratification, d'une augmentation, qui, chaque année, va grandissant. [...] M. F.-T. Kunkelmann [...] sera comme ses prédécesseurs une providence pour ses employés et ouvriers ».

Couverture de la partition et du texte original de *Champagne Charlie*, paru dans la revue *The Comic Songster*, 1859
© Charles Heidsieck

Un siècle plus tard, le portrait de Charles Heidsieck, dressé par Éric Glatre et Jacqueline Roubinet[30], est tout aussi élogieux, ne laissant subsister que peu de doutes sur les véritables commanditaires de l'ouvrage[31]. On peut en effet avancer, sans risquer de trop se tromper, qu'à travers l'éloge du « pionnier et entrepreneur exceptionnel », c'est l'entreprise qu'il s'agit de promouvoir. Je ne citerai qu'un exemple caractéristique : on peut lire en dos de couverture – place ô combien stratégique puisque le réflexe de l'acheteur potentiel est de lire le dos de couverture d'un livre – qu'

> en 1851 Charles Heidsieck fonda sa propre marque de champagne avant de se lancer dès l'année suivante à la conquête des États-Unis [...]. Il [...] inspire une chanson qui fera fureur "Champagne Charlie" [...].

Malheureusement ce n'est pas tout à fait exact, comme d'ailleurs l'écrivent Éric Glatre et Jacqueline Roubinet à la page 29 :

> Les Américains charmés [...] le surnomment "Charlie". Les journaux annoncent ses déplacements, reproduisent son portrait. On donne de joyeuses réceptions en son honneur [...] et plus d'une fois on l'acclame en levant sa coupe et en lui chantant un refrain venu d'Angleterre : "Champagne Charlie".

30 Voir note 13.
31 Les auteurs le disent indirectement à la suite des « Crédits et sources photographiques », p. 95 (bien que le numéro de page ne soit pas indiqué) : « Ce livre n'aurait pu être écrit sans l'aide précieuse que constituèrent les souvenirs de famille recueillis par MM. Patrick et Marcel Heidsieck, les précisions complémentaires apportées par MM. Charles-Henri et Jean-Marc Heidsieck, héritiers minutieux et passionnés des papiers de famille » [voilà pour une partie des sources], « la confiance manifestée par MM. Jean-Pierre Giraud et Yvan de Navacelle, respectivement président-directeur général de la division champagne du groupe Rémy Cointreau, et directeur général adjoint du champagne Charles Heidsieck, les recherches documentaires et iconographiques de Mmes Marie-France Beck, dépositaire des dernières archives de la Maison, et Françoise Gauthier, responsable des relations publiques. Que tous soient remerciés ».

192

LES TROIS MAISONS HEIDSIECK

Florens-Louis Heidsieck, mort en 1825
© Piper-Heidsieck

Florens-Louis Heidsieck

Originaire de Westphalie, Florens-Louis Heidsieck fonde à Reims une entreprise de négoce qui, très vite, se consacre exclusivement au commerce du champagne. Son fils unique étant décédé, il fait appel à quatre de ses petits-neveux allemands : Frédéric-Auguste Delius, Charles-Henri Heidsieck, Henri-Louis Walbaum et Christian Heidsieck. Charles-Henri meurt prématurément en 1824. C'est donc aux trois survivants qu'à son décès, en 1828, il cède sa maison qui est dissoute en 1834 à la suite de dissensions entre les héritiers. Frédéric-Auguste Delius devient banquier tandis que Christian Heidsieck et Henri-Louis Walbaum perpétuent séparément l'activité de commerce fondée par leur oncle à la tête de deux maisons qui portent aujourd'hui le nom de Piper Heidsieck et Heidsieck & Co Monopole.

Charles-Camille Heidsieck

Charles-Camille Heidsieck a deux ans lorsque son père, un temps au service de son oncle Florens-Louis Heidsieck dans sa maison de commerce de vins de Champagne, meurt subitement. Sa mère, Thérèse-Émilie Henriot, veille attentivement à son éducation en organisant, notamment, des séjours de formation chez ses oncles paternels allemands. En 1850, il épouse une cousine maternelle, Amélie Henriot, et fonde l'année suivante la maison de champagne qui porte son nom.

Charles-Camille Heidsieck (1822-1893)
© Charles Heidsieck

Ayant pris la mesure des enjeux que représentent les marchés étrangers dans l'expansion de leur commerce, les négociants champenois du XIXe siècle n'hésitent pas à payer de leurs personnes, en effectuant eux-mêmes de longs voyages de prospection. Le cas de Charles-Camille Heidsieck est de loin le plus significatif des périls rencontrés lors de ces expéditions lointaines. De 1851 à 1863, il entreprend quatre grands voyages qui le conduisent en Allemagne, en Belgique, en Hollande, en Angleterre et surtout en Amérique où il se rend en 1852 et en 1857. Ses séjours lui apportent le succès et la renommée comme en témoigne le surnom de « Champagne Charlie » que lui donnent les amateurs de son vin dans une chanson composée en son honneur. Mais son dernier voyage outre-Atlantique, en 1861, se termine pourtant dans l'épreuve : en pleine guerre de Sécession, il est emprisonné pendant plus de trois mois et demi et revient à Reims malade et ruiné. Pourtant, dès 1864, il reprend la route sans relâche à la recherche de nouveaux marchés nécessaires à la survie de sa maison[1].

1 Éric Glatre et Jacqueline Roubinet, *Charles Heidsieck, un pionnier et un homme d'honneur*, Paris, Stock, 1995.

Henri Guillaume Piper (1802-1870)
© Piper-Heidsieck

Les maisons Piper-Heidsieck et Heidsieck & Co Monopole

En 1834, Christian Heidsieck poursuit l'activité de commerce de son oncle, Florens-Louis Heidsieck. Il s'entoure de trois associés. Henri-Guillaume Piper, un autre petit-neveu de Florens-Louis Heidsieck, Christian-Frédéric Welbaum (1812-1871), un cousin, et Jacques-Charles-Théodore Kunkelmann (1811-1881), un voyageur trilingue, lui-même cousin de Henri-Guillaume Piper. L'année suivante, Christian Heidsieck meurt. Sa veuve continue pendant quelques temps à diriger la maison sous la raison sociale « Veuve Heidsieck », puis elle se remarie avec Henri Piper. L'entreprise devient « H. Piper & Cie » tout en continuant à vendre du champagne sous le nom de Heidsieck, puis de Piper-Heidsieck.

Associé à son beau-frère Auguste Heidsieck, Henri-Louis Walbaum continue, sous la marque « Walbaum Heidsieck & Co », l'activité de commerce de champagne, transmise par son oncle Florens-Louis Heidsieck. En 1860, ils créent la marque commerciale « Monopole ». En 1923, Édouard Mignot, fondateur de la chaine de magasins d'épicerie « les Comptoirs français » se porte acquéreur de l'entreprise qui devient alors la société anonyme « Champagne Heidsieck & Co Monopole » puisque le mot « Monopole » était devenu indissociable du nom Heidsieck.

Claire Desbois-Thibault

Selon François Bonal, aucune marque de champagne n'est d'ailleurs à l'origine de cette chanson[32]. La publicité n'est malheureusement pas toujours porteuse de vérité historique. Pour en revenir maintenant à la critique du livre, on peut lui accorder qu'il est agréable à lire et que les auteurs présentent leurs sources dès la première page. Je ne vais pas répéter ce qui en a déjà été dit plus haut[33]. Un arbre généalogique aurait pu être joint à la première partie pour plus de clarté, car le lecteur non averti peut rencontrer à cet endroit quelques difficultés.

32 Voir François Bonal, « À propos de mon ouvrage *Champagne* », dans *Études champenoises,* n° 6, *Vignerons et vins, de Champagne et d'ailleurs* XVIIe-XXe *siècle*, Reims, Presses universitaires de Reims, p. 103-110, qui écrit p. 106 : « Au fur et à mesure du travail de recherche, ou lors de la rédaction, investigation complémentaire et ponctuelle portant sur des détails controversés (2) ou à vérifier [...] » renvoyant à la note (2) p. 110 : « Ex. : recherche dans les bibliothèques britanniques du texte initial de la célèbre chanson *Champagne Charlie* pour vérifier qu'il ne comportait pas de marque de champagne, contrairement à ce qu'avancent certaines maisons qui ont été citées dans des éditions ultérieures ».

33 Voir notes 13 et 14 et le passage s'y rapportant.

L'article d'Alfred Heidsieck (voir n° 4) est purement généalogique. Si les premières pages (p. 72-76) apportent des éléments intéressants, dont une chronologie, les dix dernières sont le reflet d'un déterminisme d'un autre temps, l'auteur prétendant, à partir d'une recherche sur les ancêtres de Florens-Louis Heidsieck, mettre à jour les divers traits de caractère dont ce dernier hérita[34]. On ne citera qu'un seul exemple, le plus marquant : de lointains ancêtres de Florens-Louis Heidsieck, qui vécurent vers la fin du XVIe siècle, furent apparemment « pharmaciens » à Osnabrück[35]. Alfred Heidsieck en conclut donc que le don qu'avait Florens-Louis pour élaborer un grand champagne lui vient certainement de ces lointains ancêtres[36]. On ne va pas s'acharner plus longtemps sur ce texte, d'autres ayant déjà souligné ses explications déterministes qui n'ont rien à faire dans un livre d'histoire du genre sérieux[37].

Marcel et Patrick Heidsieck ont, eux, écrit dans un but d'édification des futures générations portant le nom Heidsieck en donnant comme exemple la geste de leurs glorieux ancêtres[38]. Si l'utilité de leurs recherches n'est pas à mettre en doute, il faut rester prudent à la lecture de certains passages où le texte s'écarte de l'analyse des lettres et autres documents pour arriver dans le

34 A. Heidsieck, « Florens-Ludwig Heidsieck 1749 – 23. November – 1949 », art. cit., p. 77 : « *Betrachten wir nun die acht Sippen, deren Blut in Florens-Ludwig Heidsieck's Adern rollte und ihm die Eigenschaften vermittelte, die wir an ihm hochschätzen* ».

35 *Ibid.*, p. 81 : « *1640 verheiratet er [un lointain ancêtre] sich mit Regina, Tochter des Lohnherrn und Kirchenrats Johann Menschen (Musculus) aus Osnabrück, dessen Vorfahren Ratsapotheker zu Osnabrück gewesen waren* ».

36 *Ibid.*, p. 81 : « *Auch von dieser Seite strömt mannigfaltige kaufmännische Begabung auf Florens-Ludwig, der einiges apothekerliches Wissen beigemengt sein mag durch die Menschen [il s'agit du nom de famille]. Dies zur Deutung, dass Florens-Ludwig sich der Herstellung von Schaumwein zuwandte, die mit gewissen chemischen Kenntnissen in Beziehung steht* ».

37 Par exemple G. Strotdrees, « *Heidsieck: Champagnerkönig aus Borgholzhausen* », art. cit., p. 230 : « *[...] Fakten zu Florens Ludwig Heidsieck sind – in mitunter fragwürdiger Art der Familien- und „Sippen"- Forschung – veröffentlicht bei Alfred Heidsieck* ».

38 M. et P. Heidsieck, *Histoire des Heidsieck, origines et descendances, op. cit.*, p. 9 (Prologue) : « Les mémoires qui vont suivre ont été écrits pour que les générations qui viendront après leurs auteurs aient sous les yeux l'image d'une petite parcelle de l'humanité, connaissent les obligations auxquelles celle-ci a eu à faire face et réalisent ainsi son sens du devenir [...]. Ce ne sont point des mémoires ouverts à un large public, mais des souvenirs de famille qui ont pour but de faire connaître les événements qui ont marqué certains de ses membres ainsi que les qualités éminentes de plusieurs d'entre eux. Noblesse de sentiments de ces générations passées, dont quelques-unes si proches de nous, courage et sérénité dans l'adversité, voici ce dont il y a lieu de perpétuer le souvenir. Puissent les lendemains à venir nous offrir de semblables exemples ! [...] Par ailleurs ces souvenirs ne sont pas rassemblés en vue de jeter des fleurs sur un nom parmi tant d'autres [...] mais ils ont été recueillis pour que les générations à venir aient à leur tour le sentiment de la responsabilité qui leur incombe de sauvegarder de telles traditions ».

domaine de la tradition orale. Là, l'appartenance à l'une ou l'autre des branches de la famille joue un rôle qu'il ne faut pas sous-estimer. Il faut faire attention aux anciens contentieux qui sont susceptibles d'être accrédités sous le masque de l'édification des générations futures. Ainsi Florens-Louis Heidsieck est rendu plus ou moins directement responsable, de la mort, en 1824, de son neveu Charles-Henri Heidsieck, le père de Charles-Camille Heidsieck, futur fondateur de la société « Charles Heidsieck »[39].

On a peu à dire sur les articles d'H.-G. Ossenbühl et de G. Strotdrees, si ce n'est qu'ils n'ont l'ambition que d'être de brefs résumés d'articles antérieurs sur les Heidsieck. L'article de Strotdrees semble avoir été écrit *ad hoc*, le « roi du champagne », Florens-Louis Heidsieck étant un exemple de ces Westphaliens ayant réussi à l'étranger[40]. Ossenbühl, lui, ne donne aucune référence bibliographique, mais il écrit au moins une partie de son texte au conditionnel et a l'avantage de ne pas avancer des affirmations péremptoires[41].

Quant à l'article de Rolf Westheider[42], il a le mérite de mettre en évidence les liens étroits tissés entre deux familles qui faisaient cependant partie d'un réseau d'alliances plus étendu ; il faudrait utiliser ici la notion allemande de *Familienverband* où figureraient principalement les Heidsieck, les Delius, les Piper, les Walbaum, mais aussi les Henriot, et pourquoi pas les Perthois. Une étude d'histoire sociale sur ce groupe de familles pourrait constituer une alternative à une approche plus économique. C'est en ce sens que l'article de

39 *Ibid.*, p. 123 *sq.* : « L'oncle de Charles Heidsieck, Florens Heidsieck, avait approuvé son union avec Emilie Henriot et, fier de celle-ci, fit part, dans un petit discours le jour du mariage, qu'ayant apprécié son neveu, il lui promettait une certaine dot. [...] Cette dot, toutefois, ne fut jamais versée. [...] Gêné vis-à-vis de sa belle-famille, Charles Heidsieck, pour en finir, vint un jour trouver son oncle. L'entretien fut-il très vif ? Le fait est qu'en sortant de chez son oncle, Charles Heidsieck eut un transport au cerveau, tomba sans connaissance et fut transporté chez son cousin Delius, qui habitait une maison toute proche. Huit jours après, Charles Heidsieck décédait à l'âge de 34 ans, en 1824, emporté par une fièvre cérébrale. Quelle fut la cause d'un tel agissement de la part de cet oncle Florens ? Quelles furent aussi les raisons pour lesquelles, après avoir promis de laisser sa fortune, qui était considérable, à ses quatre neveux, il les déshérita tous ? Nous l'ignorons et probablement l'ignorerons-nous toujours ».

40 G. Strotdrees, « Heidsieck : Champagnerkönig aus Borgholzhausen », dans *Fremde in Westfalen, Westfalen in der Fremde, Zur Geschichte der Ein- und Auswanderung von 1200 bis 1950*, Münster-Hiltrup, Landwirtschaftsverlag GmbH, 1990. Malheureusement je n'ai pas d'indication sur les motivations qui ont donné naissance à ce recueil.

41 Voir note 6.

42 Rolf Westheider, « Die belebende Wirkung des Champagner. Über die Verbindung Delius – Heidsieck und die französischen Kredite für einen Fabrikneubau der Segeltuchweberei C. W. Delius in Versmold », *Familienzeitung Delius*, t. IV, n° 41, 1996.

TRANSCRIPTION D'UNE LETTRE DE FLORENS-LOUIS HEIDSIECK

DATÉE DU 26 SEPTEMBRE 1793 ET ADRESSÉE AUX MEMBRES DU COMITÉ DE SURVEILLANCE DE REIMS

Citoyens composant le Comité de surveillance. Averti par un de vos collègues, de me présenter devant vous pour conformément à la loi y faire ma déclaration comme Etranger, je viens pour vous représenter que cette loi n'est point applicable à mon égard.

Il est vrai que je suis né sur un territoire avec lequel, malheureusement la République est en guerre, mais je ne suis pas Etranger, je suis français, c'est la Constitution de 1793 que nous venons d'accepter & que moi en particulier a aussi accepté, qui me donne ce beau titre.

Le 4e article de l'état des Citoyens déclare Citoyen français

Tout étranger âgé de 21 ans domicilié en France depuis un an,

y vit de son Travail,

ou acquiert une propriété

ou épouse une française.

J'ai Citoyens toutes ces qualités.

J'ai mes propriétés & toute ma fortune en France.

J'y vis depuis environ 15 ans de mon travail.

J'ai épousé une française et je suis depuis deux ans fonctionnaire suplique (*sic*).

Je ne puis donc pas consentir a être regardé comme Etranger, la Constitution dit que je suis français, je réclame pour moi le bien fait qu'elle m'accorde & vous êtes trop justes Citoyens pour me contester cet honneur.

Reims le 26 septembre 1793 l'an second de la République une & indivisible.

(signé) Heidsieck

Westheider est intéressant, même si l'on peut déplorer qu'il soit trop bref et que, à l'exception du *Deutsches Geschlechterbuch* (DGB), aucune référence ne soit donnée. Son livre sur Versmold[43], dont un chapitre qui traite de la famille Delius, évoque brièvement les liens avec les Heidsieck (p. 59-62), mais reste trop imprécis, et les pages citées sont complètement à revoir : Florens-Louis devient par exemple Peter-Florens, dont la femme, devenue veuve, se remarie avec Henri-Guillaume Piper[44]. C'est en fait la veuve de Christian Heidsieck, fondateur en 1834 avec Henri-Guillaume Piper de la future société « Piper-Heidsieck », qui se remaria avec ce dernier.

43 *Ibid.*

44 *Ibid.*, p. 60 : « Nach dem Tode des Firmengründers Peter-Florens führte seine Witwe das Geschäft [weiter] [...] 1837 heiratete sie den Delius-Krediteur Heinrich Wilhelm [Henri-Guillaume] Piper ».

Nous espérons que les pages ci-dessus ont permis au lecteur d'être mis au courant de l'état des sources actuellement disponibles, ainsi que de celui de la « recherche ». Il était important d'avoir, dans un premier temps, une approche critique afin d'établir une base aussi solide que possible pour des études ultérieures. Nous allons maintenant passer à la seconde étape qui consiste à élaborer les hypothèses et scénarii selon nous les plus probables à partir des quelques éléments que l'on peut considérer comme certains. Cette partie ne prétend en aucun cas établir des vérités définitives et peut donc être tout à fait l'objet d'un débat.

LES HEIDSIECK EN CHAMPAGNE

La formation de Florens-Louis Heidsieck constitue l'une des premières énigmes posées à l'historien. En effet, au sein même de sa famille, il représente une exception, la plupart de ses frères et sœurs étant devenus pasteurs, ou s'étant mariées à un pasteur[45]. À Lübeck et à Berlin, il a, semble-t-il, reçu une formation de marchand, et beaucoup veulent le voir travailler pour un négociant en vins[46]. Rien, apparemment, ne permet de l'affirmer. Les liens qu'il tisse, c'est le cas de le dire, à Reims, avec le drapier Nicolas Perthois, dont il épouse la fille Agathe en 1785, ne le relient pas spécialement au commerce du vin. La thèse est largement répandue selon laquelle il représenta son employeur berlinois – qui reste inconnu – lors d'un procès à Reims, en 1777 selon la plupart. Cette thèse a l'avantage d'expliquer sa venue à Reims bien mieux que la version donnée par M. et P. Heidsieck[47] ; elle est confirmée par la lettre déjà citée reproduite en annexe. On peut supposer, si effectivement il représenta son employeur devant

45 G. Strotdrees, « Heidsieck: Champagnerkönig aus Borgholzhausen », art. cit., p. 158 : « *Zweifellos aber schlägt er damit völlig „aus der Art", denn von seinen zehn Geschwistern sind die meisten entweder Pfarrer im Ostwestfälischen oder mit Pfarrern verheiratet* ».

46 Voir, par exemple, H. Ossenbühl, « Heimatwiege und Champagner, Der Ravensberger Heidsieck gründete ein Sekthaus in Reims », art. cit. : « *er [...] in eine Weinhandlung eintrat* » ; G. Strotdrees, « Heidsieck: Champagnerkönig aus Borgholzhausen », art. cit. : « *er [...] soll in Lübeck und Berlin eine Ausbildung zum Weinkaufmann absolviert haben. Wie er auf diesen Beruf gekommen ist, weiß niemand* » ; H. Arntz, *Von Sektmarken, Champagnefamilien und der Trinkkultur*, *op. cit.*, p. 44, ne parle lui que d'une formation de marchand.

47 M. et P. Heidsieck, *Histoire des Heidsieck, origines et descendances, op. cit.*, p. 113 : « Aussi ne paraît-il pas étonnant qu'un Heidsieck, né au milieu de ce siècle « éclairé », Florens-Louis (1449-1828) [...] se trouvant attiré par la France et ayant fait un séjour à Paris, soit passé par Reims et y soit finalement revenu pour s'y fixer et s'y marier en 1785 avec une jeune fille de la région, Agathe Perthois ».

un tribunal en France, qu'il comprenait et parlait le français. Cette hypothèse permet de dépasser l'étonnement de certains de voir tomber des frontières, linguistiques notamment[48].

Une controverse existe concernant la date de création par Florens-Louis de sa société « Heidsieck & Cie ». Tous les indices – dont des lettres de ses neveux – amènent à affirmer que c'est bien en 1785, l'année de son mariage avec Agathe Perthois[49]. La raison pour laquelle certains voudraient que cette création ait eu lieu plus tôt, en 1780, thèse non dénuée de fondement puisque Florens-Louis se trouvait à Reims depuis 1777-1778, est le désir de légitimer la légende voulant que, membre d'une délégation de Reims reçue au Petit Trianon par Marie-Antoinette en 1785, Florens-Louis Heidsieck ait présenté à la reine une bouteille de champagne de sa production. Or il est difficile de créer son entreprise de négoce et d'avoir en même temps les caves pleines de sa propre production. Comme l'a montré Claire Desbois-Thibault dans son ouvrage sur Moët & Chandon[50], même si ce n'est qu'au début du XIXe siècle que les négociants deviennent producteurs dans un courant de proto – industrialisation[51], et donc qu'ils achètent un produit déjà en partie élaboré, le champagne nécessite des opérations en cave avant de pouvoir être mis en bouteilles et vendu. L'argument décisif reste cependant que ce n'est qu'en 1895 qu'est fêté le jubilé du centenaire de la création de l'entreprise. À l'argument que Florens-Louis Heidsieck peut avoir commencé à élaborer du champagne avant de créer son entreprise, on peut répliquer que cette activité nécessite des investissements plutôt lourds et qu'elle ne peut être considérée comme un loisir. Il est vrai que, faute de preuves matérielles, on ne peut prouver ni cette thèse ni son contraire.

48 Voir R. Westheider, Die belebende Wirkung des Champagner. Über die Verbindung Delius – Heidsieck und die französischen Kredite für einen Fabrikneubau der Segeltuchweberei C. W. Delius in Versmold », art. cit. : « erstaunlich [...] die Leichtigkeit, mit der sie konfessionelle, sprachliche und nationale Grenzen erfolgreich überwanden [...] » ; G. Clause, « Les Allemands et le champagne au XIXe siècle : hommes et techniques », art. cit., en particulier p. 139 *sq.*, qui rappelle à juste titre que les sentiments nationalistes qu'on a vu se développer au XIXe siècle, n'étaient guère d'actualité à la fin du XVIIIe siècle et pendant la première moitié du XIXe.

49 Voir H. Arntz, *Von Sektmarken, Champagnefamilien und der Trinkkultur*, *op. cit.*, p. 46 *sq.*

50 Claire Desbois-Thibault, *L'Extraordinaire Aventure du champagne : Moët & Chandon, une affaire de famille (1792-1914)*, Paris, PUF, 2003. Il faut absolument avoir recours à cet ouvrage lorsqu'on prétend traiter sérieusement de l'histoire du champagne. La bibliographie, p. 365-382, est absolument indispensable.

51 *Ibid.*, p. 40 *sq.* et p. 121-124.

Le fait est que peu de temps après la création de son entreprise et la perte de son fils unique, en 1791[52], Florens-Louis fait venir à Reims plusieurs de ses jeunes neveux (*cf.* les divers tableaux en annexe) : Heinrich Ludwig [Henri-Louis] Walbaum, né en 1780, vient en 1795 ; Friedrich August [Frédéric Auguste] Delius, né en 1784, arrive en 1800, de même que son cousin Franz-Friedrich-Ferdinand Heidsieck, né en 1781, qui meurt probablement d'une appendicite en 1801 ; arrivent aussi un peu plus tard deux autres neveux de Florens-Louis, à savoir Charles-Henri Heidsieck à l'âge de 15 ans, en 1805, et son jeune frère Christian en 1809, à l'âge de 16 ans. Ils sont là pour être formés et deviennent tous associés quelques années plus tard, à l'exception de Charles-Henri Heidsieck[53] qui quitte l'entreprise de son oncle à son mariage pour travailler dans celle de textile dirigée par son beau-père, un certain Henriot.

Henri-Louis Walbaum, Frédéric Auguste Delius et Charles-Henri Heidsieck demandent tous trois à être naturalisés français en 1818, Henri-Louis Walbaum en mars[54], Frédéric-Auguste Delius et Charles-Henri Heidsieck en août[55]. Les renseignements qu'on prend sur eux à ce moment-là nous donnent d'importantes indications et en confirment d'autres. On peut ainsi observer la stratégie d'implantation des Heidsieck à Reims. Frédéric Delius et Charles Heidsieck ont fait de beaux mariages dans des familles renommées de la bourgeoisie rémoise ; Henri-Louis Walbaum fait partie, quant à lui, de la garde nationale. Tous sont considérés comme fortunés, et leurs opinions politiques donnent satisfaction aux autorités locales. Leur naturalisation termine leur travail d'intégration, alors qu'ils ne parlaient pas français à leur arrivée à Reims. Un autre neveu de Florens-Louis, Pierre-Auguste Heidsieck, suit la même voie quelques années plus tard ; il fait partie, avec Henri Guillaume Piper, de la « deuxième génération » de naturalisés, respectivement en 1846 et 1842[56].

La générosité de Florens-Louis envers ses neveux eut apparemment ses limites puisqu'il les déshérita tous (*cf.* n. 38). Au profit de qui ? Là encore nous n'avons pas de réponse pour l'instant. Laissons M. et P. Heidsieck évoquer la suite :

52 Voir par exemple A. Heidsieck, « Florens-Ludwig Heidsieck 1749 – 23. November – 1949 », art. cit., p. 72 *sq.*
53 Il s'agit du père de Charles-Camille Heidsieck, le fondateur de la société « Charles Heidsieck » en 1851.
54 AD Marne, cote 126 M 140.
55 *Ibid.*, cotes 126 M 37 et 126 M 62.
56 Voir G. Clause, « Les Allemands et le champagne au XIXe siècle : hommes et techniques », art. cit., p. 143-145.

> À la mort de Florens Heidsieck, en 1828, les neveux demeurés dans l'affaire continuèrent à exploiter celle-ci quelques années, puis les associés se séparèrent le 30 juin 1834. Delius fonda alors une banque qui, par la suite, devint la banque Camuset & Cie. Walbaum continua le commerce des vins de champagne puis il s'associa, le 1er janvier 1846, avec son beau-frère Auguste Heidsieck [c'est la naissance de la société connue sous le nom de « Heidsieck & Cie Monopole »]. Enfin Christian Heidsieck, lui aussi, décida de fonder de son côté sa propre maison [naissance de la société connue sous le nom de « Piper-Heidsieck »], mais il mourut huit mois plus tard. Son fondé de pouvoir et parent, Henri [Guillaume] Piper, épousa la veuve qui lui apportait la marque Heidsieck[57].

Les tableaux placés en annexe permettent, du moins nous l'espérons, d'avoir une vision de l'évolution de ces maisons malgré les lacunes dues au manque de sources. Ils ont été établis en fonction des éléments qu'on a pu relever dans les différents articles, qui ne sont pas toujours d'accord sur certaines dates. Il est indispensable d'étudier de nouvelles sources – telles les archives des sociétés si l'on peut y avoir accès – pour mieux connaître l'histoire économique de ces maisons. Les contrats d'assurance pourraient aussi se révéler très utiles en l'occurrence.

Claire Desbois-Thibault évoque le problème du rapport de force « jusqu'ici indéterminé » de la maison Moët avec d'autres maisons telles Ruinart, Clicquot, Heidsieck, ou encore Lanson[58]. Ce qu'on a pu lire sur « Charles Heidsieck » ou « Piper-Heidsieck » montre que l'origine allemande de certaines sociétés ne leur garantissait pas nécessairement de meilleurs débouchés dans les pays de langue allemande. Les nombreux et dangereux voyages aux États-Unis de Charles-Camille Heidsieck pour prospecter de nouveaux marchés[59], ou une phrase de Raphaël Bonnedame[60], montrent que la concurrence était rude, et que les Heidsieck devaient se tourner vers l'Amérique pour écouler leurs stocks.

---

57 M. et P. Heidsieck, *Histoire des Heidsieck, origines et descendances, op. cit.*, p. 124.

58 Voir C. Desbois-Thibault, *L'Extraordinaire Aventure du champagne : Moët & Chandon, une affaire de famille (1792-1914), op. cit.*, p. 40.

59 Voir É. Glatre et J. Roubinet, *Charles Heidsieck, Un pionnier et un homme d'honneur, op. cit.*, passim.

60 R. Bonnedame, *Notice sur la Maison Kunkelmann & Cie à Reims et Epernay, Extraite des « Gloires de la Champagne », op. cit.*, p. 15 : « Nous avons dit que la principale clientèle de la Maison Kunkelmann et C° [i. e. Piper-Heidsieck] est l'Amérique, où la marque Piper-Heidsieck est fort goûtée » ; voir aussi p. 11 : « [...] en 1853, alors que l'expédition à l'Étranger accusait 6 000 000 de bouteilles de vin de Champagne, la Maison Piper à elle seule, grâce à l'action de M. Kunkelmann, expédiait 600 000 bouteilles dans le Nouveau Monde [...] ».

En guise de conclusion, je rappellerai l'objectif du début de cet article, qui était de faire entrer l'histoire des Heidsieck en Champagne dans le domaine de l'historien, ceci à travers une étude de l'état des sources et une critique de ce qui a été écrit sur le sujet. Il faut souligner le fait qu'en l'absence de nouvelles sources, il sera difficile de dépasser les travaux, aux approches essentiellement généalogiques, qui ont été consacrés aux Heidsieck. Le risque existe cependant de ne pas pouvoir écrire véritablement une histoire économique des maisons de champagne créées par les Heidsieck. De plus, des sources trop « tardives » sur ces sociétés, c'est-à-dire ne concernant que le XXe siècle, seraient assez inutiles dans l'optique d'une histoire franco-allemande du champagne pour deux raisons principales : la première étant que les Heidsieck, dès l'origine[61], ont cherché et réussi à devenir Français – et donc que, dès la « troisième génération », seuls des liens de parenté de plus en plus éloignés les relièrent directement à « l'Allemagne » – et la seconde étant qu'à l'exception de la société « Charles Heidsieck »[62], les Heidsieck perdirent, dès la fin du XIXe siècle, le contrôle des sociétés qu'ils avaient fondées, le nom « Heidsieck » sur les bouteilles n'étant plus qu'un argument de vente.

Peut-être faudra-t-il, si l'on veut continuer d'écrire sur les Heidsieck, redéfinir l'approche du sujet, qui pourrait être conçu dans une optique plus sociale qu'économique, et traiterait de l'intégration dans le milieu champenois d'une famille ou d'un groupe de familles allemandes. Le champagne ne serait alors plus véritablement le centre de gravité d'une telle étude.

61 Florens-Louis Heidsieck a obtenu la nationalité française dès 1790 – était-ce pour acquérir plus facilement des biens nationaux mis en vente ? – et ses neveux ont également été naturalisés. – Voir, par exemple, Maurice Crubellier (dir.), *Histoire de la Champagne*, Toulouse, Privat, 1975, p. 334 *sq.*

62 Voir H. Arntz, *Von Sektmarken, Champagnefamilien und der Trinkkultur*, *op. cit.*, p. 57 *sq.*

Tableau donnant un aperçu de l'évolution de la structure interne et de la « filiation » des sociétés « Heidsieck & Cie » et « Piper-Heidsieck »[63]

Périodes	Raisons sociales	Associés	Intéressés/Employés
1785-1828 et jusqu'au 30/06/1834 (expiration de l'association)	Heidsieck & Cie	– Florens-Louis Heidsieck (le créateur, meurt en 1828) – Henri-Louis Walbaum ***(à partir de 1812)*** – Frédéric-Auguste Delius à partir de 1820 : – Christian Heidsieck	– Franz-Friedrich-Ferdinand Heidsieck (né en 1781 et mort en 1801)* ***– Henri-Louis Walbaum (à partir du 28/10/1795)*** ***– Frédéric-Auguste Delius (vers 1800)*** – Christian Heidsieck ***(à partir de 1809***, devient associé en 1820) – Charles-Henri Heidsieck ***(à partir de 1805***, quitte la Maison en 1815 ***ou 1818***, remplacé par) – Henri-Guillaume Piper
01/07/1834-03/03/1835	Heidsieck	– Christian Heidsieck (mort le 03/03/1835) et sa femme, ***née Pauline Fournival*** – Henri-Guillaume Piper	***– C.-F. Walbaum***
Après le 03/03/1835 (1837 dans la table chronologique)	H. Piper & Cie, mais il garde la marque Heidsieck	– H.-G. Piper – à la mort de son mari la femme de Christian Heidsieck cède sa part à H.-G. Piper et se marie avec lui trois ans plus tard ***(en 1837, selon beaucoup)***. Á partir de 1850 : – C.-F. Walbaum. – J.-C. Kunkelmann En 1861 C.-F. Walbaum, ***qui meurt en 1866***, se retire des affaires, restent : – J.-C. Kunkelmann – H.-G. Piper (mort le 08/10/1870, sa fille, Pauline Piper, issue de son premier mariage, alors Mme veuve Plé, reprend son intérêt dans la Maison)	Entre le 03/03/1835 et 1838 entrent comme intéressés : – C.-F. Walbaum – J.-C. Kunkelmann Employé en 1862 : – E. Weiland (doté de la procuration en 1865)
Après le 08/10/1870 1877	Kunkelmann & Cie, successeurs de H. Piper & Cie apparition de la marque « Piper-Heidsieck »	– J.-C. Kunkelmann – Mme veuve Plé – Paul Delius (neveu de cette dernière) En 1877 se forme une nouvelle société sous la même raison sociale : – Paul Delius (quitte la Maison le 01/07/1892) – F.-T. Kunkelmann (fils de J.-C. Kunkelmann qui reste commanditaire jusqu'à sa mort en 1881) qui continue seul à partir de la mort d'E. Weiland	E. Weiland devient brièvement associé entre le 01/07/1892 et sa mort en 1893

63 Telle qu'elle a pu être reconstituée à partir de l'article de R. Bonnedame (1895), *en gras et italique à partir du texte d'H. Arntz (1995)*, et * à partir de l'article d'A. Heidsieck (1949).

Tableau généalogique simplifié de la « dynastie » Heidsieck en Champagne
(en gras ceux qui ont joué un rôle effectif dans les diverses Maisons)

<table>
<tr>
<td>Florens-Louis Heidsieck
(1749-1828)
ép. Agathe Perthois
(1756-1812)</td>
<td>Henriette Heidsieck
(1754-1796)
ép. Conrad Delius
(1755-1834)</td>
<td colspan="2">Jean Gaspard Heidsieck
(1757-1808)</td>
<td colspan="2">Bénigne Heidsieck
(1738-1823)
ép. Pierre Henri Walbaum
(1732-1796)</td>
<td colspan="2">Jean Frédéric Heidsieck
(1743-1806)</td>
<td>August Ferdinand Heidsieck</td>
<td>« 1re génération »
(parmi 11 frères et sœurs)</td>
</tr>
<tr>
<td rowspan="5">Henri-Louis Heidsieck
(1786-1791)</td>
<td rowspan="2">Frédéric Auguste Delius
(1784-1850)</td>
<td rowspan="2">Christian Heidsieck
(1793-1835)
ép. Pauline Fournival</td>
<td rowspan="2">Charles-Henri Heidsieck
(1790-1824)
ép. Émilie Henriot</td>
<td rowspan="2">Marie Henriette Walbaum
(1770-1849)
ép. Charles Guillaume Piper</td>
<td rowspan="2">Henri-Louis Walbaum
(1780-1869)
ép. sa cousine Caroline Heidsieck</td>
<td rowspan="2">Caroline Heidsieck
(1788-1868)
ép. son cousin Henri-Louis Walbaum</td>
<td rowspan="4">Pierre Auguste Heidsieck
(1796-1868)
ép. sa nièce Louise Walbaum</td>
<td rowspan="5">Franz Friedrich Ferdinand Heidsieck
(1781-1801)</td>
<td>génération des « neveux »</td>
</tr>
<tr>
<td rowspan="2">« 3e génération »</td>
</tr>
<tr>
<td rowspan="2">Georges Delius
(1828-1898)
ép. Émilie Heidsieck</td>
<td rowspan="2">Émilie Heidsieck
(1827-1893)
ép. Georges Delius</td>
<td rowspan="2">Charles Camille Heidsieck
(1822-1893)
ép. Amélie Henriot</td>
<td rowspan="2">Henri Guillaume Piper
(1801-1870)
ép. en première noces Marguerite Fournival (sœur de Pauline Fournival)
ép. en secondes noces Pauline Fournival, veuve de Christian Heidsieck</td>
<td colspan="2" rowspan="2">Ferdinand François Walbaum
(1813-1884)

Louise Walbaum
(1815-1889)
ép. son oncle Pierre Auguste Heidsieck</td>
</tr>
<tr>
<td rowspan="2">« génération des repreneurs »</td>
</tr>
<tr>
<td colspan="2">Paul Delius
(mort en 1894)</td>
<td>Charles Marie Eugène Heidsieck
(1855-1930)</td>
<td>Pauline Piper,
plus tard Mme veuve Plé
(issue du premier mariage avec Marguerite Fournival)</td>
<td colspan="3">Anne Heidsieck (leur 3e fille)
(1843-1878)
ép. Charles Goulden
(cf. « Walbaum, Lüling, Goulden », successeurs de « Walbaum, Heidsieck & Cie »)</td>
</tr>
</table>

L'arbre généalogique prévu s'est transformé en tableau. Le but, qui était de montrer une partie du réseau familial et notamment les intermariages, n'apparaît pas au premier coup d'œil, mais la lecture du contenu des cases devrait permettre de comprendre relativement vite. Ce tableau est à utiliser avec ceux montrant l'évolution de la structure des diverses Maisons portant le nom Heidsieck. Avec ces différents éléments sous les yeux les choses devraient s'éclairer, du moins on l'espère. Pour de véritables arbres généalogiques voir H. Arntz, *Von Sektmarken, Champagnefamilien und der Trinkkultur*, *op. cit.*, p. 54.

Tableau donnant l'évolution de la structure interne de la société « Heidsieck & Cie Monopole »[64]

Périodes	Raison sociale	Associés	Employés/intéressés
1846-1868 (au moins)	« Walbaum, Heidsieck & Cie »	–Henri-Louis Walbaum (mort en 1869) – Pierre Auguste Heidsieck (meurt en 1868) et sa femme Louise, fille d'Henri-Louis Walbaum	?
1868-1889(?)	(la même ?)	– Louise, veuve Heidsieck, née Walbaum (qui meurt en 1889)	?
Après 1889	« Walbaum, Lüling, Goulden »	– Auguste Lüling (fils d'Henriette Lüling, née Heidsieck) – Charles Goulden (mari de Anne Heidsieck, fille de Louise et Pierre Auguste Heidsieck) qui n'est que commenditaire	?

64 D'après le texte d'Helmut Arntz (p. 53) et celui de M. et P. Heidsieck (p. 124).

LUXE, CALME ET VOLUPTÉ : LA CONSTRUCTION DE L'IMAGE DU CHAMPAGNE DU XVIIe SIÈCLE À NOS JOURS

Jean-Robert Pitte
Université Paris-Sorbonne

Le président français François Mitterrand, la reine Élisabeth II d'Angleterre et le président américain Bill Clinton, lors d'un banquet au Guildhall, à Portsmouth, pour commémorer le 50e anniversaire du débarquement allié en Normandie, 4 juin 1994 © Photoshot / Roger-Viollet

Comment le champagne, ce curieux vin chargé de gaz carbonique qui le fait d'abord mousser, puis pétiller, est-il parvenu à s'imposer comme l'attribut nécessaire de toute fête digne de ce nom ? Pourquoi l'Empereur du Japon, la Reine d'Angleterre ou le Président des États-Unis portent-ils les toasts de la fin des banquets d'État en levant généralement une coupe de champagne, tout comme le Président de la République française ou, jadis, le tsar de toutes les Russies ? Pourquoi arrose-t-on de champagne les champions de course automobile, quelle que soit leur nationalité et celle de leur écurie ? Pourquoi baptise-t-on les navires en brisant sur leur coque une bouteille de champagne ? Pourquoi offre-t-on systématiquement du champagne pour accueillir les passagers de la première classe et de celle affaires sur tous les avions, à l'exception de ceux de quelques compagnies du Moyen-Orient ? Pourquoi les amoureux de tous les pays qui ont eu vent des coutumes occidentales, scellent-ils leur union en l'arrosant de champagne, comme le proposent toutes les agences de voyage du monde entier aux jeunes mariés lors de leur nuit de noce ? N'est-il pas incroyable que les jeunes couples coréens de Séoul ou de Pusan, mariés du jour, prennent le soir même l'avion pour l'île subtropicale de Cheju, munis d'un panier empli de fleurs, de fruits, de friandises et d'une bouteille de champagne ?

Le phénomène n'est pas récent, puisqu'en 1882, l'éditeur et écrivain anglais Henry Vizetelly affirme[1] :

> Nous ne pouvons pas ouvrir une ligne de chemin de fer, lancer un navire, inaugurer un édifice public, créer un journal, recevoir un étranger distingué, inviter un politicien de premier plan à nous faire l'honneur de ses vues sur toutes choses, célébrer un anniversaire, ou promouvoir un appel spécial à la générosité envers une institution de bienfaisance, sans un banquet, et donc sans l'aide du champagne[2].

Comment ce succès universel a-t-il pu advenir ? Grâce à quelques vertus réelles et surtout au talent communicatif de ceux qui en ont parlé et en parlent, parce qu'ils l'aiment vraiment, qu'ils ont vécu de beaux moments grâce à lui, ou qu'ils en vivent, et qu'ils cherchent à le vendre. Comme il en est de toute célébration, le champagne, ce sont d'abord des mots, du rêve, du vent oserait-on dire.

« Lamotte et Cie. Reims. Champagne ; affiche », lithographie en couleur, vers 1899, Champenois imprimeur, Paris, Bibliothèque Forney © Bibliothèque Forney / Roger-Viollet

1 Henry Vizetelly, *A History of Champagne, with Notes on Other Sparkling Wines of France*, London, Henry Sotheran, 1882, p. 109, cité par Kolleen M. Guy, *When the Champagne became french*, Baltimore & London, John Hopkins UP, 2003.

2 « *We cannot open a railway, launch a vessel, inaugurate a public edifice, start a newspaper, entertain a distinguished foreigner, invite a leading politician to favour us with his views on things in general, celebrate an anniversary, or specially appeal on behalf of a benevolent institution without a banquet, and hence without the aid of Champagne* ».

Nicolas-Toussaint Charlet (1792-1845),
« Affiche publicitaire pour le champagne
Paul Forestier & Cie », XIXe siècle
© Heritage Images / Roger-Viollet

LES VERTUS DU CHAMPAGNE : UN FOND DE VÉRITÉ

Tout commence en Angleterre dans la deuxième moitié du XVIIe siècle, où l'on invente, vers 1660, le moyen de faire mousser à coup sûr le vin, qu'il soit de Champagne ou d'ailleurs, mis en bouteille, additionné de sucre et d'épices diverses. La technique perfectionne une particularité liée à la situation très septentrionale du vignoble champenois. Le froid précoce de l'automne y bloque, en effet, la fermentation qui ne repart qu'au printemps suivant et achève de transformer en alcool le sucre résiduel. Si l'on a mis le vin dans une bouteille en verre épais pendant l'hiver et que l'on a obturé hermétiquement celle-ci, le gaz carbonique émis par la fermentation demeure enfermé et le vin pétille. Les Anglais savent à cette époque fabriquer des bouteilles en solide verre noir fondu dans des fours à charbon. Celles-ci leur servent à conserver et à améliorer par vieillissement les tanniques vins de Bordeaux et de Porto qu'ils importent. Ils ont apprécié au Portugal les qualités de bouchage du liège, et c'est ainsi que le hasard leur a fait découvrir la recette du vin mousseux dont l'effervescence augmente si l'on ajoute du sucre entre les deux phases de la fermentation. Attribuer l'invention de la champagnisation à dom Pérignon relève donc d'une tentative de récupérer au profit d'un Français cette invention qui continue à si bien enrichir une région et la balance commerciale du pays[3].

Il fallut attendre 1801 pour que Chaptal comprenne ce processus[4]. Tout jeune vin pétille pendant et en fin de fermentation alcoolique, ainsi qu'au moment de la fermentation malolactique, lorsque celle-ci ne s'est pas accomplie dans la foulée de la première et intervient au printemps suivant, mais ce n'est évidemment qu'un symptôme passager, et celui-ci n'est jamais considéré comme une qualité par les amateurs de bon vin, ce qui est le contraire pour les amateurs de bière ou de cidre. Une seule exception : le champagne. Pourquoi ? Probablement en raison de ses effets euphorisants : le gaz carbonique augmente et accélère les effets de l'alcool sur le système nerveux qu'il stimule, tout au moins jusqu'à une certaine dose au-delà de laquelle il l'endort. Le sucre combat l'hypoglycémie et donne lui aussi un petit coup de fouet, tout comme les sels de potassium que l'on trouve dans le vin. Ce mélange chasse l'angoisse et dissipe d'éventuelles sensations douloureuses.

3 François Bonal, *Dom Pérignon. Vérité, légende*, Langres, D. Guéniot, 1995. Cet ouvrage décrit parfaitement la naissance du mythe de dom Pérignon.

4 *Ibid.*, p. 148-149.

Le Docteur Roques témoigne avec précision des effets physiologiques et psychologiques des vins de champagne mousseux sur lesquels se greffe tout l'imaginaire de ce vin. Il écrit en 1821[5] qu'ils

> rompent la monotonie et quelquefois l'ennui des repas qui se prolongent ; leur couleur ambrée, leur éclat, leur mousse pétillante, leur parfum, tout cela excite les sens, donne une sorte d'hilarité qui se communique rapidement comme l'étincelle électrique. À ce mot magique de champagne, les convives engourdis, blasés par la bonne chère, se réveillent : cette liqueur vive, éthérée, charmante, agite tous les esprits ; les hommes froids, graves, savants, sont étonnés de se trouver aimables.

Voilà pour l'explication scientifique. C'est évidemment très insuffisant pour comprendre l'ampleur de la notoriété du champagne et de l'admiration que lui voue la terre entière : sans l'imaginaire et le discours qui se sont greffés sur lui, il ne serait rien.

Leonetto Cappiello (1875-1942), « Champagne Vicomte de Castellane, Épernay. Retrospective 1900 », affiche en couleur, 1952 (Devambez, Paris), Paris, Bibliothèque Forney © Bibliothèque Forney / Roger-Viollet

UN VIN QUI DÉLIE LES LANGUES ET LES PLUMES

Le champagne mousseux est inventé à Londres, et c'est donc dans cette ville que sont éprouvées et appréciées pour la première fois ses vertus réelles et imaginaires, en particulier grâce au libertin Saint-Évremond (1614-1703), exilé à Londres au début de la Restauration, qui est la coqueluche des salons, et qui le met à la mode[6].

Dans *The man of mode*, une comédie légère de 1675, Sir George Etheredge place un chœur qui entonne :

> Les plaisirs de l'amour et les joies des bons vins,
> Nous les unissons sagement pour augmenter notre bonheur.
> Alors le champagne effervescent
> Ranime rapidement
> Les pauvres amants languissants.
> Il nous rend tout joyeux et gais et noie tous nos chagrins.

5 *Physiologie médicale*, 1821, cité par François Bonal, *Anthologie du champagne*, Langres, D. Guéniot, 1990, p. 182.

6 Les citations qui suivent sont toutes extraites, sauf référence particulière, du remarquable travail de François Bonal, *Anthologie du champagne*, *op. cit.*

Godfrey Kneller, *Portrait de Saint-Évremond*, XVIIe siècle, huile sur toile, Photo Philip Mould Ltd, Londres
© Leemage

En 1698, dans une autre comédie au titre suggestif, *Love and a botttle*, George Farquhar affirme que « le champagne est un bon vin que tous les dandys boivent pour avoir de l'esprit ».

Comment résister à tant de séductions ? Ce vin rend spirituel et libertin ; il fait merveille dans la célébration de l'amitié, comme de l'amour. Il « pétille » comme le font des yeux brillants, selon un vieux mot français du XVe siècle, et comme l'esprit raffiné, ainsi qu'on le dit à partir du milieu du XVIIIe siècle[7]. On ne saurait mieux l'écrire que Voltaire dans *Le Mondain* en 1736 :

Allons souper. Que ces brillans services,
Que ces ragoûts ont pour moi de délices !
Qu'un cuisinier est un mortel divin !
Cloris, Eglé me versent de leur main,
D'un vin d'Aï, dont la mousse pressée,
De la bouteille avec force élancée,
Comme un éclair fait voler son bouchon ;
Il part, on rit, il frappe le plafond.
De ce vin frais l'écume pétillante
De nos Français est l'image brillante.

Frédéric de Prusse en raffole ; il invite Voltaire à venir en boire avec lui et lui écrit de Potsdam en 1742 ce poème :

Pour soutenir notre enjoûment
  Et tout l'essor de la saillie,
  Le vin d'Aï, nectar charmant,
  Pourra nous servir d'ambroisie

Désormais sa réputation est faite d'un bout à l'autre de l'Europe et, bientôt, sur le continent américain. Mozart lui consacre un air dans son *Don Giovanni*. De passage à Milan, Casanova passe une soirée avec quelques ami(e)s en dégustant des huîtres : « Nous les arrosâmes d'une foule de bouteilles de champagne. Nous restâmes trois heures à table, buvant, chantant, plaisantant à qui mieux mieux ».

C'est, bien sûr, le champagne qui rend indiscrets les chers Bijoux de Diderot, originaire de Langres. Restif de la Bretonne n'est pas en reste ; il écrit dans ses *Tableaux de la vie*, en 1791 : « On apporta le champagne ; les propos s'égayèrent ;

7 *Trésor de la langue française.*

je me mis à l'unisson, ma voisine ne me trouva plus si étranger ;... je buvais à elle, et nous causions de fort près ». Brillat-Savarin l'apprécie hautement, en particulier lors des déjeuners sur l'herbe ou des haltes de chasse[8] : « On s'assied sur la verdure, on mange, les bouchons volent ; on cause, on rit, on plaisante en toute liberté, car on a l'univers pour salon et le soleil pour luminaire ».

Seul le tsar Pierre le Grand en abuse, sans doute après d'autres boissons : il s'enivre au champagne à Fontainebleau, lors de sa visite officielle en France en 1717. Cela n'empêchera pas tous ses successeurs d'en commander. C'est pour Alexandre II que Roederer invente, en 1876, la cuvée « Cristal », afin que la transparence de sa bouteille empêche qu'on y dissimule une bombe.

En revanche, le prince de Ligne supporte très bien l'excès : « N'aimant pas rester en arrière sur rien, j'ai souvent bu deux bouteilles et demie de vin de Champagne quand c'était à la mode dans la société de M. le duc de Chartres et puis de M. le comte d'Artois... Je n'ai jamais été ivre de ma vie ». C'est le remède auquel Louis XV a recours pour retrouver la joie de vivre comme en a témoigné le duc de Richelieu :

> C'est pour posséder le roi et le retirer de cet état de mélancolie, que les courtisans des petits cabinets avaient eu l'art d'en allonger les petits soupers et de lui faire boire, dès 1732, beaucoup de vin de Champagne. Louis XV, pendant cette humeur noire, était insoutenable ; mais un petit coup de vin le rendait joyeux, aimable éloquent.

Le roi l'aime tant qu'il commande en 1735 deux tableaux à sa gloire pour décorer de manière plaisante la salle à manger de Versailles dite « des retours de chasse ». L'un est *Le Déjeuner de jambon,* dû au pinceau de Nicolas Lancret, l'autre est *Le Déjeuner d'huîtres*, dû à Jean-François de Troy sur lequel deux serviteurs suivent des yeux un bouchon qui vient de sauter et qui est peint à un ou deux mètres au-dessus des têtes[9] !

Du coup, on prête à la Pompadour un penchant certain pour le champagne et plusieurs anecdotes qui contribuent à la légende dorée du vin pétillant. Parmi celles-ci, cette affirmation de la marquise selon laquelle c'est le seul vin qui laisse les femmes plus belles après qu'elles en aient bu. Les fameuses coupes, si mal adaptées à la conservation des bulles et à leur lente montée que seule

8 *Ibid.*, p. 197.
9 *Tables princières de Chantilly du XVIIe au XIXe siècle*, Catalogue de l'exposition présentée au Musée Condé, à Chantilly, du 16 septembre 2006 au 8 janvier 2007, *Chantilly,* n° 63, septembre 2006. Ces deux tableaux, acquis par le duc d'Aumale, sont conservés au musée Condé de Chantilly (voir ci-dessus p. 34-35).

Portrait d'Alexandre II Nikolaievitch (1818-1881), empereur de Russie, peinture anonyme de 1874, State Historical Museum, Moscou © Leemage

Maurice Quentin de La Tour (1704-1788), *Portrait de Louis XV Le Bien-Aimé (1710-1774) en armure*, XVIIIe siècle, pastel, Paris, musée du Louvre, D.A.G. © RMN / Gérard Blot

François Boucher (1703-1770),
Portrait de la marquise de Pompadour,
1756, huile sur toile, Munich, Bayerische
Staatsgemäldesammlungen, Alte
© BPK, Berlin, Dist. RMN / image BStGS

la flûte[10] permet, seraient inspirées du moulage d'un sein de la belle maîtresse du roi, remise au goût du jour d'une pratique remontant à l'Antiquité et qui accrédite l'idée de vertus érotiques du champagne.

À plusieurs reprises, au XIXe et au XXe siècle, la Champagne a été envahie par des Européens venus de l'Est. Les caves ont été à chaque fois pillées par les armées conquérantes célébrant leur victoire, mais les Champenois n'ont jamais eu à le regretter, car de bonnes habitudes avaient été prises et, à chaque fois, les commandes s'accrurent considérablement une fois la paix revenue. Brillat-Savarin affirme[11] que les Alliés ont vidé sans les payer 600 000 bouteilles de chez Moët en 1815, mais que le propriétaire des lieux « s'est consolé de cette perte énorme quand il a vu que les pillards en avaient gardé le goût, et que les commandes qu'il reçoit du Nord ont plus que doublé depuis cette époque ». On estime à près de 2 millions le nombre des bouteilles bues dans les mêmes conditions par les Prussiens entre 1870 et 1872.

La parade de Vertus qui réunit, le 10 septembre 1815, 200 000 soldats alliés en présence du tsar Alexandre Ier, de l'empereur d'Autriche, du roi de Prusse et de Wellington, donne lieu à un banquet de 300 couverts préparé par Carême. 1 900 bouteilles de champagne Moët sont bues à cette occasion par la fine fleur de l'aristocratie européenne, des amateurs déjà éclairés qui ne pourront plus s'en passer…

Outre la joie et l'amour, le champagne inspire également des sentiments identitaires et patriotiques ou francophiles. Il est au fil de son histoire devenu un symbole attachant de la France, tant pour les Français eux-mêmes que pour les étrangers[12]. Il fait partie des icônes du pays, à côté d'autres denrées alimentaires (la baguette de pain, les croissants, le fromage, quelques autres vins), des productions de certains couturiers, maroquiniers, parfumeurs, de certains chanteurs populaires et acteurs de cinéma, des châteaux de Versailles et de la

10 Les verres en forme de flûte ont été d'abord utilisés en Angleterre dès le XVIIe siècle : voir Jean-Pierre Devroey, *L'Éclair d'un bonheur. Une histoire de la vigne en Champagne*, Paris, La Manufacture, 1989, p. 168.

11 Anthelme Brillat-Savarin, *Physiologie du goût* (1825), nouv. éd., Paris, Julliard, 1965, p. 271.

12 Kolleen M. Guy, *When the Champagne became french*, *op. cit.*

« Portrait de Anthelme Brillat-Savarin, magistrat, gastronome et écrivain français (1755-1826) », gravure de Bertall de 1840, dans *La Physiologie du goût* (1826), Paris musée Carnavalet © Photo Josse/Leemage

Page de titre de *La Physiologie du goût* de Anthelme Brillat-Savarin, illustrée par Bertall, Paris, 1840 © Leemage

Jean Anthelme Brillat-Savarin (1755-1826) est le plus grand gastronome français de la fin du XVIIIe et du début du XIXe siècle. Il n'a publié son œuvre la plus célèbre, fruit des recherches, expériences et réflexions de toute sa vie, que deux mois avant sa mort. C'est la célèbre *Physiologie du goût, ou méditations de gastronomie transcendante : ouvrage théorique, historique et à l'ordre du jour, dédié aux gastronomes parisiens par un Professeur membre de plusieurs sociétés littéraires et savantes* (Paris, 1825).

On lira avec humour son célèbre passage :

« Le docteur Corisant, qui était fort aimable quand il voulait, ne buvait que du vin de Champagne frappé de glace. Aussi, dès le commencement du repas, et pendant que les autres convives s'occupaient à manger, il était bruyant, conteur, anecdotier. Au dessert, au contraire, et quand la conversation commençait à s'animer, il devenait sérieux, taciturne, et quelquefois morose.

De cette observation, et de plusieurs autres conformes, j'ai déduit le théorème suivant : "le vin de Champagne qui est excitant dans ses premiers effets (est initio) est stupéfiant dans ceux qui suivent (in recessu)" ».

Jean-Robert Pitte voit en lui « le chantre du mariage vins-mets », qui recommande de servir le champagne frappé. Pour Brillat-Savarin, nous dit-il, « le champagne se boit en toutes circonstances [et ses] effets stupéfiants dus au gaz carbonique sont, somme toute, mineurs ». Parmi ses vertus ou bienfaits, il faut noter qu'il « agrémente les haltes de chasse ». Mais aussi qu'il « permet de patienter avant le repas, ce que font les Anglais de l'auberge de Monteron qui attendent leur gigot rôti que Brillat-Savarin est en train de vider de son jus afin d'y brouiller des œufs » (1). Enfin, « il accompagne délicatement la dinde truffée ».

Jean-Pierre Poussou

1. *Physiologie du goût...*, p. 337.

Loire, des Champs-Élysées, de la Sorbonne, etc. Aussi, la diffusion mondiale du champagne et le lien étroit qu'il entretient avec toutes les célébrations font-elles beaucoup pour la notoriété de la France et contribuent-elles d'évidence à amplifier son rayonnement économique, politique, culturel.

D'abord aristocratique, il est devenu bourgeois au XIXe siècle et, désormais, il est associé aux célébrations exceptionnelles des classes moyennes de nombreux pays du monde[13]. Pour faire rêver celles-ci, il importe d'habiller les bouteilles

13 Et même les bourgeois aux idées sociales et politiques avancées. C'est pour cela que les Anglais parlent de *Champagne left*, là où les Français disent « gauche caviar » : voir Laurent Joffrin, *La Gauche caviar*, Paris, Robert Laffont, 2006, p. 10.

Affiche de Leonetto Cappiello (1875-1942) pour le champagne Damery à Épernay © Roger-Viollet

de champagne de la manière la plus aristocratique possible. Aujourd'hui, les maisons rivalisent de talent pour conditionner leur vin dans des bouteilles personnalisées, imitées de modèles anciens ou au contraire très modernes, habillées de collerettes dorées ou argentées, comme le sont aussi les étiquettes couvertes de cordons rouges, d'aigles, d'armoiries, de couronnes, de cachets, d'étoiles et autres symboles d'un monde disparu[14]. Acheter du champagne, c'est en faire partie, comme se croient un peu membres du gotha les acheteurs de la presse spécialisée dans la vie des têtes couronnées.

UN IMMENSE TALENT PUBLICITAIRE AU SERVICE DU MYTHE

Un tel prestige résulte d'un effort commercial soutenu, et a besoin d'être entretenu. Au savoir-faire œnologique incontestable doit répondre un sens du « faire-savoir » constamment renouvelé. Les maisons de champagne dépensent depuis toujours des sommes très élevées au service d'une habile communication, mais celle-ci est bien entendu payée, en fin de compte par le consommateur. C'est exactement la même chose avec la mode ou les parfums. Leur coût intègre celui de campagnes publicitaires aussi onéreuses que talentueuses. Christian Barrère en dégage bien les fondements[15] : « Un bien de luxe n'est pas un bien "naturellement" ou "intrinsèquement" de luxe. C'est un bien perçu comme bien de luxe et cette perception est fondée sur l'image d'une particularité, d'une "distinction", d'un "écart" par rapport aux biens "normaux", "nécessaires" ».

Une analyse des publicités de champagne parues ces dernières années dans la presse permet d'établir l'ample registre des thèmes utilisés. En voici quelques-uns qui ont comme points communs le luxe et le raffinement :

– *Le rafraîchissement* que procure une boisson frappée. Une photo figure une bouteille couverte de buée et baignant dans un seau à glace ou juste sortie de celui-ci : Henriot, Perrier-Jouët (qui utilise une bouteille peinte de fleurs en relief, reproduction d'un modèle art nouveau), Dom Ruinart (le seau est en argent, lui aussi couvert de buée), Billecart-Salmon (de la buée, mais pas de seau ; en revanche, le logo de la maison est associé à un commentaire : « Signe d'exception »), Moët & Chandon (la bouteille semble plonger dans

14 C'est la même corde sensible que font vibrer les Bordelais avec les châteaux qui, bien souvent, n'existent que sur l'étiquette, ou les maisons de Cognac avec leurs flacons précieux.

15 Christian Barrère, « Le champagne ou la création d'un produit de luxe. Économie appliquée », *Problèmes économiques*, 17 décembre 2003, p. 26.

Bouteille de champagne Heidsieck, modèle haut de gamme pour l'exportation © Leemage

Bouteille de champagne dom Pérignon, œnothèque, vintage 1966, Royaume-Uni, 11 avril 1966, photo Gretel Ensignia © TopFoto / Roger-Viollet

une eau qui éclabousse de l'or), Mumm (au contraire, la bouteille jaillit de l'eau comme un dauphin), Bollinger (subtilement, le muselet et la capsule de la bouteille fermée sont couverts de bulles qui s'y accrochent sous l'eau).
- *La légèreté.* Nicolas Feuillatte (un héron jonglant avec un muselet placé à la pointe de son bec et un texte qui invite à l'évasion : « Épernay-New York-Ailleurs »), Moët & Chandon Brut impérial rosé (une pluie de pétales de rose autour d'une bouteille et le texte : « La nuit est rose »).
- *Le mystère.* Une légère fumée s'échappe du goulot de la bouteille que l'on vient de déboucher : Piper-Heidsieck (avec la mention « Maison fondée en 1785 »), Moët & Chandon (avec le texte « éphémère depuis 1743 »).
- *La simplicité minimaliste.* Ayala (seulement les cinq lettres rouges de la marque en biais sur une page blanche et en bas à droite une toute petite image du siège-château de la maison), Veuve Clicquot Ponsardin (le prolongement du paraphe de la signature de la célèbre veuve en forme de bouteille se terminant par un muselet en cours de détorsion), Montaudon

Affiche publicitaire pour le champagne Pol Roger, début XXe siècle, illustration de Gaspar Camps (1874-1942) © Bianchetti/Leemage

et Jacquart (une flûte pleine montrant les bulles s'élevant depuis la pointe), mais aussi Taittinger (des notes de musique mêlées aux bulles (avec le texte : « L'instant Taittinger. Notes subtiles de Chardonnay et de Pinots »).

– *Le luxe des lieux de dégustation.* Taittinger Comtes de Champagne (six verres taillés de Bohême, couleur grenat, formant une haie d'honneur à une bouteille, comme dans un palais), Billecart-Salmon (photo noir et blanc de la terrasse d'un grand restaurant en été avec des bouteilles qui rafraîchissent et le texte « Billecart-Salmon way of life. Un champagne, un style, une vie »), Henriot (une table dressée sous un arbre, un laquais en livrée allumant les chandelles d'un lustre accroché à une branche et le teste « Depuis Mil Huit Cent Huit »), Pol Roger (les avant-bras vêtus de noir et les mains gantées de blanc d'un remueur en action dans une cave accompagnés du texte : « Depuis 1849, Excellence et Indépendance »).

– *La fortune.* Taittinger (Les glaçons d'un seau sont remplacés par de gros diamants et un texte mentionne : « L'instant Taittinger. Faites qu'il dure une éternité »), de Saint Gall (la bouteille est accompagnée d'un somptueux collier d'or et de perles fines), Pol Roger (la bouteille est au milieu d'un collier, simple jonc vert à gauche, rivière de diamants à droite et le texte « Le bonheur n'est pas un rêve. Il se révèle avec Pol Roger »), Gosset (la bouteille est environnée de fines feuilles d'or. Le texte mentionne : « La plus ancienne Maison des Vins de la Champagne : Aÿ 1584 »).

– *Le pouvoir.* Louis Roederer (une photographie d'une salle austère du conseil d'État, avec : cheminée, boiseries, colonnes de marbre, fauteuils précieux rangés autour d'une table ronde, une bouteille et trois flûtes sur la table et un texte d'anthologie qui aurait ravi Pierre Bourdieu : « L'Esprit des lieux. Sagesse, décision, modération. Tel est l'esprit de ces lieux où l'on confère avec pondération. Ici dans cette salle du Palais Royal règne le sens suprême de la responsabilité, de la discrétion et du devoir. Là ont toujours été les premiers, ceux qui, d'une manière ou d'une autre, façonnent notre temps. Là est Brut Premier signé Louis Roederer, le champagne rare, presque secret, une cuvée réservée dès sa naissance aux hommes et aux femmes d'exception. Brut Premier désigne les moments et les lieux privilégiés de ceux qui savent célébrer sans tapage, savourer sans excès, triompher sans mépris »).

– *Le voyage, l'exotisme.* Moët & Chandon (deux statues de fétiches africains, pas de bouteille et le texte : « Sous le signe de Moët & Chandon. Photographié au bar du Cabaret, 2, Place du Palais Royal 75001 Paris »), Mumm (la lagune de Venise au crépuscule, une gondole et son gondolier, un cordon rouge barrant la photo et le texte : « Champagne ! »), Mumm encore (un lit somptueux, des masques de carnaval posés dessus, une grande traînée de peinture rouge sur le tout, un guéridon avec une bouteille ouverte et trois flûtes, ainsi qu'un texte : « Mumm est servi à l'hôtel Danieli, Riva Degli Schiavoni 4196, 30122 Venise »), Nicolas Feuillatte (un bateau à aubes du Mississipi voguant sur le fil de fer d'un muselet), Charles Heidsieck (une bouteille accrochée à un ruban de soie et allant baptiser la coque d'un yacht luxueux, avec le texte : « Quelle que soit la valeur de ce yacht éclatant, il est criminel de maltraiter ainsi une bouteille de Charles Heidsieck. Un si grand champagne, élaboré à partir de grands vins qu'on a laissé mûrir pendant de longues années, mérite une autre fin. » C'est la seule publicité témoignant d'un peu d'humour au deuxième degré).

– *La femme, l'érotisme.* Ruinart (une femme vêtue d'une longue robe noire, dos très décolleté, sur un balcon de château, regardant un paysage brumeux de montagnes arrondies, une flûte de champagne à la main), Deutz (une bouteille de sa cuvée « Amour de Deutz » face à la sculpture d'un petit cupidon souriant du XVIIIe siècle), Pommery (dans un genre sado-masochiste : une main de femme aux ongles longs et vernis de couleur bordeaux, pressant rageusement une grappe de raisin blanc dont coule sur son bras un jus bleu), Piper-Heidsieck (autre publicité sado-masochiste montrant la bouteille de cette marque habillée d'un corset de skaï rouge lacé, signé Jean-Paul Gautier), de Castellane (deux grains de raisin aux formes suggestives et un sarment dressé qui s'en approche)[16].

16 Ces trois dernières publicités sont parmi les plus extravagantes, la dernière n'étant pas immédiatement perceptible comme torride…

« Moët & Chandon / Champagne White Star », affiche publicitaire pour Moët & Chandon, réalisée en 1899 par Alfons Mucha (1860-1939), lithographie en couleur, Champenois imprimeur © akg-images

Affiche publicitaire pour le champagne Morlant, par J. Stall, début XXe siècle © Leemage

Affiche publicitaire pour le champagne Louis Royer, fin XIXe siècle © Leemage

Publicite pour le champagne Henkell Tocken, début XXe siècle © Selva/Leemage

– *Le terroir*. C'est le thème le plus rarement utilisé, tout comme celui du paysage viticole champenois. Seuls les récoltants-manipulants s'y réfèrent parfois. On le comprend aisément, car même en se regroupant (campagne « Les champagnes de vignerons »), ils ne disposent pas des moyens financiers des grandes maisons qui appartiennent à des groupes financiers puissants. Leur seul moyen de se distinguer est de jouer sur l'affirmation, somme toute originale, que le champagne est un vin blanc provenant d'une région particulière qui se caractérise par des paysages, un climat, une société vigneronne, des travaux manuels, etc. Une autre marque, Devaux, utilise l'expression : « L'excellence d'un terroir », mais ce texte s'inscrit sur un fond blanc qui figure une flûte pleine et une étiquette de la marque. Krug est la seule grande maison qui joue sur le terroir, mais c'est à propos de sa production la plus confidentielle et la plus onéreuse (450 euros la bouteille…), le « Clos-du-Mesnil », qui provient d'une petite parcelle enclavée au cœur du village du Mesnil-sur-Oger.

Manquent aujourd'hui certains thèmes que la littérature des XVIIe-XIXe siècles avait largement développés : l'esprit de la conversation, l'humour, la légèreté et la joie de vivre, le badinage amoureux. Le choix de les évacuer ne laisse pas d'intriguer, en particulier si l'on tente la comparaison avec les campagnes publicitaires du secteur de la mode ou des parfums qui ne se privent pas de séduire les jeunes - et les moins jeunes qui veulent le rester - par un humour volontiers coquin, voire très érotique. Où est passé l'esprit des publicités du début du XXe siècle ? Henri Abelé en a réutilisé une de 1900 pour l'an 2000. Elle représente le dessin en couleurs d'une charmante grisette prenant un bain de champagne que versait dans sa baignoire son protecteur trois fois plus âgé qu'elle. Tous deux ont une flûte pleine à la main et s'amusent comme des fous. Les campagnes actuelles du champagne font preuve de beaucoup de talent, mais elles sont presque toutes étonnamment sérieuses. Serait-ce le signe d'une inquiétude des financiers qui possèdent les grandes maisons ? Est-ce parce que si les publicités provoquaient les sourires, les consommateurs ne dépenseraient pas aussi facilement la somme non négligeable qui est nécessaire à l'acquisition d'une bouteille de champagne, même bas de gamme ?

« Le champagne servi à la table royale en 1840 », affiche publicitaire pour le champagne Delbeck « Fournisseur de l'ancienne cour de France », fin XIXe siècle © Leemage

Affiche publicitaire pour le champagne Chauvet, réalisée par J. Stall © GAMMA

Affiche publicitaire pour le champagne Taittinger représentant une main gantée tenant une flûte à champagne. Reproduction effectuée dans les collections de la société Taittinger en novembre 1994 © GAMMA

TROISIÈME PARTIE

Le champagne, une histoire franco-allemande

POUR UNE HISTOIRE FRANCO-ALLEMANDE DU CHAMPAGNE

Werner Paravicini
Institut historique allemand de Paris

Pour la rentrée 2005, *Le Monde* a publié, sous la date du 2 septembre, et par la plume de Michel Bettane et Thierry Desseauve, *Le Guide du vin 2005*, dont un chapitre traite, naturellement, du champagne. En tout, 34 maisons ont l'honneur d'une citation, dont pas moins de sept portent des noms à consonance germanique : Bollinger, Deutz, Charles Heidsieck (les maisons Heidsieck Monopole et Piper-Heidsieck ne sont pas mentionnées), Krug, Mumm, Roederer, Taittinger : un bon cinquième, et parmi elles des maisons particulièrement renommées. Ce fait passe presque inaperçu en France qui considère le roi des vins pétillants comme un fleuron du patrimoine purement national. Il l'est, sans aucun doute. Mais cette identité n'a pas toujours été aussi nette. En vérité, derrière cette participation, derrière ces noms qui, pour la plupart, ne sont plus des maisons, mais des marques, se cache toute une histoire. Car, comme on a pu le lire dans les journaux, rares sont les maisons qui ont gardé leur indépendance jusqu'à nos jours. Ainsi, le 22 juillet 2005, Taittinger a été repris par la société américaine d'investissement Starwooe Capital[1], mais a très vite repris son indépendance, ce qui est également le cas de Bollinger et de Roederer[2].

1 Charles Heidsieck et Piper-Heidsieck faisaient partie du groupe Rémy Cointreau jusqu'au début juillet 2011 ; Heidsieck Monopole de Vranken Pommery ; Krug appartient, depuis 1999, à Moët-Hennessy, groupe LVMH, Mumm à Pernod Ricard. – Source : *Le Monde* du 28 juin et du 4-5 septembre 2005. En ce qui concerne Taittinger, la famille a cependant réussi à racheter son activité champagne (en délaissant l'hôtellerie) avec l'aide du Crédit Agricole du Nord-Est : *Le Monde* des 18 avril, 24 et 31 mai 2006.

2 Deutz a été reprise par Roederer en 1993 ; le fait de la reprise est mentionné dans *Le Monde* du 18 décembre 2002. Pour les débuts de la maison Roederer, qui attend toujours, comme tant d'autres, son historien, voir Antoine-Marie Roederer, *La Famille Roederer, de 1676 à 1790*, Paris, Firmin-Didot, 1849. En 2007, le dernier président « famillial » de la maison Bollinger, Ghislain de Montgolfier, a été remplacé par Jérôme Philipon, réorganisateur de Coca-Cola Europe et extérieur à la famille, *Le Figaro* des 18 et 19 octobre 2008.

Je me serais peut-être limité à l'aperçu du fait curieux que représentent ces noms allemands, s'il n'y avait eu, le 3 octobre 1998, jour de la fête nationale allemande, une présentation du Land de Bade-Wurttemberg à l'Hôtel de Beauharnais, résidence de l'ambassadeur d'Allemagne à Paris. À cette occasion, la maison badoise Geldermann, vins mousseux, distribua un tract expliquant l'histoire de l'entreprise. Voici ce qu'il raconte : en 1830, William Deutz et Peter Geldermann, tous deux originaires de la ville d'Aix-la-Chapelle, ancien chef-lieu de département, fortement imprégnée de présence française, vinrent, en tant qu'acheteur de vins, en Champagne, puis s'y installèrent, y fondèrent, à Aÿ, en 1838, la maison Deutz & Geldermann, et firent fortune[3]. « Lorsque les exportations en Allemagne devinrent de plus en plus difficiles du fait de l'augmentation des taxes douanières »[4], dit le tract, « Alfred Geldermann, fils de Peter, créa [en 1903], une succursale à Haguenau, en Alsace », qui était à l'époque une province allemande ; « nous sommes donc après 1871 et la guerre franco-prussienne dont nous saisissons ici les conséquences ». « Lorsque, après la première guerre mondiale, l'Alsace échut à la France », dit encore le tract, « il fallut ramener l'entreprise en Allemagne. Aussi la société s'installa en 1924 dans la ville badoise de Breisach, où elle se trouve encore actuellement ». En fait, l'entreprise de Haguenau avait été confisquée du côté allemand et vendue à la maison de vins mousseux Georges Geiling à Bacharach, elle-même confisquée à Reims du côté français, et devenue une *Sektkellerei* allemande[5], puis restituée, et finalement abandonnée[6]. Le tract continue :

> À la suite du décès en 1987 de Jean Lallier, arrière-petit-fils du fondateur de l'entreprise [sa fille Marie avait épousé René Lallier], les Caves Deutz à Aÿ, et Geldermann à Breisach, se séparèrent juridiquement et économiquement. Le fils aîné, René-James Lallier, dirige aujourd'hui l'entreprise familiale traditionnelle de Breisach [...]. Afin de marquer la philosophie de la maison

3 Voir dans ce volume le texte de Bärbel Kuhn, ainsi que Nicolas de Rabaudy et Jacques Bonnet, *Deutz. L'ascension d'un champagne symbole*, Paris, Éditions 2M, 1988 ; Helmut Arntz, *Von Sektmarken, Champagnefamilien und der Trinkkultur* (*Schriften zur Weingeschichte*, 114), Wiesbaden, Gesellschaft für Geschichte des Weines, 1995, p. 71-80.

4 Voir ci-dessous, note 52.

5 Ainsi H. Arntz, *Von Sektmarken, Champagnefamilien und der Trinkkultur*, *op. cit.*, p. 79-80. – Une *Sektkellerei* est une maison de vins mousseux.

6 Voir Georges Clause, « Les Allemands et le champagne au XIXe siècle : hommes et techniques », dans Sylvette Guilbert (dir.), *La Champagne, terre d'accueil : de l'Antiquité à nos jours*, Nancy, Presses universitaires de Nancy, 1994, p. 139-155, p. 151 ; N. de Rabaudy et J. Bonnet, *Deutz. L'Ascension d'un champagne symbole*, *op. cit.*, p. 34-35, p. 54-55 ; H. Arntz, *Von Sektmarken, Champagnefamilien und der Trinkkultur*, *op. cit.*, p. 79-80.

de Breisach, la marque du Sekt[7] a été attachée, le 15 septembre 1994, au seul nom de la société allemande, Geldermann.

On peut ajouter que René-James Lallier habite Colmar, et que son frère, André Lallier, dirigea la maison Deutz à Aÿ jusqu'en 1996. Geldermann appartient maintenant au groupe allemand Rotkäppchen, qui a son siège à Freyburg-sur-l'Unstrut, en Saxe-Anhalt, où, sans discontinuer, au temps de la RDA, était produit, à partir des crus des rives de la Saale, un vin mousseux qui a résisté aux tempêtes économiques de la réunification[8].

Ce qui c'est passé, au cours de 150 ans environ, c'est le passage de l'ouverture à l'exclusion, puis, à un certain degré, en sens inverse, de l'exclusion à l'ouverture. Cette histoire est comme un miroir des relations franco-allemandes aux XIXe et XXe siècles. Il est d'autant plus étonnant qu'elle n'ait jamais encore été traitée en détail, ni pour chaque maison, ni surtout dans une perspective générale. Helmut Arntz a réuni, en 1995, quelques informations sur les maisons Heidsieck, Bollinger, Mumm et Deutz & Geldermann[9]. Le seul article faisant le tour du problème est, à ma connaissance, celui de Georges Clause, paru en 1994[10]. Il

---

7 « Vin mousseux ».

8 H. Arntz, *Von Sektmarken, Champagnefamilien und der Trinkkultur, op. cit.*, p. 74, 80 ; *ibid.*, *Frühgeschichte des deutschen Sektes,* t. V, *Zweiter Firmenteil*, Wiesbaden, Gesellschaft für Geschichte des Weines, 1988 p. 8-15 ; *ibid.*, *Die Geschichte der Sektkellerei Kloss & Foerster 1856-1948, Rotkäppchen 1948-1994*, Wiesbaden, Gesellschaft für Geschichte des Weines, 1994. Rotkäppehen a également acquis la branche allemande de Mumm : voir Matheus Muller, *Frankfurter Allllgemeine Zeitung* du 26 avril 2006. – Voir ci-dessous, note 26, et, pour la Saxe : H. Arntz, *Frühgeschichte des deutschen Sektes, op. cit.*, t. V, p. 6-8 ; Ingrid Zeidler, « Aus der Geschichte eines Weinanbaugebietes. Deutsch-französische Zusammenarbeit : Die Champagne in der Hoflößnitz », *Sächsische Landesstelle für Museumswesen,* 6, Chemnitz, 1999, p. 7-8. – René-James Lallier est resté *geschäftsführender Gesellschafter* de Geldermann : voir la publicité dans la *Frankfurter Allllgemeine Zeitung* du 25 janvier 2002, qui donne son portrait.

9 H. Arntz, *Von Sektmarken, Champagnefamilien und der Trinkkultur, op. cit.* - Naturellement, les grandes synthèses contiennent des informations : voir Roger Dion, *Histoire de la vigne et du vin en France des origines au XIXe siècle*, Paris, Doullens, 1959 ; Marcel Lachiver, *Vins, vignes et vignerons. Histoire du vignoble français*, Paris, Fayard, 1988 ; François Bonal, *Le Livre d'Or du champagne*, Lausanne, Grand-Pont, 1984 ; *ibid.*, *Anthologie du champagne. Le champagne dans la littérature universelle. Textes choisis et annotés,* Langres, D. Guéniot, 1990. – Voir Helmut Arntz, *Vom vin de Champagne mousseux zum Champagne A.O.C. Das erste Jahrhundert 1660-1760*, Wiesbaden, Gesellschaft für Geschichte des Weines, 1996 ; Jean-Pierre Devroey, *L'Éclair d'un bonheur : une histoire de la vigne en Champagne*, Paris, La Manufacture, 1989 ; Georges Clause et Éric Glatre, *Le Champagne, trois siècles d'histoire*, Paris, Stock, 1997.

10 G. Clause, « Les Allemands et le champagne au XIXe siècle : hommes et techniques », art. cit. L'auteur utilise notamment les dossiers de naturalisation et des passeports des Archives départementales de la Marne. Il dit expressément, p. 152, qu'il s'agit « de pages qui devraient n'être qu'une incitation à une recherche approfondie ». Il ignore malheureusement tous les travaux de Helmut Arntz (hors commerce, il est vrai).

UNE EXPLICATION DE L'IRRUPTION DES ALLEMANDS EN CHAMPAGNE

Le début du XIXe siècle est marqué par une irruption des Allemands en Champagne et ces derniers vont prendre une place considérable dans le négoce et la vinification. L'Allemagne d'alors n'était pas unifiée, et les pays de la Rhénanie ou de l'Allemagne du Sud étaient dans la clientèle économique ou culturelle de la France. Arrivent en masse des négociants de bonnes familles, des stagiaires qui viennent chez nous se familiariser avec les affaires, des voyageurs de commerce, des comptables, des tonneliers ou des cavistes. Ils se placent dans le négoce existant et, souvent après leur mariage, créent leurs propres affaires. Ils usent dès qu'ils le peuvent des possibilités de naturalisation – seule la famille Mumm fera exception. Pourquoi cette émigration multiple et de qualité ? [...] Les Allemands, viticulteurs dont les raisins mûrissaient mal, ont été amenés à sucrer leurs vins ; ils ont dû y constater des fermentations secondaires provoquées. Et voilà pourquoi ils ont pu découvrir que le vin effervescent qu'ils appellent *sekt* était une particularité intéressante, dont ils ont apprécié le goût, puisque le Conseil général de la Marne se souvenait, en 1822, d'un goût des Allemands du Sud pour le vin mousseux. Ont-ils eu envie de faire mousser eux-mêmes des vins issus de raisins mieux mûris que ceux de leurs vignobles ? Et de venir du même coup dans cette France où un proverbe disait qu'on y vivait "heureux comme Dieu" ?

Georges Clause, préface à François Bonal, *Dom Pérignon, vérité et légendes,* Langres, Dominique Guéniot, 1995, p. 20-21.

faudrait d'ailleurs descendre au-dessous des très grandes marques et des chefs de maison pour voir si l'engagement d'Allemands ne s'y retrouve pas car on en trouve des indices[11].

En observant le triomphe des vins français, il faut cependant garder en mémoire que, très longtemps, jusqu'en plein XIXe siècle, le vin blanc du Rhin, le Riesling en particulier, était coté en Allemagne, beaucoup plus haut que celui, rouge, de Bourgogne ou de Bordeaux[12] : « à Leipzig, en 1863, dans la Cave d'Auerbach, fameux depuis le Faust de Goethe, le Johannisberg coûtait quatre 'Thaler', un Château Margaux seulement un »[13]. De nos jours, un retour de la France au Riesling allemand peut cependant être observé[14].

---

11 Ainsi la maison Bricout & Delbeck, reprise en 2003 par Vranken Monopole associé à Moët & Chandon, donc LVMH (*Le Monde* du 21 août 2003).

12 Sur ces frères ennemis, voir Jean-Robert Pitte, *Bordeaux Bourgogne. Les passions rivales*, Paris, Hachette, 2005.

13 Christian von Hiller, « Der Wein muß schmecken und Gewinn abwerfen », *Frankfurter Allgemeine Zeitung* du 24 décembre 2003. – Voir aussi Werner Paravicini, « Jenseits von Brügge. Norddeutsche Schiffer und Kaufleute an der Atlantikküste und im Mittelmeer in Mittelalter und Früher Neuzeit », dans Eckhard Müller-Mertens (dir.), *Konzeptionelle Ansätze der Hanse-Historiographie*, Trier, Porta-Alba-Vert, 2003, p. 69-114, p. 89 ; ainsi que l'article de Rolf Sprandel dans ce même volume. Ce grand écart n'est cependant plus confirmé par l'étude de Philipp Roudié (dans ce volume) qui constate, pour 1795, des prix comparables pour le Bourgogne (£16), le Bordeaux (£18), et le vin du Rhin, avec cependant une légère avance pour ce dernier (£18/19).

14 Daniel Deckers, « Ein Winninger in Paris », *Frankfurter Allgemeine Zeitung* du 17 mars 2005.

L'APPRENTISSAGE DES ALLEMANDS EN CHAMPAGNE

Le champagne pose le même problème que l'origine de l'héraldique au XIIe siècle : naissance parallèle ou rapide diffusion en Rhénanie à partir de la France ? Georges Clause soutient fermement la première thèse : « Le *sekt* est en réalité parfaitement contemporain du champagne »[15]. Cela reste à vérifier. Les fréquents séjours de jeunes apprentis allemands en Champagne et le prestige supérieur de la « méthode champenoise » font plutôt pencher pour la seconde hypothèse. Il semble pourtant que des Allemands aient eu leur part dans l'élaboration et le perfectionnement des techniques[16] : « il reste remarquable que le champagne, qui a pu naître au XVIIe siècle par une fantaisie de lords anglais, a reçu, au XIXe siècle, le concours d'Allemands, techniciens méthodiques et chercheurs méticuleux, pour devenir le symbole d'une joie de vivre à la française », écrit Georges Clause[17]. Les premiers traités allemands concernant la production de vins mousseux datent d'ailleurs de 1810-1811 et de 1826, et ont pour auteur Johann Max. Jos. Funcke, apothicaire à Linz sur le Rhin[18]. La plus ancienne maison allemande de vins mousseux en Allemagne fut la maison Kessler à Esslingen sur le Neckar, fondée en 1826; elle est entrée en insolvabilité seulement en 2004[19]. En 1844, elle avait 43 maisons en Allemagne et en Suisse[20].

15 G. Clause, « Les Allemands et le champagne au XIXe siècle : hommes et techniques », art. cit., p. 143 ; *cf.* p. 153 : « une existence séculaire parallèle ».

16 *Ibid.*, p. 143, 153. – Si la paternité de la vinification mousseuse reste une hypothèse, on peut leur attribuer la table de remuage (Anton von Müller), le dégorgeage après gélification des goulots (Heinrich Abele), des mélanges de crus insolites (Édouard Werlé), des vins aux caractéristiques stéréotypées (Julius von Mumm).

17 *Ibid.*, p. 153.

18 Helmut Arntz, *Champagner-Vorspiel*, Wiesbaden, Gesellschaft für Geschichte des Weines, 1984, t. II, p. 6, 45-52 ; *ibid.*, *Frühgeschichte des deutschen Sektes,* t. I, *Erster Quellenteil*, Wiesbaden, Gesellschaft für Geschichte des Weines, 1987, p. 22-38 ; *ibid.*, *Erster Firmenteil*, 1987, t. II, p. 70-72 (sa propre « maison de champagne »). – Pour les premiers textes et maisons en Allemagne, voir en outre et en général : *ibid.*, t. III, *Erster Archivteil,* 1987 ; t. IV, *Zweiter Quellenteil,* 1988 ; t. V, *Zweiter Firmenteil,* 1988 ; t. VI, *Dritter Quellenteil,* 1989. – Sur Johann Philipp Bronner, qui publia, à la suite de son voyage en France en 1836, son livre *Weinbau und Weinbereitung in der Champagne*, Heidelberg, Winter, 1840, suivi de *Die Teutschen Schaumweine für die teutsche Weinzucht und teutsche Weintrinker*, Heidelberg, Winter, 1842, voir : Fritz Schumann (que je remercie pour l'envoi de ce travail), *Der Weinbaufachmann Johann Philipp Bronner (1792-1864) und seine Zeit*, Wiesbaden, Gesellschaft für Geschichte des Weines, 1979, en particulier p. 20-21, p. 27-28, p. 37, et H. Arntz, *Frühgeschichte des deutschen Sektes, op. cit.*, t. VI, p. 20-37. – Le guide de Bronner en Champagne était un fils de Matheus Müller, alors au service de la maison Mumm : la marque « MM » à Eltville existe toujours.

19 *Frankfurter Allgemeine Zeitung* du 24 décembre 2004 : « Traditionsreiche Sektkellerei Kessler in der Insolvenz ». – Voir, pour la maison Kessler, H. Arntz, *Frühgeschichte des deutschen Sektes, op. cit.*, t. II, p. 5-15.

20 D'après J. Robin, H. Arntz, *Frühgeschichte des deutschen Sektes, op. cit.*, t. I, p. 3 ; t. II, p. 2 ; t. IV, p. 48-67.

NAISSANCE D'UNE MAISON FRANCO-ALLEMANDE DE CHAMPAGNE : BOLLINGER[1]

Établissement Bollinger à Aÿ © Bollinger

La naissance de la maison Bollinger est particulièrement intéressante car elle montre comment un allemand immigré, Joseph-Jacob-Placide Bollinger, né en 1803, venu en 1822, a réussi à s'intégrer et à monter dans l'échelle sociale, en bâtissant sa fortune sur le champagne et son négoce, au point d'épouser en 1837 Louise-Charlotte de Villermont, fille d'Athanase-Louis-Emmanuel Hennequin, comte de Villermont, dont la famille, qui produisait déjà un vin mousseux exporté vers l'Angleterre au XVIIIe siècle, était installée à Aÿ, dans le vignoble champenois, depuis 1650.

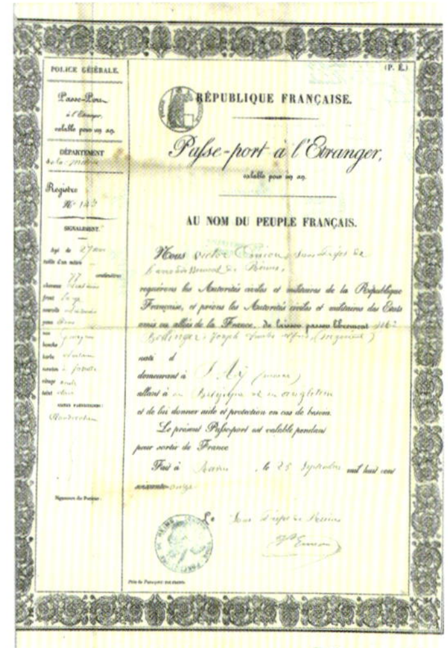
RÉPUBLIQUE FRANÇAISE.
Passe-port à l'Étranger,
AU NOM DU PEUPLE FRANÇAIS.

Passeport français de Joseph Bollinger © Bollinger

Né dans une famille d'un certain rang social, puisque son père était officier de justice de la couronne de Wurtemberg et sa mère d'une famille de petite noblesse, le jeune homme, qui se fit appeler plus tard Jacques-Joseph-Placide, était un cadet sans fortune. Il put entrer dans la maison de négoce d'un autre allemand, Antoine Müller, né en Bavière, ancien chef de cave de madame Clicquot, et époux d'une demoiselle Ruinart. Bollinger devint son représentant pour l'Allemagne du Sud et les Pays-Bas. La chance voulut qu'en 1829, Villermont ayant souhaité développer ses ventes, créa une société – qui ne devait pas porter son nom pour des raisons de statut social – dans laquelle entrèrent Bollinger et l'un de ses collègues chez Müller-Ruinart, Paul Renaudin. Grâce à l'action de Bollinger, le succès de la nouvelle maison « Renaudin, Bollinger et Cie » fut rapide, ce qui facilita sans doute son mariage, déjà cité, avec mademoiselle de Villermont, alors âgée de vingt ans. Ses deux fils, Joseph et Georges, étendirent le domaine familial et devinrent les fournisseurs de nombreuses maisons royales et princières européennes. Pour sa part, le fondateur fut naturalisé en 1854. Il vécut jusqu'en 1884.

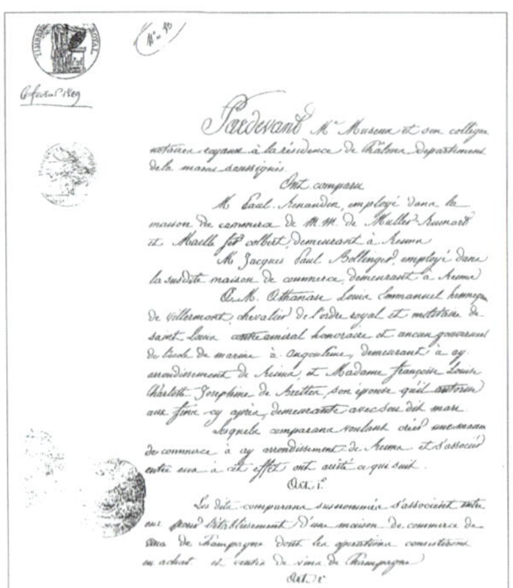
Pardevant

Acte de fondation de Champagne Bollinger © Bollinger

Paul Renaudin s'était retiré au bout de quelques années, mais son nom resta sur l'étiquette.

Jean-Pierre Poussou

1 Le présent texte a été élaboré à partir de la notice « Champagne Bollinger » de Wikipédia, et du livre de Cyril Ray, *Histoire d'un grand vin de Champagne : Bollinger*, Paris, Taillandier, 1983, p. 65-70.

Cour d'honneur de la maison Bollinger à Aÿ © Bollinger

BOLLINGER CLUB

La vogue en Grande-Bretagne du champagne Bollinger lui valut d'être un acteur essentiel d'un des plus célèbres romans anglais de la première moitié du XXe siècle : *Decline and Fall*[1] d'Evelyn Waugh (1903-1966), paru en 1928. C'était son premier roman, mais il assura aussitôt sa célébrité. Il s'agit d'une satire sociale de la haute société britannique dont l'intrigue part d'un incident survenu à un étudiant du *Scone College* d'Oxford, Paul Pennyfeather, un boursier issu d'une petite école publique à caractère ecclésiastique. Le héros malgré lui revenait à bicyclette d'une réunion de la *Ligue of Nations Union,* lorsqu'il se trouva bien involontairement mêlé à la réunion du *Bollinger Club,* dont il ignorait totalement l'existence.

Le *Bollinger Club* était en effet un club très fermé, auquel appartenaient seulement des membres de la plus haute élite sociale, que réunissait un dîner annuel. Enfin, sur le principe, car souvent la réunion annuelle se passait de telle manière qu'il fallait renoncer, pendant un laps de temps variable, à la suivante. C'est ainsi que lorsque Pennyfeather s'y trouva mêlé, il n'y avait pas eu de dîner du *Bollinger Club* depuis trois ans, parce qu'au cours du précédent un « renard avait été amené dans une cage et battu à mort à coups de bouteilles de champagne » ! Pennyfeather échappa fort heureusement à un tel sort – ce qui permet au roman de se dérouler, deuxième occurrence heureuse –, mais il fut détroussé de ses pantalons, obligé de parcourir le collège dans cet appareil et exclu pour « indécence ». Après toute une série d'aventures, il réussit à revenir à Oxford, s'y trouva lors d'une autre réunion du *Bollinger Club*, mais, instruit par sa première expérience, il se garda bien, cette fois, d'y faire intrusion, et, laissant les membres du club à leurs réjouissances bruyantes, « il éteignit la lumière et alla dans sa chambre pour dormir ».

Bien entendu, le collège est aussi fictif que le *Bollinger Club*, encore que celui-ci ait été imaginé sur le modèle de véritables clubs d'Oxford, tout spécialement le *Bullingdon Club*, essentiellement tory[2], le but du roman étant la satire des classes privilégiées anglaises – y compris dans le choix du renard, qui vise les célèbres *fox huntings* – et de l'ascension sociale. Elle est extrêmement mordante. Mais le choix du champagne Bollinger témoigne de la renommée de celui-ci outre-Manche, de sa qualité aussi car le *Bollinger Club* est particulièrement fermé et réservé aux « meilleurs ». On peut ajouter que la renommée de Bollinger en Angleterre reste considérable : le très grand club de rugby de la capitale, les *London Wasps*, est sponsorisé par Mentzendorff qui est le seul importateur et distributeur de Bollinger dans le Royaume-Uni ; la marque de champagne est donc associée aux grands événements de ce club, et les photographies qui en gardent le souvenir comportent toujours des bouteilles de Bollinger.

Jean-Pierre Poussou

1 Depuis 2001, il en existe une très commode édition récente, avec notes et commentaires, chez Penguin Books.

2 Dans un article du *Point* consacré au leader tory, David Cameron, il est indiqué que le *Bullingdon Club* est « un cercle élitiste au sein duquel les manières de hooligan sont la règle : beuveries, saccages et autres fièvres du samedi soir ». - Voir Yves Cornu et Frédérique Andréani, « Cameron, le Tony Blair de droite », *Le Point*, 25 mars 2010, p. 64-69.

En tout cas, les Allemands disposent de réseaux de relations dans le vaste espace germanique et de l'avantage de parler en Europe de l'Est la *lingua franca* qui pour beaucoup, à ce jour, est l'allemand. Roederer devient fournisseur de la cour de Russie[21], mais Bollinger réussit le même exploit

21 Voir Jean-Luc Barbier, *Le Champagne dans la Russie des Tsars*, Reims, CRDP, 1976 ; René Gandilhon, « Commerçants, vignerons et tonneliers champenois en Russie au cours du XIXe siècle », *Les Cahiers du monde russe et soviétique,* 13, 1972, p. 502-613.

en ce qui concerne la cour d'Angleterre[22]. En 1838, en même temps qu'il établit sa maison, William Deutz ouvre, un bureau de vente à Berlin, dirigé par Alwin van Amelunxen : il ne peut y avoir réussite dans le champagne sans publicité et sans relations suivies de commerce. Un seul exemple, en sens inverse : Robert Schlumberger – qui en 1878 s'associe à Edler von Goldeck – fait son apprentissage chez Ruinart à Reims et en devient le patron ; après son mariage autrichien, il fonde les vins mousseux de Vöslau en Autriche[23].

DES CHAMPENOIS EN ALLEMAGNE

Deux remarques : d'abord, les stations thermales d'Ems, de Wiesbaden, de Schwalbach ou de Kissingen, très à la mode, attirent les Roederer, Krug, Werlé et d'autres qui, tout naturellement, y font de la publicité pour leurs produits et y gagnent de nouveaux clients. Il y a des séjours d'apprentissage et de langue, tout comme autrefois, à l'époque de Napoléon Ier. On peut cependant citer l'exemple d'un chef de cave d'Avize qui quitte la France pour exercer son métier à Mayence : Louis Charles Lemière-Cholet. Les relations avec Mayence ont toujours été denses : en 1869, Arthur Bricout, directeur technique chez de Venoge à Épernay, épouse Maria Magdalena Constance Kupferberg, appartenant à une famille dont le nom résonne encore de nos jours[24]. Plus tard, il s'associe pour sa propre maison avec Charles Koch de Heidelberg, propriétaire, depuis 1820, du château d'Avize[25]. En 1834, Karl Anton Tesche fonde, avec son beau-fils Auguste Remy Ruinart, de Reims, une maison à Coblence[26]. Le plus important parmi les Champenois actifs en Allemagne est certainement Jules Robin ; il est le parrain de la maison

---

22 Cyril Ray, *Histoire d'un grand vin de Champagne : Bollinger*, *op. cit.*

23 H. Arntz, *Frühgeschichte des deutschen Sektes*, *op. cit.*, t. V, p. 15-29.

24 Voir *ibid.*, t. V, p. 29-38 ; Wilhelm Treue, *Christian Adalbert Kupferberg, 1824-1876*, Mayence-Berlin, Florian Kupferberg Verlag, 1975 ; Dieter Wurdak, « Das Pracht-Souvenir der Expo Paris 1900: Kupferberg holte damals mit dem „Traubensaal" ein ruhmvolles Jugendstil-Meisterwerk von Bruno Möhring nach Mainz », *Vierteljahreshefte für Kultur, Politik, Wirtschaft, Geschichte*, 20, 2000, fasc. 3, p. 97-103.

25 G. Clause, « Les Allemands et le champagne au XIXe siècle : hommes et techniques », art. cit., p. 148.

26 Helmut Prößler, « Die Anfänge der Champagnerherstellung in Koblenz durch Karl Anton Tesche und Remy Auguste Ruinart », *Landeskundliche Vierteljahrsblätter*, 37, 1991, p. 15-18.

J. Rambs Sohn, à Trèves, en 1830 ; de Mappes, Lauteren & Dael, à Höchst, puis Mayence ; de F. Kehrmann, à Coblence, en 1839 ; en 1856, d'une maison à Freyburg-Unstrut ; en 1865, d'une autre à Naumburg[27].

LA FONDATION DE MAISONS ALLEMANDES EN CHAMPAGNE

Louis Roederer commence en 1776. Heidsieck le suit en 1780. Depuis 1777, Florens-Ludwig ou Florent Heidsieck, né à Borgholzhausen près de Bielefeld, est à Reims, mais en tant que drapier, combinaison qui se trouve également aux origines de la maison Ruinart, et de Veuve Clicquot-Ponsardin[28]. À partir de 1834, ses trois neveux fondent les trois maisons que nous connaissons encore de nos jours[29].

Les trois fils de Peter Arnold von Mumm, membre d'une famille anoblie de commerçants de Francfort, fondent, en 1827, la maison P. A. Mumm, Giesler & Co. à Reims, en association avec G. Heuser et le rhénan Friedrich Giesler. Julius s'établit en 1852 à son propre compte[30], et c'est cette marque qui a survécu[31]. Joseph-Jacob-Placid Bollinger, originaire d'Ellwangen, en Souabe, s'établit, en 1829 (Renaudin-Bollinger) ; en 1822, il avait été apprenti et voyageur pour la maison Müller & Ruinart ; Anton Müller était un Bavarois[32]. Deutz et Geldermann arrivent à Reims en 1838; auparavant, ils avaient été représentants de la maison Bollinger. Johann-Joseph Krug, de Mayence, s'établit en1843,

27 H. Arntz, *Von Sektmarken, Champagnefamilien und der Trinkkultur, op. cit.*, p. 13 ; *id.*, *Frühgeschichte…, op. cit.*, t. II, p. 23-27 ; t. IV, p. 48-67 ; *ibid.*, *Die Geschichte der Sektkellerei…, op. cit.*, p. 7-12 ; Berthold Prößler, « Ein Mitbegründer der rheinischen Sektherstellung in Trier und Koblenz: Jules Robin (1795-1875) », *Landeskundliche Vierteljahrsblätter*, 39, 1993, p. 209-212.

28 Voir Michel Étienne, *Veuve Clicquot-Ponsardin. Aux origines d'un grand vin de Champagne*, Paris, Economica, 1994 ; Dominique Barjot (dir.), *Les Patrons du Second Empire*, Paris, Picard, 1991-2006, vol. 8 ; Gracia Dorel-Ferré et Denis McKee (dir.), *Les Patrons du Second Empire : Champagne-Ardenne*, Paris, Picard, 2006, p. 164-166 ; Tilar J. Mazzeo, *Veuve Clicquot. Die Geschichte eines Champagner-Imperiums und der Frau, die es regierte*, Hamburg, Hoffmann und Campe Verlag, 2009.

29 G. Clause, « Les Allemands et le champagne au XIXe siècle : hommes et techniques », art. cit. – Voir le texte de Nicolas Vergne, dans ce volume ; H. Arntz, *Von Sektmarken, Champagnefamilien und der Trinkkultur, op. cit.*, p. 44-58.

30 G. Clause, « Les Allemands et le champagne au XIXe siècle : hommes et techniques », art. cit., p. 146-147.

31 H. Arntz, *Von Sektmarken, Champagnefamilien und der Trinkkultur, op. cit.*, p. 66-69. – Pour cette maison voir François Bonal, *Champagne Mumm : un champagne dans l'histoire*, Paris, Arthaud, 1987. La somptueuse *Villa Mumm* à Franckfort-le-Main existe toujours, bien qu'abritant maintenant l'Office fédéral de cartographie et de géodésie : voir *Monumente Magazin für Denkmalkultur in Deutschland*, t. 17, 2009, n° 7-8, p. 28-31.

32 H. Arntz, *Von Sektmarken, Champagnefamilien und der Trinkkultur, op. cit.*, p. 59-65.

230

Affiche publicitaire pour le champagne Jules Mumm & Co., Reims, 1895, lithographie en couleur de Maurice Realier-Dumas (1860-1928), Bibliothèque des arts décoratifs, Paris
© Archives Charmet / The Bridgeman Art Library

G. H. MUMM & CIE : SOUS LE SIGNE DU CORDON ROUGE !

C'est en 1827 qu'est fondée à Reims par l'association de deux hommes d'affaires, G. Heuser et F. Giesler, et de trois frères, Jacobus, Gottlieb et Philipp Mumm, la société P. A. Mumm, Giesler & Cie, attachant à la marque les initiales du prénom de Peter-Arnold Mumm, le père des trois frères, qui possède, depuis 1761, une activité de production et de vente de vins à Cologne. Comme leurs compatriotes et plus ou moins contemporains, Florens-Louis Heidsieck, Jacob Bollinger ou William Deutz, ils ont compris, forts de leur savoir-faire dans le domaine des vins, tout le potentiel commercial du champagne dans les régions germaniques et au-delà.

Joseph Faverot (1862-?), *L'Ivresse du Polichinelle*, 1884, Polichinelle buvant du champagne, collection Mumm à Reims
© Bianchetti/Leemage

En 1853, Georges-Hermann Mumm, fils de Gottlieb, prend en main la destinée de la maison qui devient G. H. Mumm & Cie. Il agrandit rapidement ses caves et achète des vignes. Profitant de l'expansion des exportations de champagne sous le IIe Empire, il ouvre de nouveaux marchés, repoussant les frontières de la distribution de son champagne. Il comprend surtout combien la force de l'image est au service de ses ventes en créant le fameux « Cordon Rouge ».

Cette lumineuse idée serait venue du père de l'agent parisien de la maison[1] : « Décorez donc de la Légion d'honneur vos bouteilles, aurait-il dit à Georges-Hermann Mumm, vous les vendrez bien mieux ! » La boutade est concrétisée et le 16 novembre 1876, dénomination et étiquette sont enregistrées au tribunal de commerce de Reims. Si le cordon rappelle le ruban de feu de l'ancien Ordre royal et militaire de Saint Louis, connu sous l'Ancien Régime comme le cordon rouge, il évoque surtout le Grand cordon de la Légion d'Honneur que portent les présidents de la République. Peu pratique, le véritable cordon de soie initial est remplacé, en 1883, par une étiquette ornée d'un lettrage doré « Cordon Rouge » sur une large bande rouge diagonale. La bande deviendra verte, en 1907, pour différencier les champagnes demi-secs, et le double cordon, rouge et vert, singularisera le sec en 1924[2].

L'élan est donné. Ainsi, au début du XXe siècle, la maison G. H. Mumm compte une vingtaine de filiales à l'étranger, notamment dans les principaux pays que sont les États-Unis, la Russie et le Canada mais aussi le Brésil et le Pérou. De 1879 à 1913, les volumes écoulés sont multipliés par six, passant de 600 000 bouteilles à 3 000 000. La maison associe alors sa marque aux exploits des premiers aviateurs et crée le « prix des Aéronats » en 1909.

En 1914, n'ayant pas obtenu la nationalité française, Hermann Mumm est interné en Bretagne comme d'autres Allemands exerçant leur activité en France. Il y reste jusqu'à la fin du conflit. La société, mise sous séquestre, le 28 décembre 1914, est gérée par Georges Robinet, collaborateur d'H. Mumm, et en 1920, l'État met en vente, par adjudication, les biens et marques de fabrique de la société qui sont acquis par la société Optorg. Georges Robinet reste à la tête de l'entreprise et préside à sa reconstruction.

1 Jean Watin-Augouard, *Histoire des marques*, Paris, Eyrolles, 2006, p. 511-514.
2 En 2001, la bouteille est dotée d'un nouvel habit, le deuxième depuis 1876 ! Si l'étiquette est toujours traversée de son cordon rouge, la coiffe affiche désormais une belle couleur dorée, et reprend en grandes lettres rouges la signature « Mumm » sur toute la gamme : Jean Watin-Augouard, *Histoire des marques*, Paris, TM Ride, Éditions d'Organisation, 2001.

En 1939, René Lalou devient président de la maison et reste à ce poste, pendant 34 ans, jusqu'en 1973, avec un intermède durant l'Occupation où la maison retrouve un Mumm à sa tête ainsi que la nationalité allemande. À la Libération toutefois, la société recouvre son identité française, René Lalou réorganise la maison, reconstitue ses stocks, étend son vignoble et développe ses ventes. Il donne également son nom à une prestigieuse cuvée.

Chapelle Foujita à Reims © Sylvain Sonnet/Corbis

Ami et parrain du peintre Foujita après sa conversion au christianisme, René Lalou fait bâtir une chapelle près de l'hôtel Mumm en 1965-1966. Délaissant ses thèmes favoris pour des thèmes religieux, Foujita consacre les dernières années de sa vie à la création de la chapelle Notre-Dame-de-la-Paix, connue sous le nom de Chapelle Foujita. Il trace les plans, dessine les ferronneries, les vitraux et les sculptures, décore l'intérieur de dessins sur verre et de fresques éblouissantes qui évoquent le Nouveau et l'Ancien Testament, sans oublier le champagne avec la gracieuse Notre-Dame-des-Vendanges. Inaugurée le 18 octobre 1966, la chapelle est ensuite offerte à la ville de Reims par la maison Mumm.

En 1955, le groupe canadien Seagram prend une participation dans le capital de Mumm puis devient majoritaire en 1972. La société est cédée, en 2000, à Allec Domecq, groupe lui-même acquis, en 2005, par Pernod Ricard, numéro 2 mondial des vins et spiritueux.

Claire Desbois-Thibault

après avoir travaillé, depuis 1834, pour la maison Jacquesson & Fils à Châlons-sur-Marne qu'il quitte alors pour Reims[33].

Il faut rappeler que cette implantation en Champagne n'est nullement singulière : pensons aux Schröder & Schÿler, qui sont à Bordeaux depuis 1739 – et qui sont actuellement alliés par mariage aux Krug[34] –, ou à la firme alsacienne Louis Eschenauer, qui est aux Chartrons depuis 1821. La question se pose également pour le cognac. En tout cas, LVMH, Domecq, Pernod-Ricard, Rémy Cointreau, Baccardi y ont beaucoup acheté de nos jours[35]. On peut faire le même constat pour le bourgogne.

33 Voir le texte de Marc Schalenberg, dans ce volume.

34 Christine Krug a épousé Jean-Henri Schÿler. – Voir John Arlott, *Krug House of Champagne*, London, David-Poynter, 1976, p. 201. Pour les travaux concernant la maison Schröder & Schÿler, voir W. Paravicini, « Jenseits von Brügge... », *op. cit.*, p. 88, note 138.

35 Christian von Hiller, « In Frankreich haben es die Cognace-Häuser am schwersten », *Frankfurter Allgemeine Zeitung* du 29 janvier 2004 ; Jean-Pierre Poussou, « Les maîtres du Cognac », *L'Histoire*, 273, février 2003, p. 74-78.

ROEDERER, UNE PRESTIGIEUSE MAISON FAMILIALE

Louis Roederer Ier (1809-1870)
© Champagne Louis Roederer

Louis Roederer II (1845-1880)
© Champagne Louis Roederer

L'histoire de la Maison commence à la fin du XVIIIe siècle avec un certain Dubois, négociant en vin. Faute d'héritier, celui-ci cède, en 1819, sa modeste société à l'un des ses associés, Nicolas-Henri Schreider qui, lui aussi sans enfant, la transmet, en 1832, peu de temps avant sa mort, à son neveu, Louis Roederer (1809-1870).

Comme nombre de négociants de l'époque, ce dernier la rebaptise de son propre nom avec l'intention d'en faire une grande maison et une marque prestigieuse. Il est vrai que, dès le début, la maison Roederer s'appuie sur la qualité de ses vins pour consolider sa renommée. Doté d'un esprit visionnaire, Louis Roederer se lance dans une vaste politique d'acquisition de vignobles choisis dans les meilleurs crus de la Montagne de Reims, de la Vallée de la Marne et de la Côte des Blancs. Fin 1850, il détient déjà 130 hectares de vignes.

Suivant une pratique fréquente dans le commerce du champagne, il embauche, en 1836, un voyageur suédois, Hugues Kraft, qui part à la conquête de la Russie. Il n'est pas le seul... Mais, en 1876, c'est la consécration : l'intendant du Tsar Alexandre II demande à Louis Roederer junior (1845-1880), associé depuis 1869, de lui adresser sa cuvée préférée dans un flaconnage spécial, transparent et à fond plat. C'est la naissance du mythique Cristal ! La Maison vend alors 2 500 000 bouteilles.

Mais, en 1880, le décès de Louis Roederer junior, âgé de 35 ans et sans descendance, ouvre un tournant dans le parcours familial de la Maison. Celle-ci est, un temps, gérée par Jacques Olry, époux de Léonie, sœur de Louis. À la mort de Léonie en 1887, c'est son fils Léon (1869-1932) qui reprend l'affaire et obtient, ce qui n'est pas unique en Champagne, le droit d'accoler le nom de sa mère, Roederer, à celui de son père, Olry, signe évident d'un souci de pérennité recherchée et de l'impact du patronyme, synonyme de marque.

L'époque est difficile : phylloxéra, seconde guerre mondiale, révolution russe et prohibition partielle ou totale menacent l'entreprise. Lorsque Camille Olry-Roederer, l'épouse de Léon, reprend les commandes à la mort de son mari, en 1933, la maison est au bord de la faillite. Depuis 1876, les ventes n'ont cessé de chuter jusqu'à environ 250 000 bouteilles. Or, cette femme de caractère, multipliant les voyages d'affaires et les relations mondaines, redresse la situation tout en bénéficiant d'une meilleure conjoncture économique en Champagne à partir de la décennie 1950. Les ventes remontent progressivement jusqu'à 750 000 bouteilles.

En 1967, son petit-fils, Jean-Claude Rouzaud, entre dans l'entreprise familiale. Il en prend les commandes en 1979. Après des débuts difficiles, ce dernier s'impose et développe la maison qui s'est diversifiée avec des participations ou des acquisitions dans d'autres affaires viticoles : le champagne Deutz, la maison Demas en Côtes du Rhône, les Domaines Ott en Provence, le prestigieux Château Pichon Longueville Comtesse de Lalande, deuxième grand cru classé bordelais, la maison de porto Adriano Ramos Pinto et un vignoble en Californie, Roederer Estate, producteur de *sparkling wine*.

Aujourd'hui la Maison est pilotée par Frédéric Rouzaud qui a pris, en 2006, la suite de son père.

Claire Desbois-Thibault

L'IMPLANTATION FAMILIALE ET L'ASCENSION SOCIALE

Il semble que les familles immigrées se sont, pour la plupart, rapidement intégrées, et n'ont pas demandé autre chose. Elles s'intègrent d'abord par le mariage : Florent-Louis Heidsieck épouse Agathe Perthois ; Jean-Joseph Krug prend pour femme Emma Anne Jaunay, belle-sœur d'Adolphe Jacquesson ; Jacques-Joseph-Placide Bollinger s'allie, en 1837, à Louise Charlotte de Villermont, héritière du vignoble – Jacques fut souvent appelé Bollinger de Villermont, mais cet anoblissement ne se fit finalement pas[36] – ; William Deutz contracte mariage avec Arsène d'Aragon, fille d'un percepteur à la particule auto-attribuée, tandis que Pierre-Joseph-Hubert Geldermann épouse Clarisse Paul, fille d'un boulanger[37]. Il y a ascension sociale, mais point intégration dans la noblesse, qui réussit cependant aux « comtes » Chandon (de Briailles), par exemple[38].

DES FRANÇAIS, DES ALLEMANDS ?

Naturalisations

Ces immigrés se font généralement français, d'une manière plus ou moins rapide : Florent-Louis Heidsieck, en 1790 déjà ; en 1818, Henry Louis Walbaum, son neveu ; à leur suite d'autres – Heidsieck, Piper, Kunkelmann[39] –, viennent et se font naturaliser. « Étonnante efflorescence de la descendance de Florent Heidsieck, qui épouse parfois des Françaises, mais qui attire toujours de nouveaux associés allemands qui deviennent rapidement Français », écrit Georges Clause[40]. William Deutz saute le pas en 1846[41], Joseph Krug, en 1848, Joseph-Jacob Placid *alias* Jacques-Joseph-Placide Bollinger, en 1854.

36 C. Ray, *Histoire d'un grand vin de Champagne : Bollinger*, *op. cit.*, p. 68-70.

37 N. de Rabaudy et J. Bonnet, *Deutz. L'Ascension d'un champagne symbole*, *op. cit.*, p. 25.

38 Claire Desbois-Thibault, *L'Extraordinaire Aventure du champagne : Moët & Chandon, une affaire de famille (1792-1914)*, Paris, PUF, 2003, p. 214-216. Les titres comtaux ne sont pas français, mais toscans et romains. – Voir Dominique Barjot (dir.), *Les Patrons du second Empire*, *op. cit.*, vol. 8, p. 158-163. Il faut souligner en passant qu'ils ont été bibliophiles, et que leur bibliothèque a récemment été vendue, voir *L'Armorial Le Breton*, Paris, E. de Boos, 2004, p. 21-22.

39 Voir Raphël Bonnedame, *Notice sur la Maison Kunkelmann & Cie à Reims et Épernay*, Épernay, R. Bonnedame, 1895.

40 G. Clause, « Les Allemands et le champagne au XIXe siècle : hommes et techniques », art. cit., p. 144-145.

41 N. de Rabaudy et J. Bonnet, *Deutz. L'Ascension d'un champagne symbole*, *op. cit.*, p. 18 (reproduction de l'acte de naturalisation).

Il y eut cependant une exception : les membres de la famille Mumm ne se firent jamais naturaliser. En 1914, la filiale de leur maison, ainsi que la filiale de la maison Henckel de Mayence à Reims, furent donc mises sous séquestre. Pourtant, Hermann von Mumm n'avait pas fui et il avait, comme les autres patrons des grandes maisons de Champagne, promis à la municipalité des sommes d'argent considérables pour aider les familles des mobilisés. Il fut assigné à résidence en Bretagne, mais doucement traité : les autorités locales manifestaient de la sympathie pour les entreprises allemandes. Mais, par ordre du gouvernement, la firme Mumm, confisquée, fut vendue à un repreneur français ; pourtant la marque ne disparut pas, et les anciens droits de propriété ne furent pas oubliés[42].

La montée des nationalismes

Il est connu que, jusqu'en 1840, le nationalisme n'a pas vraiment empoisonné les relations franco-allemandes, encore moins les relations entre la Champagne et la Rhénanie. Il est alors intéressant d'observer le comportement en temps de crise.

LES CRISES FRANCO-ALLEMANDES (1) : LES GUERRES NAPOLÉONIENNES

Cette époque nourrit des rapprochements inattendus, la Rhénanie et les villes hanséatiques faisant partie de l'Empire : ainsi, le préfet de l'Oise sous Napoléon, puis sous la Restauration, était le frère du maire de Bonn[43]. « Les rapports économiques avec le monde germanique sont tels qu'il faut en apprendre la langue et la culture : en 1809, Alexandre Fourneaux, dont le père est l'associé de Delamotte [négociant à Reims], revient d'Ulm en Bavière [Franconie], où il vient de passer deux ans », fait remarquer Georges Clause[44]. En 1814, l'armistice conclu, la veuve Clicquot fait appareiller, depuis Rouen, une frégate

42 G. Clause, « Les Allemands et le champagne au XIXe siècle : hommes et techniques », art. cit., p. 151-152, et voir ci-dessous, note 64.

43 Les frères Antoine (Bonn) et Charles Belderbusch (Oise) : G. Clause, « Les Allemands et le champagne au XIXe siècle : hommes et techniques », art. cit., p. 153, note 3, d'après Roger Dufraisse, « Les notables de la rive gauche du Rhin à l'époque napoléonienne », *Revue d'histoire moderne et contemporaine*, 18, 1970, p. 758-776 ; *ibid.*, *Grands notables du Premier Empire : Bas Rhin, Sarre, Mont Tonnerre, Rhin et Moselle, Roer*, Paris, CNRS, 1978, p. 98.

44 G. Clause, « Les Allemands et le champagne au XIXe siècle : hommes et techniques », art. cit., p. 141.

chargée de vins vers les ports de la Baltique ; son agent entretenant les relations avec l'Allemagne et la Russie, séjournant fréquemment à Reims, est le rhénan Mathieu Louis Bohne[45]. Cette maison[46] emploie, à partir de 1821, Mathieu Édouard Werlé, né à Wetzlar, naturalisé en 1835, qui devient maire de Reims et député. Bismarck l'a reçu à Reims en septembre 1870[47]. Il prit finalement la tête de la maison[48]. En tout cas, les occupations réciproques ont été une des raisons de l'expansion du champagne dans le monde.

LES CRISES FRANCO-ALLEMANDES (2) : LA GUERRE DE 1870-1871

Il y a d'abord le cas particulier des Taittinger : descendant d'une famille autrichienne enracinée en Alsace, Simon-Pierre Taittinger quitte sa Lorraine natale devant l'envahisseur et se rend à Paris, avec son fils Pierre-Alexandre, qui défend la ville l'arme à la main. La famille opte, en 1872, pour la nationalité française. Elle n'est dans le négoce du champagne qu'à partir de 1911, et fait sa percée à partir de 1931-1932, avec acquisition de la maison de négoce de vins Forest-Fourneaux, fondée en 1734, et du château et du vignoble de la Marquetterie, près d'Épernay. La famille, qui a une grosse fortune dans l'industrie et l'hôtellerie et joue un rôle politique considérable, se désengage actuellement : « Les Taittinger existaient avant le champagne, ils existeront éventuellement après », a déclaré tout récemment Claude Taittinger[49].

45 *Ibid.*, p. 142 ; Michel Étienne, *Veuve Clicquot-Ponsardin…, op. cit.*, p. 203-207 et *passim*.

46 *Ibid.*, p. 145.

47 Voir, pour cette rencontre du 11 septembre, Moritz Busch, *Tagebuchblätter*, *Graf Bismarck und seine Leute während des Krieges mit Frankreich 1870-1871 bis zur Beschießung von Paris*, Leipzig, Grunow, 1899, t. I, p. 185. – Werlé, conseiller municipal et membre du corps législatif (voir V. Diancourt, *Les Allemands à Reims 1870-1871. Aperçu historique*, Reims, F. Michaud, 1884, p. 28, 154, 158), tout décoré de la légion d'honneur qu'il était, parlait allemand : « Herr Werle spricht übrigens Deutsch, ja er ist, wie man sagte, von Geburt ein Landsmann von uns, wie mehrere von den Besitzern der großen Champagnergeschäfte hier und in der Nachbarschaft ». Ce fut d'ailleurs Auguste Walbaum (Heidsieck & Co. Monopole) qui fut élu président de la Solidarité rémoise, fondée au début de l'occupation de Reims : V. Diancourt, *Les Allemands à Reims 1870-1871. Aperçu historique*, *op. cit.*, p. 39 ; pour les interventions de Werlé, *ibid.*, p. 43, p. 57, p. 158-159 ; de Paul Delius, (Heidsieck) p. 52-53 ; de Kunkelmann, p. 57, p. 171 ; de Roederer, p. 171.

48 Causant le départ de Georg Christian Kessler ; il était né à Wetzlar ou à Hattersheim sur le Main, H. Arntz, *Frühgeschichte des deutschen Sektes, op. cit.*, t. II, p. 7-11 ; *cf.* V. Diancourt, *Les Allemands à Reims 1870-1871. Aperçu historique*, *op. cit.*, p. 28 ; D. Barjot (dir.), *Les Patrons du second Empire*, *op. cit.*, vol. 8, p. 154-157, p. 169-172, p. 173-176.

49 *Le Monde* du 28 juin 2005. *Cf.* Claude Taittinger, *Champagne par Taittinger*, Paris, Stock, 1996. Le maire Pierre Taittinger négocia avec von Choltitz le sauvetage de Paris en 1944.

En 1870, William Deutz préféra ne pas rester au pays (Reims était occupée) et s'exila comme les Kunkelmann, Hessloch, Burckhardt, Schoeneck, et beaucoup de familles de souche française[50]. À Reims, cependant, la qualité de l'accueil surprit les Prussiens qui s'attendaient au pire. Chez la propriétaire d'une des plus grosses maisons de champagne, la veuve (Louise) Pommery, il y eut même un dîner princier auquel le comte de Waldersee, le prince de Hohenlohe et d'autres personnalités allemandes de marque furent conviés. À la fin du repas, la maîtresse de maison prit la parole pour un toast :

> Vous Prussiens, vous avez enlevé les armes aux hommes de notre ville, vous brûlez et cassez nos armes, mais vous n'avez pas enlevé nos armes à nous, les femmes, et vous ne pouvez pas nous les prendre, les armes de l'amabilité, de l'hospitalité, les armes des nos yeux et de nos cœurs. Ces armes, nous voulons les employer pleinement, pour faire de vous, victorieux, des vaincus[51].

Voir Don et Petie Kladstrup, *Wein & Krieg. Bordeaux, Champagner und die Schlacht um Frankreichs größten Reichtum*, trad. Dietmar Zimmer, Stuttgart, Klett-Cotta, 2002, p. 236-237 ; éd. originale américaine : *Wine and War – The French and the Battle for France's Greatest Treasure*, New York, Broadway Basic Books, 2001 ; traduction française : *La Guerre et le vin : comment les vignerons français ont sauvé leurs trésors des nazis,* Paris, Perrin, 2006.

50 G. Clause, « Les Allemands et le champagne au XIXe siècle : hommes et techniques », art. cit., p. 146, p. 149.

51 Voir *ibid.,* p. 149-150, d'après la traduction des mémoires du chef de la Police militaire secrète de Prusse, Wilhelm Stieber, *Espion de Bismarck*, Paris, Pygmalion, 1985, p. 185 *sq.* ; le texte original allemand (qui ne mentionne ni la participation de Bismarck, ni le fait que la veuve ait parlé allemand) est dans Wilhelm J. C. E. Stieber, *Denkwürdigkeiten des Geheimen Regierungsrathes Dr. Stieber. Aus seinen hinterlassenen Papieren bearbeitet von Dr. Leopold Auerbach*, Berlin, Engelmann, 1884, p. 265-272 (citation, retraduite de l'allemand par mes soins, p. 267-268 ; p. 268-269, en note, le texte d'une déclaration de la veuve Pommery relative au texte de Stieber, publiée dans la Journal *Voltaire* du 12 avril 1883 et traduit ici en allemand) ; Stieber était logé chez la veuve, ainsi que le prince Charles de Hohenlohe. Le roi et Bismarck séjournèrent à Reims du 5 au 14 septembre, le dîner en question fut servi le 8. – Voir aussi Moritz Busch, *Tagebuchblätter, Graf Bismarck und seine Leute während des Krieges mit Frankreich 1870-1871 bis zur Beschießung von Paris, op. cit.,* p. 172-193 ; V. Diancourt, *Les Allemands à Reims 1870-1871. Aperçu historique, op. cit.*, p. 60-63 (sur les rumeurs accusant Reims de trop grande bienveillance envers l'occupant, voir aussi p. 172-174) et p. 147-153 (traduction du texte de Stieber et le texte original de la veuve Pommery de 1883). La correspondance publiée de Bismarck (notamment *Bismarcks Briefe an seine Gattin aus dem Kriege 1870/71*, Stuttgart, Cotta, 1903) ne contient rien concernant notre sujet; rien non plus dans Heinrich von Poschinger, *Bismarck-Portefeuille*, 4 vol., Stuttgart-Leipzig, Deutsche Verlags, 1898. Je remercie M. Jan Hirschbiegel (Kiel) d'avoir vérifié ce point et de m'avoir procuré des extraits de plusieurs publications rares. M. Stefan Weiß (Paris) m'a fourni de précieux renseignements et publications concernant cette affaire (voir S. Weiß, « Wilhem Stieber, Schluga von Rastenfeld und Otto von Bismarck, Zur Frügeschichte des deutschen Geheimdienstes », *Francia,* t. 31-3, 2004, p. 87-113), ainsi que Patrick Demouy (Reims). Les archives Bismarck ne semblent pas contenir de documents relatifs à notre sujet,

Les pertes dues à la guerre de 1870 en Champagne ont été estimées à 2 600 000 bouteilles, 1 880 000 à Reims et 450 000 à Épernay[52]. En général, depuis cette guerre, les relations furent tendues, même si le sens des affaires avait souvent tendance à primer sur le sentiment national. Nous avons vu comment, en 1903, la maison Deutz établit une filiale en Alsace pour profiter des taxes avantageuses frappant moins les tonneaux de vin que les bouteilles de champagne[53]. Une maison d'Épernay se procura des porteurs du nom de Roederer en Alsace, puis en Allemagne, pour exporter son vin via Luxembourg et pour lui donner, la frontière passée, la prestigieuse étiquette. Roederer entama un procès et le gagna[54].

Par ailleurs, après la victoire de 1870, il y eut, en Allemagne, une réaction de rejet du champagne devenu, pour peu de temps, il est vrai, le symbole de la décadence française. Une certaine Allemagne se croit alors obligée de boire allemand[55].

LES CRISES FRANCO-ALLEMANDES (3) : LA GUERRE DE 1914-1918

La Champagne a longuement été le théâtre des opérations. L'engagement dans l'armée française des familles de souche allemande est général : Joseph Krug II, par exemple, est gravement blessé et reste longuement en captivité. Il en revient avec une sérieuse pneumonie. Sa femme est décorée de la légion d'honneur pour son engagement pendant et après la guerre[56]. Pendant cette période, la maison Deutz & Geldermann cherche à faire oublier ses origines allemandes en se faisant appeler « Champagne Lallier–successeur de Deutz & Geldermann ». Mais elle constate alors que les ventes chutent de moitié[57]. Elle reprend le nom traditionnel, mais indique sur chaque bouteille que le propriétaire est officier français d'active[58].

---

selon le renseignement de M. Michael Epkenhans, Fondation Bismarck, Friedrichsruh, qui m'a cependant fait savoir que Bismarck se fournissait auprès du négociant Chéberry, un proche ami de Gambetta, qui réussit presque à arranger une entrevue que finalement Bismarck évita pour des raisons politiques, ce qu'il regretta plus tard. – Voir Otto von Bismarck, *Gesammelte Werke*, Berlin, Stollberg, 1924-1925, t. 8, p. 274-275, entretien avec Chéberry, en automne 1878, et t. 9, p. 329, entretien avec l'écrivain Sidney Whitman, le 2 avril 1893.

52 François Bonal, *Le Livre d'Or du champagne*, Lausanne, Grand-Pont, 1984.

53 Les vins en tonneau étaient champagnisés sur place, voir H. Arntz, *Von Sektmarken, Champagnefamilien und der Trinkkultur, op. cit.*, p. 79 ; G. Clause, « Les Allemands et le champagne au XIXe siècle : hommes et techniques », art. cit., p. 151.

54 G. Clause, « Les Allemands et le champagne au XIXe siècle : hommes et techniques », art. cit., p. 150-151.

55 Voir, ci-dessous, la contribution de Bärbel Kuhn.

56 J. Arlott, *Krug House of Champagne*, *op. cit.*, p. 156-160.

57 N. de Rabaudy et J. Bonnet, *Deutz. L'ascension d'un champagne symbole*, *op. cit.*, p. 49, 51.

58 H. Arntz, *Von Sektmarken, Champagnefamilien und der Trinkkultur, op. cit.*, p. 78-79.

Ce qui s'est passé pendant l'occupation a fait le sujet du livre important de Don et Petie Kladstrup, bien qu'écrit dans un style « grand public » : *Vin et Guerre: Bordeaux, Champagne et la bataille autour de la plus grande richesse de la France*, paru en traduction allemande en 2002[59]. Il y a une petite année, la chaîne de télévision *ARTE* a émis, le 16 novembre 2004, un documentaire d'Albert Knechtel sur « Le vin sous l'Occupation ». Détail inattendu, à ses débuts, Ribbentrop, allié à la famille Henkell[60], a été courtier en vins de champagne[61]. Otto Klaebisch étant *Weinführer* en Champagne, les forces d'occupation allemandes ont mis une main tellement lourde sur la production et les réserves qu'il fallut s'organiser. Naquit alors entre négociants et vignerons le Comité interprofessionnel des vins de Champagne qui existe encore de nos jours[62]. Il faut cependant rappeler que le comte Robert-Jean de Vogüé, chef de la maison Moët & Chandon, grand résistant, a particulièrement souffert du régime nazi[63]. En Champagne, il ne semble pas y avoir eu de collaboration de maisons « allemandes » comme il y en eut en Bordelais, en la personne de Louis

---

59 C'est celle-ci que je cite ci-dessous, note 61. Voir *Frankfurter Allgemeine Zeitung* du 23 octobre 2002, et *ibid.*, courrier du lecteur du 6 novembre 2002 (Hermann Segnitz, fils d'Adolph, *Weinführer* en Bourgogne), *cf.* D. et P. Kladstrup, *Wein & Krieg. Bordeaux, Champagner und die Schlacht um Frankreichs größten Reichtum, op. cit.*, p. 97 *sq.*

60 Voir pour cette maison, née en 1832, et, en tant que productrice de vins mousseux, en 1856, H. Arntz, *Frühgeschichte des deutschen Sektes, op. cit.*, t. V, p. 39-47.

61 G. Clause, « Les Allemands et le champagne au XIXe siècle : hommes et techniques », art. cit., p. 153 ; D. et P. Kladstrup, *Wein & Krieg. Bordeaux, Champagner und die Schlacht um Frankreichs größten Reichtum, op. cit.*, p. 83-84. – Il avait épousé, en 1920, Anna Elisabeth (Annelies), fille d'Otto Henkell ; d'abord représentant de la firme Henkell à Berlin, il y bâtit sa propre firme florissante d'importation des vins et spiritueux écossais et français et fut, entre autres, agent de la marque Pommery. – Voir Joachim von Ribbentrop, *Zwischen London und Moskau: Erinnerungen und letzte Aufzeichnungen*, éd. Annelies von Ribbentrop, Leoni am Starnberger See, 1953, p. 32 ; Michael Bloch, *Ribbentrop*, London, Batam Press, 1992 (trad. française, Paris, Plon, 1996), p. 11-14. Pour un temps, il fut aussi le représentant de Louis Eschenauer de Bordeaux, voir D. et P. Kladstrup, *Wein & Krieg. Bordeaux, Champagner und die Schlacht um Frankreichs größten Reichtum, op. cit.*, p. 113, p. 274.

62 Voir D. et P. Kladstrup, *Wein & Krieg. Bordeaux, Champagner und die Schlacht um Frankreichs größten Reichtum, op. cit.*, p. 86, p. 112 *sq.*, p. 116. – Klaebisch servit la Maison Matheus Müller et était le beau-frère de Joachim von Ribbentrop, beau-fils d'Otto Henkell : voir note précédente ; voir le texte de Jean-Pierre Husson, dans ce volume. – Voir aussi le point de vue d'un vigneron : René Launois, *De Sarajevo à Sarajevo. Propos recueillis par Alain Delaunoy*, s.l., 2003, p. 82-83 (je dois à Peter Hertner, Haale-Saale, la connaissance de cette publication hors commerce).

63 D. et P. Kladstrup, *Wein & Krieg. Bordeaux, Champagner und die Schlacht um Frankreichs größten Reichtum, op. cit.*, p. 121-125, p. 298-300. – Voir p. 198 pour la participation de la maison Piper-Heidsieck à la Résistance.

Eschenauer[64]. Mais, après la défaite de 1940, Godefroy Baron Mumm von Schwarzenstein, vêtu de son uniforme d'officier allemand, apparut sur les lieux pour reprendre la direction de ce qu'il considérait toujours lui appartenir ; cette reprise n'a pas survécu au retrait de l'armée allemande en 1944[65].

CONSTRUIRE L'IDENTITÉ DU CHAMPAGNE

Il y a cependant une deuxième histoire identitaire, liée à la première, celle du vin de champagne, du « champagne » proprement dit. Elle concerne autant l'intérieur de la France que l'étranger. En même temps, le champagne est identifié à la France elle-même, à son esprit pétillant, son raffinement du goût, son avance civilisatrice[66].

Vers l'intérieur

La législation se fait de plus en plus sévère pour exclure toute concurrence, française ou autre, par une délimitation stricte du terroir d'origine. Ce processus connaît plusieurs étapes et il n'est pas terminé de nos jours, vu l'enjeu économique de la dénomination. La guerre a fait rage à l'intérieur de la France même, autour du droit à l'appellation « champagne » et de la surface cultivée admise. En 1911, la loi « d'honnêteté » délimite déjà la Champagne viticole. La première grande loi sur la délimitation est celle de 1927 ; elle n'a pas empêché la réduction de l'aire de production, notamment dans le département de l'Aube en concurrence avec celui de la Marne[67] et aussi celui de l'Aisne autour de Charly et de Château-Thierry, qui a eu gain de cause sur le tard. L'exclusion de l'Aube avait déjà été à la racine des grèves violentes dans la région en 1909-1911, aggravées par des importations frauduleuses de vins étrangers. C'est récemment

64 *Ibid.*, p. 91-92, p. 239-240, p. 269-290. – La famille Eschenauer, négociants en vins à Strasbourg, avait pourtant quitté l'Alsace, en 1870, pour Bordeaux. Louis y naquit la même année. Il avait très tôt entretenu des relations de commerce avec Joachim von Ribbentrop, voir ci-dessus, note 60. En 1944, il intervint avec succès pour la non destruction de Bordeaux, mais ce geste, intéressé, n'a pas empêché qu'on lui fit un procès sévère après la Libération.

65 H. Arntz, *Von Sektmarken, Champagnefamilien und der Trinkkultur, op. cit.*, p. 69. – Voir ci-dessus, note 41.

66 Voir Kolleen M. Guy, *When Champagne became French. Wine and the Making of national identity*, Baltimore/London, John Hopkins UP, 2003, et, ci-dessous, la contribution de Jean-Robert Pitte.

67 François Grosrichard, « Les viticulteurs de l'Aube veulent récupérer leur part de champagne », *Le Monde* du 29 mai 2003.

seulementque l'indication « méthode champenoise », qui ornait la Clairette de Die ou le Kriter alsacien, est devenue « méthode traditionnelle », excluant ainsi tout malentendu.

Vers l'extérieur[68]

Dès la première moitié du XIXe siecle, la contrefaçon sévissait en Allemagne et ailleurs, et pas seulement parce que la langue des étiquettes était généralement française et prêtait ainsi à malentendu, Krug et Deutz appellant cependant leurs bonnes qualités *Goldlack*[69]. Kessler, à Esslingen, se disait « ancien associé de la Veuve Clicquot », et il vendit ses vins sous étiquette française jusqu'en Russie : Kessler avait effectivement travaillé chez Clicquot-Ponsardin vers 1825-1830[70]. Dès 1855, des vins produits dans le Wurtemberg, le Palatinat, la Franconie ou en Allemagne centrale, étaient vendus sous étiquette de terroirs français. Il y en eut même qui empruntaient des noms tels que Veuve Clicquot, Moët & Chandon, Jacquesson & Fils, et autres. Longtemps, les vins de Champagne en tonneaux étaient importés par trains entiers, puis champagnisés, offrant du « champagne » à des prix défiant toute concurrence[71].

Après la première guerre mondiale, la protection de la dénomination fait partie du Traité de Versailles de 1919 (§ 275)[72]. Par conséquent, l'amateur allemand est à nouveau invité à boire allemand : *Deutsche trinken deutschen Wein ;* on exige une étiquette pour le mousseux *Wagners Saar-Riesling* qui montre un guerrier Germain gardant le Rhin[73]. En 1960 encore, un traité franco-allemand renforce la protection de l'appellation contrôlée. Et le syndicat veille : en 2003, un arboriculteur souabe, élaborant à partir de ses

68 H. Arntz, *Von Sektmarken, Champagnefamilien und der Trinkkultur, op. cit.*, p. 16 *sq*.

69 J. Arlott, *Krug House of Champagne, op. cit.*, revers de la page de titre ; N. de Rabaudy et J. Bonnet, *Deutz. L'ascension d'un champagne symbole, op. cit.*, en part. p. 47 et 49.

70 G. Clause, « Les Allemands et le champagne au XIXe siècle : hommes et techniques », art. cit., p. 151 ; H. Arntz, *Frühgeschichte des deutschen Sektes, op. cit.*, t. II, p. 6-11.

71 H. Arntz, *Von Sektmarken, Champagnefamilien und der Trinkkultur, op. cit.*, p. 13 *sq* ; p. 15, reproduction d'une publicité de Henkell & Co. à Biebrich-Wiesbaden, montrant un tel train reliant Reims et le siège de la firme : *200 Waggons Champanerweine* auraient été importés entre novembre 1909 et mars 1910, secret du succès « incomparable » de la marque.

72 *Reichs-Gesetzblatt*, année 1919, n° 140 (traité de Versailles), chap. III : Concurrence déloyale : *L'Allemagne* [...] *s'oblige à se conformer aux lois* [...] *en vigueur dans un Pays allié* [...] *déterminant ou réglementant le droit à une appellation régionale, pour les vins ou spiritueux produits dans le pays auquel appartient la région* [...] ; *et l'importation, l'exportation, ainsi que la fabrication, la circulation, la vente ou la mise en vente des produits ou marchandises portant des appellations régionales* [...] *seront interdites* [...].

73 H. Arntz, *Von Sektmarken, Champagnefamilien und der Trinkkultur, op. cit.*, p. 14.

poires un vin mousseux, se voit interdire de dire son produit de *Champagner-Bratbirne* ; il a gagné en première instance, perdu en deuxième, je ne sais si son appel au *Bundesgerichtshof* lui a donné finalement raison ou pas[74]. La défense du nom est à ce point sévère que la France a consenti à un traité entre la Suisse et l'Union européenne concernant, notamment, le trafic aérien, seulement après avoir obtenu la promesse helvétique d'interdire au village « Champagne », dans le pays de Vaud, de continuer à mettre ce nom sur les étiquettes de son vin[75].

Les maisons doubles

En fin de compte, il reste peu de trace des anciennes relations. Il y a la firme G.H. von Mumm en Allemagne (*Schloß Johannisberger Weingüter*, en possession du groupe Oetker)[76], et G.H. Mumm en France. Mais ce n'est que le nom qui les unit. La maison allemande produisant du vin mousseux a été fondée à Eltville en 1922 ; elle existe toujours, et elle est de bonne renommée, jalousement surveillée par la maison française qui a obtenu l'interdiction faite à la maison allemande d'utiliser des étiquettes de couleur pour empêcher toute confusion avec le fameux Cordon Rouge[77]. Deutz & Geldermann est restée longtemps une firme authentiquement franco-allemande, en possession française, dans la main de la famille Lallier. Mais ce chapitre est également clos : dans les années 1990, il y eut d'abord la séparation en deux firmes, puis leur vente à Roederer en France, et à Rotkäppchen[78] en Allemagne.

Exceptionnellement, il y eut des achats allemands en France. En 2000, par exemple, la maison Henkell & Söhnlein, à Wiesbaden, a acquis Gratien & Meyer à Saumur, dont Alfred Gratien S. A. à Épernay. Henkell & Söhnlein fait également partie du groupe Oetker[79].

74 Alfred Behr, « Man muß auch jönne könne », *Frankfurter Allgemeine Zeitung* du 21 février 2003.
75 *Frankfurter Allgemeine Zeitung* du 10 décembre 1998 : « Kein Champagner aus der Schweiz mehr ». La lutte continue pourtant, voir la *Neue Zürcher Zeitung* des 6 et 7 octobre 2007 : « Fast wie David gegen Goliath ».
76 *Frankfurter Allgemeine Zeitung* du 24 décembre 2003.
77 H. Arntz, *Von Sektmarken, Champagnefamilien und der Trinkkultur, op. cit.*, p. 69-70.
78 Voir ci-dessus, note 7.
79 *Frankfurter Allgemeine Zeitung* du 29 septembre 2000 : « Henkell & Söhnlein erwirbt Gratien & Meyer ».

UNE FUTURE HISTOIRE CROISÉE

En somme, il faut insérer le phénomène esquissé dans le cadre plus grand des migrations allemandes, très intenses en France au XIXe siècle, phénomène qui, n'est pas, globalement, un mouvement d'élites mais de petites gens, surtout avant 1870[80]. Il peut s'expliquer par les nécessités de l'économie, mais il a aussi des aspects sociaux et culturels. Ainsi, le protestantisme des Heidsieck et des Walbaum, à Reims, qui emploient un pasteur comme précepteur de leurs enfants[81], ou le soutien que les Krug apportent au protestantisme à Reims, Épernay et Châlons-sur-Marne[82]. Georges Clause résume : « On a envie de parler pour ces années 1860-1870 d'une sorte de symbiose vinicole et commerciale entre la Champagne et les pays rhénans »[83]. C'est dans les mêmes années que naît à Reims une société de secours mutuels intitulée la *Fraternité allemande* (1869), et une société de gymnastique qui fut appelée *Germania* (1865), mais qui, vu la situation politique, prit un nouveau nom en 1869, s'intitulant désormais « Société de Gymnastique de Reims », avant de se scinder en l'« Ancienne » et la « Gauloise »[84]. Il faut se souvenir que les premières organisations allemandes à Paris datent de la même époque[85]. Á un moindre degré – mais, qu'en savons-nous ? - la relation Bordeaux – Baltique, décrite par Michel Espagne[86], doit être complétée par Reims-Rhénanie, productrice de belles archives transnationales encore inexplorées, et sujet d'utiles recherches franco-allemandes encore à entreprendre.

80 G. Clause, « Les Allemands et le champagne au XIXe siècle : hommes et techniques », art. cit., p. 150 : « la masse des Allemands est faite de manœuvres ou de domestiques ».
81 G. Clause, « Les Allemands et le champagne au XIXe siècle : hommes et techniques », art. cit., p. 143.
82 *Ibid.*, p. 147.
83 *Ibid.*, p. 148.
84 *Ibid.*, p. 149.
85 Voir Mareike König (dir.), *Deutsche Handwerker, Arbeiter und Dienstmädchen in Paris*, München, Pariser Historische Studien, 66, 2003.
86 Michel Espagne, *Bordeaux-Baltique. La présence culturelle allemande à Bordeaux aux XVIIIe et XIXe siècles*, Paris, CNRS, 1991.

Nicolas Ruinart
© Archives Ruinart

NICOLAS RUINART

Au départ, Nicolas Ruinart n'était ni un marchand de vin ni un courtier... mais un marchand de tissus[1]... En janvier 1730, il vendit une barrique de vin à des marchands de Paris et de Reims, mais ne s'adonna pas de manière sérieuse au négoce du vin avant 1733, année où il acheta une centaine de barriques, dont 66 furent essentiellement vendues à Lille... Son commerce du vin était déjà notable, mais secondaire pour lui. Ses achats étaient essentiellement locaux, effectués dans des villages se situant tous dans un cercle de dix kilomètres par rapport à Reims. Tous ces vins étaient rouges et paraissent avoir été de bonne qualité... Pendant la décennie qui suivit, ses envois fluctuèrent entre 100 et 200 barriques, essentiellement envoyées à Lille, Tournai et Mons... C'est au cours des dix années suivantes que son commerce changea totalement. Son activité de marchand de tissus diminua considérablement vers 1737 et disparut en 1739. En même temps, sans se développer beaucoup, son commerce des vins se perfectionna... Il commença à acheter des vins de la Rivière, auprès de courtiers d'Hautvillers et d'Avenay, et même un peu de vin de Bourgogne. Il continua à se comporter comme un courtier [mais eut recours pour vendre à des commissionnaires de Lille]... Puis, progressivement, il devint un courtier plus important[2]...

Alors qu'à la fin des années 1730 le volume de ses ventes ne se montait qu'à 200 barriques par an, pour un total inférieur à 20 000 livres tournois, ce qui ne faisait de lui qu'un modeste homme d'affaires, nettement en dessous de Claude Moët... au milieu du XVIIIe siècle il était devenu un important négociant achetant, vendant et même produisant[3] de grandes quantités de vin... Dans les années 1760 et 1770, il expédie chaque année 30 000 bouteilles et son marché s'étend à l'Europe entière. Ce vin en bouteilles, qui est principalement du mousseux, représente un tiers du volume de ses ventes. Le reste correspond à 200 ou 300 barriques de vin, y compris du vin bon marché vendu à des marchands locaux, alors que les bouteilles sont achetées par les clientèles citadines ou curiales de l'Europe centrale et orientale. Ces bouteilles, valant en moyenne un peu plus de deux livres pièce, étaient devenues le cœur de son négoce, le vin en bouteilles valant 3 à 5 fois plus que celui en barriques. La valeur de ses ventes avait donc quadruplé grâce au vin en bouteilles.

1 Il en est de même à Beaune où les exemples que nous connaissons de marchands de vin montrent qu'ils ont commencé à s'occuper de textiles : voir Yvette Darcy-Bertuletti, « Parizot de Boissia. Une réussite à base de vin », *Cahiers d'histoire de la vigne et du vin*, n° 5, 2005, p. 65-124.
2 Texte tiré de Thomas Brennan, *Burgundy to Champagne: The Wine Trade in Early Modern France*, Baltimore/London, John Hopkins UP, 1997, p. 49-51.
3 Il avait ses propres vignes qu'il développa.

Les crayères Ruinart inscrites au titre des « sites et monuments naturels classés »
cliché Gilles de Beauchêne © Archives Ruinart

Ce qui est le plus significatif pour comprendre le succès de sa maison de commerce, c'est que Ruinart avait fait l'investissement de mettre en bouteilles le vin de Champagne, au contraire de Moët qui ne vendait que peu de vin en bouteilles. Même s'il achetait chaque année plusieurs milliers de bouteilles de vin, la grande majorité de ses achats était du vin en barriques qu'il embouteillait lui-même. Il achetait du vin de la meilleure qualité à Aÿ, Pierry, Vertus et dans d'autres sites de la Rivière. Une partie lui en était fournie par un courtier de Aÿ, mais il l'achetait majoritairement lui-même directement auprès de producteurs comme Gosset et Pietrement. Il l'achetait surtout à la fin de l'automne, et le mettait en bouteilles au printemps, après s'être procuré 20 à 30 000 bouteilles vides[4].

C'était une entreprise risquée car la pression excessive faisait éclater de nombreuses bouteilles. Mais c'était un marché de luxe, ses ventes s'effectuant dans deux douzaines de villes d'Allemagne du Sud, une demi-douzaine de cités des Pays-Bas, à Londres et aussi à Naples. Paris comptait peu, mais son fils Claude, qui succéda à Nicolas à la mort de celui-ci en 1769, ajouta au milieu des années 1770 d'autres clients en Suède, Danemark, Pologne, Russie et Italie, avec un succès tel qu'il put dans ces mêmes années 1770 acquérir une seigneurie et un office anoblissant. Ils réussirent à acquérir et à fidéliser cette importante clientèle en n'hésitant pas à se déplacer constamment eux-mêmes[5].

Jean-Pierre Poussou

4 Texte tiré de T. Brennan, *Burgundy to Bourgogne...*, *op. cit.*, p. 265-267.
5 *Ibid.*, p. 267-268.

LES IMPORTATIONS DE VIN DE LA FRANCE OCCIDENTALE EN ALLEMAGNE AU BAS MOYEN ÂGE

Rolf Sprandel
Université de Wurzburg

Commençons par esquisser le cadre de notre sujet. L'Allemagne du Moyen Âge se divisait en deux zones de consommation de boissons de base ; dans l'une dominait la bière, dans l'autre le vin. Dans les deux zones, le vin importé de l'étranger était considéré comme la boisson supérieure, le breuvage de luxe, souvent réservé aux couches dominantes ou aux occasions festives. Le vin importé dans ce but provenait, pour l'essentiel, des pays du Sud, d'Italie ou de Grèce. Il était transporté à travers les Alpes ou, par voie maritime, vers les ports hanséatiques. Mais les ports hanséatiques étaient également approvisionnés en vin français, et, plus précisément, en vin provenant des régions côtières occidentales du pays. Ce vin alimentait essentiellement l'hinterland direct des ports. C'est seulement à l'est de l'Oder que l'on a des traces de sa diffusion dans l'arrière-pays (voir carte p. 232).

Comment étaient transportés les autres vins français, ceux de la France de l'est et du sud ? Pour les vins français en général, les voies terrestres vers Allemagne étaient, la plupart du temps, fermées par les vins alsaciens et du Rhin. Il est vrai qu'entre 1300 et 1380, une série de documents témoigne de la présence de *vinum Gallicum* en Allemagne moyenne et orientale. C'était probablement un vin français, qui accompagnait le vin d'Alsace vers l'est. Ce *vinum Gallicum* nous apparaît en tout cas comme quelque peu énigmatique

Les vins français occidentaux arrivant dans les ports hanséatiques portaient des appellations d'origine, comme la plupart des vins à cette époque. La première place était occupée par le vin du Poitou, appelé aussi vin de la Rochelle, suivi du vin de Gascogne. Le vin d'Orléans était plus rare. Le vin de Poitou est le seul des vins français que l'on rencontre déjà au XIIIe siècle dans le commerce de la mer de Nord. Il s'appelle alors vin de la Rochelle dans les coutumes de mer de Hambourg et de Lübeck. Ces coutumes ont été influencées par les Rôles d'Oléron, qui établissent un droit spécial pour les bateliers du vin, les transporteurs de vin des côtes françaises. Mais les paragraphes relatifs au vin de La Rochelle sont nouveaux dans les coutumes de Hambourg. Ils ont été ajoutés au XIIIe siècle dans des suppléments aux coutumes. En revanche, ils sont encore absents des Rôles d'Oléron, plus anciens.

Baienwein est nommé à Reval (Torun), en 1463. C'est un vin, qui provient de la baie de Bourgneuf. Cette appellation dérive d'un port du Poitou et il est donc comparable au vin de La Rochelle.

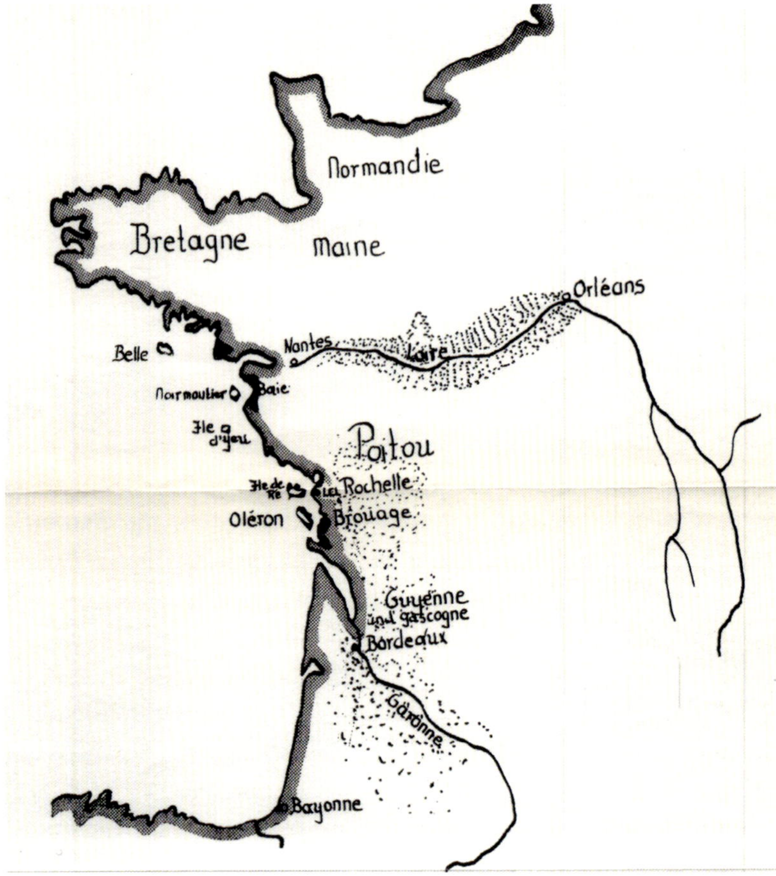

Régions viticoles sur la côte atlantique au XVe siècle, carte de l'auteur

Parmi les vins français importés déjà énumérés, le *Gernade* ou *Granatum* pose un problème. Le *Gernade* est presque identique à un vin importé d'Italie par voie terrestre. En Allemagne méridionale, il s'appellait *Vernatscher*. Initialement, le *Vernatscher* était une appellation d'origine, de Vernaccia sur la Riviera italienne. Le cépage fut importé en Espagne et en France, où il prit le nom de *Gernade*. L'appellation d'origine s'était transformée en une appellation de qualité. Cette transformation d'une appellation d'origine en appellation de qualité ou de cépage se répète pour plusieurs vins de la Méditerranée, comme par exemple le *Malvasia* (Malvoisie), originaire de Crète, mais présent partout, même en Espagne, comme cépage. Les navires hanséatiques importaient en mer Baltique divers vins d'Espagne conjointement aux vins français. Parmi ces vins d'Espagne, figurait le *Malvasia*. De même, des bateaux italiens transportaient le *Malvasia* de la Méditerranée vers Bruges, et le vendaient ensuite aux Hanséates. En 1390, le roi de Pologne octroya aux marchands allemands le privilège de transporter le *Gernade* et le *Malvasia* de la mer Baltique à l'amont des fleuves polonais, jusqu'à Cracovie.

Revenons à la côte occidentale de la France. Quels ports livraient le vin français aux Hanséates (voir carte p. 235) ? La Rochelle, pour le vin de Poitou, était le plus ancien port vinicole et il conserva cette fonction au-delà du Moyen Âge. Plus au nord, la baie de Bourgneuf dominait les exportations de vin du Poitou dans la première moitié du XVe siècle. La baie, située à la frontière méridionale de la Bretagne, appartenait au duché de Bretagne. Une série de chartes des ducs de Bretagne témoigne des relations contractuelles entre la Bretagne et les Hanséates. Après la conclusion de la paix entre la France et l'Angleterre, en 1453, Brouage, au sud de La Rochelle, remplaça Bourgneuf comme point de départ le plus important pour les vins. Les deux ports de Bourgneuf et de Brouage possédaient d'importants marais salants. Le sel était la raison principale des mouvements de bateaux hanséatiques.

Sauf quelques exceptions, le vin de Gascogne n'apparaît qu'à partir de 1453 dans les exportations hanséatiques. Après 1453, il joue un rôle majeur dans les importations de vin français en Allemagne. Soit le vin de Gascogne était vendu et acheté à Brouage avec d'autres vins, soit les Hanséates descendaient jusqu'à Bordeaux, où ils ne sont cependant que peu documentés jusqu'à la fin du Moyen Âge.

Poursuivons encore la discussion autour des appellations. En France et en Angleterre, il y avait trois sortes de vins provenant de Gascogne, le rouge, le blanc et le claret. En Allemagne, le vin de la Gascogne était presque toujours rouge. Il était le seul vin rouge bu régulièrement en Allemagne. Dans les sources allemandes, on ne parle pas, en général, de la couleur du vin. Le *ruffum Renense*, le vin rouge du Rhin, rarement mentionné, est une exception explicite. En l'absence de mention de couleur, il s'agissait de vin blanc, sauf dans le cas de la Gascogne. En ce qui concerne le claret, il est, par exemple, présent dans les comptes municipaux de Rostock dès 1381, où il provient d'une pharmacie et s'appelle en allemand *Lauter* ou *Luttertranc* ou encore *lauterer Rotwein*. Il est destiné à la cuisine en tant qu'arôme, au même titre que le *Wermut*, le *Salbeiwein*, l'*Ypocrates* et l'*Alant*. Vraisemblablement, le vrai claret de la Gascogne, connu par les Hanséates en Angleterre, entrait dans la préparation de ce vin de pharmacie. Le *Blancwein*, que l'on trouve rarement, par exemple dans des comptes saxons, semble plus proche du claret de la Gascogne. Dans le domaine de Schweinitz, on produit en 1458, 5 *Fuder* (foudres) de *Blancwein* et ½ *Fuder* (foudre) de *lauteren Rotwein*. Au contraire du *Lauterwein*, le *Blancwein* était un véritable vin, peut-être une sorte de vin rosé.

L'interprétation de l'appellation *corte wine*, « court vin » en français, est plus difficile. J'imagine un vin de peu de durée, capable d'être au chantier seulement peu de temps. Dans les sources néerlandaises du XIVe siècle, le *corte wine* devient un vin de Poitou ou un vin *van Sinte Jans* dans les traductions françaises de ces textes. Cela veut dire que le vin de Poitou devenait un « court vin », une fois arrivé en Hollande. Dans un document normatif de la ville de Brême, le *corte wine* désigne, en 1433, les vins que les bourgeois de la ville peuvent librement vendre. Parmi ces vins sont énumérés le *Malvasia* et le *Romania*. Nous lisons dans des documents de Reval (Tallinn), en 1394, que le *corte wine* serait le vin du pays. Nous le voyons, ces différents vins ne pouvaient être conservés longtemps.

Dans les régions plus proches de la France, à Bâle et à Strasbourg, on ne parle pas de *corte wine*, mais de *cursswyne* et de *win de curß*, une expression provenant du français « corsé », qui désigne un vin enrichi avec de l'alcool. Avec le *würzweinen* et le vin du Sud, italien ou grec, le *cursswyne* doit être vendu par les *pulver kremer*, c'est-à-dire par les pharmacies. *Würzwein* est une appellation collective du claret allemand, le *Lauterwein*, *Wermut*, *Salbeiwein*, etc.

Pour résumer, dans les sources allemandes, claret, *corte* et *cursswyne,* ne signalent pas une importation de vin français, mais une influence des notions françaises liées à une certaine disposition à qualifier et à manipuler les vins.

Les moyens de transports fournissent aussi un témoignage de l'importation du vin français comme du vin de Sud, dans les ports hanséatiques. Tandis que *fuder* (le foudre) est dérivé d'un chariot et est relatif au commerce terrestre, les bateaux connaissaient d'autres moyens de transport pour le vin, comme le '*bote*' et la '*pipe*' de mesure égale, équivalentes aussi à l'amphore vénitienne et influencées par elle. Le '*bote*', d'origine allemande, était préférée pour le vin du sud, alors que la '*pipe*', d'origine anglaise, l'était pour le vin français. Chaque *bote* ou *pipe* contenait environs 5 hl, soit ½ *fuder* (foudre). Mais il y avait aussi le *fuder vat* (foudre vat), un *vat* d'un volume égal au *fuder*, pour le commerce maritime.

Après les appellations et les mesures, j'évoquerai ici la position du vin français dans le commerce hanséatique. Le commerce hanséatique changea beaucoup avec l'évolution des voyages réguliers des flottes hanséatiques vers la baie de Bourgneuf au XVe siècle. Les voyages étaient nommés, dans la langue hanséatique, *Baienfahrt*. Sauf interruptions, des flottes hanséatiques arrivaient chaque année dans la baie de Bourgneuf, puis à Brouage, pour charger du sel, dont la demande dans la mer Baltique était grande. Laissons de côté les difficultés dues à l'implication du *Baienfahrt* dans les guerres et la piraterie du

Limite septentrionale du commerce régulier du vin du Nord de l'Italie. Présences sporadiques ou régulières de vins étrangers, carte de l'auteur

xve siècle. Regardons seulement ici l'évolution du système commercial. Les flottes du sel avaient besoin d'une charge supplémentaire de haut prix à côté du sel, lourd, mais bon marché. De ce fait, en rade de Bourgneuf, comme de Brouage, de petits bateaux attendaient les flottes hanséatiques avec des vins de toute la côte occidentale de la France.

Avant que les transports de sel ne commencent, c'était à Bruges ou à Londres que les Hanséates allaient prendre le vin français, avec des draps et des épices en échange de céréales et d'autres marchandises de la mer Baltique. Au xve siècle, les flottes du sel avaient besoin du vin pour rendre les voyages de retour de la Biscaye plus rentables. Une grande partie du vin français arrivait en tant que charge supplémentaire dans les ports hanséatiques. En même temps, les échanges continuaient à Bruges et Londres. Il y avait tout de même quelques bateaux spécialisés dans le transport du vin. Ils provenaient surtout de Prusse. En 1409, un bateau de ce genre, qui avait chargé 300 *vats*, soit 3 000 hl, employait 45 matelots.

Le vin du Poitou pouvait profiter du sel de Bourgneuf et de Brouage, du fait du voisinage géographique immédiat. Mais ces deux ports, Bourgneuf et Brouage, étaient aussi des lieux d'échanges, entre Hanséates et Espagnols tout particulièrement. Surtout, au xve siècle, il y avait une certaine concurrence sur les marchés hanséatiques entre les vins de la France occidentale et ceux de la péninsule Ibérique. À cette concurrence s'ajoutait encore celle du vin italien. Le vin du Sud, sous le nom de *Malvasia* et de *Romania*, etc., pouvait être à la fois espagnol, italien ou grec. Les Espagnols et les Italiens proposaient des vins divers aux Hanséates dans la baie de Bourgneuf, à Brouage tout comme à Bruges. Dans une lettre de commerce, envoyée en 1470 de Reval à Riga, on discute la question de savoir si *Malvasia*, *Romania*, ou vin de Poitou, sont plus facilement vendus aux Russes. L'homme de Reval conclut : « De même, ces trois vins sont rarement vendus aux Russes. » Nous sommes ici à la frontière de l'expansion commerciale du vin de la France occidentale.

Un registre de Dantzig de 1474-1476 jette des lumières sur les changements ultérieurs du système *Baienfahrt*. Le registre porte des traces de l'importation de vin de Poitou : 13 pipes de Lubeck, 62 pipes de Hollande, 4 pipes de Brouage. Cela signifie que 16 % de l'importation de ce vin avaient changé de main à Lubeck, la plus grande part étant apportée par les Hollandais, un pourcentage inférieur arrivant avec les flottes hanséatiques du sel. Les Hollandais remplaçèrent partiellement les Hanséates en tant qu'intermédiaires du commerce de vin français en direction de la mer Baltique.

Abordons maintenant la question des valeurs et des prix. Ces différents moyens de transports, et les mesures dont j'ai parlé, étant connus, il est possible de comparer les prix des divers vins sur les marchés allemands. Il faut distinguer entre le prix d'une seule transaction commerciale, établie plutôt par hasard, et les prix des tarifs avec force quasi normative. Certes, les tarifs n'étaient pas forcément respectés, mais ils étaient valables, et avaient, de fait, un caractère plus général que les prix des transactions isolées. Toutefois, nous ne disposons pas toujours de ces tarifs. Restreinte aux prix de transactions isolées, notre comparaison est d'autant plus hypothétique. Regardons par exemple les sources de Dantzig de 1462 : les prix pratiqués pour les vins de la France occidentale étaient environ de moitié inférieur aux prix des vins du Sud. La pipe d'Orléans coûtait 4 livres de *Grotes*, celle du Poitou 3 livres et ¼. Le *Gernade* était le moins cher, avec 2 livres de *Grotes* la pipe. Les prix des meilleurs crus d'Allemagne étaient aussi de moitié inférieurs aux prix des vins du Sud. La proportion me semble identique entre les prix des vins du Sud et ceux de la France occidentale, ce qui signifie que les vins de la France occidentale jouaient le même rôle que les meilleurs vins intérieurs d'Allemagne et les remplaçaient là où ils étaient plus disponibles que ceux-ci. La vente de vins étrangers dans les villes d'Allemagne semblait y être toujours plus risquée que la vente des vins allemands, surtout des meilleurs crus comme le *Rheinwein*. Pour éviter des pertes, le conseil municipal de Hambourg défendait à ses propres tavernes de vendre d'autres vins que celui du Rhin.

À la fin de cet article, je proposerai quelques éléments généraux de conclusions. Le commerce du vin de la côte française occidentale était influencé par trois facteurs: *primo*, les guerres, qui ne permirent que tard aux vins rouges de la Gascogne d'arriver en Allemagne. *Secundo*, le commerce de sel, qui était beaucoup plus intéressant pour les Hanséates que celui de vin, mais le sel fournissait aussi l'occasion de charger le vin avec le sel comme cargaison supplémentaire en réduisant les coûts de transport. *Tertio*, la demande du vin français en Allemagne était restreinte, car il n'avait pas les avantages des vins du Sud et n'était pas vraiment meilleur que les grands crus d'Allemagne.

LES ALLEMANDS ET LE CHAMPAGNE : CLIENTÈLE ET REPRÉSENTANTS DE COMMERCE GERMANIQUES DE DEUX MAISONS DE NÉGOCE MARNAISES, MOËT ET CLICQUOT (FIN XVIIIe-DÉBUT XIXe SIÈCLES)

Fabrice Perron
Université Reims-Champagne-Ardenne

Les travaux d'histoire du vin de Champagne mentionnant les relations entre ce produit et l'Allemagne ne sont pas nouveaux[1]. Bien des aspects restent toutefois à éclaircir, sur l'apport des techniques, mais aussi, et peut-être davantage, sur le recours à la main-d'œuvre rhénane ou danubienne, et à son implantation en Champagne. C'est uniquement de l'aspect commercial que nous allons parler ici, pour une période, le Directoire, longtemps présentée, à tort, comme marquée par une interruption de ces exportations[2]. Il est vrai que lorsque la guerre contre la France révolutionnaire éclate en 1792-1793, les échanges commerciaux sont affectés et handicapés également par « les fréquents changements dans la législation commerciale des pays belligérants ».

Si les Allemands étaient déjà clients des vins de Champagne avant la Révolution, certains immigrant même à Reims pour se livrer à ce commerce, le plus connu d'entre eux étant naturellement Florens-Ludwig Heidsieck, ils n'ont pas pour autant oublié ce vin d'exception, dont ils restent consommateurs pendant cette fin du XVIIIe siècle. Plusieurs maisons champenoises continuent d'exporter leurs vins vers l'espace allemand[3] : c'est le cas des maisons Ruinart,

1 Voir l'article de Georges Clause, « Les Allemands et le champagne au XIXe siècle : hommes et techniques », dans *La Champagne : terre d'accueil,* Nancy, Presses universitaires de Nancy, 1994, p. 139-155.

2 Cette opinion est reprise par Michel Étienne, pourtant auteur d'un travail remarquable de très grande qualité, mais commençant au sortir de la période révolutionnaire

3 L'Autriche n'est en revanche pas prise en compte dans la présente étude. Les ventes à Vienne, en nette progression entre 1796 et 1797, seront donc examinées ultérieurement.

Heidsieck, Jacob, Jacquesson, Delamotte, Dubois, mais aussi des deux maisons dont nous voudrions parler ici, Moët et Clicquot. Cet « espace allemand » est à cette époque constitué en fait, non pas encore d'une Allemagne, mais « de plusieurs Allemagnes ». Il est donc délicat de fournir des chiffres globaux pour l'ensemble de l'espace allemand, susceptibles par exemple de permettre la comparaison entre les ventes de 1789, de 1795 ou de 1800. C'est pourquoi nous avons choisi de distinguer les ventes destinées à celles du royaume de Prusse et à celles annexées par la France des autres villes allemandes.

Du fait de la nature même des sources, il est également difficile de comparer la clientèle de ces deux maisons pour le Directoire. Il faut, en effet, attendre 1802 pour retrouver dans les archives de la maison Clicquot les facturiers, « documents rendant compte exclusivement des ventes de champagne avec une rare densité d'informations »[4]. Sous le Directoire, seul le grand livre, le brouillard et les lettres commerciales nous apportent des éléments, malheureusement trop fragmentaires pour toute évaluation quantitative. Par ailleurs, comparer ces deux maisons revient à confronter deux entreprises de taille différente en cette fin du XVIIIe siècle : la maison Moët est l'une des toutes premières dans cette branche du négoce des vins de Champagne, alors que la maison Clicquot est encore partagée entre le négoce des textiles et le négoce des vins. La première aurait ainsi vendu « plus de quatre fois plus en 1790 » que la seconde, selon Michel Étienne[5].

C'est pourquoi nous avons choisi, d'une part, d'étudier de manière bien plus approfondie la maison Moët, et, d'autre part, d'élargir notre coupe chronologique pour inclure également la période du Consulat afin de disposer d'éléments sur la clientèle allemande de la maison Clicquot en 1802-1803. Pour le Directoire, les archives de la maison Moët sont, en tout cas, parfaitement adaptées à la constitution d'un fichier où figurent presque tous les clients, avec, pour chacun d'eux, de précieuses indications sur les expéditionnaires et les villes étapes jalonnant l'itinéraire suivi par la marchandise, les modes de paiement, la quantité comme la qualité des vins vendus, leur prix de vente[6].

4 Michel Étienne, *Veuve Clicquot Ponsardin. Aux origines d'un grand vin de Champagne*, Paris, Economica, 1994.

5 *Ibid.*, p. 90.

6 La coupe chronologique choisie ne permet pas, toutefois, de prendre en compte les continuités existant en amont et en aval.

Une place essentielle de l'« espace allemand »

Claude Moët (1683-1760)
© Moët & Chandon

Évaluer la quantité de vins de Champagne vendus au cours de cette période à l'étranger par l'ensemble de la Champagne est un exercice délicat, et même vraisemblablement impossible. Tout au plus peut-on déterminer des ordres de grandeur pour l'ensemble, et les calculer avec précision pour certaines maisons. Si nous ne pouvons le faire pour la maison Clicquot, nous l'avons déjà fait pour la maison Moët, constatant qu'une proportion nettement majoritaire de la production de la maison était écoulée à l'étranger. C'est vrai en volume, donc, mais aussi en valeur, puisque les exportations représentent de 63 % à 83 % des ventes annuelles sous le Directoire. L'examen du grand livre de la maison Clicquot témoigne bien, également, de la permanence de ventes de vins de Champagne à l'étranger, pendant cette période, aussi bien pour la Suisse ou l'Italie, que pour les États-Unis d'Amérique, par exemple. Rien ne l'atteste dans ce grand livre, par contre, pour le marché allemand, seules deux expéditions de 50 bouteilles sont mentionnées dans le brouillard pour la période allant de 1798 à 1800[7]. Les correspondances commerciales avec des clients allemands sont en outre très faibles : 4 lettres seulement, sur les 549 envoyées par la maison en 1795, loin des 53 envoyées vers la Suisse. Cette disproportion certaine dans l'envoi des correspondances commerciales est-elle la preuve d'un désintérêt pour le marché allemand de cette maison ? C'est plutôt le signe de sa volonté d'acquérir des positions sur le marché, peu fréquenté, de la Suisse. S'il est « très difficile de définir les horizons commerciaux de l'entreprise tant les ventes ont chuté », selon Michel Étienne, pour qui, les années révolutionnaires et donc le Directoire auraient été marquées pour la maison « par un repli de son aire commerciale sur la Champagne et ses

7 Arch. privées Clicquot Ponsardin, 1 A 1 E 118, f° 78.

régions limitrophes, la Suisse, l'Italie... », ce n'est pas pour autant qu'il faut conclure que l'Allemagne avait perdu, à ses yeux, de son attrait. Certes, la présence importante d'autres maisons sur cet espace allemand, et le fait qu'elle ne consacrait encore qu'une petite partie de son activité au négoce des vins, tendent à confirmer sa faible présence sur ce marché. Il faut cependant apporter deux réserves : d'une part, des reventes de bouteilles de la maison Clicquot ont pu avoir eu lieu en direction de l'Allemagne, en particulier vers la vallée du Rhin. Les chiffres avancés par Michel Étienne pour l'année 1790 – 1 165 bouteilles sur 15 706 vendues cette année-là – nous montrent d'ailleurs bien que ce marché a constitué quelques années auparavant un débouché de la maison. Les vins vendus à Nancy et à Strasbourg sous le Directoire lui sont probablement encore destinés, au moins en partie. D'autre part, si cet attrait s'est effectivement atténué, ce fut très temporaire : dès le début du XIXe siècle, le marché allemand occupe l'essentiel des exportations de la maison, grâce aux commissions obtenues par son célèbre commissionnaire allemand, Louis Bohne.

La situation est différente pour la maison Moët lorsque l'on examine les ventes directes. Pour cet examen, nous avons dressé des tableaux, année par année, des villes dans lesquelles l'entreprise plaçait ses vins. Nous pouvons ainsi distinguer les entrées des nouvelles venues et les sorties, les passages furtifs et les présences durables. Si nous nous limitons, dans le cadre de cette communication, aux villes de l'espace allemand, nous pouvons déjà effectuer plusieurs constats. Pour autant, il faut rester prudent avec cette localisation des clients directs. Certains ne sont en effet que des intermédiaires dans l'acheminement de ces bouteilles de champagne et dans leur complète dilution dans un réseau de clientèle dont « la nature et la localisation sont rarement connues aux niveaux inférieurs de la redistribution »[8].

8 Anne-Marie Cocula-Vaillières, « Table-ronde », dans Denis Woronoff (dir.), *La Circulation des marchandises dans la France de l'Ancien Régime*, Journée d'études tenue à Bercy le 12 décembre 1997, Paris, Ministère de l'économie, des finances et de l'industrie – IGPDE, 1998, p. 164-179.

Tableau n° 1. Les dix premières villes de l'« espace allemand » en volume de bouteilles commandées à la maison Moët, 1796-1800[9], et part des exportations vers l'« Allemagne »[10] [11]

	1796		1797		1798		1799		1800	
Classement des villes	**Villes** *Volume*	Part en %	**Villes** *Volume*	Part en %	**Villes** *Volume*	Part en %	**Villes** *Volume*	Part en %	**Villes** *Volume*	Part en %
1er	**Berlin**** *2 801*	15	**Berlin**** *4 280*	8	**Aix la Chapelle*** *4 520*	16	**Stuttgart** *3 420*	12	**Hambourg** *4 400*	10
2e	**Francfort-sur-le-Main**[11] *1 950*	10	**Francfort-sur-le-Main** *4 030*	8	**Stuttgart** *2 840*	10	**Francfort-sur-le-Main** *2 609*	9	**Francfort-sur-le-Main** *3 900*	9
3e	**Ulm** *1 604*	9	**Hambourg** *3 068*	6	**Francfort-sur-le-Main** *2 760*	10	**Ulm** *2 000*	7	**Ulm** *3 680*	8
4e	**Mannheim** *1 360*	7	**Lübeck** *2 700*	5	**Mayence*** *2 060*	8	**Breslau, Aix **** *1 500*	5	**Stuttgart** *3 650*	8
5e	**Heidelberg** *980*	5	**Stuttgart** *2 565*	5	**Breslau**** *1 750*	6	-	-	**Lübeck** *2 400*	5
6e	**Stuttgart** *926*	5	**Mayence*** *2 390*	5	**Berlin**** *1 670*	6	**Leipzig** *1 380*	5	**Mayence*** *1 730*	4
7e	**Mayence*** *900*	5	**Mannheim** *1 840*	3	**Leipzig** *1 195*	4	**Berlin**** *1 100*	4	**Nuremberg** *1 610*	4
8e	**Munich** *760*	4	**Breslau**** *1 390*	3	**Mannheim** *1 000*	4	**Weimar, Erfurt** *680*	2	**Weimar** *1 592*	4
9e	**Hambourg** *720*	4	**Stettin, Heidelberg** *1 300*	2	**Ulm** *905*	3	-	-	**Leipzig** *1 255*	3
10e	**Dortmund** *700*	4	-	-	**Darmstadt*** *710*	3	**Hambourg** *650*	2	**Heilbronn** *1 000*	2
Total des 10 premières villes	*12 441*	67	*24 863*	47	*19 410*	70	*15 519*	56	*25 217*	56
Total général des exportations	*18 491*	100	*53 124*	100	*27 525*	100	*27 555*	100	*44 690*	100

9 Nous avons mis un astérisque pour les villes annexées ou sous influence française, et deux astérisques pour celles classées dans l'Allemagne prussienne.

10 Arch. privées Moët & Chandon, 18 J 121 et 18 J 122.

11 Le dépouillement d'archives extérieures à la maison, comme les archives Clicquot, nous a permis de constater que Pauly et Rausendorf étaient deux clients de Francfort-sur-Oder et non Francfort-sur-le-Main, où on les avait localisés, à tort. Par ailleurs, nous avions placé les ventes destinées à Francfort-sur-le-Main parmi celles dues aux villes allemandes de Prusse. Or, Francfort-sur-le-Main reste une ville libre impériale sous le Directoire. C'est donc 1950 bouteilles et non 2 550 qui sont absorbés par la clientèle de Francfort-sur-le-Main en 1796 et 4 030 bouteilles au lieu de 4 630 en 1797, rectifications faites. – Voir Fabrice Perron, « Les ventes d'une maison de Champagne sous la Révolution et plus particulièrement durant le Directoire : l'exemple de la maison Moët », *Études marnaises. Mémoires de la Société d'agriculture de la Marne*, 2005, p. 253-298.

Nous retrouvons sept villes placées dans ce classement au moins quatre années sur cinq dont deux en permanence, Francfort et Stuttgart. Certes, parmi ces sept villes, il faut relativiser la présence d'Ulm, car il s'agit du lieu de réception du principal commissionnaire de Jean Remi Moët, Henry Jacob Geiger. Il va de soi que les bouteilles qu'il reçoit sont ensuite destinées à d'autres marchés. C'est aussi le cas pour d'autres villes qui absorbent très certainement un nombre de bouteilles supérieures à leur consommation. À l'échelle des « régions », cette fois, nous constatons une domination des régions rhénanes (Aix, Francfort, Mayence, Mannheim, Heidelberg, Stuttgart, Darmstadt...) et danubiennes (Ulm), sur les régions baltique (Hambourg, Lübeck,...) et du centre (Berlin, Cassel...).

La seconde constatation concerne une rotation assez importante des villes les plus importantes : on dénombre, en effet, 19 villes différentes, avec au moins trois entrées et trois sorties à chaque fois. C'est le signe du dynamisme de certains marchés, les conséquences de difficultés ponctuelles liées à la conjoncture militaire, politique et économique, mais aussi le résultat de la stratégie de la maison. Lors des années où le volume est le plus modeste (1796, 1798), le nombre de villes rhénanes et danubiennes est en effet plus important. Lors des années les plus favorables (1797, 1799 et 1800), le nombre de villes du Nord ou du Centre progresse. Donc, dès que la situation redevient délicate, un repli s'effectue autour des villes rhénanes et danubiennes. La proximité géographique n'est pas la seule explication de cet état de fait. Si les villes hanséatiques (Hambourg, Brême surtout), sont depuis longtemps en étroites relations commerciales avec la France, et sont des villes « où la population avait le plus manifesté sa sympathie pour la Révolution Française dans les années 1789-1790 grâce à une bourgeoisie plus aisée et plus éclairée qu'ailleurs »[12], leur accès, pendant la période directoriale, est délicat, et lié à la liberté laissée aux navires neutres. Leur position dans notre classement dépend donc des opportunités de placement des vins et, surtout, des entraves liées à la guerre maritime et de la capacité du négociant à être réactif et à savoir oser.

L'exemple de Hambourg est particulièrement significatif de la conjoncture de cette époque. Principal port de l'Europe du Nord après Amsterdam, au XVIIIe siècle,

12 Jean Delinière, « La politique allemande du Directoire ou les trahisons de la République », dans Philippe Bourdin et Bernard Gainot (dir.), *La République directoriale*, Paris, Société des études robespierristes/Centre d'histoire des entreprises et des communautés/Centre de recherches révolutionnaires et romantiques, s.d. [1998], t. 2, p. 1011-1024.

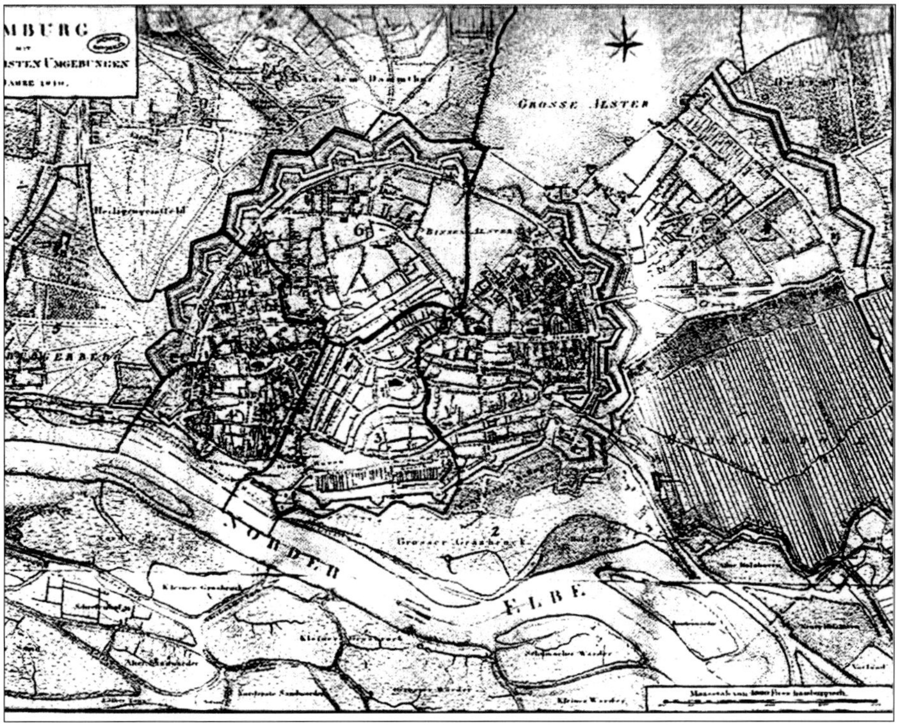

Carte, Hambourg en 1810,
Archives nationales, Paris

son économie dépend d'une navigation sans entraves sur l'Elbe[13]. Les conflits maritimes ne pouvaient donc qu'être préjudiciables au commerce avec ce port, comme avec d'autres. Heureusement, les négociants champenois, comme les négociants bordelais, disposaient de quelques atouts, même si les premiers étaient moins orientés vers Hambourg que les seconds. Le statut particulier d'Hambourg, lui assurant une neutralité, permit aux Champenois de continuer leurs échanges, en gardant la possibilité d'avoir recours aux navires neutres[14]. L'inflexion constatée pour les exportations de la maison Moët vers Hambourg, qui ne peut à elle seule être représentative de celle du commerce des vins de Champagne, connut, semble-t-il, la même évolution que le trafic du port lui-même : progression entre 1795 et 1797, suivie de deux années plus délicates, 1798 et 1799, et d'une reprise en 1800.

L'examen des années délicates est plus intéressant dans notre approche de la réactivité du négociant, et pour bien saisir l'extrême instabilité de la période. En juillet 1798, Jean-Remi Moët dit à l'un de ses correspondants d'Hanovre, « qu'on lui fait espérer qu'il y aura cet automne des navires en charge pour Hambourg »[15]. Le même mois, il informe Mappes de Mayence, qu'« il y a un navire en charge

13 Ce fleuve permet un accès, par le sud, à la mer du Nord, à l'Atlantique et à la Baltique, mais aussi à l'Oder – et donc à Breslau – et à un arrière-pays très étendu.

14 Silvia Marzagalli a brillamment montré l'évolution de l'activité portuaire d'Hambourg et constaté l'« extraordinaire expansion », dans les années 1790, du coût des contributions, preuve que le commerce d'Hambourg augmentait lors des guerres grâce à l'essor spectaculaire du commerce neutre. – Voir Silvia Marzagalli, « Hambourg, 1750-1850 : l'adaptation d'une ville aux changements de l'activité portuaire », dans *Des Hommes et des pouvoirs dans la ville, XIVe-XXe siècles*, Talence, Presses universitaires de Bordeaux, 1999, p. 89-115. Je la remercie pour ses précieux conseils et ses encouragements.

15 Arch. privées Moët & Chandon, 18 J 507, f° 500, 10 juillet 1798.

pour Hambourg à Rouen [et lui demande si ce dernier] veut *risquer* quelques caisses ». Un mois après, la circulation maritime semble devenue impossible : Moët écrit à Perregaux que « le blocus des ports continue à arrêter nos expéditions pour le Nord, et [qu'il y a] déjà deux expéditions manquées par ce blocus ». Cette interruption ponctuelle marquerait même une accentuation des obstacles : « Les Anglais mettent [des difficultés] au passage des navires chargés avec des productions françaises. [...] Aujourd'hui, il devient impossible sans courir de grands dangers d'expédier par mer »[16].

Face à ces difficultés pour l'acheminement des marchandises, Jean-Remi Moët, comme les autres négociants champenois, devait donc, pour continuer à commercer avec Hambourg, et plus généralement avec l'Europe du Nord, trouver des solutions de substitution. Cela passait par la nécessité de se tenir informé en permanence des possibilités de départ de navires neutres des différents ports français vers Hambourg ; il écrit dans ce sens à plusieurs reprises[17]. La perception de l'ennemi britannique comme une menace permanente et à l'origine d'interruptions d'expéditions vers Hambourg[18], conduisait en outre les négociants à envisager de se réorienter davantage vers la voie terrestre. Moët dit ainsi qu'« on l'assure que plusieurs maisons [champenoises] ont fait venir à Hambourg des vins par terre et que les frais n'en sont guère plus coûteux que par mer en comptant l'assurance qu'on est obligé de prendre pour cette dernière voie »[19]. Cependant, Moët demande encore à De La Motte du Havre de charger ou de faire charger à Dieppe, par Rondeau, s'il se trouvait une occasion pour Hambourg[20], ce qui signifie qu'il préfère toujours la voie maritime, moins coûteuse, et plus adaptée au transport d'un produit de luxe que la voie terrestre. Néanmoins, si l'approche des circuits commerciaux et de l'organisation des transports des vins de Champagne doit se faire en les considérant comme faisant partie d'un système complexe, marqué par une plurimodalité des transports, l'hypothèse d'un plus grand recours au transport routier en cette période troublée doit être posée, même si

16 Arch. privées Moët & Chandon, 18 J 507, f° 535 et 536, 14 septembre 1798.

17 Ainsi, Moët dit avoir reçu des lettres de Dieppe, du Havre et de Rouen confirmant la possibilité de faire passer sur navires neutres en assurant à Hambourg, Arch. privée Moët & Chandon, 18 J 508, f° 106, 28 mars 1799.

18 « On débite ici une nouvelle bien inquiétante. On prétend que les Anglais ont déclaré de bonne prise toutes les marchandises françaises même sur navires neutres. [...] On dit la nouvelle venue d'Hambourg où on dit que l'on n'allait plus par cette raison », 18 J 508 f° 128, 23 avril 1799.

19 Arch. privées Moët & Chandon, 18 J 507, f° 536, 14 septembre 1798.

20 *Ibid.*, f° 173, 7 juin 1799.

sa vérification ne sera pas faite dans le cadre de cette communication. Toujours est-il que les entraves liées à la circulation affectent bien le commerce des vins de Champagne et expliquent donc en partie les nombreuses rotations que l'on trouve dans notre classement, tout comme les fortes spéculations que l'on constate sur certaines places. C'est le cas en 1799 à Hambourg où les spéculations sur les denrées coloniales, associées au gel de l'Elbe pendant quatre mois, entraînent une grave crise et de prodigieuses faillites, et conduisent par exemple Moët à repousser volontairement et temporairement ses ventes à destination d'Hambourg.

Au début du XIXe siècle, cette fois, lorsque l'on observe les dix premières villes allemandes commettant des vins à Louis Bohne, commissionnaire de la maison Clicquot, à l'occasion de son premier voyage en 1802, on constate une domination des villes « du centre » sur les villes rhénanes : 1586 bouteilles sont commises à Leipzig, 1240 à Berlin, 1080 à Breslau, et 1025 à Stuttgart. Est-ce le signe d'une amélioration des conditions des échanges commerciaux, dans un contexte de développement économique de l'Europe du Nord et de l'Europe centrale favorisée par la paix d'Amiens ? Il est difficile de répondre à cette question en ne tenant compte que de deux maisons, qui ne sont pas forcément représentatives de la tendance générale. Cette amélioration ne fut en tout cas que temporaire, le blocus anglais reprenant en 1803, et rendant difficile, par exemple, les échanges avec Hambourg.

La recherche de clientèles

En déterminant cette fois les dix premières villes en nombre de clients pour la maison Moët à l'époque du Directoire, nous pouvons faire plusieurs constats. D'abord, le nombre de clients différents est assez réduit, même parmi les gros marchés. Très peu de villes dépassent ainsi les dix clients : seules Francfort et Berlin le font à plusieurs reprises sous le Directoire, quatre fois pour la première et deux fois pour la seconde. Il est certain que cela ne signifie pas, pour autant, que le nombre de clients n'est pas plus élevé car, parmi les clients directs, plusieurs ne sont que des intermédiaires. Ensuite, une année se distingue : 1797. C'est la seule où plus de deux villes dépassent les dix clients. Les circonstances favorisent, en effet, les affaires des négociants français. L'avance reprise en Allemagne du Sud, au printemps de 1797, a relancé les exportations. Par ailleurs, les dix meilleures villes en volume ne sont pas forcément les dix villes où le nombre de clients est le plus important. Certaines doivent leurs quantités à de rares gros acheteurs, souvent marchands et donc redistributeurs : c'est le cas à Aix, à Mayence...

Tableau n° 2. Les dix premières villes de l' « espace allemand » en nombre de clients de la maison Moët, 1796-1800[21]

	1796	1797	1798	1799	1800
	Villes - Nombre de clients *Quantité moyenne*	**Villes - Nombre de clients** *Quantité moyenne*	**Villes - Nombre de clients** *Quantité moyenne*	**Villes - Nombre de clients** *Quantité moyenne*	**Villes - Nombre de clients** *Quantité moyenne*
1er	**Francfort** - (11) *117 b.*	**Berlin** - (17) *252 b.*	**Francfort** - (16) *173 b.*	**Leipzig** - (8) *173 b.*	**Francfort** - (15) *260 b.*
2e	**Berlin** - (10) *280 b.*	**Francfort** - (13) *310 b.*	**Leipzig** - (9) *133 b.*	**Francfort** - (7) *382 b.*	**Nuremberg** - (9) *179 b.*
3e	**Mannheim** - (9) *151 b.*	**Hambourg** - (12) *256 b.*	**Berlin** - (8) *209 b.* **Stuttgart** - (8) *355 b.*	**Ratisbonne** - (6) *90 b.*	**Cassel** - (8) *95 b.*
4e	**Stuttgart** - (8) ; *116 b.*	**Mannheim** - (11) *168 b.*	-	**Stuttgart** - (5) *684 b.* **Berlin** - (5) *220 b.* **Cassel** - (5) *122 b.*	**Stuttgart** - (7) *529 b.*
5e	**Heidelberg** - (7) *140 b.* **Mayence** - (7) *129 b.*	**Stuttgart** - (10) *257 b.*	**Cassel** - (6) *115 b.*	-	**Leipzig** - (6) *210 b.*
6e	-.	**Heidelberg** - (9) *144 b.*	**Mannheim** - (5) *200 b.*	-	**Mannheim** - (5) *100 b.* **Weimar** - (5) *398 b.*
7e	**Ulm** - (6) *229 b.*	**Cassel** - (8) *88 b.*	**Weimar** - (4) *130 b.* **Gotha** - (4) *108 b.*	**Breslau** - (3) *500 b.* **Nuremberg** - (3) *113 b.* **Weimar** - (3) *227 b.*	-
8e	**Hambourg** - (4) *180 b.*	**Leipzig** - (7) *114 b.*	-	-	**Berlin** - (4) *175 b.*
9e	**Darmstadt** - (2) *80 b.* **Karlsruhe** - (2) *140 b.*	**Lübeck** - (6) *450 b.*	**Ulm** - (3) *293 b.*	-	**Erfort** - (3) *300 b.* **Hambourg** - (3) *1 467 b.* **Naumbourg**- (3) *127 b.*
10e	-	**Breslau** - (5) *386 b.*	**Heidelberg** - (2) *110 b.* **Mayence** - (2) *1 030 b.* **Munich** - (2) *255 b.* **Cobourg** - (2) *70 b.* **Ratisbonne** - (2) *130 b.* **Goettingen** - (2) *130 b.* **Heilbronn** - (2) *250 b.* **Aix** - (2) *2 260 b.* **Erfort** - (2) *125 b.* **Darmstadt** - (2) *355 b.*	**Erfort** - (2) *340 b.* **Hambourg** - (2) *325 b.* **Hanovre** - (2) *300 b.* **Mannheim** - (2) *85 b.*	-

21 Arch. privées Moët & Chandon, 18 J 121 et 18 J 122.

Le nombre de clients est donc très variable, ne garantit pas forcément un volume élevé, et sa progression est fonction, entre autres, du dynamisme commercial de la maison. Comme pour d'autres produits, en effet, le client en vins de Champagne « se repère, s'évalue, se captive »[22]. Il doit ainsi faire l'objet de soins permanents. Deux acteurs interviennent dans ce but, dans une démarche la plus complémentaire possible. Le premier est le négociant, bien entendu, image de la maison, et qui a recours à la correspondance, mais parfois aussi aux voyages. Bien que pleinement intégrés dans la culture négociante, ces derniers sont assez rares cependant en cette période troublée : ainsi, Jean Remi Moët ne se rend pas en Allemagne pendant le Directoire, même s'il l'avait envisagé en 1797[23].

Le deuxième acteur essentiel, pour le développement commercial d'une maison, est le commis voyageur. Celui-ci est agent de renseignements, prospecteur des marchés, promoteur des produits, chargé de négocier les conditions de paiement et de recouvrer les créances. Pratique en plein essor depuis la seconde moitié du XVIIIe siècle, le recours à ces derniers s'inscrit pleinement dans la stratégie des négociants. C'est le cas pour Moët comme pour d'autres négociants champenois. Nous pouvons nous demander d'ailleurs si l'utilisation de cette pratique ne date pas pour les négociants en vin de Champagne de cette fin du XVIIIe siècle : les hésitations à plusieurs reprises de Moët sur la nécessité d'un voyage le conduisant à donner des ordres suivis de rapides contrordres pourraient le laisser penser, et s'expliquer par une pratique récente. Elles ont en tout cas plusieurs explications.

Si Moët est bien conscient de l'intérêt de cette récente technique de prospection, signe d'un perfectionnement des méthodes de commercialisation, et permettant d'améliorer la diffusion du produit, il est soucieux également d'éviter les dépenses excessives, surtout en ces temps difficiles. Pour lui, « les voyages sont [...] indispensables tous les 3 ou 4 ans ; la dépense et les frais de voyage sont trop peu proportionnés pour les renouveler plus souvent et encore moins pour les risquer annuellement »[24]. Il est certain que l'emploi de commis voyageurs représente un coût plus important que le recours à des correspondants. Henry Jacob Geiger reçoit ainsi 200 livres mensuels pour ses

22 Gérard Gayot, *Les Draps de Sedan, 1646-1870*, Paris, EHESS, 1998, p. 386.
23 F. Perron, « Les ventes d'une maison de Champagne sous la Révolution et plus particulièrement durant le Directoire : l'exemple de la maison Moët », art. cit., p. 280.
24 *Ibid.*, p. 283.

LES ORIGINES DE LA MAISON MOËT & CHANDON

Claude-Louis-Nicolas Moët
(?-1792)
© Moët & Chandon

Jean-Remi Moët
(1758-1841)
© Moët & Chandon

Pierre-Gabriel Chandon
(1778-1850)
© Moët & Chandon

Victor Moët
(1797-1881)
© Moët & Chandon

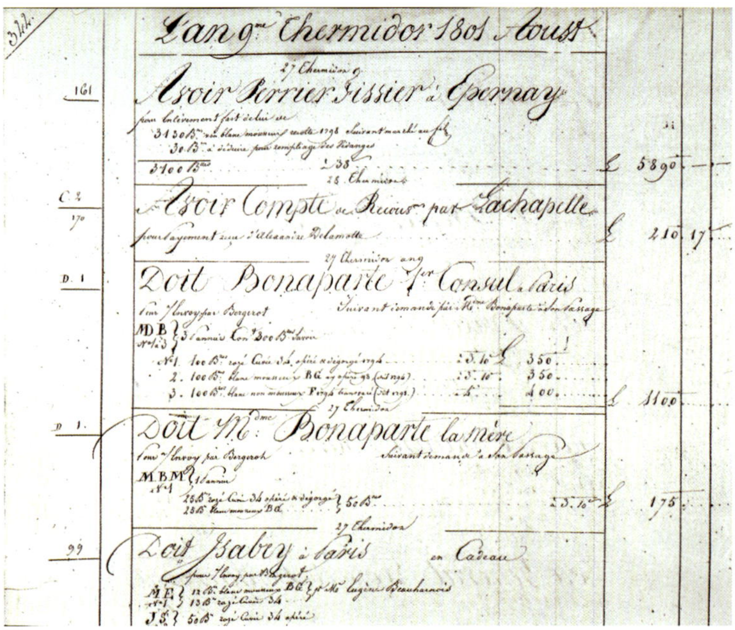

Envoi de vin à Bonaparte Ier Consul, le 9 themidor an X.
© Moët & Chandon

Les Moët commencent à faire le négoce avec Claude, fils d'un architecte de Soissons, qui s'installe à Épernay en 1717. D'abord courtier, il s'établit pour son propre compte. Au milieu du XVIIIe siècle, il vend surtout du vin rouge conservé en futailles, essentiellement à Paris et dans ses environs. À sa mort, en 1760, son fils Claude-Louis-Nicolas prend la suite de l'affaire. C'est une maison prospère et aisée, mais qui reste d'importance régionale, lorsqu'il s'associe en 1788 son propre fils, Jean-Remy, né en 1758.

Depuis 1780, Jean-Remy voyagea à l'étranger pour apprendre le commerce du vin. Il épouse en 1792 Marie-Émilie, fille d'un autre négociant en vins, de Reims, Rossignon ; au même moment, la société avec son père est dissoute, et il crée sa propre maison : « J. Moët et Cie ». Il décide de baser son négoce sur le vin mousseux et sur un réseau international de ventes, qu'il soutient par un solide groupe de voyageurs de commerce et par ses propres déplacements.

Malgré des fluctuations, des crises et de nombreuses difficultés, le succès est très rapide : en particulier, il domine le marché parisien. Dès le début de l'Empire, il réussit à vendre 70 à 80 000 bouteilles de mousseux par an avec des pointes à plus de 140 000 en 1802 et après 1824.

Claire Desbois-Thibault, *L'Extraordinaire Aventure du champagne : Moët & Chandon, une affaire de famille,* Paris (1792-1914), PUF, 2003.

L'hôtel Moët & Chandon à Épernay vu depuis l'hôtel du Trianon, gravure tirée de *L'Illustration universelle*, 1868 © Moët & Chandon

appointements, à l'époque du Directoire, auxquels il faut ajouter ses frais de voyages, forcément variables. Ces derniers se montent, par exemple, pour la seule année 1797, à 7 808,4 livres, ce qui donne un coût de 10 208,4 livres pour lui seul cette année-là[25]. Comme il n'était pas le seul commis voyageur de la maison sous le Directoire, il faut encore ajouter le coût de ceux qui interviennent de façon ponctuelle, comme Jean Élie Geiger, le neveu d'Henry Jacob, qui remplit ce rôle pour Francfort, Düsseldorf, Mayence… À plusieurs reprises, ces coûts paraissent trop importants à Moët et l'incitent souvent à vouloir interrompre les voyages. Ainsi, le 21 mai 1798, il dit à Henry-Jacob Geiger qu'il serait plus « prudent de renoncer pour cette année aux voyages de [son] côté »[26]. Mais, moins d'un mois plus tard, il change d'avis et lui fait part, cette fois, de sa volonté « d'hâter les voyages ». Il existe plusieurs

25 Arch. privées Moët & Chandon, 18 J 121. – Moët paie le 11 février 1797 les frais de voyages pour la période allant de la mi-novembre 1796 au 11 février de 1797, 868 livres 4 sols, puis 1 300 livres le 11 mai 1797 pour la période du 11 février au 11 mai, 2 512 livres pour la période du 11 mai à la mi-août, 1 748 livres de mi-août à mi-novembre, et enfin 1 380 pour le reste de l'année.

26 *Ibid.*, 18 J 507.

raisons de ce changement de position : le besoin de trésorerie en est une, mais aussi la perception d'une éventuelle possibilité pour placer ces vins sur un navire neutre. Cet exemple souligne que Jean-Remi Moët cherche toujours à tirer profit des opportunités, sa force étant sa ténacité et sa capacité à réagir rapidement. Cependant, il se veut également prudent, comme tout négociant soucieux de conserver son crédit. C'est le sens de ses propos, lorsqu'il écrit en août 1797, à Geiger « n'avoir pas envie de se ruiner comme une infinité de maisons de Reims par l'effet des voyages et [lorsqu'il lui rappelle] que ses frais de voyage ont absorbé et au delà les bénéfices des expéditions »[27]. Ces derniers propos restent à vérifier, mais ils soulignent bien le coût élevé de ces voyages.

D'autres éléments expliquent également ces hésitations de Moët sur l'utilité d'un voyage en cette période troublée. Nous avons déjà évoqué le risque lié aux conditions de transports et aux conflits militaires. La liberté donnée au commis voyageur en est un autre. L'expérience malheureuse, vécue au début de la Révolution par Moët, avec son précédent commis voyageur, Kussel, l'explique : ce dernier aurait ainsi mené une « grande expédition en 1791 dont le quart n'a pas été payé »[28]. En conséquence, Moët examine tous les déplacements de ses voyageurs, leur écrit également à plusieurs reprises de l'informer, et leur reproche tout déplacement jugé inutile, c'est-à-dire coûteux en frais et rapportant peu de commissions. C'est le cas, par exemple, du voyage d'Henry Jacob Geiger à Vienne entre décembre 1798 et avril 1799, que Moët dit avoir été « entrepris, sans son consentement, et pour [...] s'amuser ... »[29]. Il écrit aussi au Hambourgeois Haab « [n'avoir pas besoin de lui dire] combien est délicate [la] position de [ses] voyageurs qui tiennent entre leurs mains toute [sa] fortune et [ses] fonds »[30]. Cela illustre le rôle essentiel joué par les commis voyageurs dans la santé financière de la maison. Ce sont eux qui choisissent en grande partie les clients. Certes, certains sont visités grâce aux lettres de recommandations de correspondants ou de partenaires, mais d'autres sont directement prospectés par eux. Leur latitude dans la sélection des clients est alors grande. Même si, naturellement, ils doivent se déterminer pour des clients solvables, l'instabilité en certains lieux, liée, entre autres, à une intense

27 *Ibid.*, f° 166, 7 août 1797.
28 *Ibid.*, 18 J 507, f° 166, 7 août 1797.
29 *Ibid.*, 18 J 508, f° 144, 12 mai 1799.
30 *Ibid.*, 18 J 507, f° 438, 13 mai 1798.

spéculation rendant difficile une appréciation de cette solvabilité, le recours à des informateurs dont la fiabilité des informations n'est pas garantie de façon absolue, sont autant d'obstacles pour effectuer des choix pertinents. C'est pourquoi Moët, en homme d'affaires avisé, souhaite connaître leurs choix, multiplie les recherches de renseignements sur les clients potentiels en croisant les informations, demande des lettres de recommandation, et souligne à ses voyageurs, à plusieurs reprises, les difficultés rencontrées pour être payés par certains clients.

Le niveau et la qualité de la récolte interviennent, par ailleurs, dans la décision de faire voyager. C'est ainsi le cas en 1797. Si Moët reconnaît que « c'est du côté de l'Allemagne qu'il faut se tourner... », il s'interroge sur l'intérêt « de faire voyager pour vendre une marchandise que l'on ne trouve plus à acheter... »[31]. En recourant au voyage, Moët écrit qu' « il aurait encore plus de demande qu'il ne pourra en remplir »[32]. Plutôt que de vouloir vendre du vin de moindre qualité, il dit ainsi préférer vouloir « borner ses affaires à 50 à 60 000 bouteilles par an, car au delà ce sera au dépend du mieux ». C'est donc manifestement le souhait de privilégier la qualité du produit, facteur essentiel pour fidéliser une clientèle.

Doit-on, finalement, voir dans ces hésitations le signe d'une pratique récente, ou d'une difficulté pour la prise de décision de ce négociant, et dans cette volonté d'être informé en permanence et de coordonner à distance les voyages une difficulté à déléguer et à donner une certaine autonomie à ses employés ? Ou ne sont-elles pas aussi le signe d'une volonté de Jean Remi Moët de disposer de l'ensemble des informations, d'une envie d'étudier toutes les opportunités de la conjoncture afin de pouvoir être réactif, conjuguée au souhait de vendre des produits de la meilleure qualité possible ? Ce qui est certain, c'est que Moët, comme les autres négociants champenois ou d'ailleurs, se devait de disposer, peut-être encore plus pour cette époque que pour d'autres, d'informations sur les marchés et sur les événements susceptibles d'influencer la demande et l'offre. Les premiers correspondants, que sont les commis voyageurs de la maison, jouaient donc bien un rôle essentiel dans la transmission d'informations, à la fois sur les marchés et sur les clients.

31 *Ibid.*, f° 70, 8 mai 1797.
32 *Ibid.*, f° 209 et 210, 30 septembre 1797.

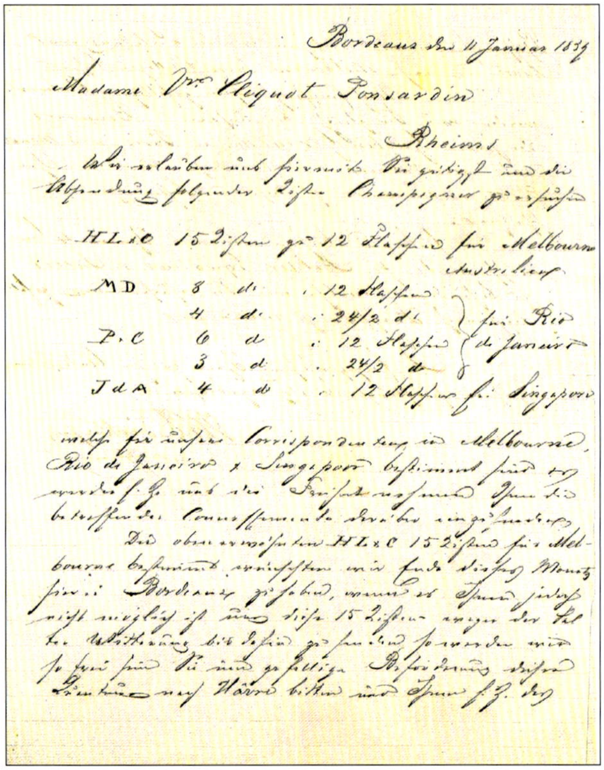

Bordeaux den 4 Januar 1859

Madame Vve Clicquot Ponsardin

Rheims

HL&C 15 Kisten zu 12 Flaschen für Melbourne Australien

MD 8 do. 12 Flaschen

4 do. 24/2 do. } für Rio de Janeiro

P.C 6 do. 12 Flaschen

3 do. 24/2 do.

JdA 4 do. 12 Flaschen für Singapore

Première expédition de champagne Veuve Clicquot vers l'Australie. Lettre en allemand de J.H.D. Becker Fils datée de Bordeaux de 4 janvier 1859 passant une commande de 15 caisses de 12 bouteilles de champagne Veuve Clicquot Ponsardin à destination de Melbourne © Collection Veuve Clicquot

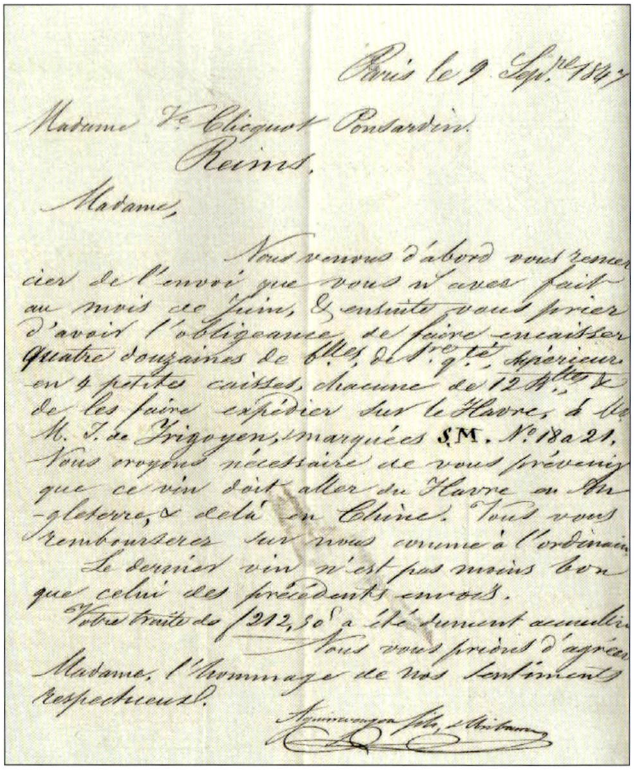

Paris le 9 Sept.bre 1847

Madame Vve Clicquot Ponsardin

Reims.

Madame,

Nous venons d'abord vous remercier de l'envoi que vous m'avez fait au mois de Juin, & ensuite vous prier d'avoir l'obligeance de faire encaisser quatre douzaines de Bles de 1re qté supérieure en 4 petites caisses, chacune de 12 Btles & de les faire expédier sur le Havre, à M. J. de Yrigoyen, marquées SM. No 18 à 21.

Nous croyons nécessaire de vous prévenir que ce vin doit aller du Havre en Angleterre, & delà en Chine. Vous vous rembourserez sur nous comme à l'ordinaire.

Le dernier vin n'est pas moins bon que celui des précédents envois.

Votre traite de f 212,50 a été dûment accueillie.

Nous vous prions d'agréer Madame, l'hommage de nos sentiments respectueux.

Aguirrebengoa fils & Urribarren

Première expédition de champagne Veuve Cliquot vers la Chine. Lettre d'Aguirrebengoa fils & Urribarren passant commande de quatre caisses de 12 bouteilles destinées à la Chine. Paris, 9 septembre 1847 © Collection Veuve Clicquot

TYPOLOGIE DES CLIENTÈLES

L'identité de ces derniers, au moins pour les clients directs, est loin d'être inconnue. Il faut cependant être prudent dans leur identification.

Origine professionnelle et géographique des clients

Nous avons choisi de regrouper les clients en deux catégories : celle des particuliers, composée, d'une part, de l'aristocratie et de la grande bourgeoisie et, d'autre part, d'inconnus, et celle des marchands. Seuls sont compris parmi ces derniers ceux dont on connaît avec certitude la profession. Ceux exerçant une profession commerçante, mais dont les sources ne nous le confirment pas, sont donc compris parmi les inconnus. Les livres comptables et les lettres commerciales des maisons nous ont aidé en nous fournissant à plusieurs reprises des renseignements sur la qualité de la clientèle, mais ce n'est pas une règle absolue. Ils nous ont ainsi permis, dans une autre étude[33], de distinguer parmi l'ensemble de la clientèle de la maison Moët la supériorité numérique des particuliers sur les marchands, même s'il est vraisemblable que certains particuliers devaient être compris parmi les seconds, en particulier pour ceux commandant plus de 150 bouteilles entre 1796 et 1800, soit plus de 30 bouteilles par an. Nos récents dépouillements nous permettent d'affiner nos précédentes observations. Les carnets de voyage de 1802 de Bohne, employé par la maison Clicquot, sont ainsi fort utiles pour cette démarche, car ils fournissent des listes de clients potentiels, pas forcément tous acheteurs de la maison, par ville, et regroupés en trois catégories : les marchands de vins ou négociants sans autre précision, les aubergistes, traiteurs, hôteliers, et enfin les particuliers. Or plusieurs de ces clients potentiels sont parmi les clients de la maison Moët sous le Directoire.

L'examen de ces carnets a ainsi permis d'améliorer notre identification de la clientèle, mais il subsiste encore une marge d'erreur : certains des clients de la maison Moët restent encore classés parmi les inconnus, même si les quantités commandées nous laissent supposer que ce sont des marchands. Un autre problème se pose : nous retrouvons en effet, à plusieurs reprises, des homonymes à des adresses différentes. Nous nous sommes alors appuyé sur les correspondances et, lorsque rien ne le contredisait, nous avons comptabilisé deux clients lorsqu'il y avait deux adresses avec un nom identique. Enfin, nous avons divisé la clientèle de cet espace allemand en quatre catégories : la clientèle des villes allemandes, la clientèle des villes « allemandes du royaume de Prusse », la clientèle des villes allemandes occupées ou sous protectorat français, la clientèle des villes allemandes du royaume du Danemark.

Nous constatons donc, d'une part, un nombre de 336 clients différents pour l'ensemble de l'espace allemand de la maison Moët à l'époque du Directoire, largement dominé par les clients des villes allemandes (72 %), et, d'autre part, et avec une grande réserve, une domination des particuliers vis-à-vis de ceux qui sont sans aucun doute des marchands. Michel Étienne

33 F. Perron, « Les ventes d'une maison de Champagne sous la Révolution et plus particulièrement durant le Directoire : l'exemple de la maison Moët », art. cit., p. 254.

fait le même constat en observant les données de 1802 pour la maison Clicquot : « en Allemagne et dans les profondeurs continentales de la Prusse la part des particuliers est plutôt supérieure à celle calculée sur l'ensemble des clients conformément, aux caractéristiques de cette zone de l'Europe fortement urbanisée et regroupant un grand nombre de petites villes résidences »[34]. Mais il observe aussi que cela est moins vrai « dans les ports prussiens et les villes hanséatiques, [places ayant] avant tout une vocation de redistribution ».

Tableau n° 3. Répartition socioprofessionnelle et géographique de la clientèle de l'espace allemand de la maison Moët, 1795-1800, en volume et en pourcentage[35]

	Clients Allemands		**Clients des villes allemandes du Royaume de Prusse**		**Clients des villes allemandes annexées par les Français**		**Clients des villes allemandes du Royaume du Danemark**	
	Nombre	%	Nombre	%	Nombre	%	Nombre	%
Particuliers	137	57	41	55	9	47	0	0
Marchands	103	43	34	45	10	53	2	100
Total	**240**	**100**	**75**	**100**	**19**	**100**	**2**	**100**

Quantités, montants et rythmes d'achat

Apparemment inférieurs numériquement, donc, les marchands constituent, en tout cas, le groupe le plus important par le volume des ventes : 52 % des achats des client allemands. C'est également parmi eux que l'on retrouve les dix plus gros clients. On ne peut pas pour autant déduire du seul critère de l'importance de leurs transactions avec la maison Moët qu'il s'agissait de grands négociants. Si l'on met de côté le cas particulier d'Henri Jacob Geiger, qui achète 7 479 bouteilles pour la période 1795-1800, on retrouve d'autres acheteurs de l'espace allemand dépassant les 3 000 bouteilles sur ces 6 ans : Betendorff, Lachenal, Mappes... Néanmoins, en analysant le fichier de la clientèle de la

34 M. Étienne, *Veuve Clicquot Ponsardin. Aux origines d'un grand vin de Champagne*, *op. cit.*, p. 171.
35 Arch. privées Moët & Chandon, 18 J 121 et 18 J 122.

maison Moët, on constate que les petits et les gros clients se partagent de façon très inégale le volume des expéditions. Il faut rester prudent : parmi les petits clients, nous retrouvons également des marchands, et non uniquement des particuliers ou des inconnus.

Ces chiffres mettent, en tout cas, en lumière la nature de la clientèle allemande de la maison Moët, largement dominée par les petits clients : 71 % en dessous des 50 bouteilles pour les clients allemands, 68 % pour les clients allemands des villes sous influence française.

Tableau n° 4. Répartition géographique de la clientèle de l'espace allemand de la maison Moët selon le nombre moyen de bouteilles achetés, 1795-1800[36]

	Clients Allemands			Clients des villes allemandes du royaume de Prusse			Clients des villes allemandes annexées par les Français			Clients des villes allemandes du royaume du Danemark		
Nombre moyen annuel de bouteilles achetées	**Nombres**	**Nombres cumulés**	**Cumul**	**Nombres**	**Nombres cumulés**	**Cumul**	**Nombres**	**Nombres cumulés**	**Cumul**	**Nombres**	**Nombres cumulés**	**Cumul**
1 - 29	139	139	58 %	24	24	32 %	10	10	53 %	0	0	0 %
30 - 49	31	170	71 %	10	34	45 %	3	13	68 %	0	0	0 %
50 - 99	32	202	84 %	17	51	68 %	3	16	84 %	0	0	0 %
100 - 149	17	219	91 %	5	56	75 %	1	17	90 %	1	1	50 %
150 - 299	15	234	97 %	16	72	96 %	0	17	90 %	0	1	50 %
300 - 499	3	237	99 %	2	74	99 %	0	17	90 %	0	1	50 %
500 - 999	2	239	100 %	1	75	100 %	0	17	90 %	1	2	100 %
1 000 et plus	1	240	100 %	0	75	100 %	2	19	100 %	0	2	100 %

36 *Ibid.*, 18 J 121 et 18 J 122..

Même constat lorsque nous observons le montant total des expéditions. La répartition de la clientèle de l'espace allemand s'établit comme suit :

Tableau n° 5. Répartition géographique de la clientèle de l'espace allemand de la maison Moët selon le montant total des achats de bouteilles achetés, 1795-1800[37]

	Clients allemands			Clients des villes allemandes du royaume de Prusse			Clients des villes allemandes annexées par les Français			Clients des villes allemandes du royaume du Danemark		
Montant total des achats par clients	Nombres	Nombres cumulés	Cumul	Nombres	Nombres cumulés	Cumul	Nombres	Nombres cumulés	Cumul	Nombres	Nombres cumulés	Cumul
0 - 499	133	133	55 %	22	22	29 %	9	9	47 %	0	0	0 %
500 - 999	41	174	72 %	14	36	48 %	4	13	68 %	0	0	0 %
1 000 - 1 999	35	209	87 %	20	56	75 %	3	16	84 %	0	0	0 %
2 000 - 4 999	24	233	97 %	15	71	95 %	1	17	89 %	1	1	50 %
5 000 - 9 999	3	236	98 %	2	73	97 %	0	17	89 %	1	2	100 %
10 000 et plus	4	240	100 %	2	75	100%	2	19	100 %	0	2	100 %

Tableau n° 6. Répartition géographique de la clientèle de l'espace allemand de la maison Moët selon le montant moyen annuel des achats de bouteilles achetés, 1795-1800[38]

	Clients allemands			Clients des villes allemandes du royaume de Prusse			Clients des villes allemandes annexées par les Français			Clients des villes allemandes du royaume du Danemark		
Montant moyen annuel	Nombres	Nombres cumulés	Cumul	Nombres	Nombres cumulés	Cumul	Nombres	Nombres cumulés	Cumul	Nombres	Nombres cumulés	Cumul
0 - 199	183	183	76 %	42	42	56 %	14	14	74 %	0	0	0 %
200 - 399	30	213	89 %	15	57	76 %	3	17	89 %	0	0	0 %
400 - 599	17	230	96 %	10	67	89 %	0	17	89 %	1	1	50 %
600 - 799	3	233	97 %	4	71	95 %	0	17	89 %	0	1	50 %
800 - 999	1	234	97 %	2	73	97 %	0	17	89 %	0	1	50 %
1 000 -1 499	2	236	98 %	0	73	97 %	0	17	89 %	0	1	50 %
1 500 et plus	4	240	100 %	2	75	100 %	2	19	100 %	1	2	100 %

37 *Ibid.*
38 *Ibid.*

Elle confirme donc la domination des petits clients, commandant en grande majorité pour un montant inférieur à 200 livres annuelles. Cela diffère de l'estimation réalisée par Michel Étienne pour la maison Clicquot qui constate au contraire, pour le début du XIXe siècle, que la clientèle est constituée « de plus de la moitié de clients au dessus de 75 bouteilles dans l'année »[39]. Il est vrai que lorsque nous regardons les cinq premières villes « allemandes » en volumes pour cette maison en 1802, nous constatons que les clients commandent rarement moins de 50 bouteilles.

Tableau n° 7. Répartition de la clientèle des cinq premières villes de l'espace allemand de la maison Clicquot selon le nombre moyen de bouteilles achetés à l'occasion du premier voyage de Louis Bohne, 1802-1803[40]

Nombre de bouteilles achetées	Leipzig (1re ville allemande avec 1586 bouteilles)	Berlin (2e ville)	Breslau (3e ville)	Stuttgart (4e ville)	Zittau (5e ville)
0 - 49	0	1	1	1	2
50 - 74	5	2	1	9	4
75 - 99	5	4	3	0	0
100 - 149	2	5	2	3	0
150 - 299	3	1	1	1	1
300 et plus	0	0	1	0	0

Est-ce le signe de deux stratégies différentes : celle d'offrir ses produits à une clientèle variée et donc aussi composée de petits clients pour la maison Moët, et celle de réserver ces produits à une clientèle composée de plus gros clients pour la maison Clicquot ? Est-ce parce que certains clients de Moët préfèrent recevoir plusieurs fois des commandes de taille modeste en cette période troublée, plutôt que de risquer de perdre leur commande ? En effet, certains Allemands se distinguent en commandant plus d'une fois par an : Lachenal, Montagne, Enckelmeyer... Mais, d'une part, ce ne sont pas de petits clients et, d'autre part, c'est assez exceptionnel et loin des fréquences d'achat les plus élevées, qui sont, bien entendu, pour les clients français et en particulier pour les marchands parisiens : le client le plus fréquent de la maison est ainsi le marchand Billiotte, qui commande 24 fois pour 2 262 bouteilles.

39 M. Étienne, *Veuve Clicquot Ponsardin. Aux Origines d'un grand vin de Champagne*, *op. cit.*, p. 168.

40 Arch. privées Clicquot Ponsardin, 1A 1F 095.

La domination des petits clients est-elle donc choisie ou subie, fruit de la conjoncture et des conditions du marché ou orientation stratégique de la maison ? On saisit facilement les atouts d'une diversification de la clientèle et l'intérêt de ne pas dépendre d'un nombre réduit de clients et exclusivement de gros clients. Cet intérêt semble d'autant plus important en cette période délicate : de fortes commandes entraînent de fortes sommes à recouvrer, ce qui est peut-être encore plus délicat que de petites sommes. De plus, comme nous l'avons déjà dit, le choix de faire un vin de Champagne de qualité et la médiocrité de certaines récoltes, en volume ou en qualité, incite Jean-Remi Moët à préférer refuser des demandes importantes. Enfin, si beaucoup des clients de l'espace germanique sont de petits clients, c'est aussi parce que les voyageurs prospectent beaucoup, cherchent à renouveler leur clientèle et donc placent, bien entendu, chez les nouveaux clients, de petites quantités.

Si l'orientation stratégique de la maison n'a pu être décidée sans tenir compte des particularités de la conjoncture, il semble donc que cette domination des petits clients résulte bien d'un choix du négociant sparnacien.

POUR QUELLE CONSOMMATION ?

L'étude de la consommation du champagne en cette fin du XVIIIe siècle mérite assurément l'attention de l'historien. Elle s'inscrit dans une histoire de l'alimentation et de ses cultures, particulièrement développée depuis les années 1970. Commencé avec une clientèle préférant les vins non effervescents, le « grand XVIIIe siècle » s'achève avec une clientèle s'orientant vers un vin léger, frais et pétillant, symbole de fête et de plaisir. Peut-on effectuer le même constat pour le consommateur de vin de Champagne de l'espace germanique la fin du XVIIIe siècle et du début XIXe siècle ?

Des vins au goût du client et du pays

Nous avons déjà démontré la domination des vins mousseux dans les vins de Champagne vendus par la maison Moët pour la fin du XVIIIe siècle : c'est véritablement le signe d'une préférence à cette époque pour les vins effervescents. Mais la clientèle allemande de cette maison apprécie-t-elle autant ces vins mousseux ? Recherche-t-elle un goût précis et différent de celui recherché par les clients français ou par ceux des autres pays étrangers ? Le goût recherché varie-t-il également selon que l'on habite en Bavière ou au nord de l'Allemagne, par exemple ? Et le goût est-il le critère primordial dans l'appréciation et l'acceptation du vin de champagne par cette clientèle, ou n'est-il qu'un élément auquel viennent s'ajouter la couleur, l'arôme et la qualité de la mousse ?

Il est difficile de répondre à ces questions dans la mesure où l'on ne dispose pas toujours d'éléments sur les motivations du choix du consommateur. Toujours est-il que celui-ci bénéficie à cette époque de réels efforts d'adaptation des produits à chaque pays, pour ne pas dire à chaque client, par les négociants champenois. Ces derniers créent ainsi plusieurs cuvées aux goûts différents et personnalisés correspondant aux envies des consommateurs. L'origine géographique semble bien être un élément déterminant aux yeux des négociants : Philippe Clicquot rappelle ainsi à un marchand de vin parisien, Pavelier, que « le goût du midi n'est pas celui du nord et qu'en conséquence les qualités de nos vins sont variants »[41]. Il le prévient également « que les étrangers ont un goût particulier pour les vins de Champagne qui est tel que celui trouvé à Paris le meilleur sera le moindre pour eux ». Soucieux de répondre à ces goûts variés, les négociants champenois produisent donc, par exemple, des vins blancs mousseux « au goût sec », mais aussi d'autres d'« un goût plus doux ». Il n'est malheureusement pas possible de faire une évaluation quantitative précise des premiers et des seconds, d'autant plus que nous ne connaissons pas, à cette période, la composition précise de ces cuvées.

Nous pouvons cependant déjà effectuer plusieurs constatations sur les vins appréciés de cette clientèle de l'espace allemand. Si l'on retient toujours les 10 premiers marchés, en volume, de la maison Moët, on constate bien une très nette domination des vins mousseux sur les autres vins. Plusieurs villes ne commandent que des vins mousseux, dont la qualité de la mousse est cependant inégale. Jean-Remi Moët l'écrit même aux frères Mappes : « Sous le nom du meilleur vin de champagne, on ne peut guère entendre que du vin mousseux surtout pour l'Allemagne où l'on ne demande presque jamais de vin non mousseux »[42]. Nous avons démontré, dans une précédente étude, déjà citée, l'existence de vins mousseux anciens dans les ventes de la maison Moët, et déjà souligné l'impossibilité d'évaluer leur proportion dans les ventes de vins mousseux pour l'espace allemand, comme pour les autres espaces. Néanmoins, cette ancienneté, que seule une maison de commerce d'importance pouvait supporter, constituait-elle déjà à cette époque, comme aujourd'hui, un critère essentiel dans le goût du vin de l'époque et correspondait-elle à un prérequis de la clientèle

41 *Ibid.*, 1 A 1 E 01107, f° 212, 28 novembre 1794.
42 Arch. privées Moët & Chandon, 18 J 507, f° 421, 26 mai 1798.

allemande ? Cela ne semble pas être le cas pour Moët qui écrit être « véritablement toujours surpris de l'opinion qu'on a en Allemagne sur le vin de champagne qu'on croit gâté quand il a quelques années »[43]. Moët dit même à Henry-Jacob Geiger être « fâché [...] de voir qu'[il] semble adopter cette ridicule idée tandis que [Moët] crois [lui] avoir faire boire ici des vins de 1788 qui sont les meilleurs qu'on puisse trouver, c'est du nectar ». De véritables efforts de conservation sont en effet effectués par Moët, lequel explique en partie par une moindre conservation les « accidents qui arrivent au vin de champagne »[44]. Ainsi ces derniers « ne viennent [selon lui] que de ce qu'ils n'ont pas toujours 10 ans quand nous les expédions ».

Deuxième constatation, cette préférence pour les vins mousseux est effective, aussi bien pour les villes rhénanes et danubiennes que pour les villes hanséatiques. Nous observons cependant que la proportion la plus importante de vins non mousseux est toujours pour la ville de Stuttgart. Il serait bien hâtif d'en déduire immédiatement que le goût des clients et habitants de cette ville s'oriente davantage que pour les autres villes vers les vins tranquilles. Cela peut s'expliquer tout simplement, par exemple, par une plus grande redistribution des vins mousseux.

Tableau n° 8. Part des vins mousseux parmi les bouteilles commandées à la maison Moët pour les dix premières villes acheteuses de l'« espace allemand », 1796-1800[45]

	1796		1797		1798		1799		1800	
	Villes	**Part vins mousseux (%)**	**Villes**	**Part vins mousseux (%)**	**Villes**	**Part vins mousseux (%)**	**Villes**	**Part vins mousseux (%)**	**Villes**	**Part vins mousseux (%)**
1er	Berlin	89	Francfort	88	Aix	99	Stuttgart	83	Hambourg	100
2e	Francfort	77	Berlin	94	Stuttgart	80	Francfort	98	Francfort	89
3e	Ulm	98	Hambourg	87	Francfort	100	Ulm	100	Ulm	100
4e	Mannheim	94	Lübeck	100	Mayence	100	Breslau ; Aix	100 ; 100	Stuttgart	80
5e	Heidelberg	95	Stuttgart	82	Breslau	97	-	-	Lübeck	100
6e	Stuttgart	97	Mayence	100	Berlin	88	Leipzig	100	Mayence	98
7e	Mayence	100	Breslau	100	Leipzig	99	Berlin	100	Nuremberg	97
8e	Munich	84	Mannheim	89	Mannheim	100	Weimar, Erfurt	100	Weimar	100
9e	Hambourg	100	Stettin	96	Ulm[45]	78	-	-	Leipzig	99
10e	Dortmund	100	Heidelberg	81	Darmstadt	100	Hambourg	100	Heilbronn	100

43 *Ibid.*, 18 J 507, f° 334 à 336, 21 janvier 1798.
44 *Ibid.*, f° 334 à 336, 21 janvier 1798.
45 *Ibid.*, 18 J 121 et 18 J 122. Nous avons placés 140 bouteilles, sans précision, dans les bouteilles de non mousseux.

Une troisième constatation concerne la proportion non négligeable de rosés mousseux commandés à la maison Moët[46] : sur l'ensemble des vins vendus à l'ensemble de la clientèle de la maison, leur part se monte à 11,5 % en 1797, ou encore à 15,1 % en 1800, chiffres trop importants pour une production qui en serait à ses premiers tâtonnements, ce qui infirme les propos de François Bonal, qui assurait que « le vin rosé mousseux n'existe que depuis les années 1800 et qu'il fut toujours marginal sans jamais séduire les véritables amateurs de champagne »[47]. Il en ressort même que certaines localités ont une demande assez forte, la part de rosés mousseux étant au moins égale à la part des blancs mousseux. Quatre villes se retrouvent classées à trois reprises dans les dix ayant la part la plus élevé de rosés mousseux : Mannheim, Erfurt, Dillenburg et Magdeburg. Avait-on donc affaire, sur ces lieux, à une clientèle « habituée » à ces vins rosés ? Certes, la faible quantité de vins commis nous oblige à relativiser cette observation. L'aspect attractif de la nouveauté, si nouveauté il y avait, pourrait aussi expliquer cette proportion, peut être même d'ailleurs avec plus de fondement. Cependant, la lecture des lettres commerciales de la maison Clicquot confirme parfois cette inclination pour ces vins rosés mousseux : ainsi, « on boit beaucoup de rosé [à Leipzig] ; c'est un goût assez dominant »[48].

Enfin, une certaine volatilité des goûts apparaît aussi sur l'ensemble de la période. Ainsi, la part de rosés mousseux varie fréquemment sous le Directoire, passant par exemple de 50 à 25 % à Hambourg entre 1796 et 1797, ou encore de 80 à 49 % à Erfurt, entre 1798 et 1799, pour atteindre à nouveau 69 % en 1800.

46 Ces derniers sont élaborés par addition d'une certaine quantité de vin de teinte, dit de Fismes, lui-même réalisé à partir de baies de sureau bouillies avec de la crème de tartre que l'on fixait à l'alun.

47 Selon M. Étienne, *Veuve Clicquot Ponsardin. Aux origines d'un grand vin de Champagne*, *op. cit.*, p. 71.

48 D'après le carnet de voyage de Louis Bohne, cité *ibid.*, p. 253.

LA PREMIÈRE INDUSTRIALISATION DU CHAMPAGNE OU LORSQUE CROISSANCE RIME AVEC INNOVATION

Coupe des caves de la maison Moët & Chandon à Épernay
© Moët & Chandon

Avec des ventes annuelles qui passent de 300 000 bouteilles en 1780 à 28,5 millions en 1900, l'économie du champagne connaît une croissance peu commune. Cette augmentation très rapide de la production provoque de profondes transformations dans la structure et l'organisation des Maisons de champagne.

La possession de caves dans des sites favorables à la conservation du vin est un impératif absolu pour toutes les maisons dont les stocks ne font que croître. Aux anciennes caves de dimensions modestes et irrégulières succède le percement de longs caveaux, le plus souvent rectilignes, mais néanmoins toujours dépendants de la topographie des lieux.

À Épernay, depuis le XVIIIe siècle, la supériorité du Faubourg de la Folie, appelé Faubourg du commerce à la Révolution, puis rue du commerce en 1841 et désormais Avenue de Champagne, est reconnue pour la qualité géologique de son sous-sol de craie qui permet un percement aisé et assure une température idéale à la conservation du champagne. Peu à peu, les Maisons se concentrent de part et d'autre de l'avenue. Puis, au milieu du XIXe siècle, par saturation de l'espace peut-être, par souci logistique certainement, de nouvelles maisons s'installent le long de la voie de chemin de fer.

Percement d'un cave Moët & Chandon fin XIXe siècle, carte postale © Moët & Chandon

Rinçage des bouteilles chez Moët & Chandon, gravure, XIXe siècle
© Moët & Chandon

L'avenue de Champagne à Épernay à la fin du XIXe siècle.
Au premier plan, de part et d'autre de la rue, les établissements et hôtels particuliers de Moët & Chandon
© Moët & Chandon

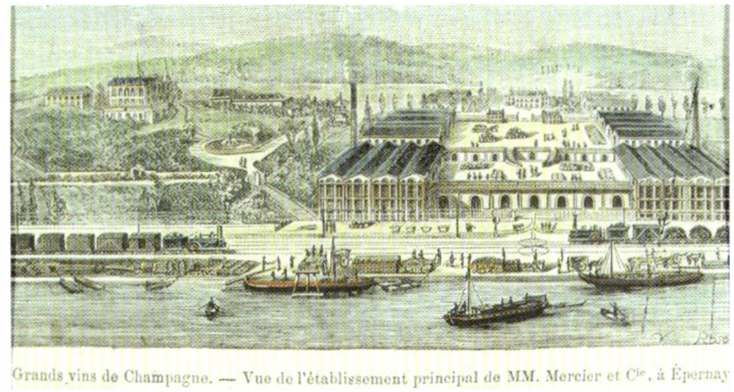

Les bâtiments du Champagne Mercier, non loin de la voie ferrée et de la Marne, à Épernay à la fin du XIXe siècle
© Moët & Chandon

Centrale éléctrique chez Moët & Chandon, vue extérieure
© Moët & Chandon

Centrale éléctrique chez Moët & Chandon, vue intérieure
© Moët & Chandon

À Reims, les Maisons sont situées à l'origine en centre-ville. Mais l'urbanisme croissant limite l'extension des locaux. Recherchant des espaces plus vastes, certains négociants s'installent à l'écart, sur la Butte Saint-Nicaise, en investissant d'anciennes crayères, exploitées principalement au Moyen Âge.

En surface, l'extension des locaux s'accompagne d'un effort de rationalisation des espaces de production. Les bâtiments sont organisés suivant une distribution fonctionnelle adaptée à un enchaînement logique des phases d'élaboration.

Profitant d'améliorations scientifiques et techniques permettant d'atteindre une capacité de production à la hauteur de l'expansion commerciale, un formidable outil de production se met en place. Des innovations sont apportées tant dans le processus de vinification que dans l'emploi d'un matériel mécanisé, puis motorisé. Pour l'élimination du dépôt qui se forme dans la bouteille, le remuage et le dégorgement s'imposent définitivement. Des progrès s'installent avec l'apparition en 1825 des premières tireuses, en 1827 de la machine à boucher, en 1844 de la machine à doser et d'une machine à rincer les bouteilles, et en 1870 de la machine à ficeler les bouchons.

Toutefois, même mécanisée, la production du champagne reste une activité essentiellement manuelle : il est calculé qu'une bouteille passe au cours de sa fabrication entre les mains de quarante-cinq ouvriers. C'est pourquoi, à partir des années 1880, l'électricité modifie profondément les conditions du travail en caves. La lumière si nécessaire au travail souterrain apporte confort et sécurité en écartant les risques d'incendies et de fumées toxiques émanant des bougies, et la mise à disposition de la force motrice modifie les machines utilisées en permettant notamment le recours au froid artificiel grâce à la technique du dégorgement dit « à la glace ».

Modernes et innovantes, les Maisons de Champagne deviennent ainsi des établissements industriels à part entière, gérant un personnel de plus en plus nombreux dont le rythme du travail évolue d'un emploi saisonnier à plus de régularité et de stabilité.

Claire Desbois-Thibault

Tableau n° 9. Classement des dix villes ayant la part la plus élevée de rosé mousseux dans leurs achats à la maison Moët, 1796-1800[49]

	1796		1797		1798		1799		1800	
	Villes	**part rosé mousseux (%)**	**Villes**	**part rosé mousseux (%)**	**Villes**	**part rosé mousseux (%)**	**Villes**	**part rosé mousseux (%)**	**Villes**	**part rosé mousseux (%)**
1er	Hambourg	50	Ratisbonne	50	Erfurt	80	Erfurt	49	Breme	100
2e	Goeppingen	40	Celle (près Hanovre)	33	Braumpt	71	Iena	40	Erfurt	69
3e	Neuenheim, Bourgau, Bretten	25	Mannheim	28	Nauenbourg, Ansbach	50	Leipzig	35	Dillenburg	56
4e	-	-	Munich	27	-	-	Hanovre, Dillenburg	33	Usingen, Grissenbourg	50
5e	-	-	Hambourg	25	Ratisbonne	39	-	-	-	-
6e	Mannheim	23	Magdeburg	23	Dillenburg	33	Mannheim, Cassel	26	Leipzig	44
7e	Wiesbaden, Hohenheim, Worms	20	Englen (duché de Magdeburg)	20	Heilbronn	30	-	-	Ansbach	33
8e	-	-	Gotha	19	Munich	29	Hoescht	25	Cassel	26
9e	-	-	Heidelberg	17	Stuttgart	28	Gotha	21	Magdeburg, Dantzig	25,
10e	Heidelberg	19	Ulm	16	Grundstadt, Magdeburg	25	Ulm	20	-	-

Critères d'appréciation et modes de consommation

S'il n'est pas possible de quantifier le mode de consommation de l'ensemble des bouteilles de champagne acheté à cette époque et les exigences des consommateurs, on peut cependant avoir quelques éléments d'observations.

Les caractéristiques visuelles du vin de Champagne apparaissent clairement comme essentielles pour la clientèle de l'espace allemand, pour la maison Moët comme pour la maison Clicquot : si nous avons déjà dit que la mousse est recherchée, la limpidité l'est aussi. Or, en raison des conditions encore difficiles dans lesquelles s'effectuaient les opérations de dégorgement et de transvasement, des phénomènes de dégénérescence graisseuse liés à une absence de maîtrise

49 Arch. privées Moët & Chandon 18 J 121 et 18 J 122.

LE CHEMIN DE FER, UN ATOUT COMMERCIAL INDISCUTABLE AU XIXe SIÈCLE

Amorcée sous le règne de Louis-Philippe, le commerce du champagne connaît une forte progression sous le Second Empire. En 1830, les expéditions annuelles se chiffrent à 3 millions de bouteilles. En 1844, elles dépassent déjà 6,5 millions et atteignent près de 18,5 millions en 1869. Si la politique de libre-échange du Second Empire, favorisant l'essor des ventes à l'étranger, est l'une des raisons de la croissance, le chemin de fer explique également cet essor. Le premier tronçon reliant Épernay à la capitale est inauguré le 2 septembre 1849. Moins de trois ans plus tard, en août 1852, le ligne Paris-Strasbourg est totalement ouverte et l'axe Épernay-Reims est mis en service le 4 juin 1854.

Les ventes de champagne peuvent désormais se développer dans un contexte propice car les avantages du chemin de fer sont multiples : il améliore les relations avec la clientèle en accélérant le courrier, il consolide la distribution en atténuant le rythme jusqu'alors saisonnier des expéditions, il réduit surtout la durée d'acheminement, facteur non négligeable dans le transport d'un vin aussi fragile que le champagne. Il contribue ainsi au maintien de la qualité du vin en diminuant le temps de voyage et les risques de stockages inappropriés. Le chemin de fer présente donc des atouts certains auxquels furent sensibles les négociants. Pour preuve, dans la seconde moitié du XIXe siècle, les nouvelles maisons sparnaciennes, à la recherche de plus de rationalité, s'installent non loin de la voie ferrée.

Claire Desbois-Thibault

Inauguration du chemin de fer à Reims le 4 juin 1854
© Bibliothèque municipale de Reims

Wagon Mercier en gare, années 1920-1930 © Moët & Chandon

de la fermentation malolactique étaient fréquents. Ceux-ci entraînaient systématiquement des reproches de la clientèle germanique. Moët le savait bien, même si pour lui, « il ne faut pas croire, ainsi que le veulent obstinément les Allemands que des vins de champagne troubles et gras soient perdus. Ce sont toujours les meilleures et premières qualités auxquelles arrivent ces accidents et ici nous aurions 100 mille bouteilles de telle sorte que nous n'y voudrions pas

282

Lutte contre le phylloxéra, début XXe siècle
© Moët & Chandon

LA DÉFENSE DU VIGNOBLE CHAMPENOIS CONTRE UN TERRIBLE FLÉAU, LE PHYLLOXÉRA

Apparu dès les années 1860 dans le Gard, le phylloxéra est un insecte dévastateur à l'origine de la grande crise de la viticulture française à la fin du XIXe siècle. En été, ce minuscule puceron de couleur jaune citron envahit les surfaces inférieures des feuilles qu'il consomme et, en hiver, il se loge dans les racines qu'il suce lentement jusqu'à la mort du cep.

Longtemps indemne, la Champagne est l'un des derniers vignobles français touchés. La première tache phylloxérée importante est découverte en 1890 à Chassins-Trélou (Aisne), commune limitrophe de Dormans dans la Marne. Pour beaucoup, l'incrédulité est la première réaction, car nombreux sont ceux qui croient que la pratique d'une culture soignée depuis des décennies les protège. Pourtant en 1898, 24 hectares sont atteints ; en 1900 ils sont 61 hectares. En 1901, le département de la Marne est déclaré phylloxéré. Dix ans plus tard, 6 500 hectares de vignes sont contaminés.

La lutte commence par des traitements culturaux grâce à l'introduction dans le sol de sulfure de carbone. Mais le seul remède est d'arracher et de replanter le vignoble en cépages originels greffés sur des porte-greffes, d'origine américaine, résistant à l'insecte. La reconstitution du vignoble est lente et coûteuse. En 1906, 1 000 hectares de vignes sont replantés ; ils représentent le double en 1910. À la veille de la première guerre mondiale, plus de 2 500 hectares sont désormais en plants greffés.

Afin d'organiser la défense du vignoble, des comités anti-phylloxériques locaux se mettent en place. Leur action est, dans un premier temps, dirigée par une association syndicale, le Grand Syndicat de défense contre le phylloxéra. Mais son mode de fonctionnement rencontre l'opposition des vignerons et conduit à sa liquidation. En 1898, s'appuyant désormais sur les syndicats locaux est fondée l'Association viticole champenoise (AVC) dans le but de lutter contre le phylloxéra, d'aider à la reconstitution du vignoble, de mener des études et des expériences et, enfin, de former les vignerons à toutes les nouvelles pratiques.

Outre le fait d'avoir sauvé le vignoble champenois de la destruction, cette expérience de lutte collective fait prendre conscience aux vignerons de la force de leur union face aux problèmes qu'ils rencontrent. Le 19 août 1904, un groupe de vignerons fonde une Fédération des Syndicats vignerons de la Champagne dont l'organisation est calquée sur celle des syndicats communaux anti-phylloxériques et à partir de laquelle s'organise la lutte pour la reconnaissance de l'appellation Champagne.

Claire Desbois-Thibault

perdre un sou, n'y en être affecté. Il n'est question que de coucher les bouteilles dans la meilleure cave, dans du sable ou sur des lattes, comme il est d'usage ici et de les y laisser sans les toucher jusqu'à ce qu'il plaise à Dieu de les guérir, alors le vin est infiniment supérieur, à ce qu'il était auparavant. Quelque fois cette guérison est longue et quelque fois très courte, mais il faut l'attendre »[50].

Les caractéristiques odorantes et sapides sont également importantes dans l'appréciation des vins de Champagne par la clientèle allemande. Mais, cette fois, la clientèle est plus partagée : les uns recherchent des vins doux, les autres des vins secs. Le vin de Champagne est en tout cas déjà présenté comme un produit de luxe en cette fin du XVIIIe siècle, époque d'une révolution culinaire et du nouveau prestige international de la cuisine française. Pour être réussi, un repas devait désormais être intime et luxueux, et le champagne était déjà, selon les négociants champenois, l'accompagnement idéal d'un repas. C'est toujours le cas au début du XIXe siècle : une part, difficilement mesurable, des commissions de vins recueillies par Louis Bohne, et destinées aux commettants allemands, est ainsi demandée pour « la propre table de ces derniers ». C'est donc assurément le signe d'une consommation à domicile, ce qui semble être d'ailleurs de règle à nouveau aujourd'hui[51].

Les archives des maisons Moët et Clicquot nous livrent des informations intéressantes sur le commerce des vins en cette fin du XVIIIe siècle et au début du XIXe siècle. Toutefois, ces deux seules maisons ne peuvent nous permettre d'en déduire des généralités pour le commerce champenois. D'autres maisons pourront à l'avenir nous permettre d'autres comparaisons. De plus, la maison Moët est à cette époque, comme aujourd'hui d'ailleurs, supérieure à la maison Clicquot par sa taille, la première étant déjà concentrée exclusivement sur le vin et s'orientant très largement vers le marché germanique, quand la seconde poursuit encore une activité textile et choisit pour le commerce de ses vins des marchés secondaires comme l'Italie et la Suisse. Ces sources sont cependant très instructives pour apprécier la continuité, à l'époque révolutionnaire et post-révolutionnaire, des relations entre le négoce champenois et l'étranger.

50 Arch. privées Moët & Chandon, 18 J 507, f° 510 et 511, 18 août 1798.

51 *Bull. trimestriel du CIVC*, 1er trimestre 2005, p. 7. Je tiens à remercier M. Jean-Luc Barbier pour toute sa bienveillance et son soutien à mes travaux.

Tout d'abord, elles confirment la place essentielle de l'espace germanique dans le commerce des vins de Champagne à cette époque. Les résultats commerciaux de la maison Moët pendant la période révolutionnaire lui sont assurément dus en grande partie, alors que c'est moins le cas pour la maison Clicquot, avant l'arrivée de son commis-voyageur Louis Bohne.

Ensuite, elles permettent de constater le dynamisme de certains marchés, même si une rotation importante existe, due à la fois à la conjoncture, aux orientations stratégiques des négociants qui se doivent d'être réactifs, peut-être encore plus en cette période troublée qu'avant la Révolution, et aux performances des commis voyageurs, dont le rôle est essentiel dans le développement commercial d'une maison.

Elles permettent, par ailleurs, de voir les spécificités de la clientèle de la maison : ainsi la clientèle de l'espace allemand de la maison Moët serait composée surtout de particuliers, même si une marge d'incertitude existe, et surtout de petits clients, à la fois en volume et en valeur. Ces derniers s'orientent, en grande majorité, vers des champagnes et non pas vers des vins tranquilles avec, pour certains lieux, une part de rosés mousseux significative.

La Révolution n'a donc pas, loin s'en faut, mis un terme aux échanges commerciaux entre la Champagne et l'espace germanique. Le négoce des vins de Champagne, malgré des contrecoups particulièrement sensibles pour un produit de luxe, bénéficie même, dès 1798, d'une situation économique redevenue favorable. Cette amélioration donne l'occasion aux Allemands de continuer à boire le vin effervescent français, et est peut-être même à l'origine de l'envie de certains d'entre eux, connaisseurs du produit et dotés d'une sérieuse expérience et culture viticole, de venir s'installer comme négociants en vins de Champagne : l'un des clients de Jean-Remi Moët pendant cette période porte ainsi le nom de Peter Arnold Mumm... La période napoléonienne et l'ensemble du XIXe siècle sont en tout cas marqués par le passage d'Allemands, conduisant parfois à une installation durable. Ils sont commis négociants, ou commis voyageurs, et parfois même créateurs de leur propre maison de champagne...

FORT CHABROL OU L'ÉCOLE PRATIQUE DE VITICULTURE MOËT & CHANDON À ÉPERNAY, LE CŒUR DE LA RECONSTITUTION DU VIGNOBLE CHAMPENOIS

Sous l'impulsion de Raoul Chandon de Briailles, dirigeant de Moët & Chandon, est ouverte en 1899 la première École pratique de viticulture, surnommée Fort Chabrol en raison d'une association insolite entre le nom de son constructeur, M. Chabrolle, et un événement parisien mouvementé du moment.

Cette école répond à deux aspirations : développer la recherche scientifique sur le greffage pour combattre les dégâts du phylloxéra, et transmettre cette nouvelle technique aux vignerons champenois. L'établissement comprend trois sections : un laboratoire de recherches viticoles où est mis au point la technique du greffage sur porte-greffes américain des cépages champenois, de vastes locaux pour la multiplication industrielle de la vigne par greffage, et enfin un laboratoire de recherches œnologiques qui étudie les conséquences du greffage sur la qualité et l'authenticité des vins de Champagne.

Devenu un établissement modèle, l'atelier de greffage de Fort Chabrol permet de replanter 115 hectares de vignes de 1898 à 1911 et 211 hectares de 1911 à 1925. En étant le lieu par excellence de formation des vignerons, décernant des diplômes de greffeurs et organisant des concours de greffage, Fort Chabrol apparaît progressivement comme le cœur technique de l'œuvre collective de lutte contre le phylloxéra.

Claire Desbois-Thibault

École pratique de viticulture de Moët & Chandon baptisée Fort Chabrol, 1910
© Moët & Chandon

Modèle de greffage employé chez Moët & Chandon, 1928
© Moët & Chandon

École de viticulture Moët & Chandon, mise en pépinières des greffes-boutures, début XXe siècle
© Moët & Chandon

École de viticulture Moët & Chandon, triage de greffes-boutures avant mise en pépinière, début XXe siècle
© Moët & Chandon

Raoul Chandon de Briailles (1850-1908)
© Moët & Chandon

RAOUL CHANDON DE BRIAILLES

Alors qu'à la charnière des XIXe et XXe siècles, de nombreux problèmes se posent à la viticulture champenoise, tous les témoignages s'accordent à reconnaître les compétences de Raoul Chandon de Briailles dans le domaine de la viticulture.

La lutte contre le phylloxéra est certainement son principal combat. Soucieux de préserver l'authenticité du vignoble champenois, il défend fermement les traitements culturaux au sulfate de carbone avant de reconnaître la nécessité de la reconstitution du vignoble en plants greffés. S'il tente sans succès d'organiser une défense collective au sein du Grand Syndicat anti-phylloxérique de Champagne, son École de viticulture, lieu de recherches vitivinicoles mais aussi de formation au greffage, devient le cœur technique de la reconstitution du vignoble.

Convaincu de la nécessité de venir en aide à l'ensemble des vignerons, il décide, en 1902, la création d'une revue, le *Bulletin du laboratoire de viticulture et d'œnologie de la maison Moët & Chandon,* dans lequel il cherche à concilier deux approches : celle de l'érudition, en exposant ses résultats à l'appui de données scientifiques, et celle de la vulgarisation, en s'adressant à un large public, afin que son expérimentation serve au plus grand nombre.

Claire Desbois-Thibault

ENTRE AIX-LA-CHAPELLE ET AŸ EN CHAMPAGNE OU L'INCROYABLE PARCOURS DE DEUX NÉGOCIANTS ET PRODUCTEURS DE CHAMPAGNE DU XIXe SIÈCLE EN PROIE AUX CONFLITS POLITIQUES

Bärbel Pauline Kuhn
Université de la Sarre

Le 15 novembre 1838, trois jeunes gens décidèrent de fonder, à Aÿ en Champagne, une société qu'ils enregistrèrent sous leurs trois noms : Lambry, Geldermann et Deutz. Leur but était, conformément à l'article 1 de l'acte de société, « d'établir un commerce de vins de Champagne [...] dont le siège sera en cette ville ». Chacun promettait d'apporter une contribution financière de 30 000 francs à la création de l'entreprise commune, dont l'acte fixait la période d'activité à quinze ans, c'est-à-dire jusqu'en 1853. En complément de la responsabilité collective que ces derniers s'appliquaient à définir et s'engageaient à respecter, à savoir « d'apporter chacun leur industrie et activité [...] » et « le même zèle au bien commun », il était prévu que chacun d'eux assume une, voire plusieurs fonctions, de nature plus individuelle. Ainsi, l'article 9 de l'acte de société stipulait-il que

> Le S[ieur] Geldermann sera pour soigner les caves et travaux de bureaux. Les Sieurs Lambry et Deutz soigneront les voyages à l'intérieur et à l'extérieur aussi longtemps que les intérêts de la communauté l'exigeront et [que] leur santé le leur permettra[1].

Cette référence à la santé ne relevait aucunement du hasard, comme nous le verrons ultérieurement, au contraire elle reposait sur une expérience et un savoir personnels bien réels. En effet, au moment de la fondation de la société, Louis Lambry, 28 ans, Pierre Geldermann, 27 ans, et Guillaume Deutz, 29 ans,

1 AD Marne, 3 Q 40/18, p. 4-5.

Porche d'entrée de la maison Deutz à Aÿ
© Deutz

travaillaient, depuis plusieurs années déjà[2], dans le secteur du commerce du champagne et savaient, par conséquent, à quel point la tâche pouvait être éprouvante.

Partant des origines de la Maison Lambry, Geldermann et Deutz, le présent article s'intéresse aux difficultés rencontrées, aux stratégies élaborées et efficacement mises en œuvre afin de conquérir, dans un premier temps, le

2 La tradition voulait que Deutz ait travaillé pour Bollinger. À cet effet, voir également l'ouvrage de Nicolas de Rabaudy et Jacques Bonnet, *Deutz. L'Ascension d'un Champagne symbole*, Paris, Éd. 2M, 1988, p. 20, et Georges Clause, « Les Allemands et le champagne au XIXe siècle : hommes et techniques », dans Sylvette Guilbert (dir.), *La Champagne terre d'accueil de l'Antiquité à nos jours*, Nancy, Presses universitaires de Nancy, 1994, p. 139-155, ici p. 146. Toutefois, aucun document le prouvant n'a été retrouvé.

L'ESSOR DE LA MAISON DE CHAMPAGNE DEUTZ

Année	Bouteilles ou magnums
1845	171 910
1897	600 000
1997	740 000
2006	1 500 000

LES VINS ET MARQUES DU CHAMAPGNE DEUTZ EN 2006

– Rosé : 36 000 bouteilles ;
– Brut classic : 1 300 000 bouteilles
– Cuvée Brut millésimée : 28 000 bouteilles
– Cuveé Rosé millésimée : 20 000 bouteilles
– Cuvée Blanc de blancs millésimée : 42 000 bouteilles
– William Deutz millésimée : 36 000 bouteilles
– Cuvée Rosé William Deutz millésimée : 8 000 bouteilles
– Cuvée Blanc de blancs Amour de Dentz millésimée : 30 000 bouteilles

Les approvisionnements sont issus pour 28 % des vignobles détenus et pour 72 % des récoltants.

Bruno Boidron et Éric Glatre (dir.), *La Champagne et ses vins*, Bordeaux, Féret, p. 592.

marché allemand et, dans un deuxième temps, le marché international avec une marque associée, déjà à l'époque, aux produits de luxe et à certains grands noms du métier. L'analyse qui suit constitue une première approche qui se base, avant tout, sur une correspondance riche de plus de quatre cents lettres, rédigées par les fondateurs de la maison entre 1838 et 1880[3]. S'il est vrai que, pour toute la période étudiée (1830-1880), le contexte politique joue un rôle capital, que ce soit la menace d'une guerre franco-allemande que fit peser la question de la frontière du Rhin en 1840, ou les mouvements révolutionnaires qui secouèrent les deux pays en 1848, nous nous pencherons plus particulièrement sur l'importance et les conséquences que la guerre franco-allemande de 1870-1871 eut pour ladite entreprise dont le siège était en France et les principaux clients en Allemagne.

La première question qu'il convient, peut-être, de se poser est de savoir ce qui a amené un Français et deux Allemands à fonder une telle maison ? Étant donné que la correspondance conservée dans les archives de la Maison ne fait pas état de la situation avant la fondation de l'entreprise – la première lettre envoyée par Guillaume Deutz remonte au 22 novembre 1838 –,

3 Tous mes remerciements vont à la Maison Deutz pour m'avoir ouvert ses archives, et en particulier à son président, monsieur Fabrice Rosset, à son directeur des relations publiques, monsieur Arnauld Bro de Comères, et à son archiviste, monsieur Rodolphe Verbeke.

il nous est impossible de savoir ce qu'il en était exactement. Nous savons toutefois que les fondateurs avaient tous trois emménagé dans les bâtiments de l'entreprise[4], ce qui laisse deviner qu'ils disposaient d'un budget très limité. Geldermann vendit même une maison qu'il n'avait acquise qu'un an auparavant[5].

Mais qui étaient Pierre Joseph Geldermann, Guillaume Deutz et Louis Lambry ? Le premier naquit en 1810 à Aix-la-Chapelle. Son père était tonnelier. Rappelons qu'au cours de la Révolution française, Aix-la-Chapelle devint le chef-lieu du département français de la Roer, en Rhénanie occidentale – elle le resta jusqu'au Congrès de Vienne –, ce qui explique que l'acte de naissance de Geldermann ait été rédigé en français et que, prénommé Pierre-Joseph-Hubert, il grandit bilingue. La biographie de Guillaume Deutz ne diffère guère : il naquit lui aussi à Aix-la-Chapelle, en 1809, soit un an avant Geldermann, et son père était, d'après son acte de naissance, épicier[6].

Tous deux arrivèrent à Aÿ dès le début des années 1830[7]. En 1834, le commis négociant qu'était Geldermann, épousa Louise Clarisse Paul, du village d'Avenay, fille d'un boulanger et négociant en vins[8]. Un an plus tard, en 1835, Louis Lambry, originaire de Verdun, épousa la fille d'un épicier et pâtissier de Francfort, Johanna-Sophia Schmidt[9]. Et c'est peut-être grâce à cette union qu'il acquit les solides connaissances en allemand qui lui furent fort utiles lors de ses déplacements pour affaires. Quant à Guillaume Deutz, il était, en 1838, toujours célibataire et c'est en célibataire qu'il partit à la conquête de nouveaux marchés ; ce n'est qu'en 1843, alors âgé de 34 ans, qu'il se maria avec Arsène-Adrienne-Caroline Darragon, fille d'un propriétaire et percepteur aisé[10]. Si Mademoiselle Darragon était un bon parti, Guillaume Deutz, doté de 80 000 francs de valeurs mobilières, d'une maison située

---

4 Ce qui n'a rien d'exceptionnel, d'après Adeline Daumard, *Les Bourgeois et la bourgeoisie en France depuis 1815*, Paris, Aubier, 1987, p. 113-114. Cette pratique, cependant, se fit de plus en plus rare au fil du XIXe siècle.

5 AD Marne 3 Q 40/18, p. 18-19, 15 novembre 1838.

6 Archives Deutz.

7 Entre autres informations, par exemple celles communiquées par les Archives de la Société de loisirs de Aix-la-Chapelle. Je remercie madame Marga van den Heuvel pour son aide précieuse.

8 AD Marne 3 Q 49 2, S 74 et 2 E 32 15, n° 24, 11 septembre 1834 et 2 E 29 8 où pour Arnould Paul, à l'occasion du mariage de sa fille, Marianne, l'appellation « boulanger » est mentionnée.

9 *Ibid.*, 2 E 32/15, n° 24, 2 octobre 1835.

10 *Ibid.*, 3 Q 49 2, p. 48, 3 Q 329 4, 2 E 446 7.

LES DIRIGEANTS DE DEUTZ : EXEMPLE D'UNE DYNASTIE DU CHAMPAGNE D'ORIGINE ALLEMANDE

La maison de commerce de champagne Deutz-Geldermann, est un exemple particulièrement intéressant de dynastie germano-française qui débouche à la fin du XIXe et au début du XXe siècle, après l'union entre les deux familles (mariage d'Alfred Geldermann et de Marie Deutz) sur des unions avec français de vieille souche.

Elle permet aussi de saisir un rôle des femmes certes inférieur à celui de « La Veuve Clicquot » ou de Louise Pommery, mais très important néanmoins puisque Marie et Hélène Deutz sauvent la maison au début du siècle, et que sous l'Occupation, ce sont les femmes qui tiennent la maison avant que Jean Lallier n'en prenne la direction en 1938.

1. William Deutz (1809-1884) et Pierre Hubert Geldermann (1811-1872), nés à Aix-la-Chapelle, créateurs avec Louis Lambry, de cette maison en 1838, à Aÿ.
2. René Deutz (1844-1897) et Alfred Geldermann (1841-1908), Alfred Geldermann a épousé Marie Deutz (1847-1933).
3. Pierre Geldermann (1871-1904).
4. 1904-1906 : Charles Pfeiffer et Henri Koehler, fondés de pouvoir.
5. René Lallier (1861-1938), neveu de Deutz, époux d'Hélène et Charles Van Cassel (1876-1919), son gendre.
6. Jean Lallier (1897-1987).
7. André Lallier, président à partir de 1972.
8. Fabrice Rosset, sans lien avec la famille fondatrice.

Bruno Boidron et Éric Glatre (dir.), *La Champagne et ses vins*, Bordeaux, Féret, p. 592-597.

rue Haute, achetée la même année pour la somme de 30 000 francs[11], et d'un tiers d'une autre maison à Aÿ, apportait lui aussi une contribution non négligeable au ménage.

Entre-temps, les affaires se portaient pour le mieux, ce qui permit aux trois partenaires d'acquérir, dès 1842, la maison voisine et, par ce biais, d'agrandir considérablement la surface de leur entreprise[12]. Cependant, malgré cette nouvelle acquisition, les locaux faisant toujours office de bureaux et d'habitation, ils se retrouvèrent, de nouveau, rapidement à l'étroit, ce qui les amena, en 1847, à procéder au partage « d'une partie des valeurs actives provenant des bénéfices de la société » par tirage au sort. La maison fut évaluée à 60 000 francs et revint à Pierre Joseph Geldermann. Quant à Lambry et Deutz, ils reçurent chacun la somme de

11 *Ibid.*, 4 E 25009, n° 109, 28 mars 1843.
12 *Ibid.*, 4 E 25007, n° 136, 4 mai 1842. La maison était située au coin de la rue des Huileries et de la rue Franche. Dans l'une de ses lettres, Lambry fait allusion à l'achat : voir AD Marne, Lambry, 26 février 1842.

LE VIN D'AŸ, SYMBOLE DE L'EXCELLENCE DU VIGNOBLE CHAMPENOIS

Les vignes à Aÿ en été, Grande Vallée de la Marne,
cliché John Hodder
© Comité interprofessionnel du vin de Champagne

Situé entre la riche plaine de la Vallée de la Marne et le coteau de la Montagne de Reims, le vignoble d'Aÿ, aujourd'hui l'un des 17 « grands crus » les plus réputés de la Champagne, produit un vin apprécié depuis fort longtemps, avant même les prémices de la mousse.

En 1675, dans une lettre adressée au comte d'Olonne, le marquis de Saint-Évremond rapporte que « Louis X, Charles Quint, François Ier, Henri VIII avaient tous leurs propres maisons dans Aÿ ou proche d'Aÿ pour y faire plus curieusement leurs provisions. Parmi les grandes affaires du monde qu'eurent ces grands princes à démêler, avoir du vin d'Aÿ ne fut pas un des moindres de leurs soins »[1]. Quant à Henri IV, à qui la tradition attribue la possession d'un pressoir à Aÿ, il n'hésita pas à répondre à l'ambassadeur d'Espagne qui vantait les nombreux titres de son maître : « Vous direz à sa Majesté le roi d'Espagne, de Castille, d'Aragon, etc., etc., qu'Henri, sire d'AY et de Gonesse, c'est-à-dire maître des meilleures vignes et des plus fertiles guérets, en d'autres termes, seigneur d'abondance, etc., etc. »[2], preuve s'il en était besoin de l'attrait qu'il avait pour ce vignoble. Il est vrai qu'en 1568, *L'Agriculture et Maison Rustique*, de Charles Estienne et Jean Liébaut, qui ne mentionne pas d'autre cru champenois, précise que « Les vins d'Aÿ sont clerets et fauvelets, subtils, délicats et d'un goust fort agréable au palois »[3].

D'ailleurs, si ce n'est précisément à Aÿ, ce fut du moins non loin, dans les vignobles des alentours, qu'apparurent les premières productions de vins effervescents, confirmant le savoir-faire vitivinicole du lieu. S'y développa alors, dès le XVIIIe siècle, une activité viticole et négociante fort active, assombrie toutefois en avril 1911 par la révolte des vignerons qui incendièrent et saccagèrent caves et maisons.

Aujourd'hui, au cœur d'un vignoble de 356 hectares, la ville d'Aÿ, qui offre le charme de ses rues sinueuses et de ses vieilles maisons à colombage, perpétue avec diversité cette destinée vitivinicole. On y trouve des maisons de champagne, dont quelques unes sont mondialement connues (Ayala, Bollinger, Deutz et Gosset), des propriétaires-récoltants, deux coopératives, des industries annexes au vin de Champagne (distillerie, pépinières, imprimeries), ainsi que l'Institut international des vins de Champagne.

Claire Desbois-Thibault

---

1 Charles de Saint-Évremond, *Œuvres mêlées*, Paris, Techener, 1865, t. 3, p. 17.

2 François Bonal, *Le Livre d'or du Champagne*, Lausanne, Grand-Port, 1984. Les Agéens n'ont, d'ailleurs, pas oublié cette reconnaissance royale et célèbrent, tous les deux ans, les Fêtes d'Henri IV.

3 Charles Estienne et Jean Liébaut, *L'Agriculture et maison rustique*, Rouen, Laurens Maury, 1568, livre 6, p. 598.

Cour intérieure du champagne Deutz à Aÿ
© Deutz

60 000 francs[13]. Cette nouvelle donne n'eut aucune répercussion sur la gestion et le siège de l'entreprise. Ce n'est qu'à la mort de Lambry, en 1861, qu'une modification de l'acte de société s'avéra nécessaire. À partir de cette date, la maison fut dirigée sous la raison sociale « Deutz et Geldermann », le contrat conclu pour une durée de dix ans, et le capital social de l'entreprise évalué à 447 812,39 francs[14].

Personne n'avait imaginé un tel succès au moment de la fondation de l'entreprise. Bien au contraire, la peur constante de l'échec se ressent dans chacune des lettres envoyées dans les années qui suivent, car gagner de l'argent n'était pas le seul objectif : il fallait également prouver aux familles que la réussite, dans un domaine plus que prometteur, était chose possible. Dans sa première lettre envoyée d'Allemagne, en 1838, Guillaume Deutz fait part de ses craintes et déceptions à son ami Geldermann à Aÿ. Le ton employé traduit une certaine amertume ; le vin serait « sans douceur, dur comme du mauvais vin de Moselle ». « J'étais », écrivait-il, « honteux de ce malheureux résultat [...]. Tu peux bien penser que ca me faisait de la peine de recevoir des reproches de mon père et de mon frère de ce mauvais vin »[15].

Soulignons, à cet effet, les importantes fonctions remplies par la famille Deutz : non seulement celle-ci goûtait et consommait les vins, mais encore c'est elle qui aidait à établir les contacts avec les clients potentiels. De par sa profession de négociant en produits fins, le père de Guillaume Deutz, Ægidius, avait d'excellentes relations avec la classe huppée d'Aix-la-Chapelle. C'était une personne digne de respect et en parfaite santé financière, ce qui lui valut même d'être élu conseiller municipal[16]. Le frère,

13 *Ibid.*, 4 E 25022 n° 222, 19 juin 1847.
14 *Ibid.*, 3 Q 40 38, p. 166, 5 octobre 1861.
15 Arch. Deutz, Deutz à Geldermann, 22 novembre 1838.
16 Voir Eduard Arens, Wilhelm Leopold Janssen, Élisabeth Janssen, Félix Kuetgens, *Geschichte des Club Aachener Casino*, Aix-la-Chapelle, Gebundene Ausgabe Club Aachener Casino, 1964, note n° 307 sur Johann Theodor Deutz, fils d'Ægidius Deutz. Ægidius Deutz pouvait également, lorsqu'il y avait urgence, apporter une aide financière. À ce sujet, voir entre autres : Arch. Deutz, Aix-la-Chapelle, 23 juillet 1840, Ægidius Deutz à la Maison Lambry-Geldermann-Deutz : Deutz prolonge un crédit de 4 000 francs de deux mois, « car c'est avec grand plaisir que je vous viens en aide ».

Théodore, s'occupait lui aussi d'acquérir de nouveaux clients dans les milieux aisés de la ville et faisait la comptabilité de l'entreprise, pour ce qui est du commerce avec l'Allemagne. L'autre frère, Ægidius fils, avait, quant à lui, à Cologne, un commerce de lubrifiants pour machines ainsi qu'une entreprise de transports, ce qui lui permettait de fournir à son frère Guillaume toutes les informations nécessaires en matière de transport et de fret ainsi que les relations dont il avait besoin.

Cathédrale de Cologne
© akg-images

Il est clair que les risques financiers encourus n'étaient pas des moindres et que la responsabilité morale engagée était, elle aussi, considérable. C'est la raison pour laquelle, dans sa lettre du 22 novembre 1838, Deutz mit l'ami Geldermann en garde : « Tu sens bien la nécessité de mettre tous les soins et toute attention possible si nous voulons faire des affaires ; tout dépend de toi »[17]. De même, le 25 janvier 1839 : « Mon cher ami, portes-toi bien et toujours bien nos affaires, car tu ne peux pas t'imaginer comment il est difficile de faire des affaires ; si nous ne servons pas bien la prochaine fois, nous sommes enfoncés [...] ». Des deux Aixois, c'était Deutz qui était le plus ferme et le moins indulgent. Ce n'était pas un hasard s'il avait été affecté aux voyages. On peut facilement imaginer que le ton employé dans ses lettres ne plaisait pas toujours à Geldermann, surtout quand, à l'occasion, il lui rappelait que, contrairement à lui, il avait la tâche facile.

Ces relations entre la France et l'Allemagne, de nature à la fois familiale et commerciale, donnèrent naissance à de nombreux échanges, et cela dès les premières années. Il est vrai qu'à cette époque la maîtrise de la langue du pays voisin n'était plus chose acquise, et que le mode de vie des Français, par exemple, posait plus de problèmes à la jeune génération allemande qu'on aurait pu le supposer. C'est dans un tel contexte qu'on envoya le cousin de Pierre Geldermann à Aÿ. Le 27 janvier 1839, le père, Monsieur Lejeune, demanda à son neveu de Aÿ s'il était satisfait de son fils, ce dernier étant pour sa part « parfaitement content dans ses nouvelles habitudes ». Soulagé, il osa avouer à son neveu et à sa femme : « Je craignais beaucoup pour le commencement,

17 Arch. Deutz, Deutz à Geldermann, 22 novembre 1838.

les habitudes de votre pays étant si différentes aux nôtres ». C'est à madame Geldermann qu'il confia ses craintes : « Je le recommande particulièrement à vous ma chère nièce, [....] surtout de veiller à sa moralité, afin qu'il ne tombe pas dans les mauvaises sociétés » [18]. S'il est probable que l'épouse et mère comprît ces préoccupations, la Française, elle, reconnut peut-être les préjugés qui se cachaient derrière. Théodore se montrait lui aussi satisfait des échanges familiaux et des processus d'assimilation culturelle qui s'ensuivaient. Le 12 août 1839, il écrivait à ses parents de Aÿ : « Je suis content que Aloys va bien, il est très naturel qu'il pense encore de temps en temps à son pays ne trouvant jamais les mêmes habitudes à l'étranger comme chez lui ».

Toutefois, au cours de ce même mois, Monsieur Lejeune se vit obligé de rappeler son fils, ayant besoin de lui pour le commerce en Allemagne, et pria Geldermann de faire en sorte que ce départ n'ait aucune conséquence sur le fonctionnement de l'entreprise, le cousin Lejeune étant, entre-temps, devenu un employé à part entière, dont il était difficile de se passer du jour au lendemain. Mais il se peut qu'il y ait eu d'autres raisons au rappel ou au renvoi soudain de l'apprenti. En particulier, une raison, souvent mentionnée dans la correspondance entre les partenaires, à savoir que la période d'apprentissage en France, dans le secteur du commerce du champagne, représentait également un danger, celui que l'apprenti devienne un concurrent en Champagne au lieu d'un allié en Allemagne. Aussi Deutz, plus méfiant que son partenaire, écrivait-il à Geldermann le 2 janvier 1839 :

> Réfléchis bien, mon cher ami, et surtout si nous pourrions pas nous établir une concurrence si ton cousin se plaît chez nous. [...] Le jeune homme d'Aix dont je t'ai parlé n'est pas si avancé comme ton cousin mais je vois qu'il pourrait nous rendre des bons services plus tard.

Guillaume Deutz savait de quoi il parlait. N'avait-il pas lui-même travaillé pour la maison concurrente, Bollinger, avant de s'établir à son compte ?

Du côté français, il était, pour les collaborateurs des deux hommes d'affaires d'Aix-la-Chapelle, tout aussi capital que la génération à venir grandisse dans un contexte franco-allemand, et soit si possible bilingue ou, du moins, acquière diverses expériences binationales dans les domaines professionnel et social. Ernest Scheck, par exemple, fils d'un employé d'Aÿ et neveu de madame Geldermann, passa, vers 1853, quelque temps dans un bureau de Francfort,

18 *Ibid.*, Lejeune à Geldermann, 3 janvier 1839.

dans un emploi que Louis Lambry, dont la femme était originaire de Francfort, lui avait probablement procuré. Notons que le séjour à l'étranger impliquait de gros sacrifices financiers pour les parents, étant donné que pendant ses quatre années d'apprentissage, l'apprenti ne percevait aucune rétribution et n'était, de surcroît, ni logé ni, la plupart du temps, nourri[19].

Après avoir obtenu la nationalité française – en 1845, pour Pierre Joseph Hubert Geldermann et, en 1846, pour Guillaume Deutz[20] –, les deux négociants rejoignirent rapidement le groupe des notables d'Aÿ et participèrent, dès 1859, aux côtés du maire, à la fondation du Cercle de commerce[21]. Il faut également souligner que Deutz, Geldermann et Lambry avaient, entre-temps, fait l'acquisition de terres et de vignobles afin d'être les plus indépendants qu'il soit possible des viticulteurs de la région. Il semblerait que Guillaume Deutz ait réussi à se faire une place de véritable propriétaire et n'ait plus été considéré comme un simple négociant en vins[22].

Cependant, bien que tous deux naturalisés français, Deutz et Geldermann connurent une vie sociale différente. En effet, si Geldermann était parfaitement intégré à la société française, Deutz avait eu, pour sa part, une vie sociale beaucoup plus active en Allemagne qu'en France : il allait, par exemple, régulièrement à la chasse dans la région d'Aix-la-Chapelle, et le bourgeois arriviste qu'il était se vantait même volontiers des contacts de plus en plus étroits qu'il entretenait avec les milieux de la noblesse allemande[23]. Il faut dire que la bourgeoisie française post-révolutionnaire n'avait, elle non plus, jamais cessé d'apprécier les gens de la noblesse, ou tout du moins les titres que celle-ci offrait, et s'il n'était pas possible de rejoindre ses rangs par

---

19 *Ibid.*, Lambry à Geldermann, Francfort, 1er septembre 1853. Tel était l'usage, d'après Lambry, dans le secteur commercial ; Ernest Scheck est né le 7 septembre 1835, AD Marne, E dépôt 9536.

20 AD Marne, 126 M 53, 10 juin 1845 (Geldermann) et 126 M 39, 5 février 1846 (Deutz).

21 *Ibid.*, 87 M 8 ; le « cercle » : club d'amis et de partenaires réservé aux hommes, très répandu dès 1830. – Voir A. Daumard, *Les Bourgeois et la bourgeoisie en France depuis 1815*, *op. cit.*, p. 222.

22 *Ibid.*, 87 M 8 ; d'après les actes, Deutz aurait acquis, par exemple, 7,79 a de vignobles en 1846, et 32,70 a en 1853 pour 6253, 42 francs. – Voir aussi AD Marne, 3 Q 45 10, p. 56, n° 99 et 3 Q 45 13, p. 48, n° 43.

23 Arch. Deutz, Deutz à la Maison Deutz et Geldermann, Ems 10 août 1878. Au sujet des étranges rapports entre la bourgeoisie des affaires et la noblesse dans la deuxième moitié du siècle, voir, entre autres, Thomas Nipperdey, *Deutsche Geschichte 1866-1918*, t. I : *Arbeitswelt und Bürgergeist*, München, C. H. Beck, 1990, p. 392.

le mariage – comme Bollinger l'avait fait[24] –, il était courant de « s'auto-anoblir » – comme la famille Darragon, dont la femme de Guillaume Deutz était issue, n'avait pas hésité à le faire à plusieurs reprises, en glissant une apostrophe entre le D initial du nom et la lettre qui suivait, pratique qui, par ailleurs, devint légale en 1835[25].

Bien que Geldermann soit lui aussi resté en étroit contact avec sa famille d'Aix-la-Chapelle, il ne reste que peu de traces de ses faits et gestes en Allemagne. Guillaume Deutz, en revanche, était fondateur et membre de la Société des loisirs (*Erholungs-Gesellschaft*) dont le but était, conformément au règlement, « de réunir ses membres dans une ambiance conviviale et de leur proposer de fructueux échanges intellectuels »[26]. Notons également que le nom de son frère, Théodore, membre du Club Casino d'Aix-la-Chapelle[27], apparaît

Vue de la cathédrale d'Aix-la-Chapelle
© akg/Bildarchiv Monheim.

Non seulement Aix-la-Chapelle était la ville natale des deux fondateurs, Guillaume Deutz et Pierre Geldermann, mais elle resta une ville essentielle pour leur négoce : en fait, leur centre

24 Jacob Bollinger d'Ellwangen ajouta un titre à sa fortune lorsqu'il épousa Louise de Villermont en 1837 : voir AD Marne, 3 Q 16 18. Au sujet de la bourgeoisie française, voir A. Daumard, *Les Bourgeois et la bourgeoisie en France depuis 1815*, *op. cit.*

25 Registre d'état civil (acte de mariage) du 24 septembre 1843, AD Marne, 2 E 446/7, n° 14; au sujet de « l'auto-anoblissement », pratique relativement courante, en particulier après 1835, date à partir de laquelle il n'était plus illégal de prendre un titre de noblesse : voir Arno J. Mayer, *Adelsmacht und Bürgertum. Die Krise der europäischen Gesellschaft 1848-1914*, München, C. H. Beck, 1984, p. 105, et Claude-Isabelle Brelot, « Das Verlangen nach Adel und Standeskultur im nachrevolutionären Frankreich », dans Eckart Conze, Monika Wienfort (dir.), *Adel und Moderne. Deutschland im europäischen Vergleich im 19. und 20. Jahrhundert*, Köln-Weimar-Wien, Böhlau, 2004, p. 59-63.

26 Citation d'origine en allemand. Traduite ici par mes soins : « *die gesellige Vereinigung ihrer Mitglieder und deren geistige Anregung* ». Je remercie madame Marga van den Heuvel de la Société de Loisirs pour les informations transmises.

27 Arch. mun. Aix-la-Chapelle, et E. Arens, *et alii, Geschichte des Club Aachener Casino, op. cit.* Ce club est fondé le 9 décembre 1805. Tous mes remerciements à madame Margarethe Dietzel, des Archives municipales d'Aix-la-Chapelle, pour les renseignements communiqués.

UN MARKETING LIÉ AUX ÉVÉNEMENTS PRINCIERS ET AUX GRANDS ÉVÈNEMENTS POLITIQUES

Dès 1840, Deutz et Geldermann pratiquèrent un remarquable marketing lié aux grands évènements princiers et politiques. Il s'agissait d'être fournisseur pour les festivités, ce qui était une remarquable publicité. Assez souvent, également, on fit des cuvées spéciales à l'occasion de tels évènements.

Ce n'était en fait ni une nouveauté du milieu du XIXe siècle, ni une innovation liée au champagne. Ce type de marketing était déjà pratiqué en Angleterre au siècle précédent. Ainsi le célèbre fabricant de porcelaine, Josiah Wedgwood, fabriquait des séries spéciales à l'occasion de ces événements. De manière tout aussi innovante, le métallurgiste de Birmingham, Matthew Boulton, dont les capitaux permirent à James Watt de réaliser sa machine à vapeur, créait des boutons, des boucles de ceinture ou de souliers, et autres bimbeloteries à l'occasion de grands évènements politiques ou princiers[1].

Jean-Pierre Poussou

1 Voir Neil McKendrick, John Brewer et J. H. Plumb, *The Birth of a Consumer Society: The Commercialization*, dans *Eighthenth-Century England,* London, Europa, 1982.

occasionnellement sur les listes des souscripteurs des bals et soirées organisés par la Société Vauxhall (*Vauxhall-Gesellschaft*), et que les deux frères n'étaient, bien évidemment, pas les seuls à être aussi actifs. D'autres noms, des deux familles, figurent sur les listes de la « Société des recherches utiles » (*Gesellschaft für nützliche Forschungen*).

Ce nombre important d'adhésions montre que Théodore, en particulier, consacrait beaucoup de temps à fréquenter les milieux aisés les plus divers, enclins à la consommation et susceptibles de devenir de fidèles clients, ce que Guillaume ne manquait pas de souligner dans les lettres envoyées à Aÿ, dès 1838 : « Mon frère Théodore aimait bien nos vins et il se donne beaucoup de peine pour nous, il voit toujours du monde chez lui ». Le père, Ægidius Deutz, était lui aussi un important « propagateur ». Non seulement il avait de nombreux contacts professionnels, mais encore il fréquentait assidûment les milieux aisés d'Aix-la-Chapelle et menait un train de vie particulièrement élevé. Citons, à cet effet, un exemple plus que révélateur : le 19 juillet 1851, il commanda cinquante bouteilles de champagne pour un dîner. Rappelons aussi que sa respectabilité et sa santé financière lui ouvrirent les portes du conseil municipal. En revanche, il semblerait que son fils, Guillaume, grisé par le désir de bénéficier d'une réputation sans faille, en ait parfois fait un peu trop, ce dont Lambry se plaignit dans une lettre envoyée à Aÿ le 23 mars 1840 : « Nous ne pouvons pas livrer tous ses amis comme Deutz a l'air de croire ».

Krüger, *Frédéric-Guillaume IV, 1846*, huile sur toile, Deutsches Historisches Museum (Berlin) © akg-images

Frédéric-Guillaume IV (1795-1861) régna sur la Prusse de 1840 à 1861. Il était passionné par le romantisme, le Moyen Âge, et les arts, en particulier l'architecture.

Le réseau de distribution de la Maison Lambry, Geldermann et Deutz ne tarda pas à s'étendre d'Aix-la-Chapelle au reste de l'Allemagne. Des commandes arrivèrent de Cologne, Francfort, Dusseldorf, Bonn, Mayence, Fulda, Darmstadt, Krefeld, Berlin, Magdeburg, ou encore Leipzig, pour ne citer que quelques-unes des villes dans lesquelles Guillaume Deutz se rendit, et où il plaça des agents chargés d'assurer la distribution des vins de la maison champenoise[28]. Et, bien sûr, il est plus que probable que la mise en place du réseau ferroviaire, à cette même époque, ait grandement profité au commerce du champagne[29].

Guillaume Deutz accordait, plus que tout autre, une importance particulière aux contacts directs et personnels. Avoir des relations comptait, pour lui, plus que tout. Et c'est dans cet état d'esprit qu'il refusa de se rendre à Hambourg :

> Je vous dirais seulement […] que je n'irai pas à Hambourg ; je n'y ai jamais été et je n'y connais personne ; vous savez comment il est difficile de faire des affaires dans une ville ou l'on est point du tout connu et ce seraient des dépenses inutiles parce que je n'y retournerai plus, ce sera la tournée de Lambry ou d'un agent si nous en trouvons un[30].

Ce n'est que quelques années plus tard qu'il suivit Lambry dans ses déplacements à l'Est, à Breslau, Riga, Saint-Pétersbourg et Moscou.

Les négociants en champagne se livraient une féroce concurrence à chaque fois qu'un événement politique se produisait, comme cela fut le cas lors de l'accession au trône du nouveau monarque à Berlin en 1840. Dans pareil

28 Arch. Deutz, Lambry de Saint-Pétersbourg à la Maison Lambry-Gelderman-Deutz 15 août 1844 : « avec la masse d'agents que nous allons avoir de tous les côtés nos affaires devront augmenter, par conséquent nous aurons besoin de plus de vin ».

29 Voir, pour la France, Pierre Léon, « L'épanouissement d'un marché national », dans Fernand Braudel *et alii* (dir.), *Histoire économique et sociale de la France*, t. III, *L'avènement de l'ère industrielle (1789 - années 1880)*, Paris, PUF, 1976, p. 241-268.

30 Arch. Deutz, Deutz à la Maison Lambry-Geldermann-Deutz, 21 août 1839.

contexte, on se demandait toujours qui allait « décrocher » les commandes pour les festivités à venir. Et il était clair que, quelle que soit la situation, il fallait être prêt à intervenir au cas où l'on serait sollicité. L'excitation ressentie par Deutz, à cette occasion, est clairement perceptible dans les lignes qu'il écrit le 3 octobre 1840 : « Les fêtes du couronnement, ou plutôt les fêtes des serments de fidélité qu'on prête au roi, commenceront vers le 15 de ce mois et dureront jusqu'à la fin ; d'après mon calcul [...] ils boiront dans ces 15 jours 50/m[ille ?] bouteilles ». Mais, malheureusement, ce que l'on consomme aujourd'hui n'est pas nécessairement ce que l'on consommera demain. Aussi la maison champenoise vit-elle rapidement ses ventes baisser et Deutz, en avril 1841, dut se rendre à l'évidence de la triste réalité : « Il paraît que le couronnement du roi a coûté trop d'argent aux habitants de la capitale et qu'ils ont voulu économiser cet hiver pour se mettre au niveau » (9 avril 1841).

À l'époque, les principaux concurrents étaient les grands noms du champagne qui occupaient déjà une bonne part du marché : Renaudin-Bollinger, Jacquesson, Moët, De Montebello et, bien sûr, « toujours la redoutable veuve »[31]. Cette dernière connaissait en Russie un tel succès que cela, d'après Lambry, relevait presque de la superstition : « Le nom Clicquot est ici une chose sacrée, malheur à celui qui se permettrait de profaner »[32]. Ce que Deutz confirma quelques années plus tard : « Le Russe superstitieux croit que rien n'équivaut le vin Clicquot puisque son concurrent n'a pas su se tenir longtemps »[33]. Mais si *La Veuve Clicquot* avait bien conquis le marché russe, elle s'était également imposée sur le marché allemand – aussi bien à Aix-la-Chapelle que dans le reste du pays –, ce que Deutz ne manqua pas de rappeler dans sa correspondance de 1855 : « C'est ce vilain Clicquot qui nous met partout les bâtons dans les roues »[34]. Mais c'est surtout son ancien patron Bollinger que Deutz prenait plaisir à supplanter dès que l'occasion se présentait, et c'est à Berlin que la concurrence était la plus féroce[35].

31 Arch. Deutz, Deutz à Geldermann, 3 août 1850.
32 *Ibid.*, Lambry à la Maison Lambry-Geldermann-Deutz, 20 juillet 1844 ; d'après Prosper Mérimée, à Moscou, on aurait même appelé le champagne « klikofskoé ». – Voir à cet effet René Gandilhon, « Commerçants, vignerons et tonneliers champenois en Russie au cours du XIXe siècle », *Cahiers du monde russe et soviétique*, 13, 1973, p. 502-513.
33 *Ibid.*, Deutz à Geldermann, 3 août 1850.
34 *Ibid.*, Deutz à la Maison Lambry-Geldermann-Deutz, 2 juin 1855.
35 *Ibid.*, Lambry à la Maison Lambry-Geldermann-Deutz, 24 août 1841.

En fait, les uns et les autres n'hésitaient aucunement à attaquer ouvertement la concurrence et à récupérer ses secrets ou ses recettes miracles. Lambry, qui se rendit à l'Est dès 1838, ne s'en cachait pas. De Riga, le 10 février 1839, il écrivit : « Il faut trouver le goût du vin Clicquot ». Même l'espionnage industriel semblait être un moyen comme un autre pour venir à bout des secrets de la concurrence. Les problèmes avec les bouchons, par exemple, étaient courants : parfois, ils étaient enfoncés trop profondément dans le goulot, parfois ils « contaminaient » le vin. Aussi, lorsque Lambry s'aperçut que les bouchons de la Maison Roederer étaient d'excellente qualité, ordonna-t-il à Aÿ d'en trouver la recette :

> Faites tout ce qui dépende de vous pour savoir comment Roederer y font [...] il faut donc autant que possible tâcher de l'imiter [...]. Je suis persuadé qu'ils sont pressés à la vapeur, ils sont si souples, blancs et frais comme s'ils sortaient du magasin, tandis que les nôtres sont sales et noirs. Il faut que Grudel aille s'informer près de son frère qui je crois travaille chez Roederer, et cela sans perdre de temps pour tâcher de savoir d'une manière positive le procédé de cette maison. (10 juillet et 5 août 1850)

Toute histoire, tout commérage avait son importance, à partir du moment bien entendu où l'on n'était pas impliqué personnellement dans l'affaire. Lorsque Clicquot et Roederer, tels deux « matadors », se querellèrent sur le marché russe, Lambry se demanda s'il ne pourrait pas profiter de la situation :

> [...] ce conflit nous permettrait peut-être de nous faufiler entre ces deux marques qui se font une guerre si acharnée et de pénétrer dans les affaires, je crois le moment bien opportun, vous devez bien croire que j'ai fait tout ce que j'ai pu pour cela[36].

C'est l'une des raisons pour lesquelles il était capital d'être présent sur place. Il fallait absolument entretenir de bonnes relations avec les grands négociants. C'est souvent ce qui faisait la différence et tranchait en faveur de l'un ou de l'autre, car les négociants se sentaient flattés et estimés par l'intérêt qui leur était porté. Mais Deutz, Geldermann et Lambry n'étaient pas les seuls à le savoir. Ne rencontraient-ils pas, de temps en temps, leurs concurrents Bollinger et Roederer, eux aussi en déplacement ? Dans un premier temps, Geldermann ne saisit pas vraiment l'importance de tels contacts et reprocha

36 *Ibid.*, Lambry à la Maison Lambry-Geldermann-Deutz, 10 juillet 1850.

apparemment à Deutz de rester trop longtemps à Aix-la-Chapelle. Dès décembre 1838, ce dernier se vit obligé de se justifier :

> Je t'assure que ce sont seulement les affaires qui ont pu me tenir si longtemps ici, car pour faire quelque chose ici, il faut voir pendant une quinzaine presque tous les jours les consommateurs parce qu'ils ont l'habitude par les autres voyageurs[37].

Plus les clients étaient nombreux, plus il devenait difficile de poursuivre sur cette voie. C'est pourquoi le choix de représentants compétents s'avéra de toute première importance pour le commerce[38]. Deutz et Lambry se donnaient une grande peine pour définir les conditions que ceux-ci devaient obligatoirement remplir : par exemple, avoir une santé robuste, constat qu'ils seraient eux-mêmes bientôt amenés à faire. Même si le réseau ferroviaire s'améliorait, le voyage restait très éprouvant. Il fallait, par exemple, dix jours pour aller du Havre à Saint-Pétersbourg en paquebot à vapeur[39]. À l'époque, les voyages relevaient de l'expédition. Ils étaient même parfois périlleux et lorsque, comme Lambry, on ne supportait pas de voguer sur les flots, ils se transformaient vite en véritables cauchemars. Cela impliquait également que l'on reste longtemps séparé des siens, ce qui pouvait facilement décourager et déprimer le voyageur. Mais aussi dissuasifs fussent-ils, ces obstacles ne constituaient pas le problème le plus inquiétant. En effet, c'est la forte consommation d'alcool qui nuisait le plus à la santé. Lambry, par exemple, avouait ne se sentir bien que quatre jours sur

Le port de Hambourg (1890-1900)
© akg-images

Le Rathaus (Hôtel de ville) de Hambourg
© akg/Bildarchiv Monheim

37 Lire : [parce que les autres voyageurs leur en ont donné l'habitude], Arch. Deutz, Deutz à Geldermann, 12-13 décembre 1838.

38 Pour ce qui est du suivi des clients assuré sur place par les représentants et voyageurs, voir P. Léon, « L'épanouissement d'un marché national », art. cit., p. 286-287.

39 Arch. Deutz, Deutz à la Maison Lambry-Geldermann-Deutz, Le Havre 16 juin 1845.

huit[40] et, en 1840-1841, l'état de santé de Deutz laissait lui aussi fortement à désirer, si bien qu'il fut contraint à l'abstinence et au repos complet plusieurs mois durant, ce qui fut, comme le déclara sèchement Lambry à Geldermann, « vraiment bien malheureux, autant pour lui que pour nous »[41]. Notons au passage l'humour et le cynisme avec lesquels Guillaume Deutz, une fois remis, résuma les souffrances et les joies d'un producteur et négociant en champagne : « Oh fluide malheureux, poison de ma santé, pourtant baume de ma bourse »[42].

Quel était donc le profil du parfait représentant voyageur ?

En 1855, Deutz se rendit à Hambourg à la recherche de l'un d'entre eux, et fit part de ses réflexions à Geldermann sur le sujet. Pour être un bon représentant voyageur, écrivit-il, « il faut avoir le talent de faire du bruit avec une marque et d'y appeler l'attention des consommateurs »[43]. Et, bien sûr, il fallait également posséder bon nombre de qualités morales et physiques. Un certain monsieur Schmitt semblait avoir passé les premiers tests de sélection avec succès : « Schmitt est un homme d'un extérieur assez bien, d'une bonne santé et se présente très convenablement, il paraît solide et ayant de bonnes principes »[44]. Un monsieur Blumenthal semblait lui aussi correspondre au profil recherché. Il s'était déjà fait une place dans le métier et il était évident que son embauche ne ferait pas sans entraîner certains frais :

> C'est un homme qui a toutes les qualités pour être bon voyageur et représentant pour une maison de champagne, peut-être un peu trop bon vivant mais puisque nous avons l'expérience que ceux qui ne le sont pas assez ne font rien je suis d'avis que celui-ci conviendrait. [...] C'est un homme qui aime le Champagne qui en boit tous les jours.

Deutz faisait mine de ne pas attacher d'importance aux commentaires que le nom de Blumenthal pourrait éventuellement inspirer à la clientèle : « le nom de M. Blumenthal doit vous dire qu'il est juif, je le pense aussi quoique son extérieur l'indique moins ». Il le décrivit comme étant grand, fort, mais pas

40 *Ibid.*, Lambry à la Maison Lambry-Geldermann-Deutz, 1er février 1842.
41 *Ibid.*, Lambry à Geldermann, 6 août 1841.
42 *Ibid.*, Deutz à la Maison Lambry-Geldermann-Deutz, 8 juin 1842.
43 *Ibid.*, Lambry à la Maison Lambry-Geldermann-Deutz, 9 janvier 1842.
44 *Ibid.*, Deutz à la Maison Lambry-Geldermann-Deutz, 9 juin 1855.

gros[45]. Lambry s'exprimait de manière similaire. À Hanovre, il avait fait la connaissance d'un Monsieur Herzog, représentant voyageur qui lui paraissait « prudent en affaires et les raisonnant fort bien » :

> Quant à son physique, il n'est pas mal, mais il ne répond pas tout à fait à son moral, il a un peu l'air d'un petit juif emmoustaché. Enfin ceci ne retire rien à son mérite, il est parfait bon garçon ; il a de bonnes manières et fréquente la bonne société[46].

Les qualités des représentants voyageurs jouaient un rôle tout aussi important pour la « jeune » génération. En séjour à Saint-Pétersbourg, René, fils de Guillaume Deutz, fit part de sa rencontre avec les frères Günther, censés bénéficier tous deux d'une excellente réputation. Dans sa lettre du 2 février 1870, il étaya d'un nouvel aspect les arguments présentés par son père quelques années plus tôt :

> J'avoue que H. Günther n'est pas l'homme qui nous convient à Moscou parce qu'il est trop avare, mais son frère Gustave est capable de nous pousser en avant parce qu'il n'est pas marié et qu'il est tous les soirs dans les restaurants avec des amis.

Toutefois, les deux étant très influents dans le métier, il convenait de ne pas les brusquer : avoir l'un d'eux pour ennemi aurait considérablement nui au commerce.

Les nombreuses lettres rédigées par Deutz et Geldermann ne se lassaient pas de souligner les qualités du parfait représentant voyageur : un bel homme, à la santé de fer, sociable, honnête, célibataire et jeune. Et, bien sûr, un ardent buveur ! Toutes ces exigences étaient loin de faciliter les embauches. Mais il est vrai que toute embauche présentait des risques comme, par exemple, celle d'Alwin von Amelunxen. On racontait que celui-ci avait dilapidé sa fortune en Amérique. Aussi était-il fortement déconseillé de l'engager. Guillaume Deutz et Pierre Geldermann n'eurent que faire de ces avertissements. Ils l'embauchèrent et trouvèrent en lui, après la disparition de Lambry et tout au long de la période difficile que fut la guerre franco-allemande, un collaborateur fiable et loyal qui avait le sens des affaires. C'est grâce à lui, par exemple, que de nombreux officiers et gens de la noblesse devinrent clients de la Maison Deutz

45 *Ibid.*, Deutz à la Maison Lambry-Geldermann-Deutz, 9 juin 1855.
46 *Ibid.*, Lambry à la Maison Lambry-Geldermann-Deutz, 12 juillet 1844.

et Geldermann, ce qui ne plut guère à Alfred Geldermann, qui se vit cependant contraint d'admettre que c'était dans ces milieux-là que les affaires prospéraient le plus à la fin des années 1860. Il regrettait toutefois que les petits clients, dont son père avait toujours vanté les mérites, en fassent les frais[47].

Les conditions dans lesquelles les contrats d'embauche étaient établis, dépendaient de l'expérience et du succès passés, et variaient quelque peu d'année en année. En 1857, par exemple, il fut conclu qu'un certain Monsieur Müller percevrait un salaire élevé de 400 thalers (1 500 francs) auquel viendraient s'ajouter des frais de voyage de 7 thalers par jour, et que, de plus, une commission proportionnelle au nombre de bouteilles vendues lui serait versée[48]. Une lettre de 1838 indique que le montant de ladite commission n'était pas fixe : 10 % en cas de vente à de nouveaux clients, et 5 % pour les autres[49]. En 1855, Blumenthal déclarait, pour sa part, gagner l'équivalent de 2 000 francs et percevoir des frais de voyage de 20 francs[50].

Les lettres des fils Deutz et Geldermann montrent clairement qu'il était pour eux tout aussi primordial que pour la génération de leurs pères d'être personnellement présents dans les villes dans lesquelles la maison avait ses représentants. C'est sur cette diversité des fonctions assurées par le négociant dans ses déplacements que le président de la Société d'agriculture, du commerce, des sciences et des arts du département de la Marne insista dans son discours à l'occasion de l'assemblée générale de 1846 :

> Sans cesse aiguillonné par la concurrence, le négociant est continuellement à la recherche des occasions favorables à ses spéculations : il connaît les places où la marchandise est chère pour s'y créer des débouchés ; celle où elle est bon marché pour y faire des achats. Si les voyages qu'il entreprend ont pour principal but de trouver des consommateurs, d'exciter leurs désirs, de connaître leurs goûts et leurs besoins, ils lui permettent aussi d'étudier les lois et les usages des pays étrangers, d'y découvrir, dans l'intérêt de nos manufactures, de nouveaux procédés de fabrication[51].

47 *Ibid.*, Alfred à Pierre Geldermann, 20 novembre 1868.
48 *Ibid.*, Deutz à la Maison Lambry-Geldermann-Deutz, 8 août 1857.
49 *Ibid.*, Deutz à la Maison Lambry-Geldermann-Deutz, 12-13 décembre 1838.
50 *Ibid.*, Deutz à la Maison Lambry-Geldermann-Deutz, 9 juin 1855.
51 AD Marne, Annexe de Reims, *Mémoires de la Société d'agriculture, du commerce, des sciences et des arts du département de la Marne*, R. Delta, 23, art. 14, 1846.

C'est dans le même état d'esprit que Deutz et Geldermann se rendirent chez les vignerons en Champagne, ce qui leur permit de voir concrètement ce qui était proposé et de comparer les rapports qualité prix.

Bref, quelle que soit la génération au pouvoir, le commerce du champagne restait placé sous le signe de la continuité, tout en subissant, bien évidemment, les divers changements qui s'imposaient. Le marché russe, par exemple, était, dans les années 1870 tout aussi imprévisible que vingt-cinq ans auparavant. À cet égard, les propos de René Deutz ne se distinguaient guère de ceux de son père ou de ceux de Lambry dans les lettres envoyées à Aÿ un quart de siècle plus tôt : « La Russie est un pays d'avenir et il ne faut pas la négliger... » (30 janvier 1870). Aussi convenait-il, comme par le passé, de tenir compte de certaines caractéristiques et coutumes nationales qui n'étaient pas nécessairement en rapport direct avec le goût du champagne. Dans la même lettre, René Deutz rapportait, non sans étonnement :

> Le Russe boit énormément d'eau de vie et après pour rafraîchir son gosier du champagne en grande quantité ; on boit le champagne maintenant dans des grands verres plats en Russie et en Allemagne de sorte qu'il faut de grandes masses pour que le vin perle dans le verre... Pour moi le goût russe et le goût allemand ne font qu'un ; ce sont les mêmes vins que Roederer envoie en Russie et en Allemagne.

Il convient toutefois de faire remarquer que la concurrence n'est pas le seul fil directeur de la correspondance analysée. Le goût occupe lui aussi une place prépondérante. Deutz et Lambry n'en finissaient pas de transmettre leurs multiples observations à Geldermann, chargé « d'adapter » à Aÿ, le champagne au goût des clients. Divers tests étaient ainsi effectués sur la teneur en sucre[52] et la cuvée pour répondre le mieux possible aux attentes de la clientèle, qui variaient selon les régions et les nations. Les chiffres montrent que la Maison Lambry, Geldermann et Deutz savait parfaitement satisfaire le goût de ses clients. Bien que son champagne – entre 3 et 5,50 francs la bouteille – n'ait pas compté parmi les moins onéreux, le chiffre des ventes ne tarda pas à monter rapidement en flèche : déjà, en 1845, la Maison exportait 142 854 bouteilles vers l'Allemagne, et 22 651

52 Pour les goûts des différents pays, voir Claire Desbois-Thibault, *L'Extraordinaire Aventure du champagne : Moët & Chandon, une affaire de famille (1792-1914)*, Paris, PUF, 2003, p. 136.

vers la Russie, ce qui représentait respectivement 83 % et 13 % de la totalité des exportations de l'entreprise. Alors que l'Allemagne restait en tête des pays importateurs, la Russie céda sa deuxième place à l'Amérique en 1852, et se retrouva ainsi au troisième rang[53]. Avec plus de 90 % des ventes au cours des premières années, l'Allemagne maintint sa position de tête dans les années qui suivirent, avec environ 60 %. L'arrivée des Pays Scandinaves, de la Belgique, de la Grande-Bretagne et des Pays-Bas sur le marché n'y changea rien. Quant à la France, dont le faible pourcentage se situait entre 2 et 5 %, elle ne jouait qu'un rôle subsidiaire[54]. Dès le début, Deutz et Geldermann surent tirer pleinement profit de leurs connaissances linguistiques et de leurs relations avec l'Allemagne, et se concentrer sur cet important marché. Si, au cours des premières années, la maison champenoise n'avait eu de cesse de modifier couleur et teneur en sucre, Deutz, fort du succès remporté par ses vins, n'avait plus aucune raison de s'inquiéter lorsque quelque différence de goûts ou de moeurs se manifestait. Quand, en 1880, dans son hôtel d'Aix-la-Chapelle, un groupe d'étrangers se plaignit de son *Cabinet*[55] apparemment trop doux, c'est avec assurance qu'il répliqua, dans une lettre envoyée à Aÿ, que lui appréciait, et que « chacun a son goût à soi et les goûts ne sont pas à disputer »[56].

Si, au fil des années, on avait toujours veillé à répondre aux attentes du client, la qualité, elle, – et le prix élevé qu'elle impliquait –, n'avait jamais été remise en question. En effet, il était beaucoup plus facile de satisfaire les besoins esthétiques de la clientèle, par exemple d'améliorer la composition des étiquettes et de réfléchir aux couleurs utilisées, que d'adapter la qualité à son goût. En 1870, par exemple, on élabora une étiquette de la couleur préférée de la fille du tsar. Le champagne de Deutz et Geldermann se para alors d'une belle étiquette bleue, à l'image de celui de Roederer : « L'or le plus brillant possible et le bleu exactement pareil au bleu de l'étiquette de Roederer incluse. C'est l'étiquette qui va à la cour ». Et l'on prit plaisir à joindre cette étiquette bleu criard à la lettre envoyée[57]. Mais la composition des étiquettes n'était pas qu'une question de goût et d'optique. Deutz le

53 Arch. Deutz, résumés et statistiques réalisés par Rodolphe Verbeke, archiviste.
54 Arch. Deutz, informations résumées par Rodolphe Verbeke, archiviste.
55 Qualité de champagne, version francisée de *Kabinett*.
56 Arch. Deutz, Deutz à la Maison Deutz et Geldermann, 29 août 1880.
57 Arch. Deutz, René Deutz à Pierre Geldermann, Riga, 6 mars 1870.

savait depuis longtemps. Le 23 juillet 1845, en séjour à Saint-Pétersbourg, il écrivait :

> L'éléphant ne plaît pas aux Russes, c'est un animal trop lourd et ne convient pas pour du champagne. Le Saint Esprit ne va pas du tout, c'est une allusion à la religion et la douane mettrait de suite main basse sur les vins arrivants. Le pélican serait convenable mais maintenant il se trouve que c'est déjà l'enseigne des maisons de bienfaisances, il y a des personnes qui croient que la douane pourrait faire des difficultés.

Aussi la prudence s'imposait-elle. Il fallait à tout prix bannir certains symboles aux connotations univoques. Il en allait de même de tout signe religieux qui aurait pu facilement glisser dans le registre des profanations. Le danger n'était pas tant de voir les clients refuser la marchandise que de ne plus pouvoir importer en Russie. L'évolution iconographique des étiquettes au fil des années montre à quel point les symboles arborés étaient importants. Le symbole récurrent de la chasse, par exemple, prouve sans ambages à quelle clientèle les maisons souhaitaient s'adresser. Aussi est-il plus que probable que Deutz et Geldermann ne soient pas allés à la chasse uniquement par passion[58].

L'arôme et la couleur mis à part, le vin mousseux devait offrir une mousse de première qualité. En 1841, Lambry constatait que « c'est la mousse qui joue le plus grand rôle. On en veut follement. Un vin qui mousse médiocrement est de suite repoussé »[59]. Aussi la cuvée de 1839 dut-elle se prêter à un exercice peu commun que Lambry décrivit depuis Königsberg :

> Dans tous ces pays-ci, on a maintenant une idée diabolique : c'est celle de pendre un oiseau de carton au plafond et tous les buveurs de Champagne tirent avec le bouchon vers lui et si par malheur le vin ne mousse pas violemment ou assez pour abattre le volatile alors quelqu'un sort le vin, il est mis de côté sans être bu et la marque méprisée[60].

Les exigences des clients relevaient souvent de l'absurde. Lambry en fit personnellement l'expérience lors de sa première année en Russie, en 1844. Le champagne de la nouvelle cuvée s'était vu rejeté sans raison apparente,

58 AD Marne, 16 U art. 194. - Voir également Kolleen M. Guy, *When champagne became French. Wine and the making of a national identity*, Baltimore, Baltimore UP, 2003, p. 30.
59 Arch. Deutz, Lambry à la Maison Lambry-Geldermann-Deutz, 6 août 1841.
60 *Ibid.*, Lambry à la Maison Lambry-Geldermann-Deutz, 19 janvier 1839.

parce que il n'est pas en vogue, que l'étiquette n'est pas assez élégante, que la bouteille n'a pas la même forme que les Clicquots, que les perles de la mousse sont trop grosses et et et... observations à n'en pas finir qu'il faut vraiment être un ange pour écouter tout cela de sang-froid[61].

Dans la même lettre, il conseillait malgré tout de s'efforcer de répondre aux attentes de la clientèle russe le plus rapidement possible :

> Toutes les maisons de champagne ont adopté d'autres étiquettes plus brillantes l'une que l'autre et malheureusement les Russes regardent beaucoup à cela. Tous les messieurs ont dit que notre étiquette était affreuse, qu'il fallait la changer. [...] Faites donc faire au plus vite 10 000 étiquettes [...] avec les couleurs les plus vives et les plus fraîches, absolument dans le genre de celle de Krug, avant de les poser sur la bouteille, il faudra la découper encore, aussi il faudra laver les bouteilles, on regarde beaucoup à toutes ces choses là. Notre vin est assez bien, seulement il faut y mettre un peu plus de poudre d'or et éviter de cirer trop bas. Les Russes sont extrêmement méfiants, ils supposent là-dedans un motif de tromperie.

C'est pourquoi il fallait à tout prix que le niveau de remplissage soit visible et que les bouteilles soient aussi attrayantes que possible.

Car duperie il y avait bel et bien. La méfiance des Russes n'était pas entièrement infondée. Rappelons, par exemple, la contrefaçon dont clients et producteurs furent victimes. Suite à ce véritable fléau qui nuisit à l'ensemble du secteur, quelques producteurs de renom du département de la Marne, parmi eux Lambry, adressèrent en 1859 une lettre au ministre du Commerce, « aux fins d'obtenir que par des traités internationaux les marques et étiquettes fussent à l'avenir respectées et garanties »[62]. Car c'était, à cette époque, le nom de l'entreprise, voire de la famille, qui était garant de la marque et de la qualité, et non l'appellation de champagne. Cela explique peut-être pourquoi ceux qui « donnaient leurs noms » au produit attachaient une importance particulière à entrer personnellement et directement en contact avec les clients. Sur ce, la Maison Lambry, Geldermann et Deutz fit graver le nom de la marque sur le côté des bouchons afin que la qualité et le goût de son champagne ne soient pas confondus avec d'autres[63]. Comme Deutz le rappela en 1860, nombreuses

61 *Ibid.*, Lambry de Saint-Pétersbourg à la Maison Lambry-Geldermann-Deutz, 16-17 juillet 1844.
62 AD Marne, 172 M 3, 120, Chambre de commerce de Reims, 6 août 1860.
63 Arch. Deutz, Deutz à la Maison Lambry-Geldermann-Deutz, 7 juillet 1860.

étaient les maisons qui avaient recours à ce procédé pour lutter contre toutes sortes de trafics dans l'attente des réglementations qui s'imposaient[64]. Dans ce contexte, Deutz espérait, dès 1860, qu'un traité de commerce entre la Réunion douanière allemande et la France serait signé, ce qui permettrait de résoudre, entre autres, ce problème[65]. Mais ce n'est qu'en 1882 que les maisons de champagne s'unirent pour former le Syndicat des vins de Champagne, déclarer la guerre à la contrefaçon, et instaurer l'appellation de champagne[66].

Si, en tant qu'Allemands pleinement établis en France, Deutz et Geldermann misaient sur la coopération franco-allemande, et en particulier sur la coopération économique, ils ne pouvaient se permettre de faire abstraction des conflits politiques entre les deux pays, ceux-ci exerçant une influence directe sur leurs relations et affaires. Déjà, à l'occasion de la crise du Rhin en 1840, Guillaume Deutz s'empressa de rassurer ses partenaires à Aÿ qui, influencés par les rumeurs de la presse et du peuple français, craignaient une guerre. En effet, d'après lui, il y avait plus urgent : « Nous n'aurons point de guerre et j'espère que vous avez profité des bas prix des vins pour faire nos acquisitions »[67]. Une fois la menace de la guerre de 1840 écartée, ce sont les événements révolutionnaires de 1848 à 1851 qui, quoiqu'étant sans grande importance au niveau international, mirent les affaires à rude épreuve.

Guillaume Deutz se demandait ce qui arriverait si les démocrates, voire les socialistes, parvenaient au pouvoir. Notons que sa position était celle d'un homme d'affaires et se situait à l'écart de toute appartenance nationale. En 1850, bien que Guillaume IV ait renoncé à la couronne et, par là même, étouffé tout espoir que les Allemands fêteraient l'unité nationale dans l'ivresse du champagne[68], Deutz se montrait confiant et satisfait que la Prusse combattît,

---

64 - Voir C. Desbois-Thibault, *L'Extraordinaire Aventure du champagne : Moët & Chandon, une affaire de famille (1792-1914)*, *op. cit.*, p. 138. Au sujet de la Convention internationale de Paris de 1883, voir François Besse, *La Répression pénale de la contrefaçon en droit suisse avec présentation des droits français et allemand et aperçu de droit international*, Paris, Champion, 1990, p. 28-32.

65 Arch. Deutz, Deutz à la Maison Lambry-Geldermann-Deutz, 23 août 1860.

66 K. Guy, *When champagne became French. Wine and the making of a national identity*, *op. cit.*, p. 24-27.

67 Arch. Deutz, Deutz à la Maison Lambry-Geldermann-Deutz, 27 septembre 1840.

68 Voir les propos de Lambry : Arch. Deutz, Lambry à la Maison Lambry-Geldermann-Deutz, 21 mars 1849 : « la fameuse question de l'unité allemande doit être résolue cet après-midi avant de fermer ma lettre, je vous dirai si le roi de Prusse sera Empereur. [...] Après la proclamation de l'empire d'Allemagne, [...] les Allemands prendront des bains dans le champagne, alors pour l'automne nous ferions une brillante affaire ».

avec poigne, toute tentative révolutionnaire. À vrai dire, ce serait plutôt la France qui aurait posé problème.

> Je vois avec bien de la satisfaction que les affaires commencent à prendre en Allemagne mais c'est la France, ce malheureux pays, qui est toujours dans une situation désespérante et aussi longtemps que nous n'aurons pas complètement vaincu les misérables socialistes en France, la confiance ne reviendra pas nulle part[69].

Même en 1870, Deutz et Geldermann restèrent, envers et contre tout, des hommes d'affaires. Si la correspondance avec les agents allemands, qui, comme Sommer ou Amelunxen, avaient des parents, voire des fils, au front contre la France, fait état de problèmes professionnels et de craintes liés à la guerre, le contexte politique, marqué par les conflits nationaux entre les deux pays n'y est lui nullement évoqué. Seuls les avantages et inconvénients que la guerre, déclenchée par la déclaration de la France du 19 juillet 1870, pouvait avoir sur la consommation et le commerce du champagne importaient. Deutz et Geldermann s'intéressaient, par exemple, de très près à l'impact de la situation sur les transports. Ils en évaluaient tous les dangers et s'informaient du mieux qu'ils pouvaient au cas où l'actualité du moment appellerait à une consommation accrue de champagne. Bref, ils étaient tous deux en permanence sur le qui-vive.

Une lettre du représentant voyageur Sommer, qui avait deux bonnes raisons de se réjouir de la capitulation de Metz, montre clairement que tout commentaire se gardait d'entrer dans des considérations politiques. Si Sommer se réjouissait, c'est tout simplement parce que, d'une part, ce serait pour son fils, officier aux portes de Metz, la fin d'une longue et dure période de guerre[70], et parce que, d'autre part, celui-ci pourrait peut-être, en route vers Paris, s'arrêter à Aÿ. Néanmoins, l'espoir de voir les Berlinois trinquer abondamment à la capitulation fit rapidement place à la déception. Amelunxen raconta qu'ils avaient certes accueilli la capitulation avec enthousiasme, mais que les bars étaient, la veille au soir, entièrement déserts. Les buveurs de champagne se trouvaient, dans la plupart des cas, sur les

69 Arch. Deutz, Deutz à la Maison Lambry-Geldermann-Deutz, 20 avril 1850.

70 Copie d'une lettre datée du 30 octobre 1870 (AD), envoyée par le représentant Sommer de Magdeburg. Deutz la joignit à sa lettre du 2 novembre, adressée aux partenaires d'Aÿ. – Voir également : Matthias Steinbach, *Abgrund Metz. Kriegserfahrung, Belagerungsalltag und nationale Erziehung im Schatten einer Festung 1870/71*, München, R. Oldenbourg, 2002.

champs de bataille[71]. Quelques jours plus tard, Amelunxen évoquait un danger supplémentaire : l'apparition de la peste bovine en Belgique et la fermeture des frontières. Si, dès lors, Paris capitulait et la paix revenait, l'Allemagne se complairait dans la joie et la bonne humeur, mais si, en revanche, ces problèmes subsistaient, les festivités se dérouleraient sans le champagne de Deutz et Geldermann, ce qui serait fatal pour leurs affaires[72]. Il semblait donc indispensable d'entretenir de bonnes relations avec le personnel des douanes, ce à quoi Moët, par exemple, s'employait déjà[73]. Dans le cas contraire, il fallait s'efforcer de trouver d'autres itinéraires de transport. Dès la fin de l'année 1870, après la capitulation de Strasbourg, les livraisons furent acheminées via cette ville, par Stähling et fils. En cette période de guerre, il fallait être attentif à tout et partout, car si les affaires se poursuivaient bel et bien, les méthodes avaient, elles, quelque peu changé. Deutz avait entendu dire, par exemple, que les officiers à Metz buvaient beaucoup de champagne, sans être pour autant satisfaits de la marque qu'ils consommaient. Aussi était-il urgent d'envoyer quelqu'un sur place pour faire déguster les vins de la Maison Deutz-Geldermann[74]. Deutz savait déjà que les officiers prussiens appréciaient son champagne[75]. Stationnée aux portes de la capitale, l'armée profitait de la proximité géographique de la Champagne, et s'approvisionnait directement sur place. Début 1871, pas moins de quatre cents bouteilles avaient été vendues en une semaine et payées comptant[76]. Toutefois, ces gains spontanés se virent rapidement « décimés » par les taxes prélevées par les Prussiens en compensation pour les Allemands expulsés de France. La commune d'Aÿ, par exemple, dut s'acquitter d'une taxe d'environ 9 000 francs, que les Maisons Deutz-Geldermann et Bolllinger cofinancèrent à raison de 1 000 francs chacune[77].

Jean Adolphe Beaucé (1818-1875), *Achille Bazaine (1811-1888)*, maréchal de l'Empire en 1864, représenté commandant le corps expéditionnaire français au Mexique en 1863-1867, 1867, huile sur toile, Versailles, châteaux de Versailles et de Trianon © RMN (Château de Versailles) / Gérard Blot

Bref, la guerre avait maintes répercussions sur le quotidien des familles et entreprises franco-allemandes, répercussions qui présentaient autant

71 Copie de deux lettres envoyées par Sommer de Magdeburg à Deutz à Aix-la-Chapelle, le 30 octobre 1870 (AD), et de Amelunxen à Deutz à Aix-la-Chapelle le 28 octobre 1870 (AD).

72 Copie d'une lettre d'Amelunxen à Deutz, 9 novembre 1870 (AD).

73 Arch. Deutz, Deutz à la Maison Deutz et Geldermann, 17 novembre 1870.

74 *Ibid.*, Deutz à la Maison Deutz et Geldermann, 9 et 17 février 1871.

75 *Ibid.*, Amelunxen, à René Deutz, 16 novembre 1870 : le champagne était même envoyé comme « cadeau de réconfort » aux combattants.

76 *Ibid.*, Hermann Menges à Deutz, 12 février 1871.

77 *Ibid.*, René Deutz à Guillaume Deutz, 28 octobre 1870.

d'avantages que d'inconvénients. Pendant toute cette période, redoutant d'être la cible d'antipathies françaises, Guillaume Deutz séjourna à Aix-la-Chapelle, où il assura la coordination entre les représentants et la maison mère à Aÿ, et vaqua aux finances[78]. Les personnes de souche allemande appréhendaient leur retour en France, tel Hermann Menges, employé de la Maison Deutz et Geldermann, dans l'une de ses lettres. Inquiet et redoutant le pire, il s'informa, depuis Darmstadt, de la situation à Aÿ : « Je n'ose plus parler d'amis, j'ai bien peur que la haine face à l'Allemagne ait le bras assez long pour arriver jusqu'à ma modeste et innocente personne »[79].

En octobre de cette même année, René Deutz se demanda s'il devait conseiller à son père de rentrer, comme d'autres l'avaient fait avant lui, ou s'il était préférable d'attendre. L'attente l'emporta, et Guillaume Deutz ne rentra à Aÿ qu'en février de l'année suivante, une fois le cessez-le-feu signé. Rappelons que, pour toute entreprise franco-allemande, les retombées d'une guerre franco-allemande étaient contradictoires à bien des égards. Cette germanophobie si redoutée, qui avait empêché Deutz et Menges de rentrer dès l'hiver 1870, pouvait, vue sous un autre angle, présenter certains avantages, ce que le cas de deux employés allemands de la Maison Deutz-Geldermann illustre parfaitement. En effet, en décembre 1870, René Deutz demanda à son père si l'on ne pourrait pas profiter de la situation pour se débarrasser de deux employés allemands dont on n'était pas particulièrement satisfaits :

> Que penses-tu faire avec Conrad ; ce garçon ne nous rendra jamais de grands services et je suis d'avis de profiter de cette occasion pour le lâcher ; on peut toujours dire que les esprits sont montés contre les Prussiens et que les jeunes gens ne peuvent pas revenir de sitôt. M. Behr ne peut revenir ici non plus de sitôt et si nous sommes obligés de lui payer ses appointements, il nous reviendra cher. Je vais rendre les logements de Behr et Conrad et dans tous les cas s'ils reviennent, ils en trouveront d'autres. Réponds-moi à ce sujet le plus tôt possible[80].

78 Voir la correspondance d'Amelunxen à Deutz (copie), Berlin, 4 février 1871 (AD) : « J'espère qu'il n'y aura plus aucune haine envers vous et les vôtres et que vous pourrez désormais vivre à Aÿ dans un climat de paix, si longtemps attendu ».

79 La citation d'origine est : « [...] *von Freunden wage ich ... nicht mehr zu sprechen, denn der Hass auf Deutschland hat sich höchst wahrscheinlich auch auf meine unschuldige Person ausgedehnt* ». Traduite ici par mes soins. – Arch. Deutz, Menges à la Maison Deutz et Geldermann, 14 et 27 septembre 1870.

80 *Ibid.*, René Deutz à Guillaume Deutz, 1er décembre 1870.

On ignore ce que Deutz conseilla de faire et ce qu'il advint des deux employés en question.

Il était, d'un côté comme de l'autre, difficile de savoir exactement quelle influence la pensée nationale de 1870 exerçait sur la population[81]. Les frontaliers, qui avaient toujours su tirer profit de leur socialisation biculturelle, et pour lesquels l'identification à l'une ou l'autre des nations n'avait pas joué de rôle prépondérant, se retrouvaient dans une situation particulièrement délicate[82]. Et c'est, comme par hasard, le champagne, produit de luxe étroitement associé à la culture française, qui devint le symbole national par excellence et, ce faisant, renforça tout sentiment d'appartenance nationale[83]. Nombreux sont les exemples dans ce domaine.

Toujours dans les mêmes lettres, dans lesquelles Amelunxen espérait un retour à la paix qui relancerait les affaires, ou tout du moins stabiliserait le marché, il est question d'un recul de la consommation de champagne, comme conséquence directe du conflit franco-allemand :

> Les amateurs allemands de champagne sont vraiment convaincus que les maisons françaises livrent des vins de moindre qualité que ceux qu'ils livraient avant la guerre ! Ici, dans les lieux publics comme Ballhaus, Orpheum, Odeum, Kolosseum, Villa Nova etc., où le demi-monde se retrouve, [...] et où boire du champagne fait partie du quotidien, on ne boit plus que des vins mousseux allemands[84] !

---

81 Voir Dieter Langewiesche, « Nation, Nationalismus, Nationalstaat. Forschungsstand und Forschungsperspektiven », *Neue politische Literatur*, 40, 1995, p. 190-236, ici p. 112-113 et p. 190-236 ; Michael Jeismann, *Das Vaterland der Feinde. Studien zum nationalen Feindbegriff und Selbstverständnis in Deutschland und Frankreich* 1792-1918, Stuttgart, Klett-Cotta, 1992 ; Heinz-Gerhard Haupt, Charlotte Tacke, « Die Kultur des Nationalen. Sozial- und kulturgeschichtliche Ansätze bei der Erforschung des europäischen Nationalismus im 19. und 20. Jahrhundert », dans Wolfgang Hardtwig et Hans-Ulrich Wehler (dir.), *Kulturgeschichte heute*, Göttingen, Vandenhoeck, 1996, p. 255-283, ici p. 256, 259.

82 Au sujet de ladite « prise de distance » et de la « construction » du sentiment nationaliste dans le contexte des relations franco-allemandes, voir M. Jeismann, *Das Vaterland der Feinde. Studien zum nationalen Feindbegriff und Selbstverständnis in Deutschland und Frankreich 1792-1918*, *op. cit.*, et Dieter Langewiesche, « Nation, Nationalismus, Nationalstaat. Forschungsstand und Forschungsperspektiven », art. cit., p. 49-54.

83 Voir également H.-G. Haupt, C. Tacke, « Die Kultur des Nationalen. Sozial- und kulturgeschichtliche Ansätze bei der Erforschung des europäischen Nationalismus im 19. und 20. Jahrhundert », art. cit., p. 281.

84 La citation d'origine est : « *Die deutschen Champagnergenießer glauben nämlich fest, die französischen Häuser hätten schlechtere Weine gesandt ! – denn früher vor dem Kriege ! In den hiesigen öffentlichen Lokalitäten der Demi-monde wie Ballhaus, Orpheum, Odeum,*

Le commerce et la consommation du champagne n'auraient-ils alors été qu'un simple théâtre de la guerre et des opérations militaires ? Les nombreux points d'exclamation dans le récit d'Amelunxen témoignent d'un étonnement et d'une stupéfaction, preuve qu'il ne saisissait pas toujours la portée des événements. Et pourtant, le conflit franco-allemand avait bel et bien – du moins dans certains milieux – délaissé la politique au profit du quotidien. Deux jours après l'acceptation des conditions de paix déposées par l'Allemagne et l'arrivée des troupes allemandes dans Paris, Amelunxen relativisait l'euphorie liée à l'événement dont le monde du champagne s'était réjoui, comptant sur les célébrations qui suivraient pour faire fortune. Dans une lettre du 3 mars 1871, il écrivait à René Deutz :

> Ici, depuis hier, jour de l'annonce de la paix définitive, tout le monde fait la fête. Malheureusement, aucune joie n'est parfaite ; dans tous les bars et cafés, on boit des vins mousseux de Rhénanie, patriotisme oblige, et on se fait chicaner quand on réclame un mousseux français[85].

Les sentiments patriotiques, déclenchés par la victoire allemande, ne furent pas les seuls à jouer un rôle déterminant. Il faut également mentionner que, dans certains milieux conservateurs, le vin mousseux français était, entre-temps, devenu symbole de décadence. Et que la décadence était une caractéristique que l'on associait volontiers à la France et aux Français, fait qui est loin d'être négligeable. Quoi qu'il en soit, l'exemple des deux négociants en champagne français, d'origine allemande, Deutz et Geldermann, nous a permis non seulement de mieux cerner l'évolution de la situation économique, commerciale et consommatoire de l'époque, mais aussi de saisir la portée sociale du nationalisme du XIXe siècle et de mieux en comprendre les pratiques culturelles, terre d'expression de l'image que l'on a de soi et des autres.

Kolosseum, Villa Nova usw. wo ein sich täglich wiederholender Champagner Konsum ist, trinkt das Publikum nur deutsche Schaumweine ! ». Traduite ici par mes soins. – Arch. Deutz, Amelunxen à la Maison Deutz et Geldermann, 16 février 1871.

85 La citation d'origine est : « *Hier ist wegen des definitiven Friedens seit gestern großer Jubel – Jedoch keine Freude soll vollkommen sein; in allen Kneipen trinkt man deutsche Mousseux Rhein-Weine, aus momentanen patriotischen Gefühlen und man wird gelästert, wenn man französischen Sekt fordert* ». Traduite ici par mes soins. – Arch. Deutz, Amelunxen à René Deutz, 3 mars 1871.

SENS DES AFFAIRES ET TRANSFERT CULTUREL : LA MAISON KRUG AU XIXe SIÈCLE

Marc Schalenberg
Université de Berlin

Krug : c'est bien un nom et un mythe. Champagne d'exception, il trouve ses amateurs aussi bien dans les maisons royales que parmi ceux qui fréquentent les étoiles du *Guide Michelin*. Robert Parker, comme le guide *Gault et Millau,* lui marquent une haute estime, à la limite de la sacralisation. La révérence pour cette maison, les nombreuses anecdotes qui l'expriment, ont leur reflet dans les prix du marché. Tel cru n'apparaît que dans les ventes aux enchères, en particulier pour les rares millésimés et le très rare "Clos du Mesnil". Pour tel autre, par contre, on s'éloignera de la mythologie et de la poésie pour considérer ses fondements historiques au cours du XIXe siècle. L'histoire économique de l'entreprise devrait être replacée au coeur des relations internationales contemporaines, notamment franco-allemandes. Pour des raisons d'accessibilité aux archives, il n'était pas possible, malheureusement, de consulter les papiers de la famille Krug. Par contre, il existe, sous la forme d'une excellente étude de John Arlott, un exposé approfondi, basé sur des sources importantes, sur cette question[1]. Pour l'auteur, comme pour sa famille même, l'évocation de l'Allemagne et de sa « contribution » au développement de la maison Krug, ne pouvait pas être séparée des expériences du XXe siècle. Néanmoins, il y a assez d'indices que Krug, comme d'autres maisons de Champagne, bénéficia des échanges franco-allemands – ou, plus précisément, des échanges entre la Rhénanie, territoire français de 1794 à 1814, et la Champagne - qui furent naturels, au moins jusqu'à 1870.

Les débuts de ce succès entrepreneurial furent modestes, voire improbables. Johann-Joseph Krug, né à Mayence en 1800, fils d'un boucher, baptisé

1 John Arlott, *Krug. House of Champagne,* London, Davis-Poynter, 1976.

catholique, est décrit comme d'un caractère aimable, mais déterminé, et même perfectionniste[2]. La nécessité de devoir travailler dur pour faire fortune lui apparut dès sa jeunesse, alors qu'il assistait à des changements majeurs tant politiques que sociaux. Krug profita de l'occupation napoléonienne pour acquérir une connaissance précoce de la langue et de la civilisation françaises. Très peu de sources de la première moitié de sa vie nous sont parvenues, mais, selon Arlott[3], si Krug semble agir comme un homme d'affaires dans les années 1820 et 1830, toutefois ce n'est pas encore dans le métier du vin. Il est manifeste qu'il émigra en France pour des raisons économiques, comme l'ont fait un grand nombre de jeunes Allemands après 1830, et même dès avant[4]. Des passions politiques éventuelles sont difficiles à cerner dans le cas de Krug, qui étendit son réseau de clients autour du monde, car il donnait nettement priorité au commerce : une telle mentalité se serait mal accordée avec un patriotisme trop marqué, ou une sorte de conservatisme culturel. Bien que le transfert de certaines idées et pratiques « allemandes », par exemple dans l'éducation de son fils, puisse être supposé, Joseph Krug ne se conduisit certainement pas comme un missionnaire culturel ou politique de sa patrie.

Portrait de Paul Krug (1842-1910)
© Archives Krug

Il profita sans doute de la présence de plusieurs comptables allemands au service des Maisons de champagne. Il était recommandé par un certain Daumer, représentant allemand de la maison Jacquesson et Fils, où il commença à travailler en 1834. Le nouveau venu succédait à un autre compatriote, nommé Fries ; il lui était concédé le même salaire de 2 000 francs par an. À l'époque, l'entreprise, fondée en 1798 et installée à Châlons-sur-Marne, jouissait d'un succès considérable, symbolisé par la faveur exprimée par Napoléon ; c'était toujours une distinction sous la monarchie de Juillet, semble-t-il. Le propriétaire de la maison, Maurice Jacquesson, décéda peu après, de sorte que Krug avait presque le même âge que le nouveau patron, Adolphe Jacquesson. Tous deux s'accordèrent bien, furent

2 *Ibid.*, p. 59.
3 *Ibid.*, p. 57.
4 Pour le contexte, avec un accent sur la capitale, voir Mareike König (dir.), « Deutsche Handwerker, Arbeiter und Dienstmädchen in Paris. Eine vergessene Migration im 19. Jahrhundert », *Pariser Historische Studien*, 66, München, Oldenbourg, 2003.

Mayence et le Rhin vers 1910, estampe en couleur
collection particulière © akg-images

MAYENCE

Mayence, d'où sont originaires les Krug, est une des grandes villes de la Rhénanie. C'est depuis toujours une ville de vignobles, ce qui explique l'orientation du fondateur, même si son père était un boucher et même si Jean-Joseph Krug ne commença pas par s'occuper de vins.

C'est aussi une très grande ville commerciale depuis des siècles (sa cathédrale a 1 000 ans), ce que montrent la vue du Rhin et de la ville ci-contre, et celle de la place Kirschgarten, au cœur de la veille ville.

On ne saurait enfin oublier qu'elle est la ville de naissance de Gutemberg.

Jean-Pierre Poussou

même amis, ce qui accéléra l'ascension de Krug. Il mena des négociations avec d'importants clients, notamment en Europe centrale et en Russie, et son salaire monta à 3 000 francs. Il devint même associé de la compagnie. L'apogée de cette relation, pleine de promesse et d'harmonie, est marquée par le mariage des sœurs Jaunay, de nationalité anglaise, à nos deux marchands de Champagne - en février 1841, dans le cas de Joseph Krug.

Cependant, les premiers signes de crise s'annonçaient. Krug, plus au courant des attentes et des opinions des clients et des consommateurs suite à ses nombreux voyages d'affaires, se montrait toujours soucieux d'améliorer ses produits, tandis que Jacquesson, à Châlons, ne se souciait pas de modifier le caractère du vin, par exemple en ce qui concerne l'intensité de la mousse. Le rôle central dont jouissaient les commis voyageurs pour la promotion et, finalement, pour le succès d'une maison de Champagne, a été souligné récemment pour Moët & Chandon, chez qui le volume des ventes nécessitait un vrai bataillon de tels collaborateurs[5]. En outre, l'Allemand n'hésitait pas à accepter d'autres contrats, notamment du négociant rémois Hippolyte de Vivès. Sa décision

5 Claire Desbois-Thibault, *L'Extraordinaire Aventure du champagne : Moët & Chandon, une affaire de famille (1792-1914),* Paris, PUF, 2003, p. 30-33. Il est intéressant de suivre les villes à partir desquelles l'expansion rapide s'est effectuée pendant les deux premières décennies du XXe siècle : Londres (pour toute l'Angleterre et l'Écosse) d'abord, puis Francfort-sur-le-Main (pour toute l'Europe centrale, au début), Hambourg (pour l'Allemagne du Nord), avec un commis voyageur « pour la Sarre et l'Allemagne du Sud » qui, évidemment, ne résidait pas dans une ville particulière, et ensuite à Vienne, à Saint-Pétersbourg, à Berlin et à Moscou, sans oublier Paris et Reims comme piliers centraux du marché français, *ibid.*, p. 32.

de quitter Jacquesson suppose des doutes forts de la part de Krug, malgré les pressantes interventions contraires de sa femme[6]. Mais, si l'on considère sa grande ambition, sa décision apparaît logique. En septembre 1842, quelques mois après la naissance de son fils Paul, il se sépare de Jacquesson pour fonder sa propre maison à Reims, la capitale du champagne.

La maison Krug à Reims, hier (début XXe siècle)
© Archives Krug

Pour prendre une part active dans l'âge d'or du champagne, Reims s'avérait un lieu beaucoup plus propice que Châlons, pour la production comme pour l'exportation. En fait, l'exportation dominait largement la stratégie commerciale de Krug, ce qui trahit à nouveau une mentalité foncièrement non-nationaliste. Pour réussir, Krug livrait son produit au monde entier, et, en particulier, au très lucratif marché londonien. Néanmoins, il acquit la nationalité française en 1846. Désormais, le centre de sa vie – et celle de sa famille croissante – est la France. Cette adaptation aux besoins de son temps et, surtout, à ceux de ses clients, trouvait son pendant dans sa manière de composer ses cuvées. Conscient des goûts forts différents des consommateurs – très sucré en Russie, toujours plus sec en Allemagne et en Angleterre – Krug appliquait différents ingrédients et dosages à ses champagnes. Doit-on l'interpréter comme le reflet quasi-herderien des qualités individuelles des nations et des cultures ? Plus probablement, il s'agit du résultat des expériences internationales d'un homme d'affaires attentif. Finalement, il promut un style plus sec et plus mousseux de vins de Champagne. En même temps, il suivit volontiers les progrès techniques qui permirent des bouchons et des verres plus robustes.

Mais, le facteur décisif pour la nouvelle entreprise de Joseph Krug semble avoir été le capital humain, personnifié par le négociant en vins Hippolyte de Vivès, qui s'était efforcé, depuis quelques années, de l'attirer, lui, l'Allemand,

6 Décrites avec quelques détails chez J. Arlott, *Krug. House of Champagne, op. cit.*, p. 66-74.

La maison Krug à Reims, aujourd'hui
Cliché DR

à Reims[7]. En lui, Krug trouva un associé bienveillant et efficace, mais satisfait de rester dans l'ombre. Il ne faut pas sous-estimer le poids des nombreuses relations de Vivès, aussi bien que des moyens dont Krug fut capable de disposer afin de réaliser des investissements importants. Le succès commercial vint vite, malgré les turbulences politiques, comme la Révolution de 1848, le coup d'État de Louis Napoléon, ou la guerre de Crimée et ses conséquences économiques. Joseph Krug produisit ses cuvées de 1845 jusqu'à 1865 et augmenta le nombre de bouteilles, passant de 40 000 à 190 000. À sa mort, il laissa une fortune de plus de 1,4 millions de francs[8]. Il faut ajouter que ce travailleur infatigable ne dirigeait pas seulement son entreprise, mais aussi d'autres maisons, représentant un volume de production un peu supérieur au sien propre. Vivès en prit son parti loyalement, bien que Krug ait porté sa participation personnelle aux profits de l'entreprise à 75 %.

Son fils Paul pouvait donc, quand il assuma la responsabilité de la maison à l'âge de 24 ans, partir sur des fondements très solides. Baptisé calviniste, comme sa mère, il reçut une éducation internationale, avec des séjours prolongés en Allemagne et en Angleterre[9]. Arlott, et pas seulement pour des raisons

7 *Ibid.*, p. 79 *sq.*
8 Ces chiffres d'après *ibid.*, p. 89-93, p. 113. Il est vrai que ces décennies virent un essor général du commerce du champagne, clairement « un secteur dynamique » ; le nombre de bouteilles vendues passa de quelque 7 millions en 1844 à un pic de plus de 22 millions en 1872. - Voir : C. Desbois-Thibault, *L'Extraordinaire Aventure du champagne : Moët & Chandon, une affaire de famille (1792-1914), op. cit.*, p. 128.
9 De tels "stages" à l'étranger, connus chez les marchands depuis des siècles, formaient toujours une part décisive dans la préparation à gérer soi-même une entreprise au XIXe siècle. Un autre exemple classique d'un horizon franco-allemand dans le métier du champagne est celui des Heidsieck. Pour les voyages de Charles en Allemagne, à l'âge de 21 ans : voir Éric Glatre et Jacqueline Roubinet, *Charles Heidsieck. Un pionnier et un homme d'honneur,* Paris, Stock, 1995, p. 15-17.

patriotiques, le compare à Édouard, fils aîné de la reine Victoria et du Prince Albert et futur Édouard VII, son contemporain, d'un caractère aisé, plein de séduction et, après une éducation assez stricte, de plus en plus épicurien.

En tout cas, Krug approfondit les relations commerciales avec l'Empire britannique. Les marchands londoniens, comme Berry Brothers, qui servaient une clientèle, nombreuse, ne pouvaient obtenir, par la force des choses, autant de champagne Krug qu'ils l'auraient désiré. Choisissant une stratégie de luxe, la maison resta fidèle à ses standards élevés, pour la sélection des vins de base comme pour les prix. Sous la direction de Paul, ceux-ci triplèrent à peu près, comme le nombre total de bouteilles produits, atteignant un record de 618 000 en 1909[10]. Bien que l'esprit et le développement économique de la Belle Époque aient, de toute façon, favorisé la commercialisation du champagne, Krug sut intégrer de nouveaux matériaux, comme les capsules d'étain au lieu de cire, et, surtout, il présenta son produit comme un champagne d'exception, comme une grande marque, sans, par ailleurs, jamais faire de publicité[11]. Cela ne contredisait point son engagement pour la promotion du champagne. Il présida le *Syndicat des Grandes Marques* de 1897 à 1909, impliquant l'organisation dans sa participation à l'Exposition Universelle de 1900. Comme son père, Paul pouvait compter sur la finesse de son palais : il goûtait chaque vin de chacune de ses cuvées.

Néanmoins, même dans une conjoncture aussi favorable que dans les décennies précédant la première guerre mondiale, il y eut des obstacles. Tout d'abord, le phylloxéra, toucha environ un tiers des vignes. Il y eut aussi des tensions sociales entre les vignerons et les négociants qui jouissaient d'une richesse croissante, voire disproportionnée. Comme certains entre eux – mais non pas Krug – utilisaient des vins d'importation, une insurrection se produisit à Aÿ, en 1911, qui contraignit le gouvernement à avoir recours à la force armée[12]. Il y eut aussi la guerre franco-allemande de 1870-1871. Krug, devenu français, en exprime le regret, mais n'en désespère pas. Suivant une tradition éprouvée, Paul emploie un certain Hermann Koch comme

10 *Ibid.*, p. 152.

11 Une étude très stimulante sur les voies et moyens de promouvoir un produit de luxe comme le champagne est : Kolleen M. Guy, « Oiling the Wheels of Social Life », dans *Myths and Marketing in Champagne during the Belle Epoque*, *French Historical Studies*, 22, 1999, p. 211-239.

12 Pour une perspective syndicaliste partisane des événements voir Slava Liszek, *Champagne. Un siècle d'histoire sociale*, Montreuil, La Vie ouvrière, 1995, p. 33-39.

comptable, indice supplémentaire que les intérêts commerciaux l'emportaient sur les sensibilités politiques. Le transfert culturel ou, mieux peut-être, la communication internationale restait un objectif important de la maison Krug. Et cela semble une preuve, et pas la moindre, de son sens des affaires.

DES AFFAIRES FAMILIALES FRANCO-ALLEMANDES DANS LE NÉGOCE DU VIN : KRUG ET SCHŸLER, REIMS ET BORDEAUX

Tonneau Krug
© Owen Franken/Corbis

Depuis 1842, la maison de champagne Krug jouit d'une très grande réputation dont l'une des marques publiques furent les dégustations exceptionnelles qui accompagnèrent, en 2007, le départ à la retraire, à 65 ans, de Rémi Krug, président de la maison. Ainsi, Gérard Sibourd-Baudry, propriétaire des caves Legrand, rue de la Banque à Paris, organisa en avril une dégustation de huit millésimes des deux plus grandes cuvées de la maison, le *Krug collection millésimé* et le *Clos du Mesnil* dont le sommet fut « le Krug le plus Krug, choisi au hasard dans les caves de la maison Legrand, *Clos du Mesnil* 1995, celui qui, aux yeux de Rémi Krug, exprime le mieux le savoir faire de la maison, son préféré. Ce très savant assemblage d'une cinquantaine de vins différents, choisis parmi trois cépages, une vingtaine de crus et dix millésimes... Un vin d'une fraîcheur inouïe, une explosion d'arômes très agrumé... », d'une valeur de 695 euros[1].

Or, les Krug sont aussi alliés avec une autre grande famille du vin, venue elle aussi d'Allemagne – de Hambourg –, un siècle plus tôt, en 1739, mais cette fois dans le négoce du vin de Bordeaux : Jean-Henri Schÿler, né en 1931, et Christine Krug, malheureusement décédée récemment, avaient en effet uni, au milieu des années 1950, les deux familles par leur mariage, le joyau des Schÿler étant le château Kirwan à Cantenac en Médoc, dans les margaux[2].

Cela me permet de rappeler que, depuis le XVIIIe siècle, les maisons de commerce germano-françaises jouent aussi un très grand rôle dans le commerce du vin et plus globalement dans l'activité maritime et commerciale de Bordeaux, avec un rôle tout à fait marqué dans le négoce du vin de Bordeaux et sa mise en valeur[3].

Jean-Pierre Pousou

1 Nicole de Rouyn, « Avant son départ : l'apothéose pour Rémi Krug », *Le Figaro Magazine*, 14 avril 2007.

2 Nicolas de Rabaudy, *Château Kirwan : Histoire d'une renaissance*, Paris, Stock, 1995.

3 Voir Alfred Leroux, *La Colonie germanique de Bordeaux*, Bordeaux, Féret, t. I, 1913 ; Paul Butel, *Les Négociants bordelais, l'Europe et les Iles au XVIIIe siècle*, Paris, Aubier-Montaigne, 1974 ; *Id.*, *Les Dynasties bordelaises de Colbert à Chaban*, Paris, Perrin, 1991 (pour les Schÿler, « doyens des Chartrons », voir p. 277-284).

LE VIN DE CHAMPAGNE À L'ÉPREUVE DE L'OCCUPATION ALLEMANDE, 1940-1944

Jean-Pierre Husson
Université Reims-Champagne-Ardenne

En mai-juin 1940, la défaite de la France et l'occupation du territoire champenois interviennent alors que les professionnels de la viticulture et du champagne, confrontés depuis la fin du XIXe siècle à toute une série de crises, sont en train, pour y faire face, de surmonter leurs tensions internes et de s'organiser.

La crise du phylloxéra et l'effondrement des prix du raisin, à la fin du XIXe et au début du XXe siècle, les importations frauduleuses de vins extérieurs à la Champagne, la révolte, en 1911, des vignerons réduits à la misère, l'épreuve de la première guerre mondiale, les tensions très vives opposant la viticulture marnaise à la viticulture auboise à propos de la délimitation de la Champagne viticole et de l'appellation « champagne » dans les années 1920, puis la surproduction, liée à la crise économique des années 1930, ont conduit vignerons-récoltants et négociants en vin de Champagne à se regrouper en syndicats, et à commencer à rechercher ensemble des solutions aux problèmes de la profession. En 1927, un compromis avait abouti à l'extension au département de l'Aube de l'appellation « Champagne ». En 1935, la création, par décret-loi, d'un Comité national des appellations d'origine, dans lequel siégeaient quatre Marnais, et qui était destiné à résoudre la crise de surproduction viticole par une réglementation de la production, fut suivie par la mise en place d'un comité d'experts de la Champagne viticole comprenant quatorze négociants, sept viticulteurs et six représentants des Chambres de commerce et d'agriculture de la Marne, de l'Aisne et de l'Aube[1]. Ce comité élabora et discuta le projet qui aboutit au décret-loi du 28 septembre 1935. Il complétait la réglementation

1 Jean Piérard, *L'Organisation corporative du champagne*, Paris, Tepac, 1942, p. 48.

LA RÉVOLTE DE 1911

À partir de 1890, les conséquences de l'invasion du phylloxéra ébranlent le vignoble champenois. Le coût élevé des traitements culturaux, puis de l'arrachage et de la replantation fragilise les vignerons. À cette augmentation des frais de culture s'ajoute un prix souvent peu ou pas rémunérateur des récoltes. Dans un marché économiquement dominé par les négociants, cette situation de dépendance provoque de graves difficultés financières et entretient un climat de forts mécontentements.

Arrestation d'un manifestant lors de la manifestation des vignerons champenois à Epernay (Marne), 12 avril 1911 © Roger-Viollet

Les émeutes en Champagne, manifestations viticoles auboises, carte postale, 9 avril 1911, © Collection Dupondt / akg-images

En Champagne, la misère chronique dans laquelle s'enfoncent les vignerons dont le travail est difficilement rémunérateur coïncide pourtant avec les besoins accrus des négociants en quête de matière première. En effet, tandis que les expéditions de champagne connaissent une forte croissance et qu'émerge un commerce bon marché du champagne, les récoltes fléchissent sous l'effet conjugué des maladies et du phylloxéra. Soucieux de répondre à leur besoins de production, les négociants étendent leur aire d'approvisionnement dans l'Aisne et dans l'Aube. D'autres, moins regardant, n'hésitent pas à se procurer des vins en Touraine, dans le Midi, voire à l'étranger où ils sont achetés à bas prix. Définir une zone de production réservée à la production de raisins utilisés pour l'élaboration du champagne devient une exigence, mais sa détermination déclenche de vives oppositions. Argumentant qu'ils approvisionnent depuis longtemps le négoce marnais, les vignerons aubois revendiquent leur appartenance à la Champagne viticole tandis que l'afflux de vins étrangers à leurs coteaux est vécu comme un affront par les vignerons marnais excédés.

La demande de délimitation émane en 1903 du Conseil général de la Marne, relayé par le Syndicat du commerce des vins de Champagne, et soutenu par la Fédération des vignerons de Champagne, fondée en août 1904. Débats juridiques et parlementaires, polémiques, controverses et jeux d'influence émaillent alors les oppositions départementales sur la détermination des limites géographique, de la Champagne viticole. Une première délimitation qui comprend une grande partie de la Marne, quelques cantons de l'Aisne mais exclut d'autorité l'Aube et la Haute-Marne, est fixée par décret en 1908, engendrant un fort mouvement contestataire aubois. Les vignerons marnais sont ainsi assurés d'un meilleur écoulement de leurs récoltes tandis que mécontentements et revendications se manifestent dans l'Aube. Pourtant,

Manifestation des vignerons a Aÿ,
charge des Dragons (avril 1911)
© Maurice-Louis Branger/Roger-Viollet

les approvisionnements dans l'Aube continuent. Accentuée par la récolte catastrophique de 1910, l'agitation gagne alors l'ensemble du vignoble marnais.

Des mesures complémentaires au décret de 1908 sont promulguées le 10 février 1911, exigeant le mot « champagne » sur les étiquettes, les bouchons et les emballages et surtout la mention « vin déclaré originaire de la Champagne viticole » sur les titres de circulation du vin. Les Marnais se réjouissent de ces décisions qui confortent leur position tandis que les vignerons de l'Aube, conduit par Gaston Cheq, tentent d'empêcher l'application des mesures. Les municipalités de Bar-sur-Aube et de Troyes démissionnent en signe de protestation ; une première manifestation de vignerons a lieu le 19 mars devant la sous-préfecture de Bar-sur-Aube, une autre spectaculaire, le 9 avril, à Troyes. Les vignerons aubois se battent sur deux fronts : contre le gouvernement qui entend faire appliquer sa loi ; contre les Marnais qui veulent préserver leur privilège de l'appellation Champagne. Le gouvernement prend peur et fait occuper le vignoble aubois par la troupe.

Devant l'agitation, le 11 avril 1911, le Sénat invite le Parlement à préparer une nouvelle loi proposant la suppression de la délimitation champagne. Le jour même, la révolte éclate autour d'Épernay, à Damery, à Dizy et surtout le lendemain à Aÿ où une foule de 5 à 6 000 vignerons, épuisés et en colère, saccagent les Maisons Bisinger, Deutz et Ayala. Les dégâts sont considérables.

Finalement, le 7 juin 1911, le Conseil d'État propose une solution intermédiaire qui définit maladroitement l'Aube comme « Champagne seconde zone ». Les Aubois contestent fermement cette décision mais les menaces de conflit mondial déplacent les priorités ; l'Aube est reconnue maladroitement comme « Champagne seconde zone » en 1919 et intègre définitivement l'appellation Champagne en 1927.

La révolte de 1911 est avant tout l'expression d'une révolte désespérée de vignerons accablés par les catastrophes naturelles (maladies, phylloxéra, conditions météorologiques difficiles), les dettes (traitements et replantation), et leur impuissance face à des négociants à la richesse épanouie[1]. Toutefois, l'ampleur des conflits et la lutte violente qui secoue le vignoble champenois montrent combien le système économique installé depuis l'essor du champagne est arrivé à son paroxysme. Une nouvelle organisation des rapports, principalement dans la structure de l'offre et de la demande, entre fournisseurs de raisins et producteurs vendeurs de champagne devient absolument nécessaire. Étant contraints à la concertation, un dialogue basé sur leur interdépendance peut être envisagé.

Claire Desbois-Thibault

Les émeutes en Champagne. Les vignerons armés d'échalas cherchent à couper un barrage de Dragons et une femme va frapper un cheval à la tête, carte postale, 12 avril 1911
© Collection Dupondt / akg-images

1 Georges Clause et Éric Glatre, *Le Champagne, trois siècles d'histoire*, Paris, Stock, 1997, p. 142.

de l'appellation « champagne » en énonçant des critères de qualité plus stricts, et créait une Commission spéciale de la Champagne viticole chargée de fixer chaque année, en fonction des conditions du moment, des règles permettant de préserver la qualité du vin de Champagne, en particulier en matière de rendement à l'hectare et de pressurage[2]. Cette commission, dont le secrétaire était le comte Robert de Vogüé, directeur de la maison Moët & Chandon d'Épernay, prit rapidement le nom de Commission de Châlons, parce que son siège avait été fixé à la préfecture de la Marne. Elle rassemblait vingt-deux délégués des syndicats du négoce et des récoltants, ainsi que des Chambres de commerce et d'agriculture de la Marne, de l'Aisne et de l'Aube, neuf politiques (parlementaires et conseillers généraux), et huit représentants de l'État[3]. Une Sous-commission des prix, composée des seuls délégués professionnels, et dont les décisions étaient rendues exécutoires par décrets préfectoraux, avait été créée parallèlement afin de fixer chaque année, avant les vendanges, le prix du kilogramme de raisin et le degré minimum par catégories de crus, les conditions de livraison des vins clairs avant fermentation, ainsi que les règles concernant la constitution de cuvées collectives des coopératives.

Réfugiés dans les caves pendant la première guerre mondiale, cliché Jean-Paul Pairreault © Comité interprofessionnel du vin de Champagne

La Commission de Châlons et la Sous-commission des prix ont fonctionné jusqu'à la seconde guerre mondiale, à la satisfaction générale des professionnels du champagne. En 1939, les députés socialistes de la Marne et de l'Aisne, Henri Martin et Paul Lambin, avaient présenté un projet de loi concernant la création d'un Office régional du vin de Champagne, c'est-à-dire d'une véritable organisation interprofessionnelle permanente appelée à se substituer à la Commission de Châlons. Cet Office régional ne se serait plus contenté de fixer les rendements et les prix, mais il aurait réglementé l'ensemble de la production et des marchés du vin de Champagne. Il aurait été dirigé par un Conseil central paritaire

2 Paul Piard, *Des Syndicats vers la corporation – L'organisation de la Champagne viticole*, Paris, Éd. du Chancelier, 1937, p. 275-285 ; Christian Lagauche, *L'Organisation syndicale du vignoble marnais de 1884 à 1946*, mémoire de maîtrise, université de Reims, 1970, p. 121-124.

3 J. Piérard, *L'Organisation corporative du champagne*, *op. cit.*, p. 53.

de vingt-huit membres élus pour deux ans et rééligibles, et ouvert à d'autres partenaires, en particulier aux représentants des coopératives et des syndicats d'ouvriers vignerons. En outre, ce projet prévoyait de faire de la Fédération des coopératives le seul intermédiaire entre le négoce et la production, de façon à stimuler la création de coopératives et à supprimer toute fraude. Mais l'entrée en guerre de la France, en septembre 1939, n'avait pas permis de le faire aboutir[4].

En 1940, la production viticole s'est effondrée, avec une récolte évaluée à 10 % d'une récolte moyenne. Les causes de cet effondrement sont multiples : pas seulement les faits liés à la guerre, tels que la désorganisation engendrée par l'exode, l'invasion et l'occupation du territoire champenois par les troupes allemandes, ou encore la pénurie de main-d'œuvre au moment des vendanges, en raison du retour assez lent des populations civiles et de l'absence de nombreux professionnels de la viticulture faits prisonniers par la *Wehrmacht*, mais aussi la rigueur de l'hiver 1939-1940 et les ravages du mildiou, la vigne n'ayant pu être traitée pendant un mois et demi[5]. Dans son rapport d'octobre 1940, le préfet de la Marne, René Bousquet, évaluait cette production à environ 50 000 hectolitres, et soulignait la situation précaire du vignoble, tout en signalant que le commerce des vins avait heureusement repris, et que plus de 1 300 000 bouteilles de champagne avaient été expédiées en septembre[6].

Quant aux prélèvements allemands de champagne, ils furent, dès le début de l'Occupation, d'un niveau élevé. Selon un document du Commissariat à l'Intérieur du Comité français de Libération daté de 1943[7], ils auraient représenté un peu plus des deux tiers de la production commercialisée à l'issue de la campagne 1940-1941, une production que le Bureau des statistiques du ministère de l'Agriculture a évaluée, en septembre 1944, à 20 261 750 bouteilles[8]. En ce qui concerne les vins dits tranquilles, les archives de la SNCF indiquent

4 Hervé Malherbe, *Socialisme et vignoble dans la Marne 1890-1959*, mémoire de maîtrise, université de Reims, 1974, p. 72-78.

5 Isabel Boussard, « Les négociations franco-allemandes sur les prélèvements agricoles : l'exemple du champagne », *Revue d'histoire de la seconde guerre mondiale*, n° 95, juillet 1974, p. 3-24, voir p. 8 ; J. Piérard, *L'Organisation corporative du champagne*, *op. cit.*, p. 60, p. 146 et p. 147.

6 Archives nationales, F1 c III 1166, rapports du préfet de la Marne au ministère de l'Intérieur à Vichy (juillet 1940-juin 1944).

7 Arch. nat., F1a 3787, Commissariat à l'Intérieur du Comité français de libération nationale, Prélèvements agricoles, 15 décembre 1943 ; *Dommages subis par la France et l'Union française, du fait de la guerre et de l'occupation allemande*, Paris, Imprimerie nationale, 1943.

8 Ministère de l'Agriculture, Service d'études et de documentation, Bureau des statistiques, 15 septembre 1944.

que, dès 1940, 16 000 hectolitres ont été expédiés d'Épernay et 8 000 de Reims, vers l'Allemagne[9].

Les exigences allemandes furent formulées par Otto Klaebisch, officier de réserve placé à la tête du Bureau de répartition des vins mousseux de la *Wehrmacht* en juillet 1940[10]. Klaebisch était le beau-frère du ministre des Affaires étrangères du IIIe Reich, Ribbentrop, qui avait été lui-même le représentant en Allemagne des maisons de champagne Mumm et Pommery, et qui était le gendre d'Otto Henkel, le « roi du champagne allemand »[11]. Selon un rapport des Renseignements généraux de la Marne rédigé en 1945, cet officier allemand était né en France avant la première guerre mondiale à Cognac, où son père possédait la maison de cognac Meukon, saisie en 1914, et cédée aux Britanniques en 1918 avant-guerre. Agent général en Allemagne des marques françaises Lanson, Martell, Dubonnet, Noilly-Prat et Bénédictine, Klaebisch était le directeur général de la firme Matteus Muller, une des plus grosses maisons allemandes de vins mousseux installée à Wiesbaden, où siégeait la délégation allemande chargée de l'application de la Convention d'armistice du 22 juin 1940. Il reçut pour mission de satisfaire au mieux les besoins de la *Wehrmacht* en champagne. Dès son arrivée, dit ce rapport, il prit des mesures visant à nouer d'emblée de bonnes relations avec les grandes maisons de champagne :

> Il a accepté la disparition des petites cuvées ce qui a causé un grand plaisir parmi le monde du champagne, et pour un plus grand rendement des maisons de champagne, il est intervenu afin d'obtenir la mise en congé de captivité de 700 spécialistes de la profession du champagne[12].

En août 2004, le réalisateur allemand Albert Knechtel, venu à Reims pour préparer le tournage du documentaire *Le Vin sous l'Occupation*, qui avait été programmé par la chaîne de télévision Arte en novembre 2004, m'a permis

9 *Le Fonctionnement de la SNCF dans la Marne de septembre 1939 à début 1945*, SNCF, Région de l'Est, archives du 4e Arrondissement d'exploitation de Reims (AREX), rapport dactylographié.

10 L'historien Philippe Souleau m'a signalé qu'Otto Klaebisch est aussi intervenu dans le Bordelais, entre 1940 et 1944, « période au cours de laquelle il a réalisé pour l'intendance militaire allemande onze ventes de vins (généralement de vins fins en bouteilles), portant sur une quantité de 13 millions de bouteilles ».

11 Don et Petie Kladstrup, *La Guerre du vin*, Paris, Perrin, 2001, p. 58-59.

12 Archives départementales de la Marne, sous-série 204 M 616, organisation économique, vins de champagne (1941-1949), dossier « collaboration économique ».

de prendre connaissance d'un *Rapport sur la gestion de l'industrie française du champagne pendant les années 1940-1944*, rédigé, après la guerre, par Klaebisch, rapport que lui a remis la fille du *Sonderführer* du champagne[13]. Klaebisch y dépeint toutes les difficultés auxquelles les professionnels de la viticulture et du négoce du champagne étaient confrontés au début de l'Occupation, et comment, selon lui, il s'est efforcé de les aider à sauver ce qui pouvait être sauvé de la récolte de 1940, en fournissant produits de sulfatage, main-d'œuvre et moyens de transport, puis, au cours des années suivantes, en facilitant l'organisation de la profession, avec l'objectif, certes, d'assurer l'approvisionnement en champagne de la *Wehrmacht*, mais en préservant, assure-t-il, les intérêts économiques et sociaux des vignerons et des négociants champenois. Il y affirme que les pillages des maisons de champagne attribués aux soldats de la *Wehrmacht,* au début de l'Occupation, ont davantage été le fait des troupes françaises et britanniques, ou des populations jetées sur les routes de l'exode, ou encore des réfugiés belges admis à traverser la Champagne pour rentrer chez eux dès l'été 1940, et qu'il a veillé à y mettre fin dès son arrivée en Champagne. Il y décrit les conditions d'une collaboration apaisée et loyale, respectueuse des intérêts de chacun, une *Wehrmacht* qui, en matière de prélèvements, « est restée dans des limites raisonnables de ses exigences », puisqu'à la fin de l'Occupation, souligne-t-il, « les stocks de champagne étaient équivalents à ceux de 1940 », et que les maisons de champagne livraient sans délai les quantités demandées, au point qu'il a été rapidement confronté à des problèmes d'entreposage. Il y déclare être parvenu à faire libérer de captivité 1 200 spécialistes du champagne et à en soustraire beaucoup d'autres à l'*Action-Sauckel,* c'est-à-dire au Service du travail obligatoire en Allemagne. Il y dresse un bilan globalement positif de son action, considérant qu'il est parvenu, dans des conditions parfois difficiles, à nouer les meilleurs rapports possibles avec les représentants des vignerons et des négociants de champagne, en respectant, autant que faire se pouvait, leurs intérêts : « Comme il est facile, écrit-il, de mener le Français, quand on sait comment le prendre, et qu'on n'essaye pas de lui imposer des points de vue allemands ».

13 Otto Klaebisch, *Bericht 1 über die Betreuug der französischen Champagnerindustrie in den Jahren 1940-1944*, rapport communiqué à Albert Knechtel par la fille de Klaebisch en 2004.

Est joint en annexe à ce rapport un extrait du journal allemand *Wirtschaftsblatt der Deutschen Allgem. Zeitung*, daté du 29 mai 1941, qui, rendant compte de son action en France occupée, déclarait :

> Le responsable de la centrale de répartition des vins mousseux, le *Sonderführer* Klaebisch, n'est ainsi pas considéré par beaucoup comme le dictateur du champagne, mais comme le père du champagne.

Après la guerre, Robert de Vogüé, entendu comme témoin à charge lors du procès d'Otto Klaebisch, a déclaré que, dans l'ensemble et malgré les désaccords qui les opposaient, le comportement de Klaebisch durant l'Occupation avait été correct[14]. Effectivement, vignerons et négociants en champagne, au moins au début de l'Occupation, ont réagi favorablement aux demandes allemandes, comme en témoigne cette note du Bureau national de répartition :

> Dès l'époque de l'armistice, l'armée d'occupation a passé d'importantes commandes qui furent les bienvenues en Champagne parce qu'elles permirent à l'ensemble économique champenois de se remettre rapidement en route[15].

Pour la seconde moitié de l'année 1940, les demandes allemandes, qui avaient été fixées à 12 millions de bouteilles, y étaient considérées par les professionnels du champagne comme « normales » et n'appelaient « aucune remarque »[16]. Dans son rapport d'octobre 1940, le préfet Bousquet, indiquait que le commerce du champagne, jusque là sévèrement contrôlé par les autorités allemandes, avait retrouvé sa liberté, et que les maisons de champagne pouvaient désormais vendre sans autorisation leurs stocks, à condition de fournir chaque mois au moins 1 900 000 bouteilles aux armées d'occupation[17].

Dès le retour de l'exode, Bousquet et les professionnels du champagne avaient su habilement tirer parti de l'intérêt porté par les Allemands à ce produit de consommation de luxe très prisé, pour relancer opportunément l'activité de ce secteur, en l'organisant de façon plus efficace et plus rationnelle, selon les vœux des différents partenaires de la profession, et aussi pour essayer de freiner les exigences allemandes. En août 1940, Bousquet présida à la préfecture de la

14 D. et P. Kladstrup, *La Guerre du vin*, *op. cit.*, p. 210.
15 Cité par I. Boussard, « Les négociations franco-allemandes sur les prélèvements agricoles : l'exemple du champagne », art. cit., p. 9.
16 *Ibid.*
17 Arch. nat., F1 c III 1166.

Marne, en tant que secrétaire général, une réunion de la Sous-commission des prix qui adopta le déblocage des prix des vins mis en réserve, en 1938, à la suite de deux récoltes abondantes. Au cours de cette réunion, qui se tint en présence de Klaebisch, de deux représentants des négociants, Charbonneaux et de Vogüé, et de deux représentants des vignerons, Poittevin et Doyard[18], il fut décidé de prélever une retenue de 15 % sur les prix payés aux vendeurs afin d'alimenter une Caisse de solidarité champenoise destinée à indemniser les « déshérités de la récolte 1940 »[19].

En septembre 1940, un Bureau de contact, composé exclusivement de quelques représentants des négociants, parmi lesquels se trouvait Robert-Jean de Vogüé, fut créé à Châlons-sur-Marne dans le but d'entrer en rapport avec la puissance occupante au nom de l'économie champenoise[20]. Un peu plus tard, conformément à la loi du 27 septembre 1940 sur l'organisation et la répartition des produits agricoles et des denrées alimentaires, un arrêté du ministre-secrétaire d'État à l'Agriculture, daté du 20 novembre 1940, institua un Bureau national de répartition du vin de Champagne et nomma à la tête de cet organisme, d'une part Robert de Vogüé et Marcel Bouché pour y représenter les organisations de commerce, d'autre part Maurice Doyard et Marcel Berthelot pour y représenter les organisations de propriétaires-récoltants. Dans sa première circulaire, datée du 3 décembre 1940, cet organisme définissait ses objectifs en ces termes : « Répartir au mieux de l'intérêt général et de l'intérêt particulier de chacun, les obligations qui nous sont faites et les ressources en approvisionnements dont nous disposons »[21].

De son côté, le Syndicat général des vignerons, dans les jours qui suivirent la promulgation de la loi du 2 décembre 1940 instaurant la Corporation paysanne, s'empressa, à l'initiative de son secrétaire général, Maurice Doyard, de se fondre dans le cadre ainsi créé par le gouvernement de Vichy. Dans la quasi-totalité des communes viticoles, le choix des syndics viticoles spécialisés se porta sur le président de la section locale du Syndicat général des vignerons de la Champagne viticole qui, au printemps 1942, se transforma officiellement en Groupement spécialisé de la Champagne viticole.

18 *L'Éclaireur de l'Est*, 18 août 1940.
19 J. Piérard, *L'Organisation corporative du champagne*, *op. cit.*, p. 150.
20 *Ibid.*, p. 61.
21 *L'Éclaireur de l'Est*, 22 et 29 novembre 1940.

À Épernay, le 10 juillet 1941, Bousquet assista à l'assemblée générale annuelle du Syndicat général des vignerons présidé par Gaston Poittevin, qui avait été député radical-socialiste de la Marne de 1919 à 1936. Devant les délégués de la Champagne viticole venus de la Marne, de l'Aube et de l'Aisne, le secrétaire général Maurice Doyard annonça la naissance du Comité interprofessionnel du vin de Champagne (CIVC), créé par la loi du 12 avril 1941[22]. Ce comité était appelé, selon lui, à devenir « la représentation de tous les intérêts champenois », et il en expliqua le fonctionnement. Bousquet parla de la mise en œuvre de la charte du champagne qui devait fixer les droits et les devoirs de tous les éléments de la production et du commerce :

Siège du Comité interprofessionnel du vin de Champagne à Épernay construit en 1951 © Collection CIVC

> Il ne faut pas que la nouvelle organisation de la viticulture soit la revanche de quelques hommes sur d'autres hommes, un retour à des erreurs ou des égoïsmes passés [...]. Aucune opposition fondamentale ne peut dresser le travail contre le commerce et vice-versa.

À l'issue de cette assemblée générale, Otto Klaebisch et son adjoint Muller firent leur entrée dans la salle et participèrent aux libations d'usage[23].

Le CIVC, qui remplaçait l'éphémère Bureau national de répartition du vin de Champagne, était organisé selon une structure pyramidale. Au sommet était placé un commissaire du gouvernement désigné par le ministre-secrétaire d'État à l'Agriculture et qui fut, de 1941 à 1945, le directeur des contributions indirectes de la Marne, Charles Théron. Il assistait à toutes les délibérations et pouvait, selon les directives qu'il recevait, ou bien donner son accord immédiat aux propositions qui lui étaient soumises, ou bien les soumettre à l'avis du ministre. Il était assisté

22 À noter que le Comité interprofessionnel d'entente et d'études du vin de Bordeaux a été mis en place plus tardivement en décembre 1943, deux ans et demi après la création du CIVC en Champagne.

23 *L'Éclaireur de l'Est*, 11 juillet 1941.

Robert-Jean de Vogüé (1896-1976) représentant des négociants et Maurice Doyard (1889-1974), représentant des vignerons sont les co-fondateurs du Comité interprofessionnel du vin de Champagne
© Collection CIVC

d'un délégué du vignoble qui fut, de 1941 à 1944, Maurice Doyard, et d'un délégué du négoce, Robert de Vogüé, directeur de Moët & Chandon, remplacé, en 1944, par René Chayoux. En dessous, le Bureau exécutif comprenait trois négociants et trois récoltants, et le Comité consultatif était composé de dix récoltants, dix négociants, un courtier, trois représentants des industries annexes, deux représentants du personnel viticole, deux représentants des cavistes et un représentant du Comité national des appellations contrôlées. Tous les membres du CIVC furent choisis, par le ministre secrétaire d'État à l'Agriculture, dans les organisations professionnelles ou syndicales existantes dont les instances firent des propositions. Le préfet de la Marne, René Bousquet, fut chargé de transmettre ces propositions et de donner son avis personnel. Les compétences du CIVC, définies dans la loi du 12 avril 1941, étaient larges, et correspondaient assez bien à ce que revendiquaient les représentants des vignerons et des négociants qui siégeaient depuis 1935 dans la Commission de la Champagne délimitée, et dont étaient issus la plupart des responsables professionnels nommés à la tête du CIVC.

Ainsi, le CIVC qui aujourd'hui encore, joue un rôle important dans l'économie champenoise, est né curieusement de la rencontre entre la situation créée par l'importance des prélèvements allemands, le souci des professionnels de répondre à cette demande tout en préservant les intérêts champenois, leur volonté de faire aboutir une réorganisation de la profession qu'ils réclamaient depuis longtemps avec insistance, les projets corporatistes et dirigistes des technocrates de Vichy, et enfin la bonne connaissance de ce dossier qu'avait acquise avant la guerre René Bousquet, lors de son passage au ministère de l'Agriculture aux côtés du ministre Cathala.

En 1991 dans le *Bulletin d'information du CIVC*, un article non signé, intitulé « Le cinquantenaire du CIVC », récusait le parrainage du régime de Vichy, faisait totalement l'impasse sur celui du préfet Bousquet, et présentait la loi du 12 avril 1941 comme un simple « texte législatif de reconnaissance » habilement imposé par les Champenois « contre la volonté de l'autorité publique » en profitant des « défaillances de l'appareil administratif ». Selon cet article, l'idée interprofessionnelle serait née à la fin des années 1930, dans les travaux d'économistes « soucieux de trouver une troisième voie entre un capitalisme défaillant et un socialisme inquiétant » ; les fondateurs du CIVC « ne revendiquaient aucune doctrine » et se seraient simplement efforcés de faire preuve de « pragmatisme », et de renouer avec le « solidarisme » que prônait Léon Bourgeois, sénateur radical de la Marne avant la première guerre mondiale[24]. Hervé Malherbe considère, au contraire, qu'on retrouve bien dans la structure du CIVC et dans son mode de fonctionnement, « les critères idéologiques de l'État français basés sur la corporation, qui méconnaît la démocratie de base ». En même temps, il récuse toute parenté entre le CIVC qui, malgré son nom, correspondait bien à une Corporation du Champagne, et l'organisation interprofessionnelle que les socialistes marnais, avec leur député Henri Martin, appelaient de leurs vœux à la veille de la seconde guerre mondiale[25].

Les prélèvements imposés par les autorités allemandes firent l'objet d'âpres négociations avec les représentants du gouvernement de Vichy, dans le cadre de la Commission d'armistice siégeant à Wiesbaden, puis directement à l'Hôtel Majestic de Paris. L'interlocuteur champenois à ces négociations fut le Bureau de répartition des vins de Champagne, puis le CIVC, représenté jusqu'à son arrestation en novembre 1943, par Robert de Vogüé. Isabel Boussard, considère que les négociations franco-allemandes, n'ont eu « qu'une faible incidence sur les prélèvements », mais reconnaît cependant qu'elles ont permis d'obtenir « quelques adoucissements aux exigences allemandes »[26].

En tout cas, à partir de l'automne 1943, les Allemands se montrèrent intransigeants, refusant désormais toute concession. Après l'arrestation de Robert de Vogüé par la Gestapo, les Allemands mirent la main sur les deux plus grosses maisons de champagne, Heidsieck et Moët & Chandon, dont Otto Klaebisch devint l'administrateur provisoire. Robert de Vogüé, qui appartenait au mouvement de résistance *Ceux de la Libération,* fut incarcéré à la prison de Châlons-sur-Marne. Son procès, que les Allemands voulurent public, eut lieu en mars 1944 à Reims dans la salle d'honneur de la Chambre des notaires, cours Langlet, et non pas à Châlons-sur-Marne où siégeait habituellement le tribunal

24 « Le cinquantenaire du CIVC », *Bulletin d'information du CIVC*, 2e trim. 1991, p. 24 et 25.
25 H. Malherbe, *Socialisme et vignoble dans la Marne 1890-1959*, *op. cit.*, p. 83-85.
26 I. Boussard, *Vichy et la Corporation paysanne*, *op. cit.*, p. 7.

militaire allemand. Condamné à mort, il fut gracié, bénéficiant de multiples interventions, dont celle de l'ambassadeur de Suède et celle du gouvernement de Vichy, dont René Bousquet ne faisait plus partie ; mais l'ancien préfet de la Marne pouvait encore plaider la cause du délégué du CIVC auprès des autorités allemandes, de Laval, ou auprès de Pétain lui-même[27].

La Commission d'enquête constituée après la seconde guerre mondiale a évalué les prélèvements allemands pour toute la durée de l'Occupation à 86,4 millions de bouteilles de champagne, 82 258 hectolitres de vins clairs et 10,6 millions de bouteilles de mousseux[28]. En 1946, la Commission consultative des dommages et des réparations arriva à un bilan à peu près identique, et estima ces prélèvements à 98 millions de bouteilles de champagne et de vins mousseux, « effectués dans l'ensemble à des prix très bas », pour « une valeur de 5 377 000 000 de francs », correspondant à 57 % de la production commercialisée pendant la période de l'Occupation. Elle compara ce pourcentage élevé avec la part des exportations de champagne vers l'Allemagne avant la guerre, qui ne dépassait pas 1 % de la production commercialisée, alors que durant le même temps, la part du marché intérieur français était passée de 60 à 39 %. Pour justifier les réparations que, selon elle, le secteur du champagne était en droit d'exiger de l'Allemagne vaincue, cette commission affirma que les autorités allemandes s'étaient attachées « dès le début de l'occupation à ruiner partiellement l'industrie du champagne, avec l'espoir de voir les champagnes allemands supplanter le champagne français sur les marchés étrangers », que « c'est vraisemblablement dans ce but qu'elles exigèrent l'exportation sur l'Allemagne de quantités importantes de vins de Champagne non traités qui servirent à améliorer la qualité des vins allemands ». Elle affirma aussi que les troupes d'occupation, en refusant d'appliquer les accords concernant la récupération des bouteilles vides provenant des livraisons à la *Wehrmacht*, alors que la production des verreries françaises était paralysée par la pénurie de charbon, avaient mis les fabricants de champagne « dans l'impossibilité de maintenir le niveau de leurs stocks en bouteilles », si bien que

27 Arch. nat., W 88/283. Le 27 juillet 1945, Bertrand de Mun, ancien député de la Marne et président de la Chambre de commerce de Reims, a déclaré au sujet de Bousquet : « Il est intervenu au moment du procès de M. de Vogüé, et seule la gravité de l'affaire a empêché que son intervention puisse éviter la condamnation de ce dernier ». Après avoir été gracié, Robert de Vogüé a été déporté le 27 juin 1944 en Allemagne et interné dans plusieurs prisons.

28 *Dommages subis par la France et l'Union française du fait de la guerre et de l'occupation allemande*, Paris, Imprimerie nationale, 1947-1951, t. 7, monographie PA 156 « Vins et spiritueux » établie par M. Pellier, administrateur à l'INSEE, p. 47 et 70.

les stocks champenois qui étaient, en 1939, de 105 millions de bouteilles et de 210 000 hectolitres s'étaient abaissés, en 1944, à 80 millions de bouteilles et 260 000 hectolitres »[29].

Cependant, René Bousquet et plusieurs notables marnais, négociants en vins de Champagne, en particulier le délégué général du CIVC, Robert de Vogüé, et le président de la Chambre de commerce de Reims, Bertrand de Mun[30], ont déclaré après la guerre qu'ensemble ils avaient tout fait pour limiter le fardeau de ces prélèvements, et qu'ils étaient parvenus à soustraire aux convoitises allemandes une partie importante des stocks de champagne dont ils avaient déguisé le montant réel. Robert de Vogüé a confirmé à son retour de déportation que, grâce au préfet Bousquet, le stock de champagne avait été sauvegardé. Selon Bertrand de Mun, le préfet de Vichy « faisait tout ce qu'il pouvait pour servir d'écran protecteur » entre les Marnais et les autorités allemandes. Pierre Regnault, directeur du Champagne Salon à Mesnil-sur-Oger, a évoqué la « conduite magnifique » de Bousquet au retour de l'exode, et n'a pas hésité à affirmer que « le plus beau fleuron de la résistance de M. Bousquet à nos ennemis, fut l'organisation de la viticulture champenoise »[31].

Dans le contexte de pénurie et de rationnement qui prévalait alors, et compte tenu des convoitises qu'il faisait naître chez les Allemands, le champagne a fait aussi l'objet d'un trafic d'une ampleur qu'on a du mal à mesurer. Le 13 mars 1945, à la direction générale du ministère de l'Économie, le directeur départemental du Contrôle économique présentait une évaluation des « transactions irrégulières pour compte allemand » qui situait le champagne à la première place, avec des transactions illicites portant sur deux millions de bouteilles évaluées à 200 millions de francs[32]. Avec le dossier de Lucien Douvier, nous disposons d'une autre source qui permet de prendre la mesure des trafics de champagne avec l'occupant[33]. Engagé comme interprète à la mairie de

---

29 *Rapport sur les dommages causés à la France par l'occupation ennemie*, Présidence du gouvernement, Commission consultative des dommages et réparations, 6 février 1946, communiqué par Philippe Souleau.

30 Robert de Vogüé et Bertrand de Mun figurent parmi la cinquantaine de notables marnais de toutes sensibilités qui ont accepté de témoigner en faveur de l'ancien préfet de la Marne devenu secrétaire général à la Police du gouvernement de Vichy, lors du procès Bousquet devant la Haute Cour de Justice.

31 Arch. nat., 3 W 88/283, 305 et 311, Haute Cour de Justice, procès Bousquet.

32 AD Marne, 204 M 616.

33 *Ibid.*, 7 U 57 n° 220, Cour de Justice de la Marne.

Reims, Douvier y fit la connaissance de l'officier allemand chargé du service du commerce, le docteur Martens. En juillet 1940, celui-ci lui confia la gérance d'un magasin, installé place de l'Hôtel de Ville, et réservé exclusivement aux militaires allemands. À ce magasin, spécialisé dans la vente de champagne, de cognac et de liqueurs, était annexé un petit commerce clandestin de bas de soie et d'articles en indémaillable tenu par la femme de Douvier. Grâce à des bons de réquisition, signés au départ par Otto Klaebisch, puis, selon des négociants en vin de champagne entendus comme témoins lors du procès Douvier, par le Bureau de répartition des vins de Champagne et, à partir de 1941, par le CIVC, ce trafiquant se fit livrer par les maisons de Reims, Rilly-la-Montagne et Ludes, pendant les quatre années que dura l'Occupation, un minimum de 370 000 bouteilles de champagne, revendues à des soldats allemands en réalisant d'énormes bénéfices. Douvier fut condamné à mort en 1945, mais il y eut dans la Marne d'autres trafiquants, petits et gros, qui ne furent guère inquiétés à la Libération, et qui surent rapidement se reconvertir dans le commerce avec les libérateurs américains. Il ne semble pas, en tout cas, que le chiffre de 2 millions de bouteilles avancé par le directeur départemental du Contrôle économique, en ce qui concerne le marché noir du champagne pendant l'Occupation, soit exagéré.

Après la Libération, la collaboration économique, au sein de laquelle le champagne avait tenu une place importante, n'a pas ou n'a guère été sanctionnée. L'étude des dossiers individuels de la Cour de Justice et de la Chambre civique montre que les affaires de « commerce avec l'ennemi » et de « marché noir » ont été relativement nombreuses, mais que la plupart des personnes impliquées dans ces affaires, ou bien ont été acquittées, ou bien ont été sanctionnées pour d'autres motifs considérés comme plus graves. Conformément à l'Ordonnance du 18 octobre 1944, un Comité départemental des profits illicites, qui avait pour mission d'examiner les dossiers des entreprises ayant réalisé d'importants bénéfices sous l'Occupation, et un Comité régional interprofessionnel d'épuration d'entreprise avaient bien été créés. Mais la mise en place de ces organismes fut très lente, et lorsqu'ils furent enfin en état de fonctionner, à la fin de 1945 et au début de 1946, la volonté politique d'engager une réelle épuration économique s'était émoussée, et les nécessités de la reconstruction économique avaient pris le dessus. S'agissant du champagne, l'inspecteur chef des brigades du Contrôle économique avait soumis à sa hiérarchie, dès septembre 1944, un projet d'enquête générale sur le marché noir du champagne, dans lequel il déclarait très crûment :

> Le champagne est un des produits qui ont fait l'objet du trafic le plus intense. Sa production et son commerce ont permis à la faveur de l'occupation allemande d'édifier depuis quatre ans des fortunes scandaleuses[34].

Mais le projet d'enquête générale sur le marché noir du champagne, qui risquait de mettre en cause le CIVC, fut enterré. Le seul « trafiquant de champagne » qui fut jugé et sévèrement sanctionné, fut Lucien Douvier, condamné à mort « pour intelligence avec l'ennemi », en tant qu'interprète et agent de la Gestapo[35]. La commission viticole des Comités locaux de libération de la Marne, réunis en congrès à Reims en décembre 1944, adopta une résolution qui réclamait la suppression du CIVC et la reconstitution d'un syndicat de vignerons dont seraient exclus les anciens membres du CIVC, et qui demandait que les bâtiments et les vignes « achetés au détriment de la petite propriété » pendant la guerre par les grandes maisons de champagne, grâce aux profits réalisés dans le commerce avec les Allemands, soient remis en vente dès le retour des prisonniers, mais cette résolution resta un vœu pieux[36].

Quant à la répression du collaborationnisme politique dans le milieu du champagne, elle se concentra sur le cas du marquis Melchior de Polignac. Directeur général du champagne Pommery, membre de la Chambre de commerce de Reims, président de l'Association viticole champenoise, vice-président du Syndicat du commerce des vins de Champagne, membre du Comité international olympique aéro-club et de l'Académie nationale des sports, il avait fondé en 1919 *L'Accueil franco-allemand* et siégeait avant-guerre au conseil d'administration du Comité France-Allemagne, constitué en 1935[37]. En relation avec Fernand de Brinon, ainsi qu'avec plusieurs ministres du gouvernement de Vichy, c'est tout naturellement qu'il était devenu, dès le début de l'Occupation, membre du Comité d'honneur à Paris du Groupe Collaboration, qui prolongeait le Comité France-Allemagne, et dont il accepta, à Reims, de devenir le président d'honneur. Philippe Burrin a retrouvé dans les archives allemandes son nom parmi les convives de ce qu'on appelait alors les « déjeuners de la Table ronde », que

34 *Ibid.*, 204 M 616.
35 *Ibid.*, 7 U 57 n°220, Cour de Justice de la Marne.
36 *L'Union*, 12 décembre 1944.
37 *Cahiers franco-allemands*, mai 1937.

les résistants ont dénoncé comme des « déjeuners de la trahison » Ces déjeuners réunissaient, à l'Hôtel Ritz à Paris, environ toutes les trois semaines, à partir de février 1942, en toute cordialité, une cinquantaine d'hommes d'affaires français et allemands, représentant les grandes firmes des deux pays, en présence de ministres de Vichy, tels que Laval, de Brinon, Bousquet, de ténors du collaborationnisme parisien tel Marcel Déat, chef du Rassemblement national populaire, qui avait été professeur de philosophie au lycée de garçons de Reims et député socialiste de la Marne dans les années 1920, ainsi que des responsables du secteur économique de l'administration militaire allemande[38].

Le 18 septembre 1944, un communiqué officiel de la sous-préfecture, publié dans *L'Union champenoise*, annonça l'arrestation du marquis de Polignac, dont le nom figura sur une liste de « collaborateurs, délateurs et traîtres incarcérés à Reims », publiée dans ce même journal le 18 octobre. Mais, en janvier 1945, un autre communiqué annonça son transfert à Paris[39]. Ce transfert, qui aurait été obtenu sur la pression des autorités américaines, l'épouse du marquis étant elle-même citoyenne des États-Unis, fut interprété par les résistants rémois et par l'opinion publique comme un escamotage. Melchior de Polignac échappa donc au verdict de la Cour de Justice de la Marne. En février 1946, il fut condamné par la 1re Chambre civique de la Seine à 10 ans d'indignité nationale, peine dont il fut immédiatement relevé pour « services rendus à la Résistance », selon la formule utilisée pour blanchir les collaborateurs, et qui a été reprise à l'issue du procès Bousquet en 1949.

La société Mumm, qui était entièrement allemande, avait été mise sous séquestre en 1914 et son directeur, Hermann Mumm, avait été interné au Fort de Lanvéoc en Bretagne jusqu'en 1918. Reprise au lendemain de la première guerre mondiale par la Société vinicole de Champagne, elle était restée depuis cette époque en conflit avec la famille Mumm. L'héritier Mumm, Godefroy Hermann, nommé en 1940 commissaire allemand à la tête de la Société vinicole de Champagne, exigea, en avril 1941, de pouvoir racheter plus de la moitié des actions de cette maison de champagne qui redevint ainsi allemande. Elle comptait parmi les membres bienfaiteurs du centre de recrutement de

38 Politisches Archiv des Auswärligen Amtes (Bonn), *Botschaft Paris 1101b*, listes des Tables rondes du 13 mai, 1er juillet et 28 octobre 1942, sources citées en note par Philippe Burrin dans *La France à l'heure allemande*, Paris, Le Seuil, 1995, p. 263. – Archives nationales, F 129559, papiers relatifs aux affaires de banques.

39 *L'Union*, 19 janvier 1945.

ASSOCIATION VITICOLE CHAMPENOISE

L'Association viticole Champenoise (AVC) a été fondée le 1er mars 1898 afin de lutter contre l'invasion du phylloxéra, localisé, pour la première fois précisément en 1890, dans la commune de Chassins, dans l'Aisne.

L'année précédant cette création, une première tentative d'organisation de la défense avait échoué par la liquidation du *Grand Syndicat de défense contre le phylloxéra* qui voulait rendre obligatoire la lutte par extinction des taches. Bon nombre de vignerons n'avaient pu en admettre le principe et avaient refusé de payer leur cotisation. Pour autant, des syndicats communaux de lutte contre le phylloxéra s'étaient créés à partir de 1884 à Vertus, Brugny, le Mesnil-sur-Oger, à Boursault dans la Marne et à Colombé-le-Sec dans l'Aube.

Le Vigneron champenois, 28 janvier 1876
© Médiathèque d'Épernay

En 1898, grâce à l'élan commun de 23 dirigeants de maisons de champagne, groupés autour du président E. Goulden, une autre formule de défense s'organise s'appuyant sur des syndicats viticoles locaux dans lesquels les vignerons entraient librement en s'engageant à payer une cotisation proportionnelle à la surface qu'ils cultivaient[1].

La propagande, la persuasion et, surtout, le concours financier du négoce sont désormais prévus pour aider à la constitution de ces organismes locaux de défense : de 10 en 1898, leur nombre passe à 130 en 1913, groupant 11 594 propriétaires et 7 987 hectares. Des greffeurs sont formés, la création de chambres chaudes syndicales et communales pour la stratification de greffe-boutures est encouragée, des pal-injecteurs sont distribués gratuitement ou pour des sommes modiques. Au total, ce sont près de un million de francs de subventions qui sont versés entre 1898 et 1913. Ainsi, grâce aux encouragements de l'AVC, à la veille de la première guerre mondiale, les vignes françaises traitées selon des moyens culturaux ne disparaissent que lentement tandis que la reconstitution méthodique du vignoble en plants greffés est engagée.

En 1920, Georges Chappaz, inspecteur général de l'Agriculture en service détaché et ancien directeur des Services agricoles de la Marne, prend la direction de l'AVC et restructure les syndicats anti-phylloxériques plus ou moins désorganisés par le conflit. La publication de la revue technique, *Le Vigneron champenois*, apporte alors un soutien certain aux vignerons, notamment dans la lutte contre les ravages engendrés par la cochylis. L'AVC s'implique également dans la recherche de solutions face à la crise économique et sociale des années Trente. C'est, en particulier, à l'initiative de l'AVC que le premier Comité de propagande des vins de Champagne est créé en 1922.

1 Georges Chappaz, *Le Vignoble et le Vin de Champagne*, Paris, Louis Larmat, 1951, p. 3-17.

À la suite de la création du Comité interprofessionnel du vin de Champagne (CIVC) sous l'Occupation, l'AVC y est incorporée comme organisme technique, et une station de recherches viticoles et œnologiques est créée. Au lendemain de la seconde guerre mondiale, elle coordonne la deuxième reconstitution du vignoble pour le mettre en conformité avec la réglementation et permettre une culture rationnelle procurant quantité et qualité. En 1946, elle intègre le Syndicat général des Vignerons (SGV) dans son administration, participant ainsi à consolider la solidarité qui lie producteurs et négociants pour la sauvegarde du vignoble champenois[2].

Au cours de la seconde moitié du XXe siècle, l'AVC est dotée des moyens techniques les plus avancés permettant la modélisation des risques phytosanitaires, les estimations de récoltes, la diffusion de données météorologiques, les analyses qualitatives, le travail en réseau grâce à 260 correspondants locaux... Elle encourage et développe l'innovation technique en viticulture et œnologie dans le respect de la qualité.

Gérée en parfaite parité entre vignerons et négociants, l'AVC constitue aujourd'hui, alors quelle avait été fondée initialement pour dix ans, l'organe de réflexion à moyen et long termes indispensable aux progrès qualitatifs permanents exigés pour conserver et développer la renommée du champagne.

Claire Desbois-Thibault

2 Éric Glatre, *Les 100 mots du champagne*, Reims, DEFG, 2009, p. 19-21.

la Légion des volontaires français, qui enrôlait les Français acceptant d'aller combattre sous l'uniforme allemand sur le front de l'Est[40]. Son directeur, René Lalou, avocat à la Cour d'Appel de Paris et parent par alliance de la famille Dubonnet, était membre du Comité d'honneur du Cercle européen, créé à Paris en septembre 1941 et dénommé Comité de collaboration économique européenne[41]. Dans *La France à l'heure allemande*, Philippe Burrin note qu'à Paris, les diplomates de l'ambassade d'Allemagne et les officiers de la SS étaient invités par « le beau monde », parmi lequel on trouvait les noms de quelques grandes maisons de champagne. En 1947, Karl Epting, responsable nazi de la section culturelle, citait le marquis de Polignac parmi les notabilités qui invitaient à leur table les diplomates de l'ambassade d'Allemagne, et l'officier SS Knochen, chef de la Police de sécurité, déclarait : « Les maisons des familles

40 AD Marne, MM 231. Rapport des Renseignements généraux de la Marne ; Isabel Boussard, *Vichy et la Corporation paysanne*, *op. cit.*, p. 20-22 ; François Boudot, « Aspects économiques de l'occupation allemande en France », *Revue d'histoire de la deuxième guerre mondiale*, n° 54, avril 1964, p. 50.

41 Politisches Archiv des Auswärligen Amtes (Bonn), *Botschaft Paris 1122 et 1309*, sources citées en note par P. Burrin, *op. cit.*, p. 265. Arch. nat., Z 6 249 et 250, dossier d'épuration d'édouard Chaux, fondateur du Cercle européen. René Lalou est resté à la tête de Mumm jusqu'en 1973 et son nom est aujourd'hui associé à une prestigieuse cuvée de cette maison de champagne ainsi qu'à la chapelle, décorée par son ami le peintre Foujita à Reims, sur un terrain appartenant à la maison Mumm.

Mumm et de Polignac étaient les principaux salons de Paris où nous étions reçus et la plus haute société s'y côtoyait »[42].

En Champagne, et plus particulièrement dans la Marne, le poids de l'agriculture et de la viticulture qui n'avait cessé de décliner depuis le début du siècle et durant l'entre-deux-guerres, se renforça sensiblement pendant la seconde guerre mondiale. La guerre et les années d'Occupation accentuèrent le caractère rural et agricole du département, qui aborda le défi de l'après-guerre en comptant bien s'appuyer encore une fois sur ce qui restait un de ses principaux atouts, le champagne. La viticulture et le négoce du champagne avaient finalement bien surmonté l'épreuve du conflit. Alors qu'ils avaient été profondément et durablement désorganisés et handicapés par les destructions et la saignée consécutives à la guerre de 1914-1918, puis durement éprouvés par la crise des années 1930, ils abordaient l'après seconde guerre mondiale avec confiance. Pendant la période de l'Occupation, la profession avait continué de se réorganiser à l'ombre de la Corporation paysanne, dont les responsables furent confirmés à la tête des organisations professionnelles mises en place dans le département après la guerre.

À la Libération, la Corporation paysanne avait été dissoute par l'ordonnance du 12 octobre 1944 qui déclarait « nuls et de nul effet les actes et textes tendant à l'organisation corporative de l'agriculture », et qui prévoyait de la remplacer par « une organisation professionnelle provisoire de l'agriculture »[43]. C'est ainsi que fut créée la Confédération générale de l'agriculture, organisation née dans la clandestinité, à la direction de laquelle on retrouva, dès octobre 1944, quatre anciens syndics régionaux de l'époque de Vichy, dont celui de la Marne, Robert Mangeart[44]. Dans le même temps fut installée, à l'échelon des départements, une structure provisoire baptisée Comité départemental d'action agricole, qui fut présidée dans la Marne par Albert Barré, l'ancien syndic régional adjoint. Albert Barré avait été maire radical-socialiste de Condé-sur-Marne, sans interruption, depuis 1919, et présidait avant-guerre la Ligue agricole de la Marne. Membre du Conseil départemental créé par le gouvernement de Vichy, il continua d'exercer à la Libération de très nombreuses responsabilités, et c'est lui qui présida, le 10 mars 1945, l'assemblée générale constitutive de la

42 Arch. nat., 3 W 358, procès Bousquet devant la Haute Cour de Justice, audition du 6 janvier 1947.
43 *Journal officiel*, 13 octobre 1944.
44 I. Boussard, *Vichy et la Corporation paysanne*, Paris, FNSP, 1980, p. 362.

Fédération départementale des syndicats d'exploitants agricoles[45]. En 1946, Marcel Lemaire, qui lui aussi avait siégé au sein du conseil départemental de la Marne, fut élu à la tête de la FDSEA marnaise, tandis que les anciens syndics, Robert Mangeart et Albert Barré, en devenaient les vice-présidents.

Dans la réorganisation de la viticulture marnaise après la guerre, c'est aussi la continuité qui, finalement, a prévalu de la même façon, quoique le processus ait été un peu différent. Les vignerons représentés au Comité départemental d'action agricole depuis sa création à la Libération, se sont empressés de négocier la renaissance du Syndicat général des vignerons de la Champagne délimitée, qui fut reconstitué par un arrêté du Commissaire de la République dès le 12 septembre 1944. Mais, comme ce syndicat s'était fondu pendant l'Occupation au sein de la Corporation paysanne, il fallut, sur le plan juridique, qu'une ordonnance, datée du 12 octobre 1944, déclarât nuls les actes et les textes par lesquels il avait été remplacé par la section spécialisée viticole « Champagne » de la Corporation paysanne[46].

Comme pour les syndicats d'exploitants agricoles, on procéda à l'élection de délégués communaux, puis cantonaux. Les socialistes, qui disputaient déjà avant guerre aux radicaux le contrôle et la direction du syndicat, s'efforcèrent d'exploiter le déclin et l'affaiblissement du parti radical-socialiste, et eurent six élus parmi les vingt délégués cantonaux. Le 10 février 1945, un mois avant la naissance de la FDSEA, le syndicat général des vignerons reconstitué tint sa première assemblée plénière sous la présidence du directeur régional des Services agricoles, M. Vialas. Gaston Poittevin et son gendre Henri Martin, tous les deux déportés à Allemagne et dont on espérait le prochain retour, furent élus respectivement président et membre d'honneur, mais ils ne survécurent pas à la déportation[47]. Puis, l'élection de la direction du syndicat aboutit à répartir les postes de responsabilité entre les trois courants représentés au sein de la Résistance : le communiste Albert Dagonet fut élu président, le démocrate-chrétien Jean Quénardel, secrétaire général, et les socialistes Marcel Gilmert et Henri Macquart, respectivement vice-président et secrétaire[48]. En 1946, Henri Macquart accéda à la présidence du Syndicat général des vignerons, un poste

45 Arch. nat., F1 c III 1222.

46 H. Malherbe, *Socialisme et vignoble dans la Marne 1890-1959*, *op. cit.*, p. 90.

47 Gaston Poittevin est décédé le 6 mars 1944 à Buchenwald ; Henri Martin a été transféré de Buchenwald à Mauthausen, où il est décédé au début du mois de mai 1944.

48 *L'Union*, 8 mars 1945.

qu'il conserva jusqu'en 1959. Fils de Fernand Macquart, un notable socialiste qui avait été colistier de Jules Lobet et de Marcel Déat aux élections législatives de 1924, il était lui-même conseiller général du canton de Châtillon-sur-Marne où il avait succédé, en 1945, à Léonce Bernheim, mort à Auschwitz. Vice-président de la Fédération des coopératives viticoles, Henri Macquart se fit le champion du mouvement coopératif, dont il renforça la cohésion en réalisant, au sein du Syndicat général des vignerons, la fusion entre le courant radical et socialiste et le courant chrétien, fusion déjà réalisée au sein du syndicalisme agricole marnais dans le cadre de la FDSEA[49].

Le mouvement coopératif, qui avait échoué avant-guerre en raison de l'individualisme des vignerons, et peut-être aussi des erreurs commises par leurs dirigeants, connut, après 1945, un essor sans précédent, s'accompagnant du passage du stade de la vinification à celui de la champagnisation. Mais Henri Macquart ne parvint pas à faire aboutir le projet d'Office régional du vin de Champagne qu'avait élaboré avant guerre le député socialiste Henri Martin. Ce projet, qui visait à instaurer une véritable interprofession libérée de la tutelle de l'État, associée au mouvement coopératif et reposant sur un fonctionnement paritaire et démocratique, impliquait, en effet, pour les socialistes, la suppression du Comité interprofessionnel du vin de Champagne.

Le CIVC, même s'il avait été bien accueilli en 1941 par la majorité des professionnels du champagne, ne pouvait pas être pérennisé sous sa forme dirigiste et corporative, dans la mesure où il était une création du régime de Vichy. Il avait cependant été maintenu, à titre provisoire, en août 1945, par une ordonnance qui avait confié tous les pouvoirs au commissaire du gouvernement, en attendant qu'il soit statué sur son sort. Au sein des instances de la Résistance, communistes et socialistes exigeaient sa suppression, tandis que les modérés pensaient qu'un simple aménagement suffirait[50]. Le CIVC fut finalement préservé et réorganisé par l'arrêté du 20 juillet 1946 qui ne modifiait guère sa mission, ni la structure mise en place en 1941. Au sommet, la Commission permanente était composée du Commissaire du gouvernement, qui était désormais le directeur des Services agricoles de la Marne, Émilien Martinval, du représentant du négoce, René Chayoux, qui avait succédé à Robert de Vogüé au début de 1944, et du représentant des récoltants, Henri Macquart. Cinq délégués du négoce et cinq délégués des

49 H. Malherbe, *Socialisme et vignoble dans la Marne 1890-1959*, *op. cit.*, p. 104.
50 C. Lagauche, *L'Organisation syndicale du vignoble marnais de 1884 à 1946*, *op. cit.*, p. 127.

récoltants proposés par les syndicats mais nommés par le ministre de l'Agriculture, constituaient la Commission consultative, qui fixait chaque année le prix du kilogramme de raisin et répartissait les crus entre les négociants. Le pouvoir de l'État était toujours aussi important, puisque le Commissaire du gouvernement était, en dernier ressort, seul habilité à prendre des décisions, même s'il se conformait généralement aux délibérations de la Commission consultative. Le CIVC conservait sa spécificité et faisait du vignoble champenois « le seul où le prix du kilo de raisin ne s'établit pas directement entre l'acheteur et le vendeur, le seul où le vigneron est assuré d'un prix minimum et où les petits crus sont certains de trouver un débouché »[51].

L'absence d'épuration à l'égard des anciens dirigeants de la Corporation paysanne et du CIVC, et cette continuité remarquable de l'action menée dans la Marne par les leaders du monde paysan et viticole, sous la IIIe République, sous Vichy, puis sous la IVe et la Ve République, ne sont pas spécifiques à la Champagne. Isabel Boussard les explique en avançant l'hypothèse « que ces hommes étaient indispensables et formaient les seules élites "possibles" du monde paysan », et « qu'ils se présentaient davantage comme des "techniciens" de la profession que comme des hommes politiques »[52]. Leur enracinement dans la Marne faisait d'eux, effectivement, des personnalités incontournables.

Le CIVC pérennisé fut au lendemain de la seconde guerre mondiale, l'instrument de la prospérité du vignoble champenois, prospérité attestée par un commerce extérieur du champagne florissant, avec des expéditions qui, dès 1946-1947, dépassaient déjà le niveau d'avant-guerre et s'élevaient à 10 863 000 bouteilles[53].

Au total, quels qu'aient pu en être les aspects douloureux, l'occupation allemande et la période vichyste correspondent bien, dans l'histoire de la viticulture champenoise et de l'industrie du champagne, à une période de transition, au cours de laquelle les éléments de continuité, longtemps refoulés comme appartenant à l'histoire des « années noires » de l'Occupation et du régime de Vichy, l'emportent nettement sur les éléments de rupture associés à la mémoire héroïque et résistancialiste de la seconde guerre mondiale.

51 *Ibid.*, p. 129 et 143.
52 I. Boussard, *Vichy et la corporation paysanne*, *op. cit.*, p. 368.
53 INSEE, *Annuaire statistique régional*, 1957, p. 287.

LE TRAVAIL DE LA VIGNE, HIER ET AUJOURD'HUI[1]...

En raison de sa localisation septentrionale, la vigne en Champagne est depuis toujours une culture délicate, sensible aux conditions météorologiques, aux insectes et aux maladies cryptogamiques.

Du temps de la vigne en foule (avant le phylloxéra), le travail du vigneron était essentiellement manuel, souvent pénible et exigeant une abondante main-d'œuvre. Aujourd'hui encore, une partie des travaux de la vigne sont effectués à la main, avec beaucoup de soin et d'attention. C'est pourquoi les vignerons champenois sont souvent comparés à des jardiniers.

Dans les vignes en foule, la densité était d'environ 50 000 pieds/ha, donnant au vignoble une apparence de désordre évident.

À chaque printemps, il fallait ficher (planter) les échalas qui servaient de supports au pied de vigne. C'était le hachage ou la ficherie.

Durant l'hiver, ces piquets de bois étaient défichés et rassemblés en tas appelés moyères.

En instaurant la plantation de vignes en rangs rectilignes, la reconstitution du vignoble a modifié l'apparence du paysage. Aujourd'hui, la densité de plantation en Champagne est d'environ 8 000 ceps/hectare. L'objectif d'une telle densité est qualitatif : plus les pieds sont nombreux, plus ils entrent en concurrence pour s'alimenter ; la charge de raisins par pied est alors plus faible, de l'ordre de 12 à 15 grappes, et évite ainsi à la plante de s'épuiser.

© Comité interprofessionnel du vin de Champagne et Moët & Chandon

1 Cette synthèse sur le travail de la vigne, préparée par Claire Desbois-Thibault est issue de l'ouvrage *Les Clés des vins de Champagne*, Épernay, CIVC, 2005.

Deux labours permettaient de détruire les mauvaises herbes, de protéger les ceps et de permettre à la pluie de s'infiltrer dans le sol.

La taille de la vigne est une opération fondamentale. Elle induit la vigueur, la fertilité, la maturité de la vigne et conditionne son développement et son épanouissement. Dans les vignes en foule, elle s'effectuait à l'aide d'une petite serpette.

De nos jours, des sécateurs, manuels mais désormais le plus souvent électriques, améliorent considérablement le confort du vigneron.

Les gestes précis de la taille ne sont pas laissés à l'initiative de chacun mais réglementés depuis 1938. L'AOC Champagne est la seule qui réglemente ce domaine de manière aussi rigoureuse, détaillée et complète. Elle en autorise 3 types : la taille Chablis, la taille Cordon de Royat et la taille Guyot. Une quatrième taille, dite Vallée de la Marne, également autorisée, est très similaire à la taille Guyot.

La taille Chablis est une taille longue sur charpente longue portant ses fruits aux extrémités. Ses charpentes longues assurent un bon équilibre vigueur/fertilité.

© Comité interprofessionnel du vin de Champagne et Moët & Chandon

La taille Cordon de Royat est une taille courte sur charpente longue et unique : le « cordon ». En Champagne, cette taille présente la particularité d'être prolongée et terminée par une longue « baguette » pour favoriser l'équilibre production/maturité.

La taille Guyot est une taille longue sur charpente courte qui peut être simple ou double. La taille Guyot est surtout pratiquée dans les secteurs gélifs, où une taille longue permet de préserver une charge de bourgeons suffisante en cas de dégâts par le gel.

© Comité interprofessionnel du vin de Champagne et Moët & Chandon

Lorsqu'au printemps, les bourgeons commencent à gonfler, les écailles protectrices qui les recouvrent s'écartent et laissent apparaître un duvet cotonneux, « la bourre ». Après le débourrement, les feuilles se développent en plusieurs stades : pointe verte, sortie de feuilles, feuilles étalées.

Le raisin se forme après la floraison à partir de l'inflorescence, grappe composée de bouquets de fleurs.

En Champagne, la vendange est encadrée par des contrôles qualité stricts. Chaque année, l'INAO fixe, sur propositions du CIVC, la quantité maximum de raisin à l'hectare – le rendement – qui aura droit à l'Appellation Champagne, ainsi que le degré minimum de maturités des raisins.

La Champagne reste l'une des rares régions viticoles où la cueillette est toujours intégralement manuelle, exigeant un modèle d'organisation rigoureuse tant au niveau de la cueillette que du transport des raisins.

Afin d'éviter le phénomène d'auto-pressurage dû à l'écrasement, puis le risque de macération, les caisses de transport ne dépassent pas 50 kg. Elles comportent obligatoirement au fond et sur les côtés des orifices permettant l'écoulement rapide et complet des jus prendant le transport et dans l'attente de pressurage.

En Champagne, les vendanges ont toujours fait l'objet d'un grand soin. Autrefois, des saisonniers, venus principalement de Lorraine et d'Argonne, mêlaient leurs efforts à ceux des Champenois dans une ambiance festive et familiale.

Les équipes, appelés hordon, déposaient les raisons dans de petits paniers.

© Comité interprofessionnel du vin de Champagne et Moët & Chandon

Des porteurs étaient chargés de vider les petits paniers dans de beaucoup plus grands, dits panier-mannequins, contenant 60 à 100 kg de raisins.

La sélection des grappes se faisait après la cueillette. les raisins étaient étalés en bout de rang sur des « clayettes » en osier. Des femmes, appelées pareuses, procédaient alors à l'épluchage, opération qui consistait à vérifier chaque grappe et à en éliminer les parties abîmées.

La cueillette terminée, les paniers étaient étiquetés puis chargés avec précaution sur des chariots qui les conduisaient au pressoir.

Dans les cours des pressoirs, les raisins attendent d'être pesés et rassemblés en lots de 4 000 kg, unité de référence pour un marc de pressurage.

© Comité interprofessionnel du vin de Champagne et Moët & Chandon

La pesée de la récolte est une opération préalable à toute intervention de pressurage. Elle est la garante du respect du rendement de l'extraction et constitue également un maillon essentiel pour la traçabilité des raisins.

Depuis longtemps, les pressoirs champenois ont une capacité de 4 000 kg. Ils ont une large surface pressante et une assez faible hauteur, en limitant la quantité de raisins, les risques de coloration des jus par les pellicules sont réduits.

Si le matériel a profondément évolué au cours du XXe siècle, les grands principes qui régissent le pressurage sont restés identiques. Ils sont au nombre de cinq :

- Un pressurage juste après la cueillette
- Le pressurage de grappes entières, afin d'éviter la coloration des jus blancs avec les pigments colorés des peaux de raisins noirs. Mais cette technique est également bénéfique pour les raisins de cépage blanc
- Un faible rendement d'extraction fixé à 25,5 hectolitres pour un marc de 4 000 kgs de raisin (ou 102 l de moût pour 160 kg de raisins)
- Le fractionnement des jus à la sortie du pressoir. Cette pratique consiste à séparer les premiers jus écoulés, plus purs et peu colorés – la cuvée – des jus de fin de pressurage – les tailles
- Une conduite douce et progressive du pressurage.

© Comité interprofessionnel du vin de Champagne et Moët & Chandon

Traction animale vers 1920 © Moët & Chandon

UN VIGNOBLE EN PROGRÈS

Lors de la reconstitution du vignoble, la vigne en foule est abandonnée au profit d'une vigne plantée en lignes, à intervalles fixes, modifiant assurément le paysage du vignoble. Ce nouveau mode de conduite de vigne palissée permet, dans un premier temps l'usage des chevaux d'attelage puis facilite la mécanisation des travaux, en particulier, à partir de 1950, le recours au tracteur.

Les années 1960-1970 sont une époque de grands progrès scientifiques sur les virus avec les premiers cépages issus de sélection clonale, sur les champignons, les insectes et les carences du sol grâce à des traitements de protection de la vigne. La culture de la vigne entre dans une ère sécurisée, même si les accidents sont toujours possibles.

Dans les deux dernières décennies du XXe siècle, les services de recherches du Comité interprofessionnel du vin de Champagne améliorent considérablement le niveau des connaissances : des modèles de prévision permettant d'anticiper les problèmes font leur apparition et les premiers programmes de lutte raisonnée sont mis en place. Soucieux de son environnement, le vignoble champenois s'inscrit désormais dans une optique de développement durable.

Claire Desbois-Thibault

Épandages d'écorces (tracteur moderne fin XXe siècle) © Moët & Chandon

JEAN-JACQUES ROUSSEAU, *LA NOUVELLE HÉLOÏSE*, 1761, Vᵉ PARTIE, LETTRE VII

Depuis un mois les chaleurs de l'automne apprêtaient d'heureuses vendanges ; les premières gelées en ont amené l'ouverture ; le pampre grillé, laissant la grappe à découvert, étale aux yeux les dons du père Lyée, et semble inviter les mortels à s'en emparer. Toutes les vignes chargées de ce fruit bienfaisant que le ciel offre aux infortunés pour leur faire oublier leur misère ; le bruit des tonneaux, des cuves, des *légrefass* qu'on relie de toute part ; le chant des vendangeuses dont ces coteaux retentissent ; la marche continuelle de ceux qui portent la vendange au pressoir ; le rauque son des instruments rustiques qui les animent au travail ; l'aimable et touchant tableau d'une allégresse générale qui semble en ce moment étendu sur la face de la terre ; enfin le voile de brouillard que le soleil élève au matin comme une toile de théâtre pour découvrir à l'œil un si charmant spectacle ; tout conspire à lui donner un air de fête ; et cette fête n'en devient que plus belle à la réflexion, quant on songe qu'elle est la seule où les hommes aient su joindre l'agréable à l'utile.

M. de Wolmar, dont ici le meilleur terrain consiste en vignobles, a fait d'avance tous les préparatifs nécessaires. Les cuves, le pressoir, le cellier, les futailles n'attendaient que la douce liqueur pour laquelle ils étaient destinés. Mme de Wolmar s'est chargée de la récolte ; le choix des ouvriers, l'ordre et la distribution du travail la regardent. Mme d'orbe préside au festin de vendange et au salaire des ouvriers selon la police établie, dont les lois ne s'enfreignent jamais ici. Mon inspection à moi est de faire observer au pressoir les directions de Julie, dont la tête ne supporte pas la vapeur des cuves ; et Claire n'a pas manqué d'applaudir à cet emploi, comme étant tout à fait du ressort d'un buveur.

Les tâches ainsi partagées, le métier commun pour remplir les vides est celui du vendangeur. Tout le monde est sur pied de grand matin : on se rassemble pour aller à la vigne. Mme d'Orbe, qui n'est jamais assez occupée au gré de son activité, se charge, pour surcroît, de faire avertir et tancer les paresseux, et je puis me vanter qu'elle s'acquitte envers moi de ce soin avec une aimable vigilance. Quand au vieux baron, tandis que nous travaillons tous, il se promène avec un fusil, et vient de temps en temps m'ôter aux vendangeuses pour aller avec lui tirer des grives, à quoi l'on ne manque pas de dire que je l'ai secrètement engagé ; si bien que j'en perds peu à peu le nom de philosophe pour gagner celui de fainéant, qui dans le fond n'en diffère pas de beaucoup.

[...] Depuis huit jours que cet agréable travail nous occupe, on est à peine à la moitié de l'ouvrage. Outre les vins destinés pour la vente et pour les provisions ordinaires, lesquels n'ont d'autre façon que d'être recueillis avec soin, la bienfaisante fée en prépare d'autres plus fins pour nos buveurs ; et j'aide aux opérations magiques dont je vous ai parlé, pour tirer d'un même vignoble des vins de tous les pays. Pour l'un, elle a fait tordre la grappe quand elle est mûre, et la laisse flétrir au soleil sur la souche ; pour l'autre, elle fait égrapper le raisin et trier les grains avant de le jeter dans la cuve ; pour un autre, elle fait cueillir avant le lever du soleil du raisin rouge, et le porter doucement sur le pressoir couvert encore de sa fleur et de sa rosée pour en exprimer du vin blanc. Elle prépare un vin de liqueur en mêlant dans les tonneaux du moût réduit en sirop sur le feu, un vin sec, en l'empêchant de cuver, un vin d'absinthe pour l'estomac, un vin muscat avec des simples. Tous ces vins différents ont leur apprêt particulier ; toutes ces préparations sont saines et naturelles ; c'est ainsi qu'une économe industrie supplée à la diversité des terrains, et rassemble vingt climats en un seul.

Vous ne sauriez concevoir avec quel zèle, avec quelle gaieté tout cela se fait. On chante, on rit toute la journée, et le travail n'en va que mieux. Tout vit dans la plus grande familiarité ; tout le monde est égal, et personne ne s'oublie. Les dames sont sans air, les paysannes sont décentes, les hommes badins et non grossiers. C'est à qui trouvera les meilleures chansons, à qui fera les meilleurs contes, à qui dira les meilleurs traits. L'union même engendre les folâtres querelles ; et l'on ne s'agace mutuellement que pour montrer combien on est sûr les uns des autres. On ne revient point ensuite faire chez soi les messieurs ; on passe aux vignes toute la journée : Julie y a fait une loge où l'on va se chauffer quand on a froid, et dans laquelle on se réfugie en cas de pluie. On dîne avec les paysans et à leur heure, aussi bien qu'on travaille avec eux. On mange avec appétit leur soupe un peu grossière, mais bonne, saine, et chargée d'excellents légumes. On ne ricane point orgueilleusement de leur air gauche et de leurs compliments rustauds ; pour les mettre à leur aise, on s'y prête sans affectation. Ces complaisances ne leur échappent pas, ils y sont sensibles ; et voyant qu'on veut bien sortir pour eux de sa place, ils s'en tiennent d'autant plus volontiers dans la leur. À dîner, on amène les enfants, et ils passent le reste de la journée à la vigne. Avec quelle joie ces bons villageois les voient arriver ! Ô bienheureux enfants ! Disent-ils en les prenant dans leurs bras robustes, que le bon Dieu prolonge vos jours aux dépens des nôtres ! Ressemblez à vos père et mère, et soyez comme eux la bénédiction du pays ! [...]

Le soir on revient gaiment tous ensemble. On nourrit et loge les ouvriers tout le temps de la vendange ; et même le dimanche, après le prêche du soir, on se rassemble avec eux et l'on danse jusqu'au souper. Les autres jours on ne se sépare point non plus en rentrant au logis, hors le baron qui ne soupe jamais et se couche de fort bonne heure, et Julie qui monte avec ses enfants chez lui jusqu'à ce qu'il aille se coucher. À cela près, depuis le moment qu'on prend le métier de vendangeur jusqu'à celui où on le quitte, on ne mêle plus la vie citadine à la vie rustique. Ces saturnales sont bien plus agréables et plus sages que celles des Romains. Le renversement qu'ils affectaient était trop vain pour instruire le maître ni l'esclave ; mais la douce égalité qui règne ici rétablit l'ordre de la nature, forme une les uns, une consolation pour les autres, et un lien d'amitiés

CONCLUSION

Jean-Pierre Poussou
Université Paris-Sorbonne

Les grands vins attirent prodigieusement un très large public. Malheureusement pour les éditeurs, les ouvrages qui leur sont consacrés, ne connaissent pas un pareil succès. Ils n'en sont pas moins fort nombreux ; en outre, plusieurs ont acquis une réelle notoriété, et il existe tout un ensemble non seulement d'ouvrages sur les vignobles et les vins, mais aussi de collections en réunissant[1]. Si les bourgognes sont un peu en retard à cet égard, malgré la parution régulière de *Cahiers*[2], les bordeaux et les champagnes ont ceci en commun que tous les huit à dix ans au moins, depuis un demi-siècle, paraît quelque ouvrage de grand format, richement illustré, ce à quoi il faut ajouter, tous les trois ou quatre ans, la publication d'une série concernant les différents vins, pendant longtemps surtout français, beaucoup plus mondialisés aujourd'hui. Il suffit également de feuilleter les principaux hebdomadaires pour s'apercevoir que le divin breuvage y tient une grande place et que chaque année le temps des vendanges est aussi celui des numéros spéciaux. Le champagne bénéficie à cet égard d'une place exceptionnelle : les numéros spéciaux sont redoublés à l'occasion des fêtes de Noël et de Nouvel An !

Les historiens sont loin de toujours trouver leur compte dans ces publications fréquentes : ce sont souvent les mêmes thèmes, les mêmes propos, ou peu s'en faut, qui reviennent, même si leur connaissance des différents crus, châteaux ou vignobles ne cesse ainsi de s'enrichir. Force est néanmoins de reconnaître que les lacunes de la connaissance historique restent grandes, malgré les progrès très

1 Par exemple, la collection *Le Grand Bernard des Vins de France*, aux éditions Jacques Legrand (24330, Bassillac). Ou la toute récente collection *Vins de France et du monde*, éditée par la *Revue du vin de France* et le *Figaro Magazine*.

2 Ce sont les *Cahiers d'histoire de la vigne et du vin*, publiés par le Centre d'histoire de la vigne et du vin, à Beaune.

grands faits au cours du dernier demi-siècle, le remarquable livre de Roger Dion, qui nous a donné une *Histoire générale du vignoble français* marquant à la fois une étape décisive et un tournant[3]. Il y accordait une place considérable au champagne. Et pourtant, depuis la parution de son ouvrage, les progrès ont été fort importants et ont été marqués par des avancées notables, pour lesquelles Marcel Lachiver nous a proposé, dans le cadre d'un autre ouvrage général, une excellente mise au point, voici un peu plus de vingt ans[4].

Ce sont ces avancées et des progrès plus récents de nos connaissances, qu'a rappelés Claire Desbois-Thibault dans sa présentation générale de la question, qui est aussi un appel à aller plus loin, alors même que sa thèse, ainsi que celles de Benoît Musset et de Michel Étienne, succédant aux recherches et éclairages de François Bonal, avaient déjà permis une progression très réelle de nos connaissances. Il n'en reste pas moins, comme le souligne la contribution de Nicolas Vergne, qu'il n'est pas facile d'étudier en profondeur l'histoire de ce si célèbre « vin pétillant », et que les rôles précis des différents acteurs qui ont permis son essor aux XIXᵉ et XXᵉ siècles – et plus encore au XVIIIᵉ ! – demandent à être analysés plus en profondeur.

Malgré un nombre relativement élevé de participants, le présent ouvrage ne peut évidemment, à lui seul, combler toutes les lacunes. Il me semble cependant qu'il constitue un grand effort dans ce domaine. Trois objectifs principaux avaient été fixés, et j'ai la certitude qu'ils ont été atteints. Le premier a été de replacer dans son contexte global l'histoire du champagne, ce qui veut dire repositionner celle-ci. Tel est le sens du texte de Claire Desbois-Thibault, laquelle, en proposant un renouveau de cette histoire, montre dans quel cadre général elle s'est située et se situe encore. Pour ma part, je souligne qu'en fait la naissance et les premiers développements du champagne ne lui sont pas particuliers, même s'ils furent spécifiques : il est l'un de ces grands vins et de ces grandes eaux-de-vie qui sont apparus entre le milieu du XVIIᵉ et le milieu ou la fin du XVIIIᵉ siècle.

Le second était de préciser des aspects fondamentaux de son histoire, ce qu'ont réalisé Patrick Demouy pour la période médiévale et Benoît Musset pour la période 1650-1830. Le premier a mis en valeur l'importance de la production

3 Roger Dion, *Histoire de la vigne et du vin en France (Des origines au début du XXᵉ siècle)*, Paris, chez l'auteur, 1959 ; rééd. Paris, Flammarion, 1977, p. 628-648.

4 Marcel Lachiver, *Vins, vignes et vignerons : Histoire du vignoble français*, Paris, Fayard, 1988, p. 271-282.

viticole champenoise dès le Moyen Âge, une production déjà essentiellement destinée à la commercialisation : « ce sont de véritables flots de vins que canalisent abbayes et chapitres », le tout s'accompagnant dès cette époque de pratiques d'assemblage, ce qui est tout à fait important pour la suite de cette histoire. Le second montre l'importance d'une grande consommation à Paris et dans les Flandres de vins rouges de champagne, qui ont fait disparaître les vins clairets produits par la région. Puis il y eut, à partir de la fin du XVIIe siècle, la montée des vins mousseux, qui ne doit pas occulter l'importance du marché local des « petits vins », dont la consommation était massive. Benoît Musset a précisé ainsi, d'une manière sans doute définitive, le contexte viticole du développement de notre champagne. À ces apports est venue s'ajouter l'étude de deux grandes maisons, Veuve Clicquot (Étienne-Barjot) – celle-ci concernant les années décisives de la fondation et du premier essor (1801-1813) –, et Heidsieck, encore que pour les maisons Heidsieck il s'agisse plutôt de la difficulté à construire et à développer cette histoire (Nicolas Vergne). Grâce aux listes de la seconde Loterie nationale, celle de 1795, Philippe Roudié a rappelé la renommée dont le champagne pétillant jouit déjà, une renommée que les maisons n'ont cessé de protéger et d'augmenter. Il y eut en effet, établit Jean-Robert Pitte, une construction de l'image du champagne, du XVIIe siècle à nos jours, image pour laquelle les affiches ou étiquettes furent des éléments essentiels. Elle est née très tôt puisque, nous explique Hans Ottomeyer, le champagne a construit un véritable empire sur les usages de table dès la première moitié du XVIIIe siècle, empire qui non seulement n'a pas diminué mais s'est même renforcé entre cette époque et le tout début du XIXe siècle.

En troisième lieu, il avait été décidé de mettre l'accent sur les liens entre ce grand vin et l'Allemagne, ou les Allemands. Il y a, en effet, à approfondir une histoire franco-allemande du champagne, ainsi que l'établit Werner Paravicini[5]. On peut considérer que, malgré quelques pistes antérieures, comme des écrits de Georges Clause, le présent ouvrage est, dans ce domaine, tout à fait neuf. Un très large balayage du sujet a été réalisé puisque l'on part, avec Rolf Sprandel, des importations de vins français en Allemagne à la fin du Moyen Âge, pour

5 On pourrait d'ailleurs souhaiter une extension de ces recherches à l'ensemble des grands vins, en se plaçant sous le regard du grand Goethe : « on ne peut pas toujours se passer de l'étranger ; les bonnes choses sont souvent loin. Un Allemand ne peut souffrir les Français, mais pourtant il boit leurs vins très volontiers ». – Cité dans Louis et Jean Orizet, *Les Cent plus beaux textes sur le vin*, Paris, Le Cherche Midi, 1984, p. 178.

Fête de l'Archiconfrérie de Saint Vincent : bannière de Saint Vincent, cliché Michel Jolyot
© Comité interprofessionnel du vin de Champagne

Plusieurs confréries, commanderies et autres connétablies vouées à saint Vincent, protecteur de la vigne et du vin, intronisent chaque année amateurs et personnalités, lors de joyeuses célébrations en costumes d'époque, dûment arrosés de vin et de discours. Leur rôle consiste surtout à promouvoir la Champagne et ses vins. Parmi celles-ci, les plus prestigieuses sont : l'Archiconfrérie des Vignerons de la Champagne (créée en 1930), la Commanderie du Saulte-Bouchon champenois (1975), la Confrérie des Échevins de Bouzy (1979) et l'Ordre des Coteaux de Champagne (1956)

Éric Glatre, *Les 100 mots du champagne*, Reims, DEFG éd., 2009

LE CHAMPAGNE AUJOURD'HUI

Le début du XXIe siècle a été pour le champagne une décennie très contrastée. Elle se situe d'abord après un demi-siècle d'une expansion considérable que montrent bien deux données fondamentales, l'une étant la superficie plantée, l'autre le nombre de bouteilles vendues. Les surfaces plantées, qui avaient atteint 15 500 hectares en 1900, et qui avaient reculé jusqu'à 6 000 hectares en 1914, avaient tourné ensuite entre 10 000 et 12 500 hectares, pour se situer à 10 728 en 1945. Le grand essor commença au milieu des années 1960 : 14 721 hectares en 1965 ; 22 988 en 1976, 25 427 en 1986. Les 30 000 hectares furent dépassés en 1994 : 30 045 hectares, et l'on en était à 31 570 en 2004. Autrement dit, la superficie du vignoble a triplé entre 1945 et aujourd'hui. L'essor des ventes de bouteilles a été beaucoup plus considérable : 28,1 millions en 1900, 21,7 millions en 1945, 44,3 millions en 1956, 86,9 millions en 1966, 153,5 millions en 1976, 204,9 millions en 1986. On en était à 255,8 millions en 1996 et à 327 en 2006[1].

Malgré quelques périodes difficiles (les deux guerres mondiales, et au cours de la grande crise économique trois années d'arrêt de la progression, voire de recul, de 1930 à 1932), l'histoire du champagne depuis le début du XXe siècle est donc celle d'une extraordinaire *success story*, telle qu'aucun autre vignoble français n'en a connu. Dans un premier temps, le champagne a même continué, au cours des années 2000, à connaître une prospérité à la fois remarquable et plus encore exceptionnelle par rapport aux autres grands vins français. Ainsi, le 13 septembre 2005, on trouve dans *Les Échos* un article intitulé : « Le vignoble champenois échappe à la crise », dans lequel figure une citation de Stéphane Lefèvre, directeur général du champagne De Castellane (groupe Laurent-Perrier) : « nous sommes le seul vignoble français à ne pas souffrir de la morosité qui affecte l'ensemble de la profession »[2]. L'année 2004 a été exceptionnelle et 2005 l'est également, avec une grande qualité de la production. C'est en 1999 que, pour la première fois, le cap des 300 millions de bouteilles vendues a été dépassé. En 2006, grâce à la prospérité du champagne, le prix des vignes à l'hectare s'est même redressé au niveau national. À cette date, l'hectare de champagne vaut 626 000 euros ; l'Alsace, qui vient en second, n'est qu'à 133 700 euros, la Bourgogne à 85 300, le Bordelais à 56 500 et le Cognac à 19 900 seulement[3] !

Mais, en Champagne comme ailleurs, la crise économique est arrivée, et depuis 2008 les espoirs d'une prospérité sans recul ont été considérablement déçus[4]. Le champagne étant un produit de luxe, vendu cher à l'étranger, la clientèle

1 Ces chiffres sont extraits de Bruno Boidron et Éric Glatre (dir.), *La Champagne et ses vins*, Bordeaux, Féret, 2006, p. 195-209. – Je ne saurais trop souligner l'importance de cet excellent ouvrage pour connaître le vignoble champenois, ses productions, ses maisons de commerce.

2 Pascal Ambrosi, « Le vignoble champenois échappe à la crise », *Les Échos*, 13 septembre 2005, p. 23.

3 César Compadre, « Un secteur qui reste porteur : Foncier viticole, champagne aidant, le prix de la terre viticole s'est redressé en 2006 ; malgré la crise, l'intérêt pour l'investissement dans le vin perdure », *Sud-Ouest*, 5 juin 2007, p. 1-2 et 1-3.

4 Voir l'article de Jacques Dupont dans *Le Point* du 8 décembre 2008 : « Champagne : la fête continue », notamment la phrase : « La Champagne est le seul vignoble à échapper à la crise, et les vins n'ont jamais été aussi bons », p. 151-155.

Cuverie, cliché Yvon Monnet
© Comité interprofessionnel du vin de Champagne

internationale a fortement reculé et, malgré un réel maintien du marché français, les chiffres de vente sont depuis à la baisse : les ventes de 2009 sont estimées à 280 millions de bouteilles, soit un recul de plus de 15 % sur les chiffres précédemment atteint. Il a fallu diminuer les prix, au point que des maintiens numériques des ventes ont entraîné une régression du chiffre d'affaires : ainsi, Boizel Chanoine a vendu près de 6 % de bouteilles de plus en 2009 qu'en 2008, mais son chiffre d'affaires a reculé de 8 %[5]. Son directeur général se félicite de la diminution des stocks, mais le « patron » de cette maison, qui est la deuxième du champagne, sait bien que la crise n'est pas finie. Ce sont essentiellement les marchés étrangers qui ont chuté, le problème étant qu'en 2005, par exemple, sur 307 498 553 de bouteilles vendues, 129 391 158 – 42 % – l'avaient été à l'extérieur. Or, en 2009, le chiffre d'affaires du champagne à l'exportation a diminué de 27,9 %[6] ! Les coups ont surtout atteint les grandes maisons pour lesquelles les marchés étrangers sont fondamentaux. En France même, le recul n'a été que de 3,5 % mais les petits producteurs, pour lesquels c'est l'essentiel de leurs ventes, ont eu de plus grandes difficultés d'écoulement et souffert de la baisse des prix.

La fin de la décennie a également été marquée par des changements importants dans la marche des grandes maisons de champagne. D'une part, des figures de proue comme Claude Taittinger (en 2006) ou Remi Krug, se sont retirées ; d'autre part, les grandes marques se sont davantage intéressées au marché intérieur. On notera enfin le renouveau que semble indiquer l'élection de Pascal Ferat à la tête du SGV (Syndicat général des vignerons)[7].

Peut-on espérer que la sortie de crise se profile en 2011 si l'on considère qu'au cours des 12 mois écoulés depuis avril 2010, les expéditions ont progressé de 7,8 % et atteignent 324,9 millions de bouteilles ? La situation reste néanmoins contrastée en fonction des marchés et des opérateurs, les maisons et coopératives progressant fortement tandis que les vignerons connaissent une baisse importante de leurs expéditions. Il y a néanmoins de fortes raisons que les espoirs d'une nouvelle croissance soient tout à fait fondés : la consommation étrangère est notablement plus faible que celle des Français, ce qui permet d'augurer une grande marge de progression ; le développement des classes moyennes et du niveau de vie dans les pays émergents ne peut que favoriser la croissance des ventes, et cela d'autant plus qu'avec le cognac, et les grands vins rouges, le champagne est très prisé en Asie, ce que les organisateurs du pavillon français à l'Exposition universelle de Shangaï ont pris en compte en leur faisant une grande place.

Jean-Pierre Poussou

5 Marie-José Cougard, « Champagne : Boizel Chanoine a gagné des parts de marché pendant la crise », *Les Échos*, 24 mars 2010, p. 23.

6 Voir *Le Figaro* du 19 février 2010, p. 23. – La chute est générale pour toutes les ventes de vins français à l'étranger, mais elle est beaucoup plus marquée pour le champagne.

7 Dominique Charton, « Pascal Ferat, nouveau patron du vignoble champenois », *Les Échos*, 19-20 février 2010, p. 11.

en arriver, avec Jean-Pierre Husson, au vécu des maisons, négociants et producteurs du champagne durant l'Occupation allemande de 1940 à 1944, marquée par d'importants prélèvements, organisés par Otto Klaebisch, beau-frère de Ribbentrop, lui-même ancien représentant en Allemagne de Mumm et Pommery, et gendre du « roi du champagne allemand », Otto Henkel. Notons au passage que la guerre a amené, en 1941, la naissance du CIVC (Comité interprofessionnel du vin de Champagne). Dans l'intervalle chronologique entre ces deux contributions, Fabrice Perron a étudié les rapports entre les Allemands et le champagne à la fin du XVIIIe siècle, cependant que Bärbel Kuhn se consacrait au rôle de deux négociants allemands, Deutz et Geldermann, entre 1830 et 1870. Parmi ces maisons d'origine allemande, se détache Krug, qu'étudie Marc Schalenberg. Fils d'un boucher de Mayence, Jean-Joseph Krug, qui cherche à aller au-delà de la modeste position familiale, ce qui est bien naturel, vient travailler à Châlons-sur-Marne en 1834, avant de fonder en 1842 sa propre maison de champagne. Sa grande réussite est de « promouvoir un style plus sec et plus mousseux » de ces vins. À sa mort, en 1865, il laisse une fortune de plus de 1,4 millions de francs. Les ventes en Allemagne existent, mais le marché londonien est beaucoup plus important, notamment celui de la Cour d'Angleterre. Jean-Joseph Krug et son fils Paul sont donc des négociants allemands qui ont réussi sans que le pays d'origine joue un rôle essentiel, grâce à leur créativité et à leur esprit d'innovation. Mais il s'agit bien d'un apport rhénan évident au commerce du vin de Champagne. Dans le cas de Moët et de Clicquot, c'était au contraire, a montré Fabrice Perron, l'espace allemand qui était essentiel pour les ventes et pour le réseau commercial. Et il en fut de même pour le grand concurrent de Clicquot dans cet espace, la maison Deutz & Geldermann, qui bénéficiait elle aussi de l'origine nationale de ses fondateurs et des possibilités considérables du relais familial d'Aix-la-Chapelle. Le fondateur de la maison Heidsieck, Florent-Louis, venu en 1778, était également d'origine germanique ; comme Deutz et Geldermann, mais un demi-siècle plus tôt, il a lui aussi su tirer parti des réseaux du pays natal, comme l'a souligné Nicolas Vergne. Les relations franco-allemandes autour du champagne se sont donc déroulées de très différentes manières. Le seul énoncé des maisons concernées soit par les origines des fondateurs, soit par la clientèle allemande montre à quel point ces liens ont été essentiels à partir de la fin du XVIIIe siècle. Nous cherchions à préciser les grandes lignes de l'histoire franco-allemande de ce grand vin : elles ressortent à l'évidence du présent volume, même s'il reste à mener d'autres nombreuses recherches plus approfondies, notamment grâce à l'ouverture d'archives privées de plusieurs maisons, car toutes les maisons franco-allemandes n'ont pas encore été étudiées en profondeur – par exemple Mumm, Roederer, Bollinger, Taittinger... De véritables études d'histoire économique restent également à réaliser. Et il faudrait davantage connaître la place des Champenois en Allemagne, à propos de laquelle Werner Paravicini a fourni de précieux jalons.

Notons par ailleurs que plusieurs des contributions à ce volume confirment le rôle essentiel des commis voyageurs, déjà mis en valeur dans leurs thèses par Claire Desbois-Thibault et Michel Étienne. Les maisons de champagne naissantes, en plein développement, n'auraient pu croître sans ces déplacements destinés à trouver des clients et à les fidéliser[6] ; ils sont si indispensables que les fondateurs eux-mêmes, tel François Clicquot ou Jean-Remi Moët, ont entrepris eux aussi des tournées. Il faudra sans doute creuser encore dans ce sens, si la documentation le permet. À tout le moins, le rôle de ces commis voyageurs entre le milieu du XIXe siècle et nos jours demande à être approfondi.

Sans doute faudrait-il aussi que les historiens se penchent sur l'histoire la plus récente du champagne. Depuis la fin de la seconde guerre mondiale, donc depuis un peu plus de soixante ans, sa consommation s'étant « mondialisée »[7], son expansion a repris, parfois de manière vertigineuse, malgré les contrefaçons et les crises[8]. Elle a été marquée également par le lancement d'innovations, tel le blanc des blancs de prestige (Taittinger, maison d'origine autrichienne, 1957), ce qui est d'ailleurs une tradition parmi les maisons de vins de champagne : le style plus sec de Krug a été cité plus haut, mais on peut également rappeler les succès de Bollinger exportant en Angleterre, vers 1865, un *very dry*[9]. Mais

6 Malgré les moyens de communication actuels, y compris l'Internet, les tournées des voyageurs restent indispensables, non seulement pour ancrer les liens mais aussi pour faire goûter la production.

7 Pour le champagne comme pour le cognac, la Chine, tout particulièrement, est devenue le grand marché porteur, d'aucuns disent une sorte d'Eldorado.

8 La crise de 2008-2009 a frappé le champagne dont les stocks se sont considérablement accrus. Cela a amené des producteurs à casser les prix. Mais le goût du champagne n'a nullement régressé : on l'a vu lors des fêtes de fin d'année. Gageons que la crise finie, les ventes reprendront rapidement !

9 Cyril Ray, *Histoire d'un grand vin de Champagne : Bollinger*, Paris, Tallandier, 1983, p. 49. Rappelons qu'un des grands romanciers anglais, Evelyn Waugh, a publié en 1928 un roman, *Decline and Fall*, dont le centre est un *Bollinger Club*, totalement inventé bien entendu, mais qui lui permet de satiriser un des plus anciens clubs de l'Université d'Oxford, le *Bullingdon Club* (voir plus haut p. 213).

aussi par la nouveauté que représente l'effort pour comprendre l'effervescence du champagne, autrement dit le mouvement et le rôle des bulles, ce qui justifie l'emploi des flûtes. C'est en effet dans une flûte que les bulles prennent le plus d'ampleur, et que le mouvement des fluides est optimal pour brasser et pour dégager les saveurs du champagne[10].

Ceci étant, l'essentiel reste le plaisir éprouvé par le consommateur de notre champagne pétillant depuis la seconde moitié du XVIIe siècle. Il est bon au demeurant de l'entretenir par des messages publicitaires de qualité. Une maison, cette fois française, et non pas franco-allemande, Perrier-Jouët en a donné un exemple à l'occasion du lancement de sa cuvée *Belle Époque 2002* : les « douze meilleurs palais du monde » ont été déplacés pour goûter une vingtaine de millésimes d'anthologie, dont le sommet fut la dégustation d'un Perrier-Jouët 1825 « d'une grande tenue », qui avait gardé « une puissance intacte ». C'était aussi le moyen d'inculquer l'idée que « non seulement les champagnes se gardent, mais qu'ils peuvent devenir absolument magiques au vieillissement »[11].

10 Gérard Liger-Belair, *Effervescence ! La science du champagne*, Paris, Odile Jacob, 2006.
11 Bernard Burstchy, « Un 1825 : le champagne est-il immortel ? », *Le Figaro*, 19 mars 2009.

BIBLIOGRAPHIE

Argod-Dutard Françoise *et al.* (dir.), *Voyage au pays du vin : histoire, anthologie, dictionnaire*, Paris, Robert Laffont, 2007.

Arlott John, *Krug House of Champagne*, London, David-Poynter, 1976.

Arntz Helmut, *Champagner-Vorspiel*, Wiesbaden, Gesellschaft für Geschichte des Weines, 1984.

—, « Von Sektmarken, Champagnefamilien und der Trinkkultur », *Gesellschaft für Geschichte des Weines, Schriften zur Weingeschichte,* n° 114, 1995.

—, *Vom vin de Champagne mousseux zum Champagne A.O.C. Das erste Jahrhundert 1660-1760*, Wiesbaden, Gesellschaft für Geschichte des Weines, 1996.

Boidron Bruno & Glatre Éric (dir.), *La Champagne et ses vins*, Bordeaux, Féret, 2006.

Bonal François, *Anthologie du champagne : le champagne dans la littérature universelle*, Langres, D. Guéniot, 1990.

—, *Champagne Mumm : un champagne dans l'histoire*, Paris, Arthaud, 1987.

—, *Dom Pérignon : vérité, légende*, Langres, Dominique Guéniot, 1995.

—, « À propos de mon ouvrage *Champagne* », *Études champenoises 6, Vignerons et vins, de Champagne et d'ailleurs* XVIIe-XXe *siècle (1988)*, Reims, Presses universitaires de Reims, p. 103-110.

Bonnedame Raphaël, *Notice sur la Maison Kunkelmann & Cie à Reims et Epernay*, Épernay, R. Bonnedame, 1895.

Cachée Josef, *Die Hofküche des Kaisers. Die k.u.k. Hofküche, die Hofzuckerbäckerei und der Hofkeller in der Wiener Hofburg*, Wien-München, Amalthea, 1985.

Chandon de Briailles Raoul, *Carte historique des vignobles de la Marne des origines au* XIIe *siècle,* Épernay, Impr. du Courrier du Nord-Est, 1900.

Clause Georges, Glatre Éric, *Le Champagne, trois siècles d'histoire*, Paris, Stock, 1997.

—, « Les Allemands et le champagne au XIXe siècle : hommes et techniques », dans *La Champagne, terre d'accueil de l'Antiquité à nos jours,* Nancy, Presses universitaires de Nancy, 1994, p. 139-155.g

Craeybeckx Jan, *Un grand commerce d'importation. Les vins de France aux anciens Pays-Bas (*XIIIe*-*XVIe *siècle),* Paris, SEVPEN, 1958.

CRUBELLIER Maurice (dir.), *Histoire de la Champagne*, Toulouse, Privat, 1975.

DESBOIS-THIBAULT Claire, *L'Extraordinaire Aventure du champagne : Moët & Chandon, une affaire de famille (1972-1914)*, Paris, PUF, 2003.

DEVROEY Jean-Pierre, *L'Éclair d'un bonheur : une histoire de la vigne en Champagne*, Paris, La Manufacture, 1989.

DION Roger, *Histoire de la vigne et du vin en France des origines au XIXe siècle*, Paris, Flammarion, 1959.

DUMAS père Alexandre, *Grand Dictionnaire des cuisines*, Paris, Lemerre, 1873.

ENJALBERT Henri, *Histoire de la vigne et du vin, l'avènement de la qualité,* Paris, Bordas, 1975.

ENNÈS Pierre, MABILLE Gérard et THIÉBAUT Philippe, *Histoire de la table* : *les arts de la table des origines à nos jours*, Paris, Flammarion, 1994.

ÉTIENNE Michel, *Veuve Clicquot-Ponsardin : aux origines d'un grand vin de champagne*, Paris, Economica, 2000.

GANDILHON René, *Naissance du champagne : Dom Pierre Pérignon*, Paris, Hachette, 1968.

—, « Commerçants, vignerons et tonneliers champenois en Russie au cours du XIXe siècle », *Cahiers du monde russe et soviétique,* 13, 1973, p. 502-513.

GARCIA André, GUILLIOU Jack, *Champagne : un nouvel équilibre*, Reims, Presses universitaires de Reims, 1979.

GARRIER Gilbert, *Histoire sociale et culturelle du vin,* Paris, Larousse, 2002.

GLATRE Éric et ROUBINET Jacqueline, *Charles Heidsieck, Un pionnier et un homme d'honneur*, Paris, Stock, 1995.

GODINOT Jean (attribué à), *Manière de cultiver la vigne et de faire le vin en Champagne, et ce qu'on peut imiter dans les autres provinces, pour perfectionner les vins,* Reims, B. Multeau, 1718.

GRIMOD DE LA REYNIÈRE, *Manuel des Amphitryons*, Paris, Capelle et Renand, 1808.

—, *Almanach des Gourmands*, Paris, Maradan, 1807.

GUY Kolleen M., *When the Champagne became french*, Baltimore/London, John Hopkins UP, 2003.

—, « Oiling the Wheels of Social Life », dans « Myths and Marketing in Champagne during the Belle Epoque », *French Historical Studies*, 22, 1999, p. 211-239.

HARTMEYER Hans, *Der Weinhandel im Gebiete der Hanse im Mittelalter,* Jena, G. Fisher, 1905.

HASLINGER Ingrid, *Küche und Tafelkultur am kaiserlichen Hof in Wien. Zur Geschichte von Hofküche, Hofzuckerbäckerei und Hofsilber-und Tafelkammer*, Berne, Benteli, 1993.

Heidsieck Alfred, « Florens-Ludwig Heidsieck 1749 – 23. November – 1949 », *Jahresbericht des Historischen Vereins für die Grafschaft Ravensberg*, 55, 1948-1949, p. 72-87.

Heidsieck Marcel et Patrick, *Histoire des Heidsieck, origines et descendances, d'après des documents de famille*, Reims, Matot-Braine, 1965.

Kladstrup Don et Petie, *Wine and War – The French and the Battle for France's Greatest Treasure*, New York, Broadway Basic Books, 2001 ; traduction française : *La guerre du vin : comment les vignerons français ont sauvé leurs trésors des nazis,* Paris, Perrin, 2001 ; traduction allemande : *Wein & Krieg. Bordeaux, Champagner und die Schlacht um Frankreichs größten Reichtum*, Stuttgart, Klett-Cotta, 2002.

Lachiver Marcel, *Vins, vignes et vignerons en France,* Paris, Fayard, 1988.

Lessard Émile, Barbier Jean-Luc, *Le Champagne : agronomie, économie*, Reims, CRDP, 1981.

Liger-Belair Gérard, *Effervescence ! La science du champagne*, Paris, Odile Jacob, 2006.

Malortie Ernst von, *Das Menü*, Hannover, Klindworth, 1888.

—, *Der Hofmarschall, Handbuch zu Einrichtung und zur Führung eines Hofhaltes*, Hannover, Hahn, 1866-1867 (édition partielle, première édition en 1842).

Margery Kirkbride James, *Studies in the Medieval Wine Trade,* Oxford, Clarendon Press, 1971.

Mazzeo Tilar J., *Veuve Clicquot. Die Geschichte eines Champagner-Imperiums und der Frau, die es regierte,* Hamburg, Hoffmann und Campe Verlag, 2009.

Musset Benoît, *Vignobles de Champagne et vin mousseux. Histoire d'un mariage de raison 1650- 1830*, Paris, Fayard, 2008.

Orizet Louis et Jean, *Les Cent plus beaux textes sur le vin*, Paris, Le Cherche Midi, 1984.

Ossenbühl Hans Georg, « Heimatwiege und Champagner, Der Ravensberger Heidsieck gründete ein Sekthaus in Reims », *Der Küpenkerl*, janvier 1964.

Ottomeyer Hans, « "Tafelgerät und Tafelbräuche", Die Kunstgeschichte als Beitrag zur Kulturforschung des Essens », dans Wierlacher Alois, Neumann Gerhard, Teuteburg Hans-Jürgen (dir.), *Kulturthema Essen*, I, Berlin, Akademie Verlag, 1993, p. 177-185.

—, Völkel Michaela, *Die öffentliche Tafel. Tafelzeremoniell in Europa 1300-1900,* Berlin, Ausstellungskatalog, 2002.

Piérard Jean, *L'Organisation corporative du champagne*, Paris, Tepac, 1942.

Pitte Jean-Robert, *Le Désir du vin à la conquête du monde*, Paris, Fayard, 2009.

Planhol Xavier de, *L'Eau de neige. Le tiède et le frais. Histoire géographique des boissons fraîches,* Paris, Fayard, 1995.

POUSSOU J.-P. et SÉGUET E.-L., « Les caves à vin des Parisiens à l'époque du Consulat », dans LE GARS C. et ROUDIÉ Ph. (dir.), *Des vignobles et des vins à travers le monde : hommage à Alain Huetz de Lemps,* Talence, Presses universitaires de Bordeaux, 1996, p. 331-352.

RABAUDY Nicolaus de, BONNET Jacques, *Deutz. L'ascension d'un champagne symbole*, Paris, Éditions 2M, 1988.

RAY Cyril, *Histoire d'un grand vin de Champagne : Bollinger*, Paris, Taillandier, 1983.

REDON Odile, SALLMAN Linne, STEINBERG Sylvie, *Le Désir et le goût, une autre histoire (XIIIe-XVIIIe),* Presses universitaires de Vincennes, 2006.

ROEDERER Antoine-Marie, *La Famille Roederer, de 1676 à 1790*, Paris, Firmin-Didot, 1849.

SIMON André-Louis, *The History of the Champagne Trade in England*, London, Gardiner, 1905.

SPRANDEL Rolf, « Von Malvasia bis Kötzschenbroda. Die Weinsorten auf den spätmittelalterlichen Märkten Deutschlands », *Vierteljahrschrift für Sozial-und Wirtschaftsgeschichte Beiheft*, n° 149, Stuttgart, 1998.

STIEVE Gottfried, *Europäisches Hoff-Ceremoniell*, Leipzig, J. F. Gleidtschens seel. Sohn, 1715-1723.

STROTDREES Gisbert, « Heidsieck: Champagnerkönig aus Borgholzhausen », dans *Fremde in Westfalen, Westfalen in der Fremde, Zur Geschichte der Ein- und Auswanderung von 1200 bis 1950*, Münster-Hiltrup, Landwirtschaftsverlag GmbH, 1996, p. 158-160 et bibliographie p. 230.

TAITTINGER Claude, *Champagne par Taittinger*, Paris, Stock, 1996.

Versailles et les tables royales en Europe, XVIIe-XIXe siècles [catalogue de l'exposition], Paris, Éd. de la Réunion des musées nationaux, 1995.

VOLLAND Rudolf, *Die Rolle Bordeaux's im Handel zwischen den Hansestädten und Westfrankreich im Mittelalter, besonders im 15 Jahrhundert*, Hamburg, Phil. Diss., 1962.

WESTHEIDER Rolf, « Die belebende Wirkung des Champagner, Über die Verbindung Delius – Heidsieck und die französischen Kredite für einen Fabrikneubau der Segeltuchweberei C. W. Delius in Versmold », *Familienzeitung Delius*, t. IV, n° 41, 1996.

—, *Versmold, Eine Stadt auf dem Weg ins 20. Jahrhundert*, Bielefeld, Verlag für Regionalgeschichte, 1994.

ZISCHKA Ulrike, OTTOMEYER Hans, BÄUMLER Susanne (dir.), *Die Anständige Lust. Von Esskultur und Tafelsitten*, München, Ausstellungskatalog, 1993, 1995, 1997.

TABLE DES MATIÈRES

III - LE CHAMPAGNE. UNE HISTOIRE FRANCO-ALLEMANDE

Papergraf spa
Achevé d'imprimer en Italie (Padoue)
Septembre 2011

Manet
1881